Methode

Karikaturen interpretieren

Eine Karikatur ist eine Zeichnung, die oft mit wenigen Strichen Dinge auf den Punkt bringt. Sie stellt gesellschaftliche oder politische Probleme übertrieben, einseitig und meistens parteiisch dar. Die Karikaturistin oder der Karikaturist will der Gesellschaft einen Spiegel vorhalten. Sie oder er kommentiert in scharfer, bissiger Art gesellschaftliche Probleme und aktuelle politische Ereignisse und Konflikte. Dadurch werden in aller Regel bei den Betrachterinnen oder Betrachtern Zustimmung oder Widerspruch ausgelöst. Eine demokratische Gesellschaft muss solche Bildkommentare aushalten, und bestenfalls die Kritik überdenken oder auch aufnehmen.

1. Schritt: Die Karikatur beschreiben
- Wie heißt die Karikaturistin oder der Karikaturist?
- Wann und wo wurde die Karikatur veröffentlicht?
- Hat die Karikatur einen Titel oder eine Unterschrift?
- Gibt es Personen in der Zeichnung?
- Welche Kleidung tragen die Personen?
- Gibt es Gegenstände in der Karikatur?
- Wenn es Sprechblasen gibt, was steht darin?
- Ist eine besondere Situation dargestellt?
- Gibt es besondere Auffälligkeiten, besondere Farben, wird etwas besonders herausgehoben oder ähnliches?

2. Schritt: Die Karikatur deuten
- Welche Personen sind dargestellt, z. B. Frauen, Männer, eine bestimmte Person, ein Politiker, eine Politikerin?
- Haben die Gesichtsausdrücke eine Bedeutung, wie z. B. Freude, Angst, Langeweile, ...?
- Gibt es besondere Handlungen der Personen?
- Haben die Gegenstände eine bestimmte Bedeutung?
- Welches Problem wird thematisiert?
- Welche Hauptaussage hat die Karikatur?

3. Schritt: Die Karikatur beurteilen
- Wie wirkt die Karikatur auf dich?
- Welche Gefühle löst die Karikatur bei dir aus?
- Findest du die Kritik in der Karikatur richtig oder übertrieben?
- Kannst du der Kernaussage der Karikatur zu oder nicht zustimmen?

Variante Nachdem ihr zunächst allein über eure ersten Eindrücke zur Karikatur nachgedacht habt, könnt ihr sie auch gemeinsam an der Tafel analysieren.
Tipp Versucht doch einmal, selbst eine Karikatur über ein politisches Problem zu zeichnen. Stellt die Zeichnung eurer Klasse vor.

Demokratische Kultur
M1 *Karikatur von Michael Hüter*

DUMMHEIT
POPULISMUS
ANGST
EINFACHE LÖSUNGEN
DEMOKRATISCHE KULTUR
ACH WAS, HIER IST ALLES GUT!
DAS SIEHT GAR NICHT GUT AUS
Was sagen die Personen?
Was steht auf dem Baum?
Wer sind die einzelnen Personen? Wo sind sie? Was machen sie?

Musterlösung zur Karikatur M1

Methodenseite

Auf diesen Seiten werden Methoden für den Unterricht in den Fächern Wirtschaft und Politik vorgestellt und mit bestimmten Fragestellungen eingeübt. Die Methode kannst du dann auch auf andere Inhalte anwenden.

Kompakt und Lerncheck

Jedes Kapitel endet mit einer **Kompaktseite**, auf der die wichtigsten Inhalte und Begriffe zusammengefasst werden.

Mit dem **Lerncheck** kannst du überprüfen, ob du die Kompetenzen erreicht hast. Deine Antworten kannst du mit den Lösungen im Medienpaket vergleichen.

Kompakt

Grundlagen der Demokratie

Warum ist das Grundgesetz für unsere Demokratie so wichtig?

Artikel 1

Abb. 1 *Artikel 1 des Grundgesetzes auf einer Glaswand im Regierungsviertel in Berlin*

Das Grundgesetz, das auch als Verfassung bezeichnet wird, legt die wichtigsten Regeln und Prinzipien für unser Zusammenleben fest. In den Artikeln 1–19 stehen die Grundrechte und Bürgerinnen- und Bürgerrechte, die besonders geschützt sind und nie verändert werden dürfen. Besonders wichtig ist Artikel 1, der hervorhebt, dass die Würde eines Menschen unantastbar und geschützt ist. In weiteren Artikeln sind z. B. das Demokratieprinzip, dass alle Staatsgewalt vom Volk ausgeht oder der Aufbau und die Organisation des Staates festgeschrieben.

Welches Herrschaftsprinzip gilt in Deutschland?
Demokratie ist ein Herrschaftsprinzip, in dem alle Staatsgewalt vom Volk ausgeht. In Wahlen bestimmen die wahlberechtigten Bürgerinnen und Bürger Abgeordnete, die für eine begrenzte Zeit ihre Interessen vertreten und für sie Entscheidungen treffen. Das wird repräsentative Demokratie genannt. Damit Macht nicht missbraucht wird, sind in einem demokratischen Rechtsstaat die drei Gewalten Legislative, Exekutive und Judikative getrennt und werden jeweils von einer anderen Personengruppe ausgeübt.

Wie funktionieren die Landtagswahlen in Nordrhein-Westfalen?
In Wahlen bestimmen die Wahlberechtigten die Abgeordneten des Landtags von NRW. Die gewählten Abgeordneten kommen erstmalig in der konstituierenden Sitzung zusammen und wählen das Landtagspräsidium. Um eine Regierung zu bilden, müssen sich meistens Parteien zu Koalitionen zusammenschließen, die dann mit ihrer Mehrheit eine Ministerpräsidentin oder einen Ministerpräsident wählen. Die gewählte Person ernennt dann die Ministerinnen und Minister.

Wie können wir direkten Einfluss auf die Politik nehmen?
Vielen Menschen reicht es nicht aus, nur alle fünf Jahre die Politik durch eine Wahl mitzubestimmen. Sie wollen auch in der Zwischenzeit über politische Projekte und Maßnahmen mitentscheiden. Sowohl in der Gemeindeordnung als auch der Landesverfassung sind Möglichkeiten der direkten Demokratie verankert. Das sind für die Kommunen der Einwohnerantrag, das Bürgerbegehren und der Bürgerentscheid und für das Land NRW die Volksinitiative und der Volksentscheid.

Abb. 2 *Direkte Demokratie beim „Radentscheid" Bielefeld*

Wichtige Begriffe
ausschließliche Gesetzgebung, Bürgerbegehren, Bürgerentscheid, Demokratieprinzip, direkte Demokratie, Exekutive, Gewaltenteilung, Gewaltmonopol, Grundgesetz, Grundrechte, Judikative, Koalition, konstituierende Sitzung, Landtagspräsidium, Legislative, Massenmedien, Mehrheitswahl, Ministerpräsidentin/Ministerpräsident, Parteiendemokratie, Rechtsstaat, Repräsentantin/Repräsentant, Staatsgewalt, Staatsprinzip, Verfassung, Verhältniswahl, Volksbegehren, Volksinitiative

Lerncheck

Das Grundgesetz
M1 *Passen die Satzteile zusammen?, Autorentext*

1 Im Grundgesetz (GG) sind ...
2 Jeder Mensch hat Rechte, ...
3 Grundrechte hängen eng mit den Menschenrechten zusammen und sind Rechte...
4 Am wichtigsten und bekanntesten ist Artikel 1GG: ...
5 Die Grundrechte sind besonders geschützt ...

a ... die für alle Menschen gelten.
b ... die wichtigsten Gesetze für Deutschland festgelegt.
c ... „Die Würde des Menschen ist unantastbar".
d ... die ihm angeboren sind und von Natur aus zustehen.
e ... damit alle Menschen in Frieden und Freiheit leben können.

1 **a)** Finde zu jedem Satzanfang (1-5) den passenden Satzteil (a-e) und schreibe den vollständigen Satz in dein Heft.
b) Erkläre zwei Sätze mit eigenen Worten.

Herrschaftsform Demokratie
M2 *Wichtige Begriffe aus unserer Demokratie*

	1	2	3	4	5	6	7	8	9	10	11	12	13	14
a	W	G	E	W	A	L	T	M	O	N	O	P	O	L
b	N	M	P	A	R	T	E	I	E	N	Q	R	N	L
c	T	Z	U	H	E	X	E	K	U	T	I	V	E	V
d	Y	X	W	I	H	G	D	W	Q	E	R	T	B	H
e	C	V	L	E	G	I	S	L	A	T	I	V	E	L
f	A	B	U	N	D	E	S	S	T	A	A	T	G	X
g	R	E	C	H	T	S	S	T	A	A	T	S	D	J
h	G	F	S	A	J	U	D	I	K	A	T	I	V	E

2 **a)** Finde die sieben im Wortgitter versteckten Begriffe und schreibe sie heraus.
b) Erkläre fünf Begriffe jeweils in einem kurzen Satz.

Lösungen: Lerncheck

Wie funktionieren Wahlen?
M3 *Wahlen in NRW, Autorentext*

A Das aktive Wahlrecht zum Landtag von NRW hat jede deutsche Person, die mindestens 16 Jahre alt ist.
B Die Wahlberechtigen haben bei der Wahl drei Stimmen.
C Die Wahlberechtigten müssen nach der Wahl berichten, was sie gewählt haben.
D Die Ministerpräsidenten oder der Ministerpräsident wird nach der Wahl durch Los bestimmt.
E Eine Form von direkter Demokratie, mithilfe der Bürgerinnen und Bürger Gesetze selbst beschließen können, gibt es in NRW nicht.

3 **a)** Berichtige die fünf Aussagen.
b) Begründe, warum das Wahlrecht ein grundlegendes Recht in der Demokratie ist.

Medien und Demokratie
M4 *Wenn Pressefreiheit fällt ... (Karikatur)*

FRESSE, PRESSE !!
DEMOKRATIE
PRESSE-FREIHEIT

4 **a)** Nenne die drei wesentliche Aufgaben von Presse im politischen Prozess.
b) Werte die Hauptaussage der Karikatur von Kostas Koufogiorgos aus.
c) Beschreibe, was für dich Meinungsfreiheit in der Politik bedeutet.

westermann

Erarbeitet von:

Marius Bosse
Laura Grewe
Sophie Hofmann
Wolfgang Pankratz

praxis

Wirtschaft | Politik

BAND 2

Mit Beiträgen von: Kerstin Bellmann, Melanie Eßer, Tina Fletemeyer, Stephan Friebel-Piechotta, Sabine Gans, Maike Gauweiler, Denise Gottschild, Anna Hänsel, Sandra Kaps, Laura Knoll, Michael Koch, Rebecca Lembke, Nehle Mintner, Kevin Pallagi, Julia von Walcke-Schuldt

Druck A[1] / Jahr 2024
Alle Drucke der Serie A sind im Unterricht parallel verwendbar.

Redaktion: Manja Nitschke
Illustrationen: Danae Diaz (Stuttgart)
Umschlaggestaltung/Layout: LIO Design GmbH, Braunschweig
Druck und Bindung: Westermann Druck GmbH, Georg-Westermann-Allee 66, 38104 Braunschweig

ISBN 978-3-14-**117686**-5

Demokratie (er)leben

THERE ARE NO PLANET-B
KLIMA SCHUTZ

Kapitel 1

Konsum und Nachhaltigkeit

Kapitel 2

Identität und Gesellschaft

Kapitel 3

Grundlagen der Demokratie

GRUNDGESETZ
für die Bundesrepublik Deutschland

Kapitel 4

Marktprozesse und wirtschaftliches Handeln

Kapitel 5

Leben in der Europäischen Union

Kapitel 6

Berufswegeplanung

Kapitel 7

Anhang

Die im Buch enthaltenen Methoden im Überblick

Arbeitstechniken aus Band 1 (ab Seite 224)

Demokratie (er)leben

Kapitel 1

U18
Die Wahl für Kinder und Jugendliche

TIME IS
RUNNING
Future
Für eine gute Zukunft
STOP
Schulstreik
fürs
Klima
Macht ihr eure
Hausaufgaben!
KLIMA
SCHUTZ
STATT
THERE ARE
NO
PLANET-B
I Scream
FRIDAY

- Was ist eigentlich Politik?
- Was bedeutet Demokratie?
- Welche Möglichkeiten der Mitwirkung hast du?
- Kann Demokratie gefährdet sein?

Ist Politik etwas, was mich betrifft?
demokratisch handeln
demokratisch handeln

Abb. 1 *Politik wird gemeinsam gestaltet! Das fördert auch der Kinder- und Jugendwettbewerb „Demokratisch Handeln“*

Wo uns Politik begegnet

Politik im Alltag

Politik begegnet uns tagtäglich. Sie ist etwas Selbstverständliches, denn sie regelt das **Zusammenleben** in unserer Gesellschaft.
Politik in der Schule kann zum Beispiel heißen, dass ihr über selbst gewählte Themen beratet und mehrheitliche **Entscheidungen** trefft, z.B. über das Ziel der nächsten Klassenfahrt.
Politik in der Kommune kann bedeuten, dass ihr Entscheidungen des Gemeinde- oder Stadtrates direkt miterlebt, wenn etwa die Renovierung des Jugendclubs beschlossen wurde. Oder jemand von euch arbeitet als **gewählte Vertretung** in einem Kinder- oder Jugendparlament mit und bringt dort die Interessen der Kinder und Jugendlichen in der Gegend ein.

Politik umfasst auch Bereiche, die nicht direkt vor Ort entschieden werden, uns aber genauso betreffen. Das kann ein **Gesetz** sein, das in der Landeshauptstadt Düsseldorf zum Thema Fahrradwege in Nordrhein-Westfalen beschlossen wird. Dieses Gesetz betrifft dann alle, die in NRW leben und dort Fahrradwege nutzen. Oder es kann ein Gesetz sein, das in der Bundeshauptstadt Berlin beschlossen wird. Ein Beispiel dafür ist die Erhöhung des Kindergeldes. Das trifft dann für alle Familien mit Kindern in Deutschland zu.

Politische Prozesse

Politische Prozesse sind sehr vielschichtig, lassen sich aber übersichtlich in drei Bereiche aufteilen.
Am Anfang eines politischen Vorgangs stehen Aufgaben, Ziele und **Themen**. Themen können z. B. Klima-, Familien-, oder Verkehrspolitik sein. Zu diesen Themen haben Menschen unterschiedliche Vorstellungen, die sie etwa in sozialen Medien, auf Plakaten oder an Infoständen veröffentlichen.
In einem nächsten Schritt kommt es zu **Auseinandersetzungen** zwischen Gruppen mit ihren unterschiedlichen Interessen. Durch Diskussionen und **Verhandlungen** wird versucht, Konflikte zu lösen und einen Kompromiss zu schaffen. Bei diesem politischen Prozess steht am Ende zum Beispiel eine Abstimmung.
Der dritte Bereich ist der vorgeschriebene **Handlungsrahmen**, in dem sich politische Prozesse bewegen müssen. Das sind etwa Klassenregeln, die Verfassung und die politischen Institutionen, wie z.B. das Parlament oder das Regierungssystem.

A Nenne Bereiche, in denen dir Politik begegnet ist.
B Nimm Stellung zu der Aussage: „Politik ist etwas Nahes“.
C Erkläre die drei Bereiche von politischen Prozessen. Kugellager

Wo begegnet uns Politik im Alltag?

M1 *Beispiele*

A
Umwelt
ZONE
frei
Diesel (außer Lieferverkehr und Anwohner) erst ab Euro 5/V frei
B
NUTRI-SCOR
A
B
C
D
C
FSK 12
6
D
ANTRAG AUF KINDERGELD
ALLGEMEINE INFORMATIO
NAME

1 **a)** Gib jedem Foto eine passende Bildunterschrift.
b) Erkläre, was die Themen auf den Bildern mit Politk zu tun haben könnten.
c) Finde weitere Bilder zu Politik im Alltag.

Was ist Politik?

M2 *Zitate zur Politik*

„Der Sinn von Politik ist Freiheit." (Hannah Arendt, deutsche Politologin)

„Der Gegenstand und das Ziel der Politik ist der Friede." (Dolf Sternberger, deutscher Politikwissenschaftler und Journalist)

„Politik würde für uns also heißen: Streben nach Macht [...] oder Beeinflussung der Machtverteilung, sei es zwischen Staaten, sei es innerhalb eines Staates zwischen den Menschengruppen, die er umschließt." (Max Weber, deutscher Soziologe)

2 Wähle eine Aufgabe aus:
I **a)** Erkläre die Zitate zur Politik.
II **b)** Begründe, welches Zitat du am besten findest.
III **c)** Schreibe selbst einen Satz zur Poltik.

Politik in Schulen

M3 *Mehr Mitsprache an Schulen in NRW - Jugendliche sollen Politik stärker üben, WDR, Januar 2024**

Jugendliche sollen Demokratie in Zukunft stärker im Kleinen üben. [...] Mitreden und mitentscheiden - das sind Kernelemente unserer Gesellschaft. Das soll durch ein neues Projekt an den Schulen im Land gestärkt werden. Dabei waren die 13-jährige Hannah Wiemhöfer und der 14-jährige Carl Metz. Sie besuchen die 7. und 8. Klasse der Gesamtschule Münster Mitte. Sie sagen ganz konkret, was sie sich wünschen: Die Schule solle ein „safe space" [sicherer Ort] sein, es dürfe keine Angst vor Diskriminierung geben, gewaltfreie Sprache sei wichtig, kleinere Klassen und mehr Lehrkräfte ebenso. Carl nannte als weitere Beispiele den Ausbau der Digitalisierung und eine bessere Durchmischung der Communitys, um Vorurteile abzubauen. Hannah forderte mehr Projektarbeit, denn „wenn man seine Stärken entfaltet, dann hat man eine bessere Vorstellung von seiner Zukunft". Das klingt nach einer Wunschliste XXL, aber Hannah hatte auch noch ein Beispiel, dessen Umsetzung wohl eher zu schaffen sein müsste: Sie würde gerne bei der Auswahl des Mensaessens mitreden. [...] Schulministerin Feller erhofft sich von dem Beteiligungsprogramm eine Stärkung des Demokratieprozesses. Sie setzt auf die Kompetenzen, die entstehen, wenn man andere überzeugen und Mehrheiten gewinnen muss. [...] Alles soll mit den Jugendlichen zusammen erarbeitet werden: „Nur wer sich ernst genommen fühlt, wird auch mitmachen."

**Text verändert*

3 **a)** Nenne, was sich Hannah und Carl für ihre Schule wünschen.
b) Ergänze eigene Wünsche für deine Schule.
c) Entwickelt zu einem Vorschlag einen Plan, wie er politisch umgesetzt werden könnte. Placemat

85
Was bedeutet Demokratie?
Deutschland
Setz ein Zeichen für Demokratie
2023 | €

Abb. 1 *Von einer 16-jährigen Jugendlichen gestaltete Briefmarke zum Thema Demokratie.*

Wir leben in einer Demokratie

Der Begriff Demokratie

Der Begriff **Demokratie** kommt aus dem Griechischen und heißt wörtlich übersetzt „Herrschaft des Volkes“. Vor etwa 2500 Jahren wurde mit dieser Herrschaftsform der alleinherrschende König abgelöst. In Griechenland bedeutete dies, dass eine kleine Gruppe freier, männlicher Bürger das Recht hatte, an politischen Entscheidungen teilzunehmen. Frauen, Sklaven und Fremde waren ausgeschlossen. Deutschland ist seit 1949 eine Demokratie. Hier haben alle Bürgerinnen und Bürger die gleichen Rechte und Pflichten und auch der Staat muss sich an die Gesetze halten.

Menschenrechte

In demokratischen Staaten werden die **Menschenrechte** geachtet. Menschenrechte sind Rechte, die jedem Menschen zustehen, allein deshalb, weil jemand ein Mensch ist. Zu den Menschenrechten gehören z. B. das Recht auf Leben und ein Recht darauf, frei und sicher zu leben. Auch gehören Rechte auf politische Beteiligung und **Meinungsfreiheit** dazu. Die Herrschaftsform Demokratie garantiert freie Wahlen. Das ist nur möglich, wenn Menschen sich frei äußern dürfen und sich in unterschiedlichen und nicht kontrollierten Medien umfangreich informieren können.

Die Volkssouveränität

Deutschland ist eine **repräsentative Demokratie**. Das bedeutet, dass die über 84 Millionen Deutschen nicht selbst über Gesetze abstimmen. Vielmehr werden Vertreterinnen und Vertreter gewählt, die die Interessen der Menschen vertreten und über Gesetze abstimmen. Die gewählten Personen **repräsentieren** für eine bestimmte Zeit lang die Wählerschaft. Im Gemeinderat, im Stadtrat oder im **Parlament** üben sie die politische Herrschaft aus. Allerdings gibt es auch Ausnahmen, bei denen die Bürgerinnen und Bürger direkt über Gesetze abstimmen können. Das wird **direkte Demokratie** genannt.
Grundsätzlich gilt für Demokratien, dass alle Staatsgewalt vom Volk, also den Bürgerinnen und Bürgern, ausgeht. Durch Wahlen oder Abstimmungen üben sie die Herrschaft aus. Das wird **Volkssouveränität** genannt.

A Beschreibe den Begriff „Demokratie“.

B Erkläre die Volkssouveränität in einer repräsentativen Demokratie.

C Diskutiert, warum Menschenrechte zu einer Demokratie gehören. World-Café

Material

Merkmale einer Demokratie

M1 *Gesichtspunkte von Demokratie*

A

Platz der Menschenrechte
B

SOFORTIGER STOPP VON TIERVER-SUCHEN
ANIMAL PEACE
TIERE HABEN RECHTE
C

D

BGB
Bürgerliches Gesetzbuch
E

F

1 Wähle eine Aufgabe aus:
- I **a)** Beschreibe die wesentlichen Merkmale der Bilder.
- II **b)** Gib jedem Bild eine passende Bildunterschrift.
- III **c)** Erkläre, was die Bilder mit Demokratie zu tun haben könnten.

Volkssouveränität in der repräsentativen Demokratie

M2 *Was bedeutet Volkssouveränität – Landeszentrale für politische Bildung, Baden-Württemberg, Juli 2023*

Volkssouveränität bedeutet, dass alle staatliche Gewalt vom Volk ausgeht. [...]
Alle Organe der staatlichen Gewalt sind also direkt oder indirekt durch das Volk legitimiert. Sie sind also zum Beispiel direkt von den wahlberechtigten Bürgerinnen und Bürgern oder indirekt von ihren gewählten Vertreterinnen und Vertretern gewählt.
Volkssouveränität bedeutet daher nicht, dass das Volk direkt die Herrschaft ausüben muss. In einer repräsentativen Demokratie wie der Bundesrepublik Deutschland drückt sich die Volkssouveränität durch regelmäßig stattfindende demokratische Wahlen aus, bei denen Vertreterinnen und Vertreter des Volkes auf Zeit gewählt werden, um stellvertretend für das Volk politische Entscheidungen zu treffen.

legitimiert rechtmäßig anerkannt
Organe der staatlichen Gewalt sind z. B. das Parlament, die Bundesregierung mit Ministerinnen und Ministern und der Bundeskanzlerin bzw. dem Bundeskanzler

2 **a)** Arbeite die wesentlichen Aussagen des Textes stichpunktartig heraus.
b) Erläutere den Begriff „Volkssouveränität" und seine Bedeutung für die repräsentativen Demokratie.

3 Erstelle mithilfe der Doppelseite eine Mindmap zur Demokratie (siehe dazu Seite 226).

Bundesministerium für Familie, Senioren, Frauen und Jugend
Demokratie leben!
DAS PROGRAMM
MAGAZIN
PROJEKTE & EXPERTISE
FÖRDERN & ENGAGIEREN
VERANSTALTUNGEN
STARTSEITE > DAS PROGRAMM > ÜBER "DEMOKRATIE LEBEN!"
Über "Demokratie leben!"
Demokratie fördern. Vielfalt gestalten. Extremismus vorbeugen.
Unter diesem inhaltlichen Dreiklang fördert "Demokratie leben!" Projekte in ganz Deutschland.
PARTIZIPATION
RESPEKT
Unsere Demokratie muss jeden Tag neu mit Leben gefüllt werden. Sie braucht
Programm fördert das Bundesministerium für Familie, Senioren, Frauen und Jugend
DIREKT ZU
↗ Struktur
Welche Möglichkeiten gibt es, Demokratie mitzugestalten?

Abb. 1 *Die Website des Programms „Demokratie leben" des Bundesministeriums für Familie, Senioren, Frauen und Jugend*

Mitmachen in der Demokratie

An Demokratie teilhaben

Demokratie lebt vom Mitmachen, nicht vom Zuschauen. Oft denken Menschen, Politik sei etwas, das „die da oben" machen. Sie glauben, dass nur Politikerinnen und Politiker in der Landeshauptstadt Düsseldorf oder in der Bundeshauptstadt Berlin etwas in der Politik bestimmen können. Oft sind sie auch der Meinung, sie könnten nur etwas bewirken, wenn sie sich in den Gemeinde- oder Stadtrat wählen lassen oder ein politisches Amt übernehmen. Doch es gibt viele Möglichkeiten, sich in der Demokratie zu engagieren.

Formen der Partizipation

Teilhabe, auch **Partizipation** genannt, hat viele Formen. Sie findet bei gesellschaftlichem **Engagement** im Verein, in der Kirchengruppe oder in der Bürgerinitiative statt. Eine wichtige Form der Partizipation sind Wahlen, denn hier bestimmen die Bürgerinnen und Bürger über die Politik der nächsten Jahre. Darüber hinaus nimmt man auch am politischen Leben teil, wenn man politische Gespräche führt oder politische Berichterstattung verfolgt und im Freundeskreis darüber diskutiert.

Demokratie stärken

Demokratie zu sichern und gestalten ist nicht nur eine Aufgabe von Politikerinnen und Politikern. Vielmehr ist es zu einem Großteil auch die Aufgabe der Bürgerinnen und Bürger. In **Herrschafts- und Lebensformen**, in der alle staatliche Gewalt vom Volk ausgeht, müssen die Menschen für ihre demokratischen Werte eintreten und sie sichern.

Wichtige **Werte** in einer Demokratie sind **Freiheit**, ein friedliches **Zusammenleben**, gegenseitige **Akzeptanz** und ein respektvoller Umgang untereinander. Diese Werte müssen täglich gelebt und gestärkt werden. Deswegen wird bei einer Demokratie auch von einer Lebensform gesprochen. Demokratie lebt von Bürgerinnen und Bürgern die für sie eintreten, sie schützen und verteidigen, wenn Menschen die Abschaffung von demokratischen Werten verfolgen.

A Erkläre den Begriff „Partizipation".

B Erläutere, warum bei Demokratie von Herrschafts- und Lebensform gesprochen wird.

C Nenne Möglichkeiten, Politik mitzugestalten.

Material

Warum ist Demokratie manchmal anstrengend?

M1 *Demokratie – ein anstrengendes Geschäft. Der Politikwissenschaftler Felix Heidenreich äußert sich, Deutsches Schulportal, Robert Bosch Stiftung, Dezember 2022*

Demokratie scheint vielen, gerade jüngeren Menschen in Deutschland eine Selbstverständlichkeit zu sein. Sie war zeit ihres Lebens immer da. Und doch scheint sie für viele etwas von oben zu sein, nicht etwas, was es mitzugestalten gilt, und auch nicht etwas, das es zu verteidigen gilt. [...]
Viele erleben diesen Staat nicht als ‚ihren' Staat [...], Das kann zu Skepsis, oft auch zu Ablehnung oder zu Frustration führen und zu der Haltung, dass Demokratie weniger wichtig und wertvoll ist. [...]
Eine wesentliche Ursache für die Demokratieverdrossenheit sieht Felix Heidenreich vor allem darin, dass viele glauben, „dem politischen Gemeinwesen nichts zu schulden, ihm voller Rechte, aber ohne Pflichten gegenüberzustehen". Demokratie sei aber ein „anstrengendes Geschäft". [...]
Gemeint ist damit, dass Bürgerinnen und Bürger in einer Demokratie mitgestalten sollten. Heidenreich beleuchtet dazu verschiedene Aspekte – die Wahlpflicht, das Schöffenamt, das Engagement im Bürgerrat [...].

Aspekte verschiedene Blickwinkel oder Gesichtspunkte eines Themas/einer Sache
Schöffenamt ehrenamtliche Tätigkeit, bei der Bürgerinnen und Bürger in Gerichtsverfahren Entscheidungen mitbeeinflussen
Bürgerrat eine Form der Bürgerbeteiligung, bei der gesellschaftliche Themen diskutiert und Empfehlungen für politische Entscheidungsträger erarbeitet werden

1 Wähle eine Aufgabe aus:
I **a)** Nenne die Kernaussagen von M1.
II **b)** Erkläre, warum der Politikwissenschaftler die Demokratie als ein anstrengendes Geschäft bezeichnet.
III **c)** Beurteile die Aussagen des Politikwissenschaftlers zur Demokratie.

Demokratie lernen

M2 *Zeichnung von Holger Appenzeller*

DEMOKRATIE

M3 *Zitate zur Demokratie*

„Noch nie war Demokratie ein Selbstläufer." (Siegfried Schiele, Politikdidaktiker)

„Demokratie vererbt sich nicht." (Hans-Peter Bartels, deutscher Politiker)

„Demokratie muss gelebt werden, um gelernt zu werden." (Gisela Behrmann, Philosophin)

2 **a)** Analysiere die Zeichnung. +
b) Erkläre die Zitate mit eigenen Worten.
Partnervortrag
c) Begründe, welches Zitat zur Demokratie für dich am besten zutrifft.

3 Begründe, welches der Zitate aus deiner Sicht am besten zur Zeichnung passt.

#lobby für ein starkes nrw
#ehrenamt
#weilwirdasind
#vernetzung
#demokratie fördern
#gesellschaft gestalten
Gefällt mir
Kommentieren
Teilen
12
3

Welche Aufgaben haben Interessensgemeinschaften in einer vielfältigen Demokratie?

Abb. 1 *Der Landesjugendring Nordrhein-Westfalen wirbt in den sozialen Medien für Mitwirkung in der Demokratie.*

Vereine – Gewerkschaften – Parteien

Pluralismus

Demokratische Gesellschaften sind vielfältig. Das bedeutet, in diesen Gesellschaften leben freie Menschen mit unterschiedlichen Meinungen, Hoffnungen, Interessen, Lebensstilen oder politischen Vorstellungen. Eine demokratische Gesellschaft akzeptiert diese unterschiedlichen Interessen und Vorstellungen. In der Politikwissenschaft wird das **Pluralismus** genannt. Menschen mit ähnlichen Vorstellungen und Ideen können sich in Vereinen, Gewerkschaften, Bürgerinitiativen oder politischen Parteien zusammenschließen.

Vereine

In Deutschland gibt es etwa 620.000 **Vereine**, etwa in den Bereichen Sport-, Musik-, Freizeit- oder Naturschutzv. Es sind freiwillige Zusammenschlüsse von Menschen, die gemeinsame Interessen verfolgen. Als Teil unserer Gesellschaft müssen Vereine demokratisch strukturiert sein. Vereine haben eine große gesellschaftliche Bedeutung, da sie auch Lernorte für demokratische Verhaltensweisen sind. Viele Aufgaben werden ehrenamtlich geleistet und tragen zum Zusammenhalt der Gesellschaft bei.

Gewerkschaften

In Deutschland gibt es über 120 **Gewerkschaften**. Das sind freiwillige Vereinigungen von Arbeiterinnen und Arbeitern, etwa der Bahn oder von Energiebetrieben. Gewerkschaften vertreten die Interessen ihrer Mitglieder. Dabei kann es etwa um Lohn (die Bezahlung für geleistete Arbeit), Urlaubstage, Fortbildung oder Arbeitszeiten gehen. Gewerkschaften sind demokratisch organisiert und nehmen Einfluss auf die Politik.

Politische Parteien

Politische Parteien sind Vereinigungen von Bürgerinnen und Bürgern mit gleichen oder ähnlichen Vorstellungen. Parteien bündeln diese Vorstellungen in Programmen. Damit werben sie um die Stimmen der Wählerinnen und Wähler. Je mehr Stimmen eine Partei erhält, desto größer ist ihre Chance, ihre Vorstellungen im Parlament zu vertreten. Parteien sind demokratisch strukturiert, regen zur politischen Bildung an und bilden Menschen für politische Aufgaben und Ämter aus.

A Erstelle eine Mindmap zum Thema Pluralismus (siehe dazu Seite 226).

Material

Engagement in Verein, Gewerkschaft und Partei

M1 *Die BUNDjugend NRW: Es geht um unsere Zukunft, Naturschutzverein BUND, Oktober 2023**

Die BUNDjugend ist Teil des Vereins BUND und bietet bundesweit Projekte, Aktionen, Seminare und Freizeiten an, von denen sich ein Großteil auch an Jugendliche und Kinder unter 16 Jahren richtet. Darüber hinaus sind viele Jugendliche in Jugendgruppen organisiert, als Anlaufstelle nutzen sie die Landesverbände der BUNDjugend. Vom praktischen Naturschutz bis hin zu einem persönlichen Klimaexperiment können sich Kinder und Jugendliche rauspicken, was ihren Interessen entspricht, aber auch eigene Aktionen planen. Zusätzlich bietet der BUND viele lokale Angebote für Kinder an, unter anderem im Rahmen der über 2.000 verschiedenen Kreis- & Ortsgruppen.

BUND
jugend
FOSSIL
FREE
NOW!
Mitglieder der BUNDjugend Nordrhein-Westfalen

** Text verändert*

M2 *Gemeinsam sind wir stark – und mit dir sind wir noch stärker! Gewerkschaft verdi, Oktober 2023*

Du willst dich engagieren und etwas verändern? Dich nervt, dass die junge Generation und ihre Interessen in unserer Gesellschaft häufig nicht gehört wird? Du willst bessere Ausbildungs- und Arbeitsbedingungen? Wenn du dich einsetzen willst für ein besseres Arbeitsleben, für mehr Vereinbarkeit von Familie und Beruf und für echte Zukunftschancen statt leerer Versprechen, dann bist du bei uns genau richtig! Wir vernetzen bundesweit über 110.000 Auszubildende, junge Beschäftigte, Erwerbslose, Schülerinnen, Schüler und Studierende.

ANGEBOT
WAT SULL DÄ DRISS?!
KÖLN BONN LEVERKUSEN
Plakat der verdiJugend Köln/Bonn/Leverkusen

M3 *Jugendorganisationen der Parteien, deutschland.de, Juli 2023*

Alle im Bundestag vertretenen Parteien haben Jugendorganisationen. Die größte ist die Junge Union, die mit CDU und CSU verbunden ist. Sie ist mit 90.000 Mitgliedern nach eigenen Angaben die „größte politische Jugendorganisation Europas". Mehr als 70.000 Mitglieder haben die Jusos der SPD. In der Grünen Jugend engagieren sich rund 16.000 junge Menschen, bei den Jungen Liberalen sind es rund 16.000. In den meisten Jugendorganisationen liegen die Altersgrenzen zwischen 14 und 35 Jahren. Viele Politikerinnen und Politiker, die heute führende Positionen einnehmen, begannen ihre politische Karriere in einer Jugendorganisation.

1 Erstellt in Gruppen ein Lernplakat zum Thema Vereine, Gewerkschaften oder Parteien (siehe Seite 228).

a) Recherchiert zu eurem Thema z. B. das Aufnahmealter, Kosten als Mitglied, Aktionen, Aufgaben.

b) Führt, falls möglich, Interviews mit Mitgliedern durch.

c) Präsentiert euer Lernplakat vor der Klasse. Galeriegang

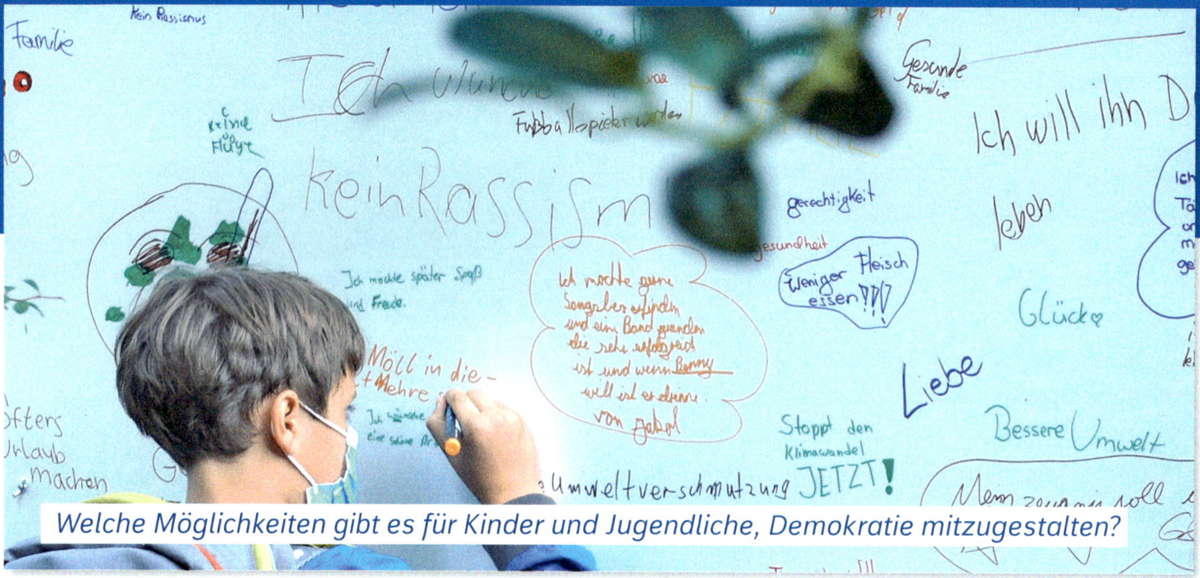
kein Rassism
Liebe
Glück
Bessere Umwelt
Stoppt den Klimawandel
Weniger Fleisch essen!!!
gerechtigkeit
Umweltverschmutzung JETZT!
Ich will ihn D
leben
Welche Möglichkeiten gibt es für Kinder und Jugendliche, Demokratie mitzugestalten?

Abb. 1 *Politische Themen bewegen auch Kinder und Jugendliche.*

Jugendliche in der Demokratie

Partizipation von Jugendlichen

Der Begriff **Partizipation** bezeichnet verschiedene Formen der Beteiligung von Menschen bei der Erledigung gemeinsamer, politischer Angelegenheiten.
Junge Menschen erlernen und erleben Partizipation in verschiedenen Situationen und Umgebungen. Sie lernen Mitgestaltung, Selbstbestimmung und Verantwortung beispielsweise in Familie, Kita, Schule, Freizeit und zum Teil in Jugendverbänden, Vereinen oder Parteien.

Demokratie lernen

Erste demokratische Werte erfahren und lernen Kinder in der Familie. So werden etwa **Regeln** besprochen und Mitbestimmung erlernt. Auch wird über Vorgänge in der Welt gesprochen und diskutiert.
Im Kindergarten und in der Schule lernen Kinder und Jugendliche neue Regeln und Werte, wie das friedliche Miteinander in Gruppen und die Akzeptanz gegenüber anderen. Sie erfahren hier auch, dass ihre Stimme gehört und ihre Rechte geachtet werden. Besonders in der Schule lernen Kinder **demokratische Mitbestimmung** in Form von Klassenrat, Schülervertretung und Schulgestaltung.

Protestbewegungen und Engagement

Viele Kinder und Jugendliche engagieren sich weltweit lautstark für eine bessere Klimapolitik. Sie lernen sich zu organisieren und ihre Interessen und Anliegen in die Öffentlichkeit und damit in die Politik zu bringen. Mit der Protestbewegung **„Fridays for Future“** demonstrieren Hunderttausende junger Menschen für eine Kehrtwende in der Klimapolitik. Dabei organisieren sie sich vorwiegend in losen Gruppen und weniger in Parteien. Aber auch Parteien können mit ihren Jugendorganisationen Räume für demokratische Teilhabe bieten. Hier ist die Beteiligung junger Menschen jedoch eher gering. Jugendliche können sich oft mit keiner Partei identifizieren und sehen wenig Einflussmöglichkeiten innerhalb der Partei. Für unsere Demokratie ist es aber wichtig, dass sich junge Menschen engagieren.

A Nenne Bereiche, in denen junge Menschen mit Demokratie in Kontakt kommen.

B Erläutere, wie junge Menschen Partizipation erlernen können. +

C Diskutiert in der Klasse darüber, ob Engagement in der Demokratie wichtig ist. +

Junge Menschen engagieren sich für die Demokratie

M1 *Engagement der 12- bis 25-Jährigen (aufgeschlüsselt nach Bereichen), Bundesministerium für Familie, Senioren, Frauen und Jugend, 2023*

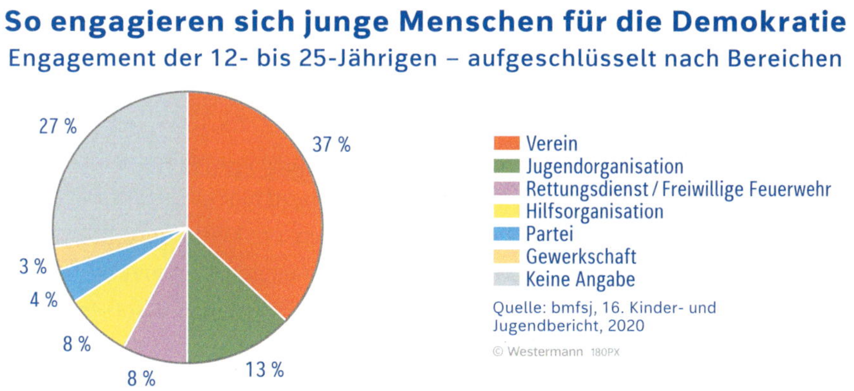
So engagieren sich junge Menschen für die Demokratie
Engagement der 12- bis 25-Jährigen – aufgeschlüsselt nach Bereichen
27 %
37 %
3 %
4 %
8 %
8 %
13 %
Verein
Jugendorganisation
Rettungsdienst / Freiwillige Feuerwehr
Hilfsorganisation
Partei
Gewerkschaft
Keine Angabe
Quelle: bmfsj, 16. Kinder- und Jugendbericht, 2020
© Westermann 180PX

1 a) Werte die Grafik aus (siehe Methode auf Seite 227).
b) Begründe, in welchem Bereich du dich am ehesten engagieren würdest.
c) Erstelle eine Umfrage zum gesellschaftlichen Engagement in eurem Jahrgang (siehe Seite 230).
d) Vergleicht eure Umfrageergebnisse mit den Ergebnissen aus der Grafik. Marktplatz

Politisch aktiv werden

M2 *Im Internet politisch aktiv werden, Auskunft fordern und die Demokratie stärken. Fluter Nr. 46, Bundeszentrale für politische Bildung, März 2013*

Der Tag an dem ich mich einmischte

Ich habe ein wichtiges Anliegen, aber das Parlament kümmert sich nicht darum. Wie kann ich mir Gehör verschaffen?
Auf Change.org kann jeder Nutzer eine elektronische Petition starten. Findet die Idee genügend Unterstützer, kann sich das Netzwerk zu einem schlagkräftigen politischen Instrument wandeln. Auch Portale wie Campact.de und Avaaz.org können dafür sorgen, dass politische Themen auf die Tagesordnung gehoben werden. Jeden Monat haben sie mehrere Kampagnen, die Internet-User mit einem Klick unterstützen können. Die digitalen Unterschriftenlisten werden nach Beendigung der Aktion an Entscheidungsträger aus Politik oder Wirtschaft übergeben.

Petition ist ein Schreiben an eine bestimmte Stelle, etwa an eine Behörde oder Abgeordnete. Dabei werden oft Unterschriften gesammelt. Mit Online-Petitionen wird eine große Öffentlichkeit erzeugt, da sie auch in sozialen Medien geteilt werden.

2 a) Beschreibe, wie du politisch aktiv werden kannst.
b) Recherchiere aktuelle Petitionen in einem der Portale. Links: *Portale mit aktuellen Petitionen*
c) Begründe, ob du eine der Petitionen unterstützen würdest.
d) Erstellt eine Positionslinie, ob ihr selbst eine Petition initiieren wollt oder nicht.

Für die Demokratie eintreten - Engagement von Bürgerinnen und Bürgern

M3 *Digitale Botschaften mit Reichweite, Bundesministerium für Familie, Senioren, Frauen und Jugend (BMFSFJ), September 2021*

Demokratie braucht Dich! ×

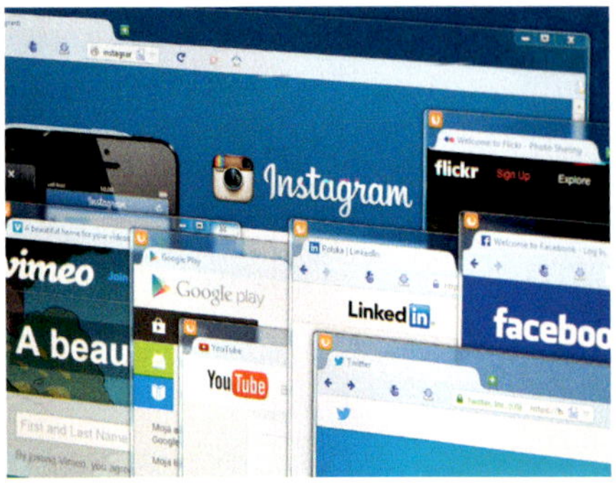
Instagram
flickr
Google play
Linked in
YouTube

Wie werden aus eigenen Botschaften echte Bewegungen? Durch digitale Vernetzung. YouTube, Instagram, TikTok oder WhatsApp gehören längst zum Alltag. Junge Digital Natives können diese nutzen und hier einiges bewirken. Digitale Medien verändern nicht nur unsere Kommunikation, sondern auch die Form der politischen Auseinandersetzung. Sie eröffnen aber auch neue Räume, um Themen und Botschaften viel sichtbarer zu platzieren. Im Vergleich zu früher ist es heute viel einfacher, nicht nur Medien zu konsumieren, sondern selbst Inhalte zu produzieren. Wer aktiv sein will, dem bietet das Internet zahlreiche Möglichkeiten. Ob in Sachen Klimaschutz, Alltagsrassismus oder Corona-Pandemie: Mit wenigen Klicks können in relevanten Online-Netzwerken wichtige Themen platziert und verbreitet werden. Digitale Medien bieten vor allem jungen Menschen die Chance, leicht Aufmerksamkeit zu erregen, andere Menschen zu mobilisieren oder Beteiligung zu organisieren.

Online-Engagement kann viel Dynamik und Wirkung entfalten. Dank digitaler Vernetzung wurden zum Beispiel die „Unteilbar"-Bewegung und auch #BlackLivesMatter sichtbar. Millionen Menschen haben sich im Internet und auf der Straße für Gleichberechtigung und Vielfalt eingesetzt und offen Solidarität bekundet. Das zeigt, Demokratie funktioniert auch digital, und zwar auf vielfältige Art. Schon mit dem „Liken" von Inhalten in sozialen Netzwerken beziehen wir Stellung zu gesellschaftlichen Themen und positionieren uns, ebenso wie über Statements in der Profilbeschreibung oder mit speziellen Gruppenmitgliedschaften.

M4 *Demokratie vor Ort braucht Dich! BMFSFJ, September 2021**

Schaut her, hier sind wir! Kreative Aktionen helfen, Ideen, Wünsche und Standpunkte sichtbar zu machen und so vor Ort Demokratie zu gestalten: egal ob es um einen fehlenden Jugendclub, mehr Klimaschutz in der Gemeinde, Rassismus auf dem Schulhof oder um regionalpolitische Entscheidungen geht. Lokale Aktionen bieten die Chance, die eigene Meinung offen zu vertreten und Haltung zu zeigen. Denn wie eine Gemeinschaft sich entwickelt, haben alle in der Hand – Jung wie Alt. Gerade lokale Projekte füllen Demokratie mit Leben. Und so bunt wie das Leben, so vielfältig sind auch die Aktionen, die vielerorts stattfinden. Dazu gehören beispielsweise:

- Öffentliche Demos oder Kundgebungen
- Theaterstücke, Ausstellungen, Kunstaktionen
- Sportveranstaltungen und Nachbarschaftsfeste
- Diskussionsrunden mit Lokalvertreterinnen und Lokalvertretern
- Social-Media-Aktionen mit Aufrufen
- Spezielle Aktionstage zur Demokratiestärkung
- Plakatkampagnen und Medienarbeit

** Text verändert*

Material

M5 *Gute Ideen zahlen sich aus, BMFSFJ, September 2021*

Wie wird aus einem Vorschlag eine neue Graffitiwand? Indem sie finanziert wird. Es gibt Orte, die regelmäßig einen festen Geldbetrag für nützliche Vorhaben zur Verfügung stellen: ein sogenanntes Bürgerbudget. Wofür das Geld verwendet wird, entscheiden die Einwohnerinnen und Einwohner ganz allein. Mitmachen dürfen dabei meist schon junge Menschen ab 12 oder 14 Jahren. Sie entwickeln dafür eigene Ideen, schlagen diese zur Finanzierung vor und stimmen selbst darüber ab. Bedingung ist, dass die Projekte der Allgemeinheit zugutekommen und in einem gewissen Kostenrahmen bleiben. Ob Straßenfeste oder Tischtennisplatten: Was die Gemeinschaft mehrheitlich für sinnvoll hält, wird mit dem Geld realisiert – meist innerhalb eines Jahres. Ob es in einer Stadt oder Gemeinde ein Bürgerbudget gibt, steht in der Regel auf der ortseigenen Homepage.

M6 *Das „Bürger*innenbudget“ 2023 - für deine Ideen 215.000 Euro, Stadt Wuppertal, 2023*

Dieses Jahr stellt die Stadt Wuppertal in Kooperation mit der Gemeinschaftsstiftung für Wuppertal, der BARMER sowie den Firmen KNIPEX und WuXi Biologics insgesamt 215.000€ für Ideen aus der Bevölkerung zur Verfügung. Die Wuppertaler*innen reichen eigene Vorschläge ein und entscheiden selbst, welche davon umgesetzt werden sollen. Für die Ideen gibt es nur wenige Vorgaben: Die Umsetzung darf nicht mehr als 50.000€ kosten und muss innerhalb von zwei Jahren möglich sein, die Idee muss im Handlungsspielraum der Stadt Wuppertal liegen und etwas zum Gemeinwohl beitragen.

Ablauf Bürger*innenbudget 2023 der Stadt Wuppertal

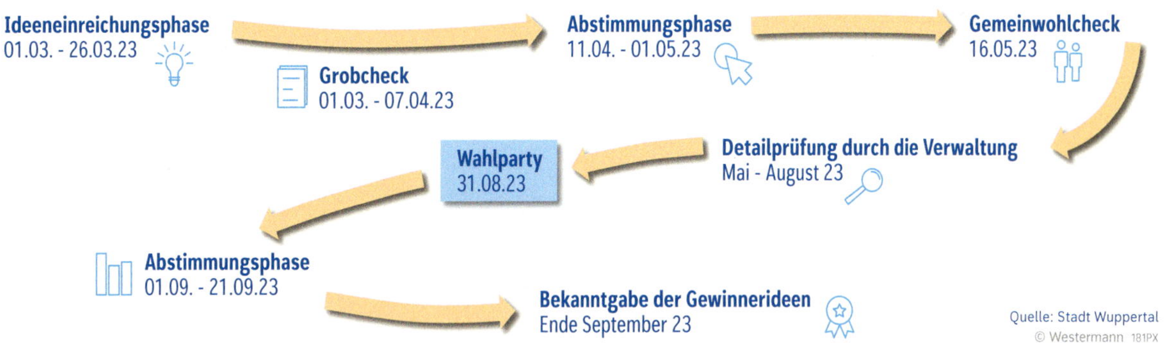
Ideeneinreichungsphase
01.03. - 26.03.23
Grobcheck
01.03. - 07.04.23
Abstimmungsphase
11.04. - 01.05.23
Gemeinwohlcheck
16.05.23
Detailprüfung durch die Verwaltung
Mai - August 23
Wahlparty
31.08.23
Abstimmungsphase
01.09. - 21.09.23
Bekanntgabe der Gewinnerideen
Ende September 23

Quelle: Stadt Wuppertal
© Westermann 181PX

3 Lies die Materialüberschriften und skizziere kurz den Inhalt der Materialien.

4 Gruppenpuzzle

a) Beschreibt mit Hilfe der Materialien der Doppelseite Möglichkeiten, Demokratie vor Ort mitzugestalten.

b) Recherchiert, ob es in eurer Kommune oder Stadt ein Bürgerinnen- bzw. Bürgerbudget gibt.

c) Gestaltet eine Mindmap zum Thema „Demokratie leben und mitgestalten“ (siehe Methode auf Seite 226).

d) Beurteilt die Aussage: „Sich für die Demokratie einzusetzen ist nicht schwer, für unser freiheitliches Leben aber sehr wichtig".

DEMOKRATIE
IST FÜR ALLE DA!
Unterschreibe
für ein Wahlrecht ab 16!
Sollte das Wahlalter auf 16 Jahre abgesenkt werden?
www.jugend-waehlt.de

Abb. 1 *Poster zu einer Petition, die die Absenkung des Wahlalters auf 16 Jahre fordert.*

Wählen mit 16

Wahlalter in Deutschland

Die Regelungen zum Wahlalter sind in den einzelnen Bundesländern in Deutschland unterschiedlich. Es gibt Bundesländer, wie z. B. das Land NRW, in denen 16-Jährige an Kommunalwahlen teilnehmen dürfen, in anderen wiederum nicht. Mit einem einheitlichen **Wahlrecht** ab 16 Jahren würde das Problem, dass junge Menschen in einigen Bundesländern wählen dürfen und in anderen nicht, beseitigt werden. Einheitlich geregelt sind die Wahlen zum Deutschen Bundestag mit dem **Wahlalter** 18 Jahre und zum Europäischen Parlament. Hier gilt das Wahlalter 16 Jahre.

Was spricht für Wahlen ab 16 Jahren?

Eine Studie belegt, dass sich bei einem Wahlrecht ab 16 die **Wahlbeteiligung**, die in den letzten Jahren immer geringer wurde, langfristig verbessern würde. Auch könnte das Verlegen des Wahlalters in die Schulzeit eine große Chance bieten, Interesse für Demokratie und Politik zu erzeugen. Darüber hinaus könnten mehr Stimmen von jungen Menschen bei Wahlen dazu beitragen, dass ihre Belange und Vorstellungen mehr und besser in den Blick der Politik gelangen.

Was spricht gegen Wahlen ab 16 Jahren?

Als Argument gegen das Absenken des Wahlalters auf 16 Jahre wird aufgeführt, dass junge Menschen noch nicht die politische Reife, das politische Interesse und Wissen haben. Vor allem würden sie die Tragweite ihrer Wahlentscheidung nicht im vollen Umfang einordnen können. Darüber hinaus wird angeführt, dass das Wahlalter 18 Jahre sinnvoll mit der Volljährigkeit einhergeht. Mit der Volljährigkeit erhalten junge Menschen viele Rechte, z. B. dürfen sie ihren gemachten Autoführerschein selbstständig abholen oder in Diskotheken feiern, so lange wie sie möchten. Auch erhalten sie die volle Geschäftsfähigkeit und dürfen etwa Handyverträge abschließen. Aber mit der Volljährigkeit gehen auch Pflichten einher, z.B. ist man jetzt ausschließlich allein für sein Handeln verantwortlich. Deshalb sollte man auch erst ab 18 wählen dürfen.

A Ordne dich auf einer Positionslinie für oder gegen das Absenken das Wahlalters ein.

B Recherchiere, in welchen Bundesländern das Wahlrecht ab 16 Jahren für Kommunalwahlen und Landtagswahlen gilt.

Wahlalter aus Sicht eines Karikaturisten

M1 *Karikatur von Gerhard Mester, 2020*

FRIDAYS FOR FUTURE
Es gibt keinen Planeten B
zu jung!
zu unreif!
zu unerfahren!
16
WAHLVORSTAND
IHRE STIMME ZÄHLT

1 Wähle eine Aufgabe aus:
- I **a)** Beschreibe die Karikatur.
- II **b)** Analysiere die Karikatur (siehe Methode auf Seite 122).
- III **c)** Entwickle drei begründete Ideen, was die junge Person dem Wahlvorstand antworten könnte.

Pro und Kontra-Argumente für eine Absenkung des Wahlalters auf 16 Jahre

M2 *Zwei Politologen legen nahe, das Wahlalter zu senken, NEWS4TEACHERS, Februar 2023*

Gemeinsam befragten Arndt Leininger und Thorsten Faas [...] mehr als 5.000 Berliner Jugendliche zwischen 15 und 20 Jahren vor dem Hintergrund der Wahlen vom September 2021 [...]. Damals waren die Berlinerinnen und Berliner nicht nur zur Bundestagswahl, sondern auch zur Landtags- und Kommunalwahl aufgerufen und sollten darüber hinaus an einem Volksentscheid teilnehmen. Allerdings konnten sich nur an der Kommunalwahl auch 16- und 17-Jährige beteiligen. Ihre Studie bestätige, so die Wissenschaftler, dass 16- und 17-Jährige hinsichtlich ihrer politischen Reife mit jungen Erwachsenen ab 18 Jahren auf Augenhöhe seien. „Unsere aktuelle Befragung untermauert, dass es weiterhin wenig Anlass gibt, an der Befähigung 16- und 17-Jähriger zu politischer Teilhabe auch auf Bundesebene zu zweifeln", führt Arndt Leininger aus. Im Gegenteil legten die Befunde nahe, das Wahlalter nicht nur und auch nicht zuerst auf kommunaler Ebene zu senken.

M3 *Thorsten Frei (CDU) gegen Absenkung des Wahlalters, Bundestagsbüro, März 2023*

Zum [...] Vorschlag der [ehemaligen] SPD-Bundesjustizminsterin Katarina Barley, das Alter zur Teilnahme an Bundestagswahlen auf 16 Jahre zu senken, erklärt der Bundestagsabgeordnete Thorsten Frei: Das Wahlrecht würde durch eine Absenkung des Wahlalters letztlich entwertet. Man kann kaum begründen, warum jemand über die Geschicke eines Landes und einer Gesellschaft mitentscheiden soll, den wir in allen anderen Bereichen nicht für reif genug erachten, seine Angelegenheiten ohne die Zustimmung seiner Eltern zu regeln. So etwa einen Mobilfunkvertrag abzuschließen oder einen Film im Kino anzuschauen, dem die FSK keine Jugendfreigabe erteilt hat.
Es gibt [...] einen breiten gesellschaftlichen Konsens dafür, dass ein junger Mensch mit Vollendung seines 18. Lebensjahres die Volljährigkeit erlangt. Das ist dann auch der richtige Zeitpunkt, ihm das Wahlrecht zu übertragen.

2 **a)** Gib die Argumente aus M2 und M3 in eigenen Worten wieder.
b) Ergänze mit eigenen Argumenten. Bienenkorb

3 III Nimm Stellung zur Absenkung des Wahlalters auf 16 Jahre mithilfe dieser Doppelseite unter dem Gesichtspunkt demokratischer Teilhabe.

Methode

Eine Talkshow durchführen

Abb. 1 *Talkshow „Anne Will“*

Eine Talkshow ist eine Fernsehsendung, in der mehrere Personen miteinander ein kontroverses Streitgespräch führen. Dazu werden zum Beispiel Personen aus der Politik, den Medien oder der Wissenschaft als Gäste eingeladen, die zum Teil sehr unterschiedliche Ansichten vertreten. Eine Moderatorin oder ein Moderator leitet die Talkshow.

Wenn ihr eine eigene Talkshow im Unterricht durchführt, könnt ihr selbst ausprobieren, unterschiedliche Standpunkte zu einem Thema einzunehmen und eure Meinung mit Argumenten zu verstärken. Außerdem könnt ihr das respektvolle Debattieren und Streiten üben.

Formulierungshilfen für die Arugumentation

1. Schritt: Talkshow vorbereiten

- Ihr erhaltet eine Streitfrage zur Diskussion.
- Teilt die Klasse in unterschiedliche Gruppen ein, die jeweils eine Person als Rolle übernehmen, zum Beispiel: Politikerin A, Politiker B, Ärztin, Wissenschaftlerin, Bildungsexperte, Journalist.
- Legt auch eine Schülerin oder einen Schüler für die Moderation fest. Sie oder er sollte kommunikativ in der Lage sein, die Moderation zu führen.
- Recherchiert zu Argumenten, Zahlen und Fakten, die eure Seite unterstützen. Bedenkt auch, welche Argumente die Gegenseite vorbringen könnte und wie ihr diese entkräften könntet.
- Wählt ein oder zwei Personen aus, die als Gäste für ihre jeweilige Seite die Argumente vortragen.
- Die Person, die moderiert, informiert sich während der Recherche über die Argumente beider Seiten und überlegt ein paar kritische Fragen. Sie bereitet auch einen kurzen Einstieg in das Thema und einen Abschluss nach einer bestimmten Zeit vor.
- Gestaltet das „Studio“: Stellt gemeinsam Stühle im Halbkreis vor das Publikum und erstellt Namenskärtchen für die Gäste.

2. Schritt: Talkshow durchführen

- Die Moderatorin oder der Moderator eröffnet die Talkshow, erläutert das Thema und stellt die Gäste vor. Sie oder er leitet das Gespräch, regt mit gezielten Fragen die Gäste zu Wortbeiträgen an und sorgt bei hitzigen Diskussionen für Ordnung.
- Die Gäste müssen im Gespräch überzeugend ihre Argumente vortragen. Sie können auch selbst das Wort ergreifen, um „für ihre Seite zu kämpfen“.
- Das Publikum beobachtet die Gesprächsführung anhand von Kriterien:
  - Überzeugungskraft der Argumente,
  - Einhaltung der Gesprächsregeln,
  - Sachlichkeit der Argumentation.

Beobachtungsbogen für die Talkshow

3. Schritt: Rollendistanz aufbauen und die Talkshow auswerten

- Die Gäste und die Moderatorin oder der Moderator distanzieren sich von ihrer Rolle. Das geschieht, indem sie berichten, wie es ihnen in ihrer Rolle ergangen ist. Das Publikum gibt Feedback:
  - Wer war besonders überzeugend?
  - Haben sich alle an die vereinbarten Gesprächsregeln gehalten?
  - Was blieb inhaltlich unklar?
- Tragt die Argumente gemeinsam an der Tafel zusammen und haltet fest, was ihr besonders gelungen fandet und was ihr beim nächsten Mal anders machen würdet.

Streitfrage der Talkrunde: „Soll das Wahlalter auf 16 Jahre gesenkt werden?“

M1 *Verschiedene Standpunkte zum Thema, Autorentext*

Herr Jimenez, Politiker

Junge Menschen haben doch auch die Möglichkeit, durch Proteste ihre Meinung kundzutun, deswegen muss das Wahlalter nicht gesenkt werden.

Frau Drews, Politikerin

Wenn 16-Jährige schon eine Ausbildung machen dürfen und Steuern zahlen müssen, dann sollten sie auch wählen dürfen.

Herr Abach, Rentner

Die jungen Menschen sollen erst einmal lernen und Erfahrung sammeln, bevor sie wichtige Entscheidungen für unser Land treffen.

Erkan, Schüler

Mit Fridays for Future zeigen wir, dass wir Interesse an Politik haben. Wenn wir das Wahlrecht mit 16 hätten, könnten wir noch mehr bewegen.

Frau Çiller, Politikwissenschaftlerin

Es spricht nichts gegen das Absenken des Wahlalters. Forschungen zeigen: Je früher junge Menschen an der Politik partizipieren dürfen, desto stärker setzen sie sich für die Demokratie ein.

Frau Oduro, Lehrerin

Ich sehe im Politikunterricht immer wieder, wie gut Schülerinnen und Schüler über Politik informiert sind und wie sie die Zukunft gestalten wollen.

1 Führt eine Talkshow zu der oben aufgeführten Streitfrage durch. Nutzt dazu auch die hier aufgeführten Argumente.

Wie funktioniert das Zusammenleben in einer vielfältigen Gesellschaft?
4228

Abb. 1 *Die Stadt Düsseldorf und die Rheinbahn setzen gemeinsam ein Zeichen für eine aufgeschlossene Gesellschaft.*

Demokratie und Vielfalt

Vielfältige Gesellschaft

Deutschland ist eine vielfältige Gesellschaft. Hier leben viele unterschiedliche Arten von Menschen zusammen, zum Beispiel mit verschiedenen Hintergründen, Kulturen, Sprachen und Traditionen. Von 84 Millionen in Deutschland lebenden Menschen haben etwa 24 Millionen einen Migrationshintergrund. Fast 8 Millionen der gesamten Bevölkerung leben mit einer schweren Beeinträchtigung. Auch Menschen der unterschiedlichsten Religionen und Weltanschauungen, wie z. B. dem Christentum, Judentum, Islam, Hinduismus oder Atheismus leben in Deutschland. Fast 6 Millionen Menschen bezeichnen sich als LSBTIQ*, also als lesbisch, schwul, bisexuell, transgender, intersexuell oder queer. Eine vielfältige Gesellschaft bedeutet, dass alle Menschen, egal welcher Herkunft, Religion, Weltanschauung, Alter, sexueller Orientierung und Geschlecht Anerkennung erfahren und wertgeschätzt werden. Jeder Mensch ist einzigartig und das macht die Vielfalt aus.

bisexuell sexuelle Orientierung zu mehr als einem Geschlecht
transgender Geschlechtsidentität stimmt nicht mit dem nach der Geburt bestimmten Geschlecht überein
intersexuell Menschen mit weiblichen und männlichen Geschlechtsmerkmalen
queer Sammelbegriff für alle LSBTI

Diversität

Diversität oder „Diversity“ bedeutet, dass wir die Vielfalt in der Gesellschaft schätzen und akzeptieren. Diversität fördert ein respektvolles Miteinander, in dem jeder Mensch unabhängig von seinen Unterschieden gleichberechtigt behandelt wird.
Jede Person sollte in unserer Gesellschaft frei, sicher, nicht ausgegrenzt und ohne Diskriminierung leben können. Diversität erkennt einerseits die Vielfalt der Menschen an und fordert andererseits den bewussten Umgang mit dieser Vielfalt. Ziel ist es, Diskriminierung abzubauen und die Chancengleichheit zu fördern.

Diversität ist gesetzliche Pflicht

Weil Diversität so wichtig ist, ist sie auch gesetzlich verankert. Sie ist vor allem in den Grundrechten unserer Verfassung festgeschrieben. Die Grundrechte sichern die **Menschenwürde**, **Gleichbehandlung** und **Chancengleichheit** verpflichtend.

A Beschreibe, wie sich die vielfältige Gesellschaft Deutschlands zusammensetzt.
B Erläutere den Begriff „Diversität“.
C Nenne Gründe, warum Diversität gesetzliche Pflicht ist.

Dazugehören?

M1 *Cartoon von Lindsay Foyle, Juli 2007, Sprechblasen ergänzt*

Was haben die eigentlich mit mir? Ich bin doch so, wie ich bin!
Die meint wohl, sie sei etwas ganz Tolles und muss sich besonders herausputzen!

1 **a)** Beschreibe den Cartoon.
b) Erkläre, welche Aussage Lindsay Foyle mit dem Cartoon trifft. Placemat
c) Entwickle zwei weitere mögliche Gedankenblasen.
d) Diskutiert gemeinsam über die Aussage: „Äußerlichkeiten dürfen zu keinen Benachteiligungen führen."

Diskriminierung

M2 *Was ist Diskriminierung, wie kann sie aussehen?, Bundeszentrale für gesundheitliche Aufklärung, 2023*

Diskriminierung […] kann ganz unterschiedliche Formen haben – mal beginnt sie mit beiläufigen, vielleicht auch unbewussten Bemerkungen, manchmal sind es auch Beleidigungen, Benachteiligungen oder Ausgrenzungen. Und es gibt auch offenen Hass oder sogar Angriffe. […] Vielleicht hast du schon mal erlebt, dass Menschen wegen bestimmter Eigenschaften anders behandelt werden. Das kann etwa die Hautfarbe, das Geschlecht oder die sexuelle Orientierung sein, aber auch Alter, Glaube, Herkunft, Bildung oder Einkommen. Diese Eigenschaften werden oft mit bestimmten Wertungen oder Vorstellungen verbunden und verallgemeinert. Und wenn das dann der Grund für einen anderen Umgang mit Menschen ist, die diese Eigenschaften besitzen, ist das Diskriminierung. […] Diskriminierungen können ganz offensichtlich sein, etwa bei Beleidigungen oder Gewalt gegen Personen, die vermeintlich anders sind. […]
Manchmal findet die Diskriminierung auch ganz im Verborgenen statt, zum Beispiel wenn Menschen wegen ihres Aussehens, ihres Namens oder ihrer Religion einen bestimmten Job oder eine Wohnung nicht bekommen, aber niemals erfahren, woran es gelegen hat.

2 Wähle eine Aufgabe aus:
I **a)** Nenne mit Hilfe des Textes die Formen von Diskriminierung.
II **b)** Erläutere die genannten Formen von Diskriminierung.
III **c)** Entwirf eine Mindmap zum Thema „Diskriminierung" (siehe Methode auf Seite 226).

3 Diskutiert Handlungsmöglichkeiten, wie mit Alltagsdiskriminierung umgegangen werden kann.
World-Café

Vielfalt und Chancengleichheit

M3 *Karikatur von Hans Traxler, Erziehung und Wissenschaft, Ausgabe 2/2001*

Zum Ziel einer gerechten Auslese lautet die Aufgabe für alle gleich: Klettert auf den Baum!

M4 *Diversität und Chancengleichheit in der Bildung, Netzwerk Stiftungen und Bildung, Januar 2022*

Die Pädagogik der Vielfalt stützt sich auf die Grundannahme, dass alle Menschen die gleichen Rechte haben, aber jeder Mensch zugleich einzigartig und individuell ist. Dementsprechend werden Vielfalt und verschiedene Lebensweisen als Reichtum aufgefasst und wertgeschätzt und die Menschen in ihrer Vielschichtigkeit, Einmaligkeit und Besonderheit wahrgenommen und anerkannt. Wichtig ist der Zusammenhang mit demokratischen Bildungsprinzipien: Bei unterschiedlichsten Voraussetzungen (etwa mit/ohne Migrationshintergrund oder Behinderung) kommt es darauf an, jedem Individuum die gleichen Bildungschancen zu eröffnen und Modelle des Zusammenlebens zu entwickeln, die für eine vielfältige, demokratische Gesellschaft nötig sind. Unterschiede werden dabei nicht als Defizit oder Bedrohung, sondern als Bereicherung wahrgenommen.

4 a) Interpretiere die Karikatur von Hans Traxler (siehe Methode Seite 122).

b) Arbeite stichpunktartig die Hauptaussagen aus dem Text heraus.

c) Setze die Karikatur in Beziehung zum Text. +

d) „Diversität und Chancengleichheit in Bildung sind wichtig für eine Gesellschaft". Diskutiert.

Schule der Vielfalt

M5 *Com in, Wir sind OFFEN, lesbisch – schwul – bi – hetero – trans*, Netzwerk für mehr Akzeptanz*

Was wäre, wenn es im Schulalltag ganz normal wäre, dass
- Paul mit Laura geht,
- Sven Jan vor dem Eingang zur Schule noch einen Kuss gibt, [...]
- die Geschichtslehrerin ihre Freundin mit zum Schulfest bringt? [...]

Das ist doch normal? Stattdessen ist „schwul" ein Schimpfwort, und Lesben werden vor allem unter sexuellen Aspekten wahrgenommen. Insgesamt gibt es ein Klima an den meisten Schulen, das von Unwissen, Ängsten, Vorurteilen und feindlichen Haltungen gegenüber Homosexualität geprägt ist. Das meint der Ausdruck „Homophobie." Das Antidiskriminierungsprogramm *Schule der Vielfalt* setzt sich dafür ein, dass an Schulen mehr gegen Homo- und Transphobie und mehr für die Akzeptanz von unterschiedlichen Lebensweisen getan wird. Im Schulprojekt können sich Schülerinnen und Schüler, Lehrerinnen und Lehrer für ihre Schule der Vielfalt einsetzen.

5 a) Beurteile die Aussagen über Paul, Sven und die Lehrerin.

b) Diskutiert Möglichkeiten, abwertenden Äußerungen zu begegnen.

c) Stelle die dargestellten Herausforderungen für eine offene Gesellschaft dar.

Für die eigenen Rechte eintreten

M6 *Rückblick auf den IDAHOBIT 2022, Schlau Rhein-Sieg, Queeres Netzwerk NRW, Juni 2022*

Im Rahmen des Internationalen Tages gegen Homo-, Bi- und Trans*phobie (International Day against Homo-, Bi- and Trans*phobia, IDAHO-BIT) stellten wir einen Pavillon auf dem Siegburger Marktplatz auf. Mit Infomaterial und einer Buttonmaschine ausgestattet, machten wir auf Queerness [...] allgemein, queere Angebote im Rhein-Sieg-Kreis und unsere queere Bildungsarbeit aufmerksam. Wir traten mit vielen Personen in das Gespräch: Sei es an dem Workshopangebot interessierte Lehrkräfte, Eltern, Jugendliche oder auch der Bürgermeister der Kreisstadt Siegburg, Stefan Rosemann. Es hat uns gefreut zu sehen, wie kaum eine Person negativ auf unser Auftreten reagiert hat. Aber alleine schon, dass es doch an einer Stelle zu einer kurzfristigen verbalen Auseinandersetzung kam und wir uns darüber überhaupt Gedanken machen mussten, sagt doch schon viel aus – Queere [...] Menschen treffen immer noch häufig auf Ablehnung und Diskriminierung. Wir möchten verdeutlichen, dass queere Bildung an Schulen kaum auftritt, queere Menschenrechts- und Antidiskriminierungsprojekte wie SCHLAU Rhein-Sieg unterfinanziert und unterrepräsentiert sind und wie viele Schritte wir noch als Gemeinschaft gehen müssen, um wahre Vielfalt und Akzeptanz feiern zu können.

LOVE
is
LOVE

Liebe existiert für alle: Love is love!

6 a) Beschreibe, was der IDAHOBIT ist.

b) Erläutere, inwieweit der IDAHOBIT ein Projekt gegen Diskriminierung und für Vielfalt ist. Bienenkorb

Vielfalt feiern beim Christopher Street Day (CSD)

M7 *Cristopher Street Day 2023 in NRW: 20-mal bunt, divers & meinungsstark, coolibri Magazin, Mai 2023*

Jubiläum im Revier: Mit dem ruhrPRIDE wird in diesem Jahr zum 20. Mal der Christopher Street Day in Essen gefeiert! Das größte queere Straßenfest im Ruhrgebiet findet am 5.8. statt. [...] Der Grundgedanke des Christopher Street Day rückt eine offene Gesellschaft, Vielfalt und Akzeptanz in den Mittelpunkt – das unterstreicht auch das diesjährige ruhrPRIDE-Motto „Alle aus einem Pott!".

MORE GLITTER LESS BITTER
WIE KANN MAN ES HASSEN DASS MENSCHEN SICH LIEBEN?

Auch auf der ColognePride in Köln feiert man Vielfalt

7 a) Beschreibe, die Ziele, die mit dem Christopher Street Day (CSD) verfolgt werden.

b) Erkläre das Motto: „Alle aus einem Pott!"

c) Recherchiere die Bedeutung der Regenbogenflagge, die oft auf dem CSD zu sehen ist.

8 Diskutiert die Chancen und Herausforderungen einer offenen Gesellschaft.

RASSISMUS TÖTET
NIEMALS VERGESSEN

Wie äußert sich Rassismus in Deutschland?

Abb. 1 *Ein Graffiti erinnert an einen rassistischen Anschlag in Hanau, dem 2020 neun Menschen mit Migrationshintergrund zum Opfer fielen. An den Seiten des Graffitis steht: „Rassismus tötet. Niemals vergessen".*

Demokratie schützen

Rassistische Diskriminierung

Rassismus ist eine Denkweise, oder Ideologie genannt, mit der ungleiche Behandlung und **Diskriminierung** möglich wird. Eine **Ideologie** ist wie ein Filter, mit dem man die Welt betrachtet und entscheidet, was man für richtig oder falsch hält. Rassistinnen und Rassisten etwa bewerten einige Menschen aufgrund ihrer tatsächlichen oder zugeschriebenen Eigenschaften als anders und minderwertig. Seit Jahrhunderten gibt es Personen, die Menschen so bestimmten „Rassen" zuordnen. Diese würden sich in einer Rangordnung durch schwache und stärkere unterscheiden. Allerdings ist diese Rangordnung wissenschaftlich nicht korrekt. Werden vermeintlich schwächere Menschen schlechter behandelt, ist das eine **rassistische Diskriminierung**.

Rassismus und Demokratie

Mit jeder rassistischen Handlung oder Äußerung werden Menschen verletzt, abgewertet und ausgegrenzt. Rassismus trennt Gesellschaften in ein „Wir" gegen „die Anderen", bei dem manche Menschen mehr wert seien als andere. Damit verstößt jede rassistische Äußerung oder Handlung gegen die Menschenrechte und die Verfassung. In unserer Verfassung ist die **Würde des Menschen** ausdrücklich geschützt. In Artikel 1 Grundgesetz (GG) steht: „Die Würde des Menschen ist unantastbar". Rassismus ist damit ein Angriff auf die gesetzliche Grundlage der Gesellschaft und unserer Demokratie.

Gleichberechtigtes dazugehören

In vielen Bereichen des täglichen Lebens werden Menschen aufgrund ihrer Hautfarbe, Herkunft, Religion oder sexuellen Orientierung persönlich verletzt und benachteiligt. Dies kann sich auf dem Wohnungsmarkt, am Arbeitsplatz, in der Schule oder beim Zugang zu Discos zeigen. So kann es sein, dass eine Schülerin wegen ihrer Religion in der Schule Mobbing erfährt. Oder jemand bekommt einen Job nicht, weil sie oder er eine bestimmte Herkunft hat. Solche **Diskriminierungen** sind in Deutschland ein allgemeines Problem. Keine Seltenheit sind etwa Angriffe gegen jüdische Menschen oder islamfeindliche Äußerungen gegenüber muslimischen Menschen. Zudem hat etwa die Hälfte der Deutschen Vorurteile gegenüber Geflüchteten. Auch Rassismus, der sich an schwarze Menschen oder an Minderheiten wie Sinti und Roma richtet, ist in Deutschland verbreitet. Eine **Minderheit** ist eine Bevölkerungsgruppe, die sich durch bestimmte Merkmale wie Sprache, Kultur oder Religion von der Mehrheit der Gesellschaft unterscheidet. Gleichberechtigtes dazugehören bedeutet aber, dass wir uns **gegenseitig anerkennen**, auch wenn wir manchmal verschieden sind.

A Berichtet über Erfahrungen mit Rassismus.

B Erkläre, warum Rassismus ein Angriff auf unsere Demokratie darstellt.

C Erläutere Formen und Folgen von Rassismus.

Alltagsrassismus und Folgen

M1 *Rassismus in der Schule, wie Kinder Ausgrenzung erleben, Kinderschutzbund NRW, April 2021*

„Rassismus? Gibt es bei uns nicht", behaupten manche Schülerinnen und Schüler, Lehrkräfte und Eltern. Dennoch hat Alltagsrassismus seinen Platz in der Schule genauso wie in der Familie, am Arbeitsplatz und im öffentlichen Leben. „Ich wurde in der Schule früh gemobbt. Was davon bis heute geblieben ist: Dass ich in der Grundschule als ´dreckig´ beschimpft wurde und mir auch deutlich gemacht wurde, dass mit mir was nicht stimmt. Und dann saß ich zuhause in der Badewanne, hab geweint aus Wut und versucht, mir mit einer Schuhbürste die ´dreckige Haut´ runterzuschrubben."

M2 *Michelle (10) berichtet über ihre täglichen Rassismuserfahrungen, Kinderschutzbund NRW, April 2021*

Michelle fühlt sich fremd in ihrem Heimatland – schon seit der Kita-Zeit.

„Die Puppen, mit denen wir spielen konnten, waren alle weiß und hatten braunes oder blondes Haar. Im Spiel konnte ich mir nicht vorstellen, dass ich auch einmal für ein Kind sorgen kann, das mir ähnelt [...]. In meiner Klasse sind gerade Pferdegeschichten angesagt. Auf dem Schulhof werden sie nachgespielt. Da übernehme ich keine Rolle, weil die Kinder im Sattel alle weiß sind. [...] Schwarzen Menschen [...] werden negative Eigenschaften zugeschrieben. Mein Aussehen und mein Familienname stecken mich in eine Schublade. Mir werden Eigenschaften angedichtet, die nichts mit mir zu tun haben."

1 Wähle eine Aufgabe aus:

I **a)** Beschreibe den Rassismus, über den in den Fallbeispielen berichtet wird.

II **b)** Erläutere Folgen, die durch Rassismus entstehen.

III **c)** Nimm Stellung zu der Aussage in M2: „Mein Aussehen und mein Familienname stecken mich in eine Schublade."

Rassismus in Deutschland

M3 *Direkte Rassismuserfahrungen und Wahrnehmungen von Rassismus in Deutschland, Erhebung des Deutschen Zentrums für Integrations- und Meinungsforschung, 2022*

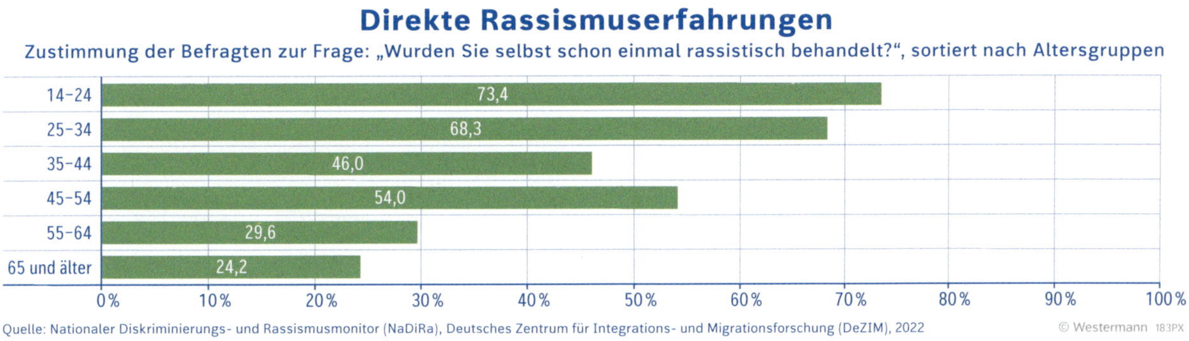
Direkte Rassismuserfahrungen
Zustimmung der Befragten zur Frage: „Wurden Sie selbst schon einmal rassistisch behandelt?", sortiert nach Altersgruppen
14–24
73,4
25–34
68,3
35–44
46,0
45–54
54,0
55–64
29,6
65 und älter
24,2
0 %
10 %
20 %
30 %
40 %
50 %
60 %
70 %
80 %
90 %
100 %
Quelle: Nationaler Diskriminierungs- und Rassismusmonitor (NaDiRa), Deutsches Zentrum für Integrations- und Migrationsforschung (DeZIM), 2022
© Westermann 183PX

2 a) Werte die Grafik M3 und die Grafik im Webcode aus (siehe Seite 227). Grafik: Rassismuswahrnehmung

b) Erstellt eine Umfrage in eurem Jahrgang zu Rassismuserfahrungen und präsentiert das Ergebnis (siehe Methode Seite 230).

c) Tauscht euch aus, wo ihr im Alltag schon Formen von Rassismus wahrgenommen habt. Marktplatz

Was ist Gruppenbezogene Menschenfeindlichkeit?

M4 *Gruppenbezogene Menschenfeindlichkeit (GMF), Autorentext*

Oft wird von ganzen Gruppen von Menschen gesprochen, wie z. B. „die Schwulen“, „die Ausländer“, „die Obdachlosen“. Menschen dieser Gruppen werden nicht individuell betrachtet, obwohl jeder Mensch einzigartig und wertvoll ist. Vielmehr wird nur ein Merkmal herangezogen, um eine solche Gruppe zu bilden, etwa die sexuelle Orientierung, die Nationalität oder auf der Straße zu leben. Mit Vorurteilen werden die Gruppen abgewertet, angefeindet oder diskriminiert, der einzelne Mensch wird nicht mehr in seiner Individualität, seiner Einzigartigkeit bewertet. Das wird Gruppenbezogene Menschenfeindlichkeit (GMF) genannt.

M5 *Ausgrenzung, Anfeindung, Diskriminierung von Menschengruppen aufgrund eines Merkmals*

Das ist ja nicht normal!!
Unsere Kultur geht zu Grunde.
Zu faul, um zu arbeiten!

3 Erkläre, was gruppenbezogene Menschenfeindlichkeit ist.

Ideologie der Gruppenbezogenen Menschenfeindlichkeit

M6 *Gruppenbezogenen Menschenfeindlichkeit - Was ist das?, Amadeu-Antonio-Stiftung*

Wie viele Ideologien, ist sie [die GMF] ansteckend und verbreitet sich, je weniger ihr widersprochen wird. Das gesellschaftliche Potenzial für Gruppenbezogene Menschenfeindlichkeit ist in der Gesellschaft leider sehr hoch. Positionen, die Menschen [...] herabwürdigen und ihnen einen geringeren Wert zumessen, finden bei Befragungen immer wieder erschreckend hohe Zustimmungswerte. [...]
Niemand, der von Gruppenbezogener Menschenfeindlichkeit betroffen ist, kann etwas dafür. Niemand kann ändern, wer er oder sie ist, welche Hautfarbe, Herkunft, Religion, soziale Situation oder welches Geschlecht er oder sie hat. Bei Gruppenbezogener Menschenfeindlichkeit werden aufgrund solcher angenommener und tatsächlicher Merkmale Menschen diskriminiert, herabgewürdigt und angefeindet.
Wer andere beleidigt oder ausgrenzt, weil sie einer bestimmten Gruppe angehören, denkt möglicherweise, dass die Personen, die das betrifft, nicht so viel wert sind wie er selbst.

4 **a)** Beschreibe Gründe für die Zustimmung zu GMF in der Gesellschaft.
b) Nenne die angenommenen und tatsächliche Merkmale, mit denen Menschen angefeindet und diskriminiert werden.
c) Entwickle einen Brief an eine Person, die einen Menschen wegen seiner sozialen Situation diskriminiert.

Soziale Medien und Demokratiefeindlichkeit

M7 *TikTok und Rechtsextremismus, Bundeszentrale für politische Bildung, Oktober 2023**

Rechtsextremismus im Netz

Social Media

Die meisten rechtsextremistischen TikTokerinnen und TikToker stellen sich als Teil einer eingeschworenen „deutschen" Gruppe dar. Andere werden als „nicht Deutsche" abgewertet. Die meisten rechten TikTokerinnen und TikToker präsentieren sich kämpferisch und rebellisch. Mit der Darstellung als stark und stereotypisch männlich wird versucht, andere junge Männer für ihre Sache zu gewinnen. Neben den rechtsextremistischen Kampfsport-Accounts und den Kanälen mit eindeutigem Parteibezug, gibt es rechte TikTokerinnen und TikToker. Sie orientieren sich an aktuellen Trends, tanzen und singen, präsentieren sich bewusst harmlos – und vermitteln nebenbei ihre Weltanschauung. Wie viele andere schminken sich auch rechte TikTokerinnen und TikToker in ihren Videos oder erzählen ganz beiläufig von ihrer rechtsextremistischen Weltanschauung. Auffällig sind auch hier die stereotypischen Rollenklischees: Männliche Personen präsentieren sich als stark, soldatisch und muskulös. Weibliche zeigen sich eher gemäß stereotypisierter Weiblichkeit.

* Text verändert

rechtsextremistisch Ideologie, die von Ungleichwertigkeit der Menschen ausgeht, eine Neigung zu diktatorischen Regierungsformen hat und die die Gemeinschaft vor das Individuum stellt.
stereotypisierte Weiblichkeit bestimmte Eigenschaften oder Verhaltensweisen, die als typisch für weibliche Personen wahrgenommen werden, obwohl nicht alle Frauen so sind

5 a) Berichte, ob du schon einmal mit derartigen Internetseiten in Berührung gekommen bist.
b) Beschreibe, mit welchen Eigenschaften sich rechtsextreme TikToker auf der Plattform darstellen.
c) Erstelle einen Podcast zu demokratiefeindlichen Beiträgen auf Social Media (siehe Seite 126).

Demokratiefeindlichkeit im Netz Einhalt gebieten

M8 *Menschenwürde auch online verteidigen, Amadeu-Antonio-Stiftung**

Es sind vor allem die vielen Initiativen von Bürgerinnen und Bürgern, die tagtäglich Menschen dazu ermutigen, sich zu engagieren, für ein demokratisches Bewusstsein streiten, sich schützend und solidarisch an die Seite von Ausgegrenzten stellen und menschenverachtende Haltungen in ihre Schranken verweisen. Seltener lässt sich dagegen dieses Engagement auch in digitalen Räumen feststellen. Eine vertane Chance: Schließlich sind allein bei Facebook 32 Millionen deutsche Nutzer*innen aktiv. Auch hier müssen sich User*innen in Kommentarspalten an die Seite von angegriffenen Menschen stellen, sich gegen Rechtsextremismus, Rassismus, Antisemitismus und jede Form menschenfeindlicher Haltung positionieren und Haltung zeigen. Und auch hier braucht es das Engagement.

*Text verändert

6 a) Erläutere, warum das seltenere Engagement in digitalen Räumen eine vertane Chance ist.
b) Erarbeitet Ideen, wie Menschenwürde online verteidigt werden kann. Think-Pair-Share
c) Entwickelt ein Projekt zum Thema „Menschenwürde online verteidigen", dass ihr der SV vorstellt.

Demokratie (er)leben

Abb. 1 *Politik bewegt auch Kinder und Jugendliche*

Was ist eigentlich Politik?

Politik ist etwas Alltägliches, denn sie regelt das Zusammenleben von Menschen in einer Gesellschaft. Das kann der Klassenrat in der Schule sein, der mehrheitlich Entscheidungen trifft. Das kann in der Kommune die Entscheidung zum Bau eines Hallenbades sein. Und es können Entscheidungen sein, die in der Landeshauptstadt Düsseldorf für das Land Nordrhein-Westfalen oder in der Bundeshauptstadt Berlin für Deutschland getroffen werden. In der Politikwissenschaft werden folgende Bereiche unterschieden: die Aufgaben- und Zielbeschreibungen der Politik, die Auseinandersetzung und Problemlösung politischer Fragen und der gesetzliche Rahmen.

Was bedeutet Demokratie?

Demokratie heißt „Herrschaft des Volkes". Deutschland ist eine repräsentative Demokratie. Das bedeutet, die Wahlberechtigten bestimmen in Wahlen für eine bestimmte Zeit Vertreterinnen und Vertreter. Diese vertreten in Parlamenten die Interessen ihrer Wählerschaft und stimmen über Gesetze ab. Es gibt auch Ausnahmen, in denen Bürger direkt über Gesetze abstimmen können, was als direkte Demokratie bezeichnet wird. In Demokratien geht die Staatsgewalt vom Volk aus, das durch Wahlen oder Abstimmungen die Herrschaft ausübt – dies wird als Volkssouveränität bezeichnet. Demokratie heißt auch, dass in dieser Herrschaftsform die Menschenrechte geachtet werden und alle die gleichen Rechte und Pflichten haben.

Wie können Jugendliche in der Demokratie partizipieren?

Junge Menschen erleben Partizipation in verschiedenen Bereichen und lernen dabei Mitgestaltung und Verantwortung. Die Grundlagen demokratischer Werte werden bereits in der Familie gelegt, wo Regeln besprochen und Mitbestimmung gelernt wird. Auch in Kita und Schule erfahren Kinder und Jugendliche das Miteinander und die Achtung ihrer Rechte. Das geschieht etwa durch demokratische Mitbestimmung im Klassenrat und der Schülervertretung. Viele Jugendliche engagieren sich weltweit, besonders durch Bewegungen wie „Fridays for Future", um ihre Interessen in der Klimapolitik öffentlich zu vertreten. Jugendliche sehen jedoch oft geringe Einflussmöglichkeiten innerhalb von Parteien, obwohl auch deren Jugendorganisationen Räume für demokratische Teilhabe bieten.

Kann Demokratie gefährdet sein?

Abb. 2 *Graffiti als Mahnmal gegen Rassismus*

Rassismus ist eine Ideologie, mit der Ungleichheit und Diskriminierung ermöglicht wird. Da Rassismus die Gleichheit der Menschen verneint, verstößt jede rassistische Äußerung gegen die Menschenrechte, gegen unsere Verfassung und unsere Demokratie. Menschen, die sich schützend an die Seite der Ausgegrenzten stellen und gegen menschenverachtende Haltungen einschreiten, schützen unsere Demokratie.

Wichtige Begriffe

Diskriminierung, Diversität, Gewerkschaft, Gruppenbezogene Menschenfeindlichkeit (GMF), Menschenrechte, Parlament, Partei, Partizipation, Politik, Rassismus, repräsentative Demokratie, Verein, Verfassung, Volkssouveränität, Wahlen, Wahlrecht

Wo finden wir Politik?

M1 *Politik im Alltag*

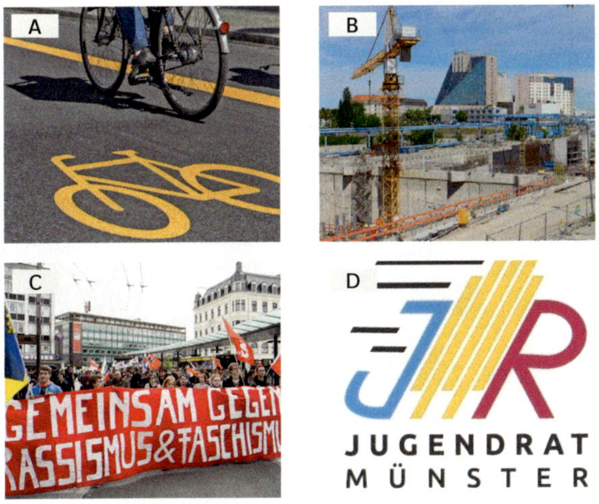
A
B
C
D
JUGENDRAT
MÜNSTER

1 **a)** Beschreibe, welche Themen in den Bildern dargestellt sind.
b) Erkläre, was diese Themen mit Politik zu tun haben.

Mitmachen in der Demokratie

M2 *Silbenrätsel*

1) TI PE TION
2) LEN WAH
3) EI NE VER
4) MON STRA DE TION
5) AK TAG ONS TI
6) SIS RAS MUS

2 **a)** Bringe die Silben in die richtige Reihenfolge.
b) Verfasse einen Text zum Thema „Mitmachen in der Demokratie“, in dem du mindestens fünf der Begriffe (1–6) verwendest.

Merkmale einer Demokratie

M3 *Falschaussagen*

1. In demokratischen Staaten werden nicht alle Menschenrechte anerkannt.

2. In einer repräsentativen Demokratie werden die Vertreterinnen und Vertreter auf Lebenszeit in die Parlamente gewählt.

3. Die Meinungsfreiheit ist in einer Demokratie eingeschränkt.

4. In einer direkten Demokratie dürfen nur Frauen und Kinder wählen gehen.

3 Verbessere die falschen Aussagen zur Demokratie. Schreibe die neuen Aussagen in dein Heft.

Demokratie leben

M4 *Diversität, Autorentext*

Deutschland ist eine ________ Gesellschaft. Alle hier lebenden Menschen sollen __________ werden und __________ erfahren. Mit dem Diversitäts-Ansatz wird versucht, diese Vielfalt anzuerkennen und bewusst mit ihr umzugehen. Dabei müssen ______________ abgebaut und ___________ gefördert werden. Dennoch werden immer wieder Menschen aufgrund ihrer Hautfarbe, Herkunft, Religion oder sexueller Orientierung ____________ und ___________. Mit __________ Handlungen werden Menschen verletzt, abgewertet und ausgegrenzt.

4 Fülle die Lücken mit folgenden Wörtern:

diskriminiert – Diskriminierung – Anerkennung – rassisitischen – Chancengleichheit – vielfältige – benachteiligt – wertgeschätzt

Lösungen: Lerncheck

Konsum und Nachhaltigkeit

- *Wie nachhaltig ist mein Konsumverhalten?*
- *Welchen Einfluss hat Werbung in Sozialen Medien auf meinen Einkauf?*
- *Welche Chancen und Risiken sind mit dem Onlinehandel verbunden?*
- *Welche Ursachen und Lösungsmöglichkeiten gibt es bei Verschuldung?*
- *Welche Verbraucherrechte und -pflichten habe ich im Alltag?*

Kapitel 2

CMA CGM
Was bedeutet konsumieren?

Abb. 1 *Ein Containerschiff mit Konsumgütern*

Bedürfnisse und Konsum

Konsumieren heißt verbrauchen

Als Verbraucherinnen und Verbraucher werden Personen bezeichnet, die etwas kaufen, um ihre **Bedürfnisse** zu erfüllen. Beispielsweise werden alltäglich Lebensmittel oder Kosmetikprodukte gekauft und anschließend verbraucht. Wenn Menschen im Alltag Dinge verbrauchen, spricht man von Konsum. Das Kaufen von Kleidung, der Besuch eines Kinos oder das Schauen einer kostenpflichtigen Serie zählen ebenfalls zum **Konsumieren**. Beim Konsumieren wird in der Regel Geld ausgegeben, weil Produkte oder Dienstleitungen bezahlt werden müssen. Beim Konsumieren entsteht auch Müll, weil beispielsweise Verpackungen entsorgt werden müssen.

Bedürfnisse erfüllen

Bevor Menschen etwas kaufen, haben sie ein Bedürfnis, welches sie befriedigen wollen. Dem Kauf einer neuen Hose oder einer Regenjacke geht das Bedürfnis nach Schutz des Körpers voraus. Es kann hierbei auch um das Bedürfnis nach sozialer Zugehörigkeit gehen, wenn Freundinnen oder Freunde die gleiche Hose oder Jacke tragen. Auch Mode, Trends und Werbung spielen eine große Rolle beim Konsumieren. Sie können die Kaufentscheidungen beeinflussen.

Positive Auswirkungen auf die Wirtschaft

Menschen konsumieren regelmäßig. Damit wir etwas konsumieren können, müssen die Waren jedoch zuerst produziert werden. Wenn viele Menschen Dinge kaufen und verbrauchen, dann müssen Unternehmen mehr von diesen produzieren. Hierdurch wiederum bekommen mehr Menschen Arbeit. Das hat einen positiven Einfluss auf die Wirtschaft.

Negative Folgen der Konsumgesellschaft

Gesellschaften, in denen regelmäßig viel gekauft und verbraucht wird, nennt man **Konsumgesellschaften**. Das Einkaufen spielt hier eine sehr große und wichtige Rolle für die Menschen. Allerdings wird das Konsumieren auch zunehmend zum Problem. Natur, Umwelt und Klima werden durch den Abbau von Ressourcen ausgebeutet und durch Müll belastet. Damit zerstört die Menschheit ihre eigene Lebensgrundlage.

A Erkläre, was Konsumieren bedeutet.

B Beschreibe den Zusammenhang von Bedürfnissen und Konsum.

C Beschreibe, welche Auswirkungen Konsum auf die Wirtschaft hat.

D Erläutere die Folgen der Konsumgesellschaft.

Wofür geben Menschen in Deutschland Geld aus?

M1 *Schaubild zu den Konsumausgaben in Deutschland, Statistisches Bundesamt, 2022*

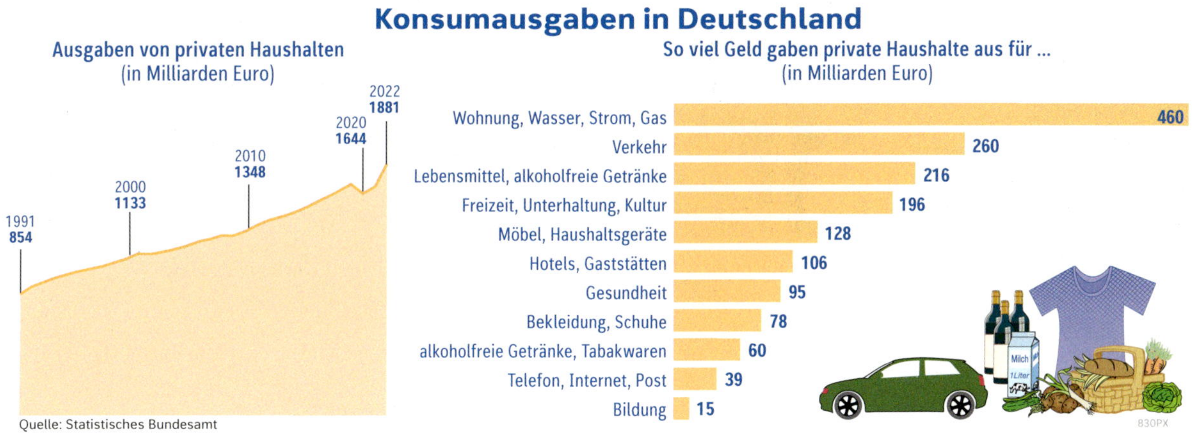
Konsumausgaben in Deutschland
Ausgaben von privaten Haushalten
(in Milliarden Euro)
1991 854
2000 1133
2010 1348
2020 1644
2022 1881
So viel Geld gaben private Haushalte aus für ...
(in Milliarden Euro)
Wohnung, Wasser, Strom, Gas 460
Verkehr 260
Lebensmittel, alkoholfreie Getränke 216
Freizeit, Unterhaltung, Kultur 196
Möbel, Haushaltsgeräte 128
Hotels, Gaststätten 106
Gesundheit 95
Bekleidung, Schuhe 78
alkoholfreie Getränke, Tabakwaren 60
Telefon, Internet, Post 39
Bildung 15
Milch
Quelle: Statistisches Bundesamt
830PX

1 Wähle eine Aufgabe aus:

I **a)** Analysiere das Schaubild M1 (siehe Methode auf Seite 227).

II **b)** Erstelle ein Partnerinterview zu dem Schaubild M1.

III **c)** Erstelle einen Podcast zum Thema „Konsumausgaben in Deutschland“ (siehe Methode Seite 126).

2 **a)** Recherchiere mit Hilfe des Webcodes, was Jugendliche am meisten konsumieren. Analysiere das Schaubild (siehe Methode auf Seite 227). Ausgaben der 6- bis 19-Jährigen im Jahr 2021

b) Präsentiere deine Ergebnisse der Klasse.

Bedürfnisse und Konsum

M2 *Wie hängen Bedürfnisse und Konsum zusammen?*

A

B

C

1 Bedürfnis nach Anerkennung
2 Bedürfnis nach Selbstdarstellung
3 Bedürfnis nach Ablenkung
4 Bedürfnis nach Erholung
5 Bedürfnis nach Aktivität
6 Bedürfnis nach Entspannung

3 **a)** Ordne den Bedürfnissen das passende Konsumverhalten zu. Es sind mehrere Zuordnungen möglich.

b) Vergleiche die Zuordnungen mit deiner Tischnachbarin oder deinem Tischnachbarn.

c) Beurteile, inwiefern manche dieser Bedürfnisse auch ohne Konsum gestillt werden können.

d) Nimm Stellung zu folgender Aussage: „Der Zusammenhang von Bedürfnissen und Konsum muss auch kritisch betrachtet werden!“

BLACK FRIDAY
Wer oder was beeinflusst das Konsumverhalten von Jugendlichen?

Abb. 1 *Volle Einkaufsstraße während eines Schnäppchen-Tages, dem sogenannten „Black Friday"*

Konsumverhalten von Jugendlichen

Entwicklung des Konsums ab 1950

Die 1950er Jahre waren durch das sogenannte **Wirtschaftswunder** geprägt. Hiermit ist gemeint, dass viele neue Unternehmen entstanden, die vor allem Fahrzeuge, Maschinen und Motoren erfolgreich ins In- und Ausland verkauften. Es gab wenig Arbeitslosigkeit und viele Menschen wurden wohlhabender, weil sie mehr Geld verdienten. Der Konsum von neuen Autos, Möbeln, technischen Geräten im Haushalt oder Urlaubsreisen stillte neuentstandene Bedürfnisse. In Deutschland entstand der **Massenkonsum**. Heutzutage ist Konsum für viele Menschen eine Freizeitbeschäftigung, bei der sie gern durch Einkaufszentren spazieren oder online neue Produkte suchen und bestellen.

Jugendliche und Konsum

Auch für Jugendliche wurde Konsum immer wichtiger. Etwa seit den 1980er Jahren ist Konsum für Jugendliche ein **Ausdrucksmittel** im Alltag. Jugendliche entwickeln einen eigenen Stil, der sich unter anderem durch Kleidung, Musikgeschmack, Essgewohnheiten und Freizeitverhalten ausdrückt. So entstanden beispielsweise jugendtypische Kleidungsmarken, Musikgeräte oder Zeitschriften. Die Jugend wurde von der Wirtschaft als Konsument entdeckt.

Die Rolle der Peergroup

Mit dem eigenen Stil möchten sich Jugendliche von Erwachsenen, aber auch von anderen Jugendlichen abgrenzen. Sie fühlen sich einer Gruppe von Freundinnen und Freunden, der sogenannten **Peergroup**, zugehörig. Diese Gruppe von Gleichaltrigen hilft den Jugendlichen, die Entwicklungen zum Erwachsenen zu vollziehen, da alle Jugendlichen in einer vergleichbaren Lebenssituation sind. Probleme werden nun eher mit der Peergroup, statt mit den Eltern besprochen. Die Gruppe bedeutet Zugehörigkeit und Schutz.

Beeinflussung des Konsumverhaltens

Auch in der Peergroup entstehen Vorlieben, die sich etwa durch das Tragen bestimmter Marken oder in einem ähnlichen Freizeitverhalten zeigen. Die Peergroup beeinflusst somit den eigenen Stil und damit das **Kaufverhalten**. Ohne Konsum ist die Entwicklung eines eigenen jugendlichen Stils heutzutage kaum mehr vorstellbar.

A Beschreibe die Entwicklung des Konsums.
B Erkläre die Bedeutung der Peergroup für das Konsumverhalten von Jugendlichen.
C Recherchiere Marken, die typischerweise von Jugendlichen konsumiert werden.

Selbsttest zu deinem Konsumverhalten

M1 *Fragebogen*

Das gekaufte Produkt	Es ist mir wichtig Ja / Nein
1. ist ein Markenprodukt.	
2. gefällt anderen Jugendlichen.	
3. gefällt meinen Eltern.	
4. hat eine gute Qualität.	

1 **a)** Führe den Selbsttest durch.
Fragebogen zum eigenen Konsumverhalten
b) Vergleiche die Ergebnisse mit deinen Tischnachbarinnen und Tischnachbarn. Wo gibt es auffällige Gemeinsamkeiten, wo Unterschiede?
c) Diskutiert: „Mein Konsumverhalten wird durch andere Jugendliche in meiner Clique beeinflusst."

Wie wichtig ist die Marke eines Produktes?

M2 *Schaubild zum Markenkonsum von Jugendlichen, Kindermedienstudie, 2019*

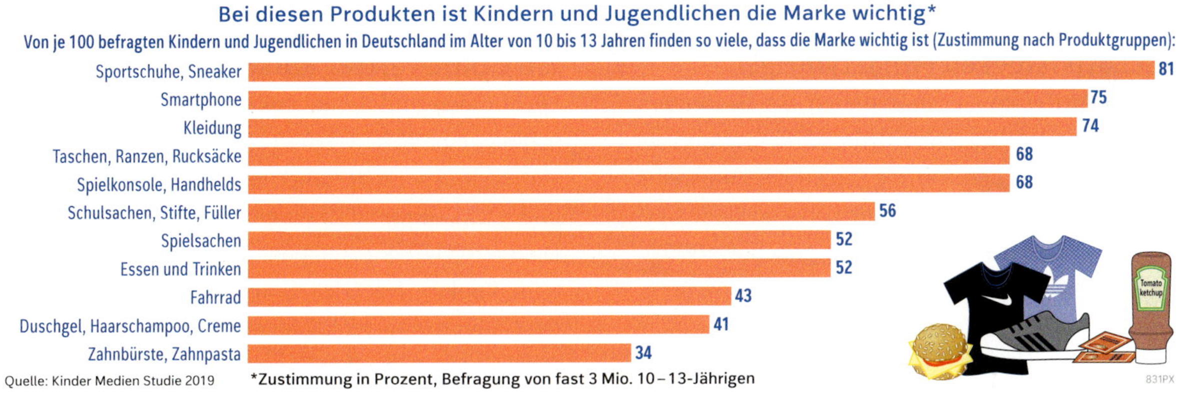
Bei diesen Produkten ist Kindern und Jugendlichen die Marke wichtig*
Von je 100 befragten Kindern und Jugendlichen in Deutschland im Alter von 10 bis 13 Jahren finden so viele, dass die Marke wichtig ist (Zustimmung nach Produktgruppen):
Sportschuhe, Sneaker 81
Smartphone 75
Kleidung 74
Taschen, Ranzen, Rucksäcke 68
Spielkonsole, Handhelds 68
Schulsachen, Stifte, Füller 56
Spielsachen 52
Essen und Trinken 52
Fahrrad 43
Duschgel, Haarschampoo, Creme 41
Zahnbürste, Zahnpasta 34
Tomato ketchup
Quelle: Kinder Medien Studie 2019
*Zustimmung in Prozent, Befragung von fast 3 Mio. 10–13-Jährigen
831PX

2 Wähle eine Aufgabe aus:
I **a)** Analysiere das Schaubild M2 (siehe Methode auf Seite 227).
II **b)** Erstelle einen Podcast, indem du die Ergebnisse aus dem Schaubild darstellst (siehe Seite 126).
III **c)** Erstellt eine Umfrage für euren Jahrgang oder eure Schule zum Thema „Markenbewusst".

3 Vergleicht eure Ergebnisse mit den Werten aus dem Schaubild (siehe Methode auf Seite 228).

Haste was – biste was?

M3 *Refrain aus dem Song: „Haste was, biste was" von Tic Tac Toe, einer ehemaligen Hip-Hop-Gruppe aus dem Ruhrgebiet, 1996*

Haste was, biste was.
Haste nichts, biste nichts.
Haste was, biste was.
Haste nichts, biste nichts!

4 **a)** Nimm Stellung zu dem Refrain.
b) Diskutiert die Aussage in der Klasse.
c) Recherchiert den gesamten Liedtext unter dem Webcode. Link: Text zum Lied

Welche gesetzlichen Regeln gelten beim Onlinehandel für Kinder und Jugendliche?

Abb. 1 *Ein Mädchen beim Onlineeinkauf*

Geschäftsfähigkeit von Jugendlichen

Geschäftsfähigkeit Minderjähriger

Kinder werden im Geschäftsleben als besonders schutzbedürftig angesehen. Grund dafür ist, dass sie noch nicht in der Lage sind, die Folgen ihres Handelns voll und ganz abzuschätzen. Deshalb sind Kinder unter sieben Jahren laut Gesetz **nicht geschäftsfähig.** Das **Bürgerliche Gesetzbuch** (BGB) regelt dies unter dem Paragraf (§)104. Sie dürfen also keine Dinge ohne ihre Eltern kaufen. Wenn sie dennoch etwas kaufen und einen **Kaufvertrag** eingehen, ist dieser nichtig, also ungültig (BGB, §105, Absatz I). Ab dem siebten Lebensjahr sind Kinder und Jugendliche **beschränkt geschäftsfähig** (BGB, §110). Sie dürfen im Rahmen ihres Taschengeldes eigenständig Dinge kaufen - jedoch nur einmalige Käufe wie Süßigkeiten oder Bücher. Verträge für Smartphones oder Fitnessstudios sind ohne Zustimmung der Eltern verboten.

Onlinehandel und Geschäftsfähigkeit

Beim Einkaufen im Internet wird in der Regel nach der Bestellung das gekaufte Produkt bezahlt. Die Eltern müssen hierbei immer im Vorhinein oder Nachhinein zustimmen, sonst ist der Kauf ungültig. Bestellt ein Kind heimlich, dann gilt auch das **Widerrufsrecht** von zwei Wochen nicht mehr. Die Eltern können die Genehmigung des Kaufs verweigern.

Ein Onlinevertrag entsteht

Bevor etwas im Internet gekauft wird, muss der Abschluss eines Kaufvertrages deutlich werden. Der Vertrag muss auf der Internetseite schnell zu finden und leicht verständlichen geschrieben sein. Ein Bestellbutton muss gut erkennbar sein. Dort steht meistens „Kaufen". Nachdem online gekauft wurde, muss die Käuferin oder der Käufer eine E-Mail erhalten. Hier müssen alle gekauften Sachen aufgelistet sein. Auch müssen Preis, Steuern und Versandkosten für die gekaufte Ware notiert werden.

Widerrufsrecht

Wenn die Verkäuferin oder der Verkäufer Kosten für etwas berechnet, was nicht bestellt wurde, muss dies nicht bezahlt werden. Der Vertrag ist gültig, wenn die Ware versandt wurde. Für einen Umtausch beim Onlinehandel gilt ein Widerrufsrecht von 14 Tagen ab vollständiger Lieferung des Kaufes.

A Beschreibe die Geschäftsfähigkeit von Kindern und Jugendlichen.

B Erkläre, was man beim Onlinehandel und der Geschäftsfähigkeit beachtet werden muss.

C Erstelle eine Mindmap zum Thema (siehe Methode auf Seite 226).

Das Widerrufsrecht beim Onlinehandel

M1 *Drei Fallbeispiele, Autorentexte*

Ben hat im Onlinehandel ein neues Computerspiel bestellt. Er hat es zwei Wochen ausprobiert und dann nach insgesamt 16 Tagen zurückgeschickt, weil er es nicht mehr spielen wollte. Der Onlinehandel möchte es nicht mehr zurücknehmen. Seine Eltern bestehen aber darauf.

Kann das Spiel zurückgegeben werden?

Ben, 15 Jahre

A

Nina hat für ihre neue Ausbildungsstelle Werkzeug im Internet bestellt. Leider wurde das falsche Werkzeug geliefert. Die Firma bietet Nina einen 20% Nachlass auf das Werkzeug an und will es nicht zurücknehmen.

Muss Nina nun das Werkzeug behalten?

Nina, 18 Jahre

B

3.) Lin bestellt im Internet ein neues Kinderbuch. Ihre Eltern wollen das Buch aber nicht bezahlen.

Darf Lin das Buch behalten?

Lin, 7 Jahre

C

1 Erkläre, ob bei den drei Fallbeispielen die bestellte Ware zurückgegeben werden muss oder nicht.

2 **a)** Recherchiere unter dem Webcode nach weiteren Informationen zum Widerrufsrecht im Internet.

Link: Widerrufsrecht im Internet

b) Erstelle zusammen mit deiner Tischnachbarin oder deinem Tischnachbarn aus den Informationen aus Aufgabe 2a) neue Fallbeispiele.

c) Entwickelt einen Leitfaden, worauf man beim Widerrufsrecht beim Onlinekauf achten sollte.

Mit Gesetzestexten arbeiten

Viele Bereiche des Lebens werden von Gesetzen bestimmt. Daher wird es manchmal vorkommen, dass ihr euch mit einem Gesetzestext auseinandersetzen müsst. Diese Texte sind nicht leicht zu lesen. Das liegt zum Teil daran, dass ein Gesetz vor langer Zeit formuliert wurde und damit von der Sprache her veraltet ist. Außerdem müssen Gesetze für viele Fälle und Tatbestände gelten und sind daher kompliziert formuliert. Gesetze zu verstehen erfordert daher ein genaues Vorgehen. Hilfreich ist es dafür, den Aufbau von Gesetzen zu kennen. Jedes Gesetz hat einen Namen und eine Abkürzung. So wird das Jugendschutzgesetz „JuSchG“ abgekürzt. Gesetze bestehen aus Paragrafen (§), das Grundgesetz und andere Verfassungen, zum Beispiel die Landesverfassung für Nordrhein-Westfalen, aus Artikeln. Manche Paragrafen oder Artikel haben mehrere Absätze.

1. Schritt: Fragen formulieren und den passenden Gesetzestext finden

- Zunächst formulierst du die Frage(n), die du zu einem bestimmten Fallbeispiel beantworten möchtest. Dadurch wird dir klar, um welchen Sachverhalt es geht.
- Finde anschließend heraus, in welchem Gesetz du Antworten auf deine Frage(n) finden kannst.
- Nimm dieses Gesetz zur Hand. Suche im Inhaltsverzeichnis nach Paragrafen oder Artikeln, mit deren Hilfe du deine Frage lösen kannst.

2. Schritt: Erstes Lesen und unbekannte Begriffe klären

- Lies den Gesetzestext aufmerksam durch.
- Notiere die Begriffe, die dir unbekannt sind oder unverständlich erscheinen. Kläre die Bedeutung dieser Begriffe mithilfe eines Lexikons oder des Internets. Notiere dir im Anschluss die Bedeutung der Begriffe.

3. Schritt: Zweites Lesen und Übersetzung in einfache Sprache

- Untersuche den Text genauer, indem du einen Blick auf deine Fragestellungen wirfst.
- Markiere dir wichtige Schlüsselbegriffe, die dir für deinen Fall wichtig erscheinen.
- Übersetze diese Begriffe in eine verständlichere, einfachere Sprache.

4. Schritt: Fragen zu deinem Fallbeispiel beantworten

- Bei umfangreichen Paragrafen und Artikeln ist es sinnvoll, den Gesetzestext in Sinnabschnitte zu gliedern.
- Anschließend kannst du den Text mithilfe der Schlüsselbegriffe zusammenfassen und ihn dadurch verstehen.
- Zum Abschluss kannst du die Frage zu deinem Fallbeispiel beantworten.

M1 *Der „Taschengeldparagraf“*

Bürgerliches Gesetzbuch (BGB)
§ 110 Bewirken der Leistung mit eigenen Mitteln
Ein von dem Minderjährigen ohne Zustimmung des gesetzlichen Vertreters geschlossener Vertrag gilt als von Anfang an wirksam, wenn der Minderjährige die vertragsmäßige Leistung mit Mitteln bewirkt, die ihm zu diesem Zweck oder zu freier Verfügung von dem Vertreter oder mit dessen Zustimmung von einem Dritten überlassen worden sind.

Wer ist das? (Person unter 18)

Wer ist das? (z. B. Eltern)

Was bedeutet das? (Kaufpreis)

Wer ist das? (z. B. Person, die Geld geschenkt hat)

Was bedeutet das? (Geld darf für alles Mögliche ausgegeben werden)

Einwilligung der Eltern beim Einkauf

M1 *Fallbeispiel: Kauf mit Folgekosten - Der Onlinegame-Pass, Autorentext*

Lena ist 15 Jahre alt und leidenschaftliche Gamerin. In ihren Lieblings-Onlinegames liebt sie es, mit neuen Skins und Ausrüstungsgegenständen ihre Charaktere individuell zu gestalten. Eines Tages stößt sie auf ein Angebot: Ein VIP-Pass für ihr liebstes Spiel, der ihr jeden Monat exklusive Skins, Spielwährung und Zugang zu speziellen Events bietet. Das Angebot klingt verlockend, kostet allerdings 10 Euro im Monat. Ohne mit ihren Eltern zu sprechen, entscheidet sich Lena, den VIP-Pass zu kaufen. Sie denkt, ihre Ersparnisse würden ausreichen, um das Abo zu decken. Lena bestätigt den Kauf in der App ihres Spieleanbieters und der Kauf ist abgeschlossen.

M2 *Hintergrundwissen, Autorentext*

Wenn ein Kind oder Jugendlicher etwas kauft, geht es wie jede andere Person einen Kaufvertrag ein. Zwischen dem 7. und dem 18. Lebensjahr ist eine Person beschränkt geschäftsfähig. Jugendliche können Geschäfte abschließen, wenn sie diese mit ihrem Taschengeld bezahlen können (§ 110 BGB). Darunter fallen auch Einkünfte vom Nebenjob und Geschenke, etwa von Verwandten. Alle anderen Geschäfte werden nur mit Zustimmung der Eltern rechtsgültig (§ 107 BGB). Kauft ein Jugendlicher eine Sache deutlich über dem Taschengeld-Limit oder mit monatlichen Folgekosten, ohne die Erziehungsberechtigten vorher zu fragen, ist das Rechtsgeschäft schwebend unwirksam. Das heißt, es wird nur gültig, wenn der gesetzliche Vertreter nachträglich zustimmt (§ 108 BGB).

M3 *Gesetzliche Grundlagen: Paragrafen aus dem Bürgerlichen Gesetzbuch (BGB)*

§ 107 Einwilligung des gesetzlichen Vertreters
Der Minderjährige bedarf zu einer Willenserklärung, durch die er nicht lediglich einen rechtlichen Vorteil erlangt, der Einwilligung seines gesetzlichen Vertreters.

§ 108 Vertragsschluss ohne Einwilligung
(1) Schließt der Minderjährige einen Vertrag ohne die erforderliche Einwilligung des gesetzlichen Vertreters, so hängt die Wirksamkeit des Vertrags von der Genehmigung des Vertreters ab.

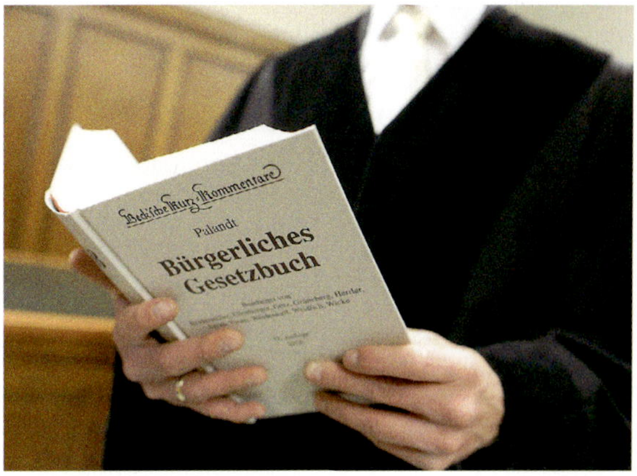
Palandt
Bürgerliches Gesetzbuch

1 **Untersuche das Fallbeispiel aus M1 mit Hilfe der Informationen aus M2 und der Gesetzestexte (M3). Nutze auch die vier Schritte der Methode „Mit Gesetzestexten arbeiten".** Musterlösung zur Aufgabe

Welche Auswirkungen hat mein Essverhalten auf das Klima?

Abb. 1 *Eine Frau liest beim Einkauf die Angaben auf dem Etikett der Produkte*

Lebensmittel und Klima

Der ökologische Fußabdruck

Der **ökologische Fußabdruck** gibt an, welchen Anteil jeder Mensch am Ressourcenverbrauch auf der Erde hat. Beispielsweise bräuchte man drei Erden, wenn alle Menschen auf der Erde so leben würden wie wir in Europa. Würden alle Menschen so leben wie in den USA, bräuchten wir sogar fünf Erden.

Ernährung und Klimawandel

Die Art und Weise, wie sich Menschen ernähren, hat einen direkten Einfluss auf den CO_2-Ausstoß und damit auch auf das Klima. Manche Lebensmittel erzeugen in ihrer Herstellung mehr CO_2 als andere. Bei der Herstellung von 1 kg Rindfleisch wird etwa 30-mal so viel CO_2 ausgestoßen wie bei der Herstellung von 1 kg Kartoffeln.

Südfrüchte, wie Mango oder Ananas, werden per Flugzeug oder Schiff aus tropischen Anbauländern importiert. Ihr CO_2-Ausstoß ist daher höher als der von regional angebauten Lebensmitteln wie Möhren oder Äpfeln. Wer regional und saisonal Obst und Gemüse einkauft schont das Klima und die Umwelt. Erdbeeren, Paprika oder Gurken aus südeuropäischen Ländern wie Spanien haben einen hohen ökologischen Fußabdruck. Sie brauchen sehr viel Wasser und die Transportwege bis in den deutschen Supermarkt sind weit.

Lebensmittelverschwendung

Wer weniger Lebensmittel wegwirft, betreibt aktiven Klimaschutz, weil bei der Herstellung, dem Transport und der Lagerung von Lebensmitteln CO_2 ausgestoßen wird. In Deutschland werden jedes Jahr pro Kopf 78 kg Lebensmittel weggeworfen. Ein Grund dafür ist das **Mindesthaltbarkeitsdatum**. Viele Menschen glauben, dass Lebensmittel nach Ablauf dieses Datums nicht mehr essbar sind. Das stimmt aber nicht immer. Oft kann man Lebensmittel Tage oder auch Wochen nach Ablauf des Datums noch essen. Bei manchen Lebensmitteln wie Fisch und Fleisch sollte man aber auf Nummer sicher gehen und diese nicht mehr essen.

Verpackungsmüll

Lebensmittelverpackungen sind oft ein Problem. Sie schützen zwar Obst und Gemüse vor Beschädigungen, jedoch entsteht auch ein enormer Verpackungsmüll. Dieser landet bei falscher Entsorgung in der Natur und Umwelt und verursacht Schäden an Fauna und Flora.

A Erstelle eine Mindmap zum Thema „Lebensmittel und Klimawandel" (siehe Seite 226).

B Ermittle deinen persönlichen ökologischen Fußabdruck mithilfe des Webcodes.

Link: Teste deinen ökologischen Fußabdruck!

Wie viel CO_2 „verbrauchen“ unsere Lebensmittel?

M1 *Die Klimabilanz von Fleisch und Milch. Verbraucherzentrale Thüringen, November 2021*

Für die Produktion von Fleisch und Wurst sind viele Ressourcen nötig: eine große Menge Futtermittel, viel Platz in Form von Acker- und Weideland und auch viel Wasser. Das alles verursacht auch Treibhausgase. Am meisten entsteht bei der Produktion von Rindfleisch, da Rinder und andere Wiederkäuer bei ihrem Verdauungsprozess zusätzlich viel Gas in Form von Methan ausscheiden. [...] Auch Milch und Milchprodukte schlagen bei der Klimabilanz stark zu Buche. Denn auch für die Produktion von Milch müssen Tiere, vor allem Kühe, gehalten werden. Treibhausgase entstehen also auch hier. [...]

M2 *Schaubild, Das „Klima-Gewicht“ von Lebensmitteln, Verbraucherzentrale Thüringen, 2021*

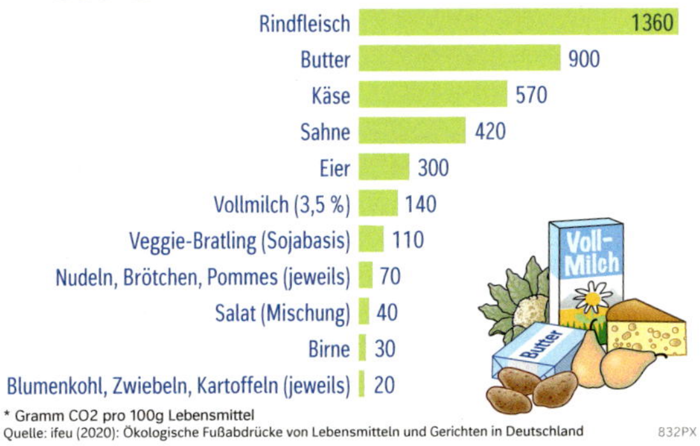
Das Klima-Gewicht von Lebensmitteln*
Rindfleisch 1360
Butter 900
Käse 570
Sahne 420
Eier 300
Vollmilch (3,5 %) 140
Veggie-Bratling (Sojabasis) 110
Nudeln, Brötchen, Pommes (jeweils) 70
Salat (Mischung) 40
Birne 30
Blumenkohl, Zwiebeln, Kartoffeln (jeweils) 20
Voll-Milch
Butter
* Gramm CO2 pro 100g Lebensmittel
Quelle: ifeu (2020): Ökologische Fußabdrücke von Lebensmitteln und Gerichten in Deutschland
832PX

Vergrößerte Abbildung des Schaubildes M2

Klima-Gewicht meint, wie viel Gramm CO_2 bei der Entstehung von 100g eines Lebensmittels entstehen. Je höher es ist, desto schädlicher ist es für das Klima.

1 a) Fasse M1 zusammen.

b) Beschreibe mithilfe von M2, welche Lebensmittel ein besonders hohes Klima-Gewicht haben. +

c) Erkläre mithilfe der Materialien, warum besonders tierische Produkte klimaschädlich sind.

Gesetzliche Grundlagen

M3 *Das Klima-Gewicht eines Burgers, Verbraucherzentrale Thüringen, 2021*

833PX

MENÜ

Rindfleischburger mit Pommes und Salat

200 g Rindfleischbratling	2,0 x 1360 g CO_2 =	2720 g CO_2
800 g Brötchen	0,8 x 700 g CO_2 =	56 g CO_2
10 g Zwiebeln	0,1 x 20 g CO_2 =	2 g CO_2
20 g Käse	0,2 x 570 g CO_2 =	114 g CO_2
150 g Pommes	1,5 x 70 g CO_2 =	105 g CO_2
100 g Salat	1,0 x 40 g CO_2 =	40 g CO_2
Summe Klima-Gewicht		**3037 g CO_2**

2 a) Besprecht in der Klasse, wie das Klima-Gewicht eines Burger-Menüs berechnet wird. +

b) Berechnet die Klimagewichte der vier Menüs im Webcode. Partnervortrag Weitere Menüs

c) Beurteilt die Ergebnisse im Hinblick auf die Folgen von Fleischkonsum und CO_2-Verbrauch.

d) Diskutiert: „Sollte die Schulmensa einen Veggieday einführen, um das Klima zu schonen?“ Fishbowl

Lebensmittelverschwendung

M4 *Lebensmittelabfälle in Deutschland, 2022*

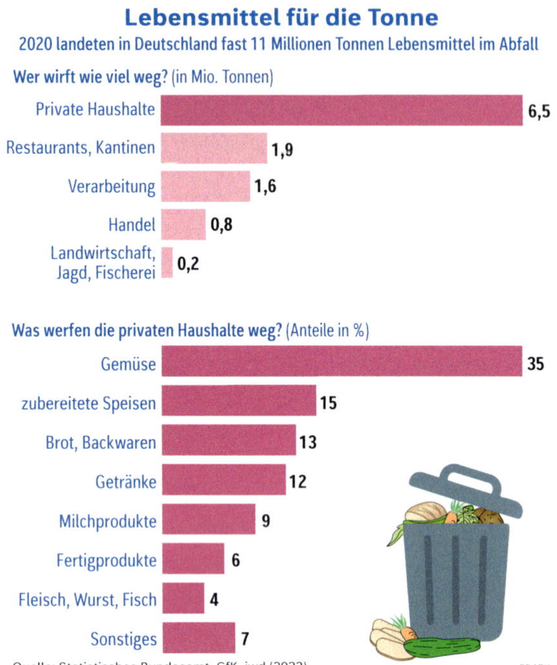
Lebensmittel für die Tonne
2020 landeten in Deutschland fast 11 Millionen Tonnen Lebensmittel im Abfall
Wer wirft wie viel weg? (in Mio. Tonnen)
Private Haushalte 6,5
Restaurants, Kantinen 1,9
Verarbeitung 1,6
Handel 0,8
Landwirtschaft, Jagd, Fischerei 0,2
Was werfen die privaten Haushalte weg? (Anteile in %)
Gemüse 35
zubereitete Speisen 15
Brot, Backwaren 13
Getränke 12
Milchprodukte 9
Fertigprodukte 6
Fleisch, Wurst, Fisch 4
Sonstiges 7
Quelle: Statistisches Bundesamt, GfK, iwd (2023)

M5 *Für den Müll zu schade, Verbraucherzentrale Thüringen, November 2021*

Viel zu viel Essen landet im Müll. In Deutschland werden jährlich knapp zwölf Millionen Tonnen Lebensmittel weggeworfen. Das entspricht etwa 480.000 voll beladenen Lkw[s]. Die Hälfte des Abfalls stammt nicht aus dem Supermarkt oder Restaurant, sondern aus unseren eigenen Haushalten. Diese Verschwendung hat Folgen für uns und das Klima. Denn nicht nur die Lebensmittel landen im Müll: Mit ihrer Entsorgung werden auch die Ressourcen vergeudet, die für ihre Produktion und ihren Transport zu uns nötig waren. Um das nachzuvollziehen, müssen wir uns bewusst machen, woher unsere Lebensmittel kommen und wie viel Arbeit und Ressourcen in ihnen stecken. [...] Bis die Lebensmittel dann in unseren Supermärkten liegen, haben viele weite Transportstrecken per Flugzeug Schiff oder Lkw zurückgelegt. Auch dieser Weg geht zu Lasten unseres Klimas.

3 **a)** Notiere die wichtigsten Fakten zur Lebensmittelverschwendung in Deutschland (M5).
b) Erkläre die Auswirkungen der Lebensmittelverschwendung auf das Klima.
c) Werte das Schaubild aus (siehe Methode auf Seite 227).
d) Recherchiert unter dem Webcode nach Strategien, um Lebensmittelverschwendung zu vermeiden.

Link: Tipps gegen Lebensmittelverschwendung

Einkaufsverhalten und Lebensmittelverschwendung

M6 *Joshua und Irini kaufen spontan ein, Autorentext*

Joshua und Irini leben und studieren in Bochum. Meistens gehen sie sehr spontan einkaufen, weil sie so flexibler sind. Ihr Einkauf muss nicht besonders geplant werden. Da sie fast täglich einkaufen gehen, kaufen sie immer sehr frisch ein. Manchmal bleiben Lebensmittel im Kühlschrank liegen, weil sie doch keine Lust mehr auf sie haben.

M7 *Familie Nehles kauft geplant ein, Autorentext*

Beim Einkaufen handelt Familie Nehles sehr geplant. An ihrem Kühlschrank hängt immer ein kleiner Zettel, welchen sie zum Einkaufen mitnehmen. Hier schreiben sie unter der Woche alles auf, was im Kühlschrank fehlt. Dadurch sparen sie beim Einkaufen im Supermarkt Zeit und auch Geld, weil sie keine unnötigen Dinge kaufen.

4 **a)** Stelle in einer Tabelle die Vorteile und Nachteile des unterschiedlichen Einkaufsverhaltens dar.
b) Diskutiert, welche Variante aus eurer Sicht besser geeignet ist, um Lebensmittelverschwendung zu vermeiden.

Material

Verpackungsmüll: Welche Folgen entstehen für die Umwelt?

M8 *Einwegplastikmüll im Stadtpark*

M9 *Weltweite Plastikherstellung*

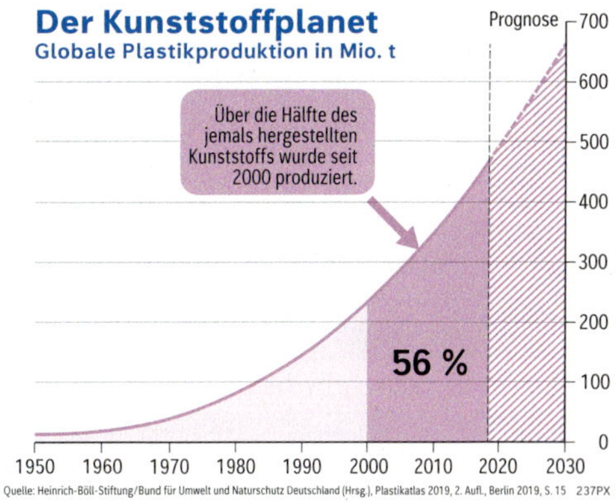
Der Kunststoffplanet
Globale Plastikproduktion in Mio. t
Prognose
Über die Hälfte des jemals hergestellten Kunststoffs wurde seit 2000 produziert.
56 %
0
100
200
300
400
500
600
700
1950
1960
1970
1980
1990
2000
2010
2020
2030
Quelle: Heinrich-Böll-Stiftung/Bund für Umwelt und Naturschutz Deutschland (Hrsg.), Plastikatlas 2019, 2. Aufl., Berlin 2019, S. 15 237PX

M10 *Plastikmüll in Europa*

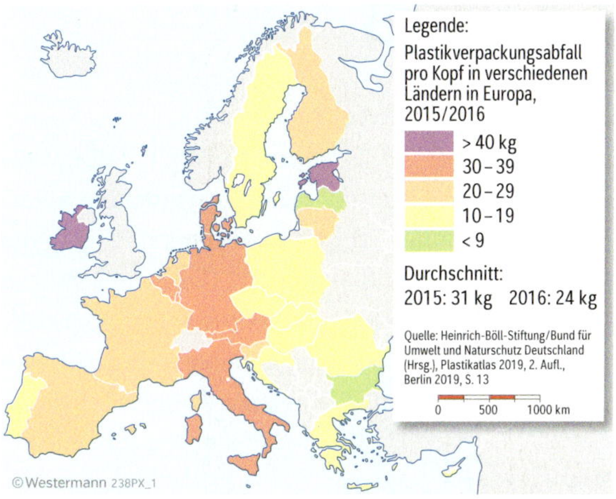
Legende:
Plastikverpackungsabfall pro Kopf in verschiedenen Ländern in Europa, 2015/2016
> 40 kg
30 – 39
20 – 29
10 – 19
< 9
Durchschnitt:
2015: 31 kg 2016: 24 kg
Quelle: Heinrich-Böll-Stiftung/Bund für Umwelt und Naturschutz Deutschland (Hrsg.), Plastikatlas 2019, 2. Aufl., Berlin 2019, S. 13
0 500 1000 km
©Westermann 238PX_1

M11 *Plastikmüll an der Meeresküste*

M12 *Plastikteppich im Meer*

M13 *Meeresschildkröte frisst Plastikmüll*

5 Wähle eine Aufgabe aus:

I **a)** Beschreibe den Weg des Verpackungsmülls mithilfe der Abbildungen.

II **b)** Erkläre den Zusammenhang von Plastikmüll und Umweltverschmutzung.

III **c)** Erstelle eine Präsentation zum Thema „Plastikmüll und Umweltverschmutzung“ (siehe Seite 225/233).

Welche Auswirkungen hat der Medienkonsum auf den Klimawandel?

Abb. 1 *Ein großer Serverraum*

Medienkonsum und Klima

Internet und Klima

Nahezu alle Bereiche des alltäglichen Lebens werden durch den Konsum von Medien bestimmt. Besonders einflussreich ist hierbei das Internet. Ob beim Streamen der Lieblingsserie, der Nutzung von Messenger-Diensten, der Onlinerecherche oder dem Lesen von Onliennachrichten. Überall wird das Internet verwendet. Dabei wird sehr viel Strom verbraucht, weil das Internet nur funktioniert, wenn 24 Stunden am Tag, 365 Tage im Jahr große **Server** laufen. Die gesamte IT und Telekommunikationsindustrie ist für etwa 3% des weltweiten CO_2-Ausstoßes verantwortlich. Das entspricht etwa dem Stromverbrauch von Deutschland und Kanada zusammen.

Besondere Stromfresser

Online-Werbung und Streamingdienste verursachen einen beträchtlichen Stromverbrauch und haben schädliche Auswirkungen auf das Klima. Ein Beispiel: Eine Stunde Netflix in Full-HD-Auflösung verbraucht drei Gigabyte Daten. Mit der Energie, die dafür benötigt wird, könnte eine 30-Watt-Lampe 360 Minuten lang brennen. Das unterstreicht die Notwendigkeit, stromsparende Technologien zu entwickeln und die eigene Nutzung dieser Dienste zu reduzieren.

Zukünftige Entwicklung

In den nächsten Jahren wird sich durch die **Digitalisieung** der Stromverbrauch noch mehr erhöhen, weil durch das Internet sehr viele Geräte smart, also mit dem Internet verbunden, werden. Gleichzeitig nutzen die großen Technologieuntemehmen wie Google verstärkt erneuerbare Energien, um ihre Rechenzentren und Serverfarmen mit Strom zu versorgen.

Bewusster Konsum

Damit der eigene CO_2-Fußabdruck im Netz möglichst geringgehalten werden kann, sollten sich Nutzerinnen und Nutzer im Internet bewusst über ihren Medienkonsum sein. Schauen beispielsweise Millionen von Menschen denselben Film im Fernsehen zur regulären Sendezeit, ist der Stromverbrauch deutlich geringer als beim Streamen dieses Films.

A Beschreibe den Zusammenhang zwischen der Nutzung des Internets und dem CO_2-Ausstoß.

B Erkläre, welche Dinge im Internet besonders viel Strom verbrauchen.

C Erläutere, worauf du bei deinem Medienkonsum achten kannst, um den Stromverbrauch zu senken.

Welche Auswirkung hat die Internetnutzung auf das Klima?

M1 *Klima und Onlineverhalten*

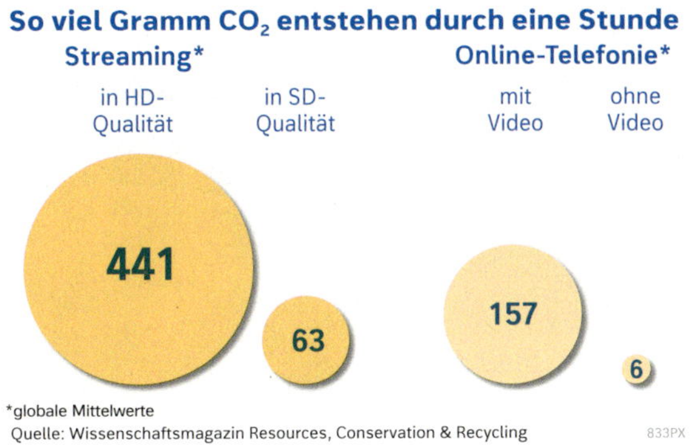
So viel Gramm CO_2 entstehen durch eine Stunde
Streaming*
in HD-Qualität
in SD-Qualität
Online-Telefonie*
mit Video
ohne Video
441
63
157
6
*globale Mittelwerte
Quelle: Wissenschaftsmagazin Resources, Conservation & Recycling
833PX

1 a) Analysiere das Schaubild (Methode Seite 227).
b) Beschreibe den Zusammenhang zwischen Lebensdauer und CO_2-Ausstoß von elektronischen Geräten.

M2 *Lebensdauer elektronischer Geräte, Institut für ökologische Wirtschaftsforschung, ZDF, 2022*

„Nutzen wir etwa den Smart TV beim Streaming, verbrauchen wir deutlich mehr Energie und Ressourcen als mit dem Handy. Und je kürzer die Lebensdauer dieser Geräte, desto schlechter ist das für die Umwelt – denn in den Geräten sind wertvolle Ressourcen verbaut, deren Gewinnung [...] ökologisch und sozial kritisch ist." Für den CO_2-Abdruck ist es also besser, nicht jedes Jahr das neueste Iphone oder den schicksten HD-Fernseher zu kaufen. Zudem steckt viel Einsparpotenzial in der Videoqualität. Ultra-HD verbraucht etwa zehnmal mehr Strom als Standardqualität. Daneben lässt sich auch über gemeinschaftliche Gerätenutzung viel Energie sparen."

Welchen Einfluss hat mein Nutzungsverhalten?

M3 *Umweltschonendes Streamen, ARD alpha, 2021*

1. Wenn möglich, immer über eine WLAN oder LAN-Verbindung streamen. Falls absehbar ist, dass zum Zeitpunkt des Streamens keine WLAN-Verbindung verfügbar sein wird, Videos einfach vorher im WLAN oder LAN herunterladen.
2. Bildauflösung herunterdrosseln. Denn: Bei höchster Auflösung werden 23-mal so viele Daten pro Stunde verbraucht wie bei niedriger. Ein Qualitätsunterschied zwischen höchster und niedrigster Auflösung ist gerade bei mobilen Endgeräten mit kleinen Bildschirmen und bei Bewegtbildern kaum zu erkennen.
3. Große Endgeräte mit großen Bildschirmen verbrauchen mehr Strom als kleine, ein neuer Router verbraucht weniger als ein altes Gerät.

M4 *Karikatur von Christian Möller, 2020*

Video-Streaming ist einer der Hauptverursacher von CO2, deswegen schauen wir ab heute alle Filme in einer Auflösung von 16x16 Pixel!
!

2 Wähle eine Aufgabe aus:
I a) Fasse die Tipps zum umweltschonenden Streamen zusammen.
II b) Analysiere die Karikatur (siehe Methode Seite 120). Nutze dazu auch die Tipps aus M3.
III c) Erstelle ein Lernplakat (Methode Seite 228) oder einen Infoflyer zum Thema „Tipps zum umweltschonenden Streamen".

Was ich als
Mieter
wissen muss
Rechte als
Welche Rechte haben wir als Verbraucherinnen und Verbraucher?

Abb. 1 *Informationsmaterialien in einer Beratungsstelle der Verbraucherzentrale Nordrhein-Westfalen*

Verbraucherschutz

Kaufverträge und Verbraucherrechte

Beim Annehmen und Bezahlen einer Brötchentüte wird ein **Kaufvertrag** geschlossen. Das geschieht ebenso, wenn ein Auto erworben, eine Eintrittskarte bezahlt, der Bestellbutton im Internet geklickt oder am Telefon ein Mobilfunkpaket gebucht wird. Es gibt also schriftliche und mündlich abgeschlossene Kaufverträge. Nicht immer sind sich Käuferin bzw. Käufer und Verkäuferin bzw. Käufer einig – mal geht es um zusätzliche Kosten, mal um Unzufriedenheit mit dem Produkt, mal möchte jemand die Ware umtauschen oder zahlt nicht rechtzeitig. Für all diese Situationen gibt es gesetzliche Regelungen und Beratungsmöglichkeiten. Diese umfassen:

- **Information:** Warenkennzeichnungen geben Auskunft über Inhaltsstoffe, Mengen und Preis.
- **Gewährleistung, Sicherheit, Produkthaftung:** Vorgeschriebene technische Prüfungen werden zum Beispiel mit GS-Siegel belegt.
- **Reklamation und Umtausch:** Es gibt Regelungen zu Fristen und Art des Umtauschs, Rücktritt vom Kaufvertrag, Nachbesserung und Rücknahme bei Schäden.

Beratungs- und Informationsstellen

In Deutschland sind die Beratung und das Informieren von Verbraucherinnen und Verbrauchern auch eine staatliche Aufgabe. Sie wird unter anderem von den **Verbraucherzentralen (VZ)** und der **Stiftung Warentest** wahrgenommen.
Verbraucherzentralen gibt es in allen Bundesländern. Die Beratungsstellen der Verbraucherzentrale Nordrhein-Westfalen sind im ganzen Bundesland verteilt. Die Stiftung Warentest prüft unabhängig und nach wissenschaftlichen Kriterien Produkte und Dienstleistungen. Die Ergebnisse veröffentlicht sie in Testberichten.

A Liste auf, in welchen Situationen in deiner Familie in der letzten Woche Kaufverträge geschlossen worden sind. Gab es dabei Probleme? Wie seid ihr damit umgegangen?

B Gestalte eine Mindmap zu den Schutzrechten für Verbraucher/-innen (Methode auf Seite 226).

C Informiere dich unter dem Webcode über die Beratungsangebote in deiner Nähe.

Link: Verbraucherzentrale Nordrhein-Westfalen

Verbraucherschutz konkret

M1 *Fallbeispiel, Autorentext*

Nila und Daniel haben nach langem Suchen ihre erste eigene Wohnung bezogen. Für die nächsten Tage machen sie eine To-do-Liste:

- Getränke und Snacks für Einweihungs-party besorgen – auch für die Veganer Yannick und Nils
- Zeitungsabo widerrufen
- Rezepte für das Essen recherchieren

M2 *Kennzeichnung von Lebensmitteln, VZ, 2023*

- Beim Kauf von Lebensmitteln müssen zu Ihrer Orientierung bestimmte Informationen zu den Produkten transparent gemacht werden. Zum Beispiel bis wann die Lebensmittel haltbar oder welche Inhaltsstoffe oder Allergene enthalten sind.
- Welche Pflichtangaben Lebensmittel tragen müssen, hängt vom jeweiligen Produkt ab. Manche Informationen sind generell verpflichtend, andere Deklarationen sind nur für bestimmte Produkte vorgeschrieben.
- Bei der Kennzeichnung von Lebensmitteln wird zwischen verpackten und unverpackten Waren unterschieden.

M3 *Rechtslage bei Haustürgeschäften, VZ, 2023*

Hat man […] einen Vertrag an der Haustür abgeschlossen, ist der Vertrag zwar wirksam, man kann ihn aber in aller Regel widerrufen. Durch einen Widerruf ist man nicht mehr an den Vertrag gebunden. Dafür hat man grundsätzlich 14 Tage ab Vertragsschluss Zeit. Wurde allerdings ein Produkt gekauft, so beginnt die Frist erst zu laufen, wenn die Ware geliefert wurde. Wurde der Verbraucher nicht über sein Recht zum Widerruf informiert, erlischt das Widerrufsrecht spätestens nach 12 Monaten und 14 Tagen. Der Widerruf muss gegenüber dem Vertragspartner erklärt werden – schreiben Sie also am besten einen Brief, in dem steht, dass Sie den Vertrag widerrufen. Nicht ausreichend ist es, die Ware einfach zurückzusenden. Eine Begründung für den Widerruf muss aber nicht mitgeliefert werden.

M4 *Gefahren bei Online-Abos, Autorentext*

Beim Suchen nach kostenlosen Songs (oder Software, Kochrezepten, Routenplanern usw.) passt man nicht genau auf und hat ungewollt eine kostenpflichtige Dienstleistung in Anspruch genommen. Hinweise auf Gebühren bzw. den Vertragsabschluss sind häufig versteckt oder erst nach einigen Klicks zu finden. Um Verbraucherinnen und Verbraucher vor Abofallen zu bewahren, müssen Anbieter von Online-Diensten ihr Angebot so gestalten, dass Nutzer klar erkennen können, dass sie kostenpflichtig etwas bestellen – egal ob das ein Abo oder ein Produkt ist. Dennoch besteht die Gefahr, im Internet unbeabsichtigt kostenpflichtige Dienste zu bestellen. Immer wenn man für kostenlose Dienstleistungen seine vollständigen Daten hinterlassen muss – vor allem Zahlungsinformationen –, sollte man misstrauisch werden. Neben Geld sind Daten eine begehrte Währung im Netz.

1 a) Formuliere Fragen, die sich aus den Notizen von Nila und Daniel ergeben.
b) Erstelle eine Liste mit Tipps, um Nila und Daniel zu helfen. Nutze M2 bis M4 und recherchiere weitere.
c) Berichte von deinen eigenen Erfahrungen und ergänze deine Liste mit den Tipps.

Film: Einfach erklärt: Verbraucherschutz

Expertinnen und Experten befragen

Abb. 1 *Mit der richtigen Vorbereitung klappt es!*

Ihr fragt eure Eltern, wie man kocht oder was sie auf der Arbeit tun. Ärztinnen und Ärzte bittet ihr bei Krankheiten um Rat. In eurem Alltag fragt ihr häufig Menschen nach ihrem Wissen, die sich in etwas besonders gut auskennen. Ähnlich machen dies auch Journalistinnen und Journalisten, die Wissenschaftlerinnen und Wissenschaftler zu bestimmten Themen befragen. Im Unterricht stehen euch bei Fragen nicht nur eure Lehrkräfte zur Seite. Ihr könnt auch weitere Expertinnen und Experten befragen, etwa Personen aus der Politik oder Fachleute für einen bestimmten Beruf.

1. Schritt: Befragung vorbereiten

- Zunächst überlegt ihr euch, wen ihr zu welchem Thema befragen wollt.
- Dann fragt ihr die Person, ob sie Zeit und Interesse an einem Gespräch hat.
- Informiert die Schulleitung über euer Vorhaben und holt euch die Genehmigung dazu ein.
- Wenn diese Grundlagen geklärt sind, könnt ihr mit der konkreten Planung beginnen.
- Vereinbart einen Termin, die Dauer und einen Ort für euer Treffen. Falls es bei euch in der Schule stattfindet, richtet vor der Befragung einen Raum her. Achtet dabei auf eine passende Sitzordnung und Getränke für euren Gast. Ihr könnt auch Namenskärtchen erstellen, damit alle persönlich angesprochen werden können.
- Zur Vorbereitung gehört ein Fragenkatalog. Notiert vorab alles, was ihr wissen möchtet.
- Informiert die Expertin oder den Experten etwa fünf Tage vorher über die Themen/Fragen, die ihr ansprechen möchtet. So kann euer Gast sich ebenfalls auf das Gespräch vorbereiten.

2. Schritt: Befragung durchführen

- Achtet unbedingt alle darauf, pünktlich zu sein.
- Platziert eure Namenskärtchen und legt den Fragenkatalog sowie etwas zum Mitschreiben bereit.
- Nach einer kurzen Vorstellungsrunde nennt ihr noch einmal den Grund eures Treffens: Warum wollt ihr euch mit dieser Person unterhalten?
- Jetzt beginnt die eigentliche Befragung: Nacheinander können alle ihre Fragen stellen. Sollte etwas unklar bleiben, habt ihr die Möglichkeit, direkt noch einmal nachzuhaken.
- Die Antworten werden als Stichpunkte mitgeschrieben. Sollte euch etwas Besonderes auffallen, könnt ihr es auch notieren.
- Achtet auf die Einhaltung der Gesprächsregeln.
- Bedankt euch für das Gespräch, bevor ihr euch verabschiedet.

3. Schritt: Befragung auswerten

Wertet eure Befragung sowohl hinsichtlich der Durchführung als auch der inhaltlichen Ergebnisse aus.
Mögliche Fragen zur Auswertung der Durchführung:

- Wie war die Atmosphäre bei dem Treffen? Habt ihr euch wohlgefühlt?
- Was würdet ihr bei der nächsten Befragung einer Expertin oder eines Experten anders machen?
- Welche Dinge haben gut geklappt?

Mögliche Fragen zur Auswertung der inhaltlichen Ergebnisse:

- Wurden alle Fragen beantwortet?
- Gab es Fragen, die nur die Expertin oder der Experte beantworten konnte?
- Stimmt ihr allen Aussagen der Expertin bzw. des Experten zu? In welchen Punkten habt ihr eine andere Meinung?
- Was ist euch am meisten in Erinnerung geblieben? Warum?
- Wie geht es weiter? Ist vielleicht eine Kooperation entstanden oder startet ihr mit einem Projekt?

Wie funktioniert sicheres Online-Shopping?

M1 *Interview aus dem Fluter, Februar 2022*

fluter.de: Folgendes imaginäres Szenario: Ich bin seit Wochen auf der Suche nach einem Paar Sneakers, nun habe ich sie bei superschuhe123.to gefunden, wo sie nur 70 statt 160 Euro kosten. Kann ich dem vertrauen?

Iwona Husemann: Wenn die Preise auffallend günstig sind oder Ware angeboten wird, die eigentlich schwer verfügbar ist, schrillen bei mir die Alarmglocken. Da sollte man unbedingt genauer hingucken, ob es sich nicht um einen Fakeshop handelt – also eine Seite, wo man Ware bestellt, per Vorkasse bezahlt und sie dann nie ankommt.

Woran kann man denn solche Fakeshops erkennen?
Das ist tatsächlich relativ schwierig. [...]. Es gibt aber ein paar [Punkte], mit denen man sie ganz gut erkennen kann.[...] Man sollte immer einen Blick ins Impressum werfen. Ist das überhaupt vorhanden? Und ist es vollständig? Denn da muss nach deutschem Recht genau stehen, wer mein Vertragspartner ist. Also: Wie heißt der Shop, was hat der für eine Gesellschaftsform? Auch eine Adresse und eine Telefonnummer muss man finden. Ein Blick in die Allgemeinen Geschäftsbedingungen kann ebenfalls helfen. Bei vielen Fakeshops sind die erkennbar durch ein Übersetzungsprogramm gelaufen, da ist dann das Deutsch nicht korrekt, es fehlen Sachen, es liest sich einfach nicht gut. Auch eine Widerrufsbelehrung sollte es unbedingt geben.

Angenommen, das ist alles da, aber es sieht schon etwas komisch aus ...
Wer ein ungutes Gefühl hat, dem gebe ich immer den Tipp: Einfach mal den Kundenservice anrufen und gucken, was passiert. [...]

Abb. 2 *Eine Expertin wird befragt*

Angenommen, ich habe jetzt einen Shop gefunden, dem ich vertraue. Nun soll ich ein Kundenkonto anlegen. Was macht das mit meinen Daten?
Einige Infos brauchen die Händler, um den Kaufvertrag zu erfüllen: wer ich bin, wie ich bezahle, wo er die Ware hinschicken muss. Damit gebe ich einiges von mir preis. Trotzdem sollte man mit seinen Daten so sparsam wie möglich umgehen, und das heißt auch zu schauen: Muss ich wirklich ein Kundenkonto anlegen? Oft kann man auch über einen Gastzugang shoppen, da werden die Daten nur so lange gespeichert, wie sie zur Vertragserfüllung nötig sind. [...]

Nächste Station: der Check-out. Mir werden fünf verschiedene Zahlmethoden angeboten. Welche sollte ich wählen?
Aus unserer Sicht sind „Kauf auf Rechnung"-Bezahloptionen die sichersten, denn da muss man erst bezahlen, wenn man die Ware auch tatsächlich in den Händen hält. Umgekehrt raten wir davon ab, Vorkasse zu leisten. Wenn dann die Ware nicht kommt oder kaputt ist, läuft man seinem Anspruch hinterher. [...]

Link: Vollständiges Interview

1 a) Tragt euch das Expertinnengespräch „Wie funktioniert sicheres Online-Shopping" zu zweit vor.
b) Führt ein eigenes Gespräch mit einer Expertin oder einem Experten mithilfe der Methode durch.

Welche Chancen und Risiken hat der Onlinehandel?

Abb. 1 *Leere Schaufenster in einer Innenstadt*

Auswirkungen des Onlinehandels

Entwicklung des Onlinehandels

In den letzten Jahren hat der **Onlinehandel** weltweit stark zugenommen. Besonders seit der Coronapandemie kaufen immer mehr Menschen online. Am eigenen Smartphone im Onlineshop kann das gewünschte Produkt schnell angetippt und gekauft werden. Es ist praktisch, sich von zu Hause aus Dinge zu bestellen und diese bis an die Tür geliefert zu bekommen. Allein in Deutschland lag im Jahr 2001 der Umsatz beim Onlinehandel noch bei etwa 1,6 Milliarden Euro. Im Jahr 2022 lag er schon bei etwa 97,4 Milliarden Euro.

Bezahlmethoden

Momentan gibt es mehr als zwanzig verschiedene Bezahlmöglichkeiten. Es sind oft Kreditsysteme, bei denen man nicht direkt bezahlt, sondern erst später. Ein Bezahlen mit Rechnung oder Vorkasse ist auch möglich. Bei Kreditsystemen wie PayPal oder Klarna kann man auch **Ratenzahlungen** durchführen. Das bedeutet, dass der Kunde den Betrag über mehrere Monate in mehreren kleinen Beträgen abbezahlen kann. Beim Kauf im Internet hat man immer ein **Widerrufsrecht** von zwei Wochen. Das heißt, dass man noch bis zu zwei Wochen nach dem Kauf das Produkt unbeschädigt wieder zurückgeben darf.

Chancen des Onlinehandels

Besonders für die Verbraucherinnen und Verbraucher ist es oft bequemer, weil sie ein Produkt bestellen und nach Hause geliefert bekommen. Auch ist es für die Unternehmen von Vorteil, ihre Produkte in den sozialen Medien zu bewerben und somit viele Menschen weltweit zu erreichen. Besonders mithilfe von Influencerinnen und Influencern werden alle möglichen Altersgruppen erreicht.

Risiken des Onlinehandels

Der Onlinehandel bringt jedoch auch Risiken mit sich. Oft hat man die Möglichkeit, die Bestellungen erst später zu bezahlen. Schnell verliert man dabei den Überblick über die eigenen Finanzen. So können **Schulden** entstehen. Auch eine Kaufsucht kann sich entwickeln, weil Online-Produkte ständig verfügbar sind und rund um die Uhr eingekauft werden können. Wenn Menschen nur noch online und nicht mehr in Geschäften vor Ort einkaufen, sterben außerdem die Innenstädte langfristig aus.

A Beschreibe die Entwicklungen des Onlinehandels.

B Erkläre die unterschiedlichen Online-Bezahlmethoden.

C Stelle in einer Tabelle die Chancen und Risiken des Onlinehandels gegenüber.

Sind alle Schulden gleich?

M1 *Ein Küchenkauf auf Raten, Autorentext*

Ronja (29 Jahre) und Marvin (28 Jahre) wohnen seit einem Monat zusammen. Sie wohnen in einem beliebten Viertel in Köln. Sie möchten sich nun eine neue Küche für 3000€ kaufen. Dafür wollen sie einen Ratenkredit in Höhe von 250€ pro Monat für 12 Monate aufnehmen. Sie verdienen zusammen 2800€ im Monat.

Ratenkredit Hierbei verleiht eine Bank Geld. Der Gesamtbetrag wird auf mehrere Raten über mehre Monate aufgeteilt. Am Ende werden noch Zinsen auf den Gesamtbetrag dazu addiert. Hiermit verdient die Bank ihr Geld.

Unsere Ausgaben im Monat	
Warmmiete und Strom:	1100€
Sparen für Notfälle:	50€
Sparen für den Urlaub:	50€
Versicherungen (Haftpflicht, Rechtschutz):	55€
Tanken:	100€
Fitnessstudio, Partnerkarte:	60€
Essen, Trinken:	400€
Freizeit (Disko, Kino, ..) und Kleidung	250€
Smartphone und Internetvertrag:	100€

1 a) Berechne die Gesamtausgaben des Paares.
b) Beurteile, ob sich die beiden die Küche mithilfe des Ratenkredits kaufen können.
c) Beschreibe, wann es keinen Sinn macht, Schulden aufzunehmen und erstelle ein passendes Beispiel.

Wenn junge Erwachsene Schulden haben

M2 *Ergebnisse einer Umfrage von YouGov, 2023*

Etwa 80 Prozent der Befragten gaben an, dass Geld eine große oder sogar sehr große Rolle in ihrem Leben spielt. Für manche bedeutet es Freiheit und Wunscherfüllung, für andere Unruhe und Sorge. Den Ergebnisse zufolge kann ein Drittel die eigenen Fixkosten nicht mehr bezahlen, was auf eine hohe Verschuldung der Generation Z hinweist. Gleichzeitig ist das Thema Verschuldung aber kein Tabu mehr: Für fast zwei Drittel der Befragten sind Schulden gesellschaftlich akzeptiert und normal. [...] Je mehr das persönliche Umfeld Schulden toleriert, desto eher lassen sich die jungen Leute darauf ein.

Generation Z Begriff für Menschen, welche zwischen 1997 und 2012 geboren sind.

M3 *Schulden junger Erwachsener, Bundesverband Deutscher Inkasso-Unternehmen, 2021*

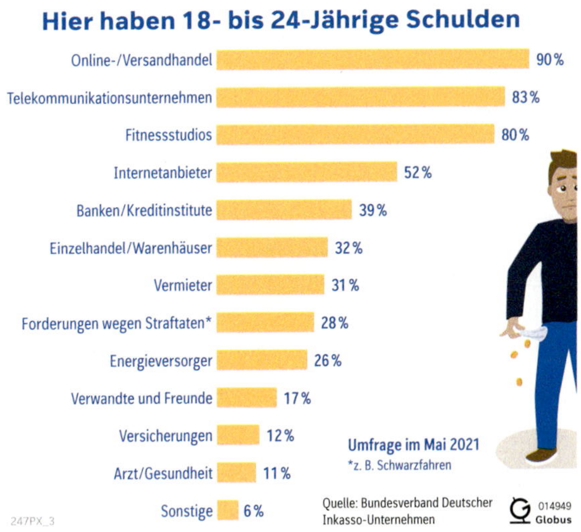
Hier haben 18- bis 24-Jährige Schulden
Online-/Versandhandel 90 %
Telekommunikationsunternehmen 83 %
Fitnessstudios 80 %
Internetanbieter 52 %
Banken/Kreditinstitute 39 %
Einzelhandel/Warenhäuser 32 %
Vermieter 31 %
Forderungen wegen Straftaten* 28 %
Energieversorger 26 %
Verwandte und Freunde 17 %
Versicherungen 12 %
Arzt/Gesundheit 11 %
Sonstige 6 %
Umfrage im Mai 2021
*z. B. Schwarzfahren
Quelle: Bundesverband Deutscher Inkasso-Unternehmen
014949 Globus
247PX_3

2 Wähle eine Aufgabe aus:
I a) Beschreibe die Ergebnisse aus dem Schaubild M3.
II b) Fasse die wichtigsten Ergebnisse aus M2 und M3 zusammen.
III c) Erkläre die Ergebnisse der Umfrage (M2) zur Verschuldung junger Menschen mithilfe des Schaubildes M3.

Onlineshopping und Schulden

M4 *Bezahlmethoden beim Onlineshopping, 2019*

Nutzung von Online-Bezahlmöglichkeiten in Prozent (%)
Befragung von 2748 Personen ab 18 Jahren in Deutschland
Rechnung/Überweisung 69
Paypal 68
Lastschrift 59
Kreditkarte 37
Sofortüberweisung 34
Bezahlen mit Amazon 33
Vorkasse 30
Gutscheinkarte 30
Nachnahme 14
Quelle: Deutsche Bundesbank
838PX
© Globus
13899

M5 *Online-Schulden, Statistisches Bundesamt, 2021*

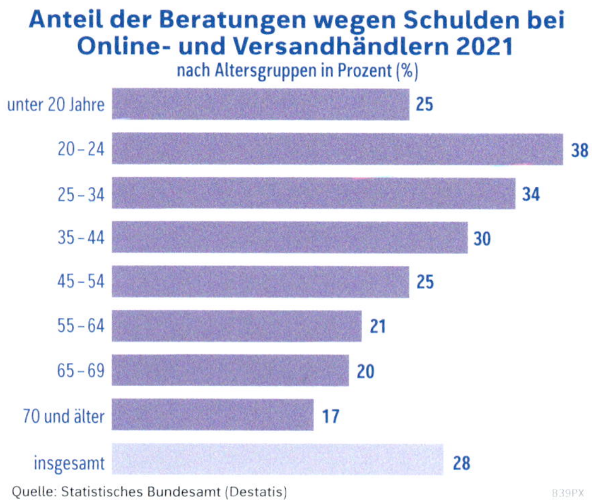
Anteil der Beratungen wegen Schulden bei Online- und Versandhändlern 2021
nach Altersgruppen in Prozent (%)
unter 20 Jahre 25
20–24 38
25–34 34
35–44 30
45–54 25
55–64 21
65–69 20
70 und älter 17
insgesamt 28
Quelle: Statistisches Bundesamt (Destatis)
839PX

3 Analysiert je ein Schaubild und präsentiert euch gegenseitig die wichtigsten Ergebnisse. Partnerabfrage

Schuldenfalle Onlineshopping

M6 *Laura Bosse (28 Jahre) berichtet, Autorentext*

Neue Kleidung habe ich mir schon immer gerne gekauft. Meist habe ich auf Rechnung bezahlt. Ich habe also erst bezahlt, nachdem ich die Sachen erhalten hatte.
Irgendwann habe ich gemerkt, dass es noch viele andere Bezahlmöglichkeiten gibt. Besonders **„Buy now – pay later“** war super. Ich konnte mir viele Dinge bestellen und habe erst später bezahlt. Auch **Ratenzahlung** war möglich. Teilweise musste ich erst nach ein paar Monaten bezahlen. Irgendwann habe ich aber den Überblick verloren. Hinzu kam, dass ich in der Corona-Pandemie arbeitslos wurde. So kam alles zusammen. Ich musste zur **Schuldnerberatung** gehen.

Heute führe ich ein Haushaltsbuch, um Einnahmen und Ausgaben zu überblicken.

M7 *Das „Buy now – pay later“-Prinzip, Verbraucherzentrale NRW, Mai 2023*

„Buy now, pay later“ steht für die Möglichkeit, Käufe zu tätigen, ohne direkt bezahlen zu müssen. Es gibt verschiedene Modelle, die dem klassischen Kauf auf Rechnung [...] ähneln. Neu ist [...] vor allem, dass Sie auch geringere Beträge als zuvor üblich in **Raten** aufteilen können. Außerdem ist kein **Kreditantrag** nötig. Mit ein paar Klicks ist der Kauf abgeschlossen und das Geld wird automatisch in Raten eingezogen. [...] Dadurch, dass Sie die Funktion immer wieder nutzen können, kann es verlockend sein immer mehr Bestellungen durchzuführen [...]. Haben Sie zum Zeitpunkt der Zahlungsfrist nicht ausreichend Geld auf Ihrem Konto, kommen **Gebühren** auf Sie zu. **Zinsen** können außerdem dafür sorgen, dass Sie [...] mehr für einen Artikel bezahlen als bei sofortiger Zahlung.

4 Wähle eine Aufgabe aus:

I **a)** Beschreibe, wie Laura Bosse in die Schuldenfalle geriet (M6).

II **b)** Erkläre, was das „Buy now – pay later“-Prinzip bedeutet (M7).

III **c)** Beurteile, inwiefern das „Buy now – pay later“-Prinzip“zur Schuldenfalle werden kann.

Wie wird man Schulden wieder los?

M8 *Fünf Tipps einer Finanzplattform gegen Schulden, Autorentext*

Tipp 1: Schulden zu haben, ist kein schönes Gefühl.
Schulden und einhergehende Geldsorgen oder finanzieller Stress können psychisch und physisch krank machen. Den Kopf in den Sand zu stecken, ist aber keine Lösung. **Stelle dich deinen Schulden und nimm sie an.** Denn nur so kannst du daran arbeiten, sie wieder loszuwerden.

Tipp 2: Hol dir Unterstützung
Wichtig ist, sich Schritt für Schritt voran zuarbeiten. Da wären zum einen wohltätige Einrichtungen wie AWO, Caritas und Co., bei denen die Schuldnerberatung kostenlos ist. Es muss aber nicht gleich die Schuldnerberatung sein. Freunde und Familie können dich vor allem am Anfang etwa beim Sortieren und Ordnen von Unterlagen unterstützen.

Tipp 3: Bleibe konsequent
Schulden zu begleichen kann dauern und fordert Disziplin. Lass dich nicht von Anzeigen wie „Schuldenfrei ohne Privatinsolvenz", „Schneller schuldenfrei" usw. täuschen. Viele Anbieter wollen dir einen teuren Kredit andrehen oder verlangen extra Geld von dir für die Bearbeitung.

SCHULDENFREI!

Tipp 4: Verschaffe dir einen Überblick
Damit das mit dem Schuldenabbau klappt, ist ein Haushaltsbuch unerlässlich. Nur wenn du den Überblick über deine Einnahmen und Ausgaben hast, findest du heraus, wo du sparen kannst.

HAUSHALTSBUCH

Tipp 5: Keine neuen Schulden machen
Verzichte auf „Buy now, pay later"-Angebote, Ratenkäufe oder ähnliches. Auch wenn solche Angebote verlockend klingen – so gerätst du nur wieder in die Schuldenfalle. Je weniger Geld du ausgibst, desto schneller hast du deine Schulden abgetragen und Geld gespart. Lasse dich also nicht von den vielen Angeboten in Versuchung bringen und halte dein Ziel vor Augen. Versuche dir stattdessen einen **Notgroschen** (Geld für schwierige Zeiten) aufzubauen. Er ist die wichtige Reserve für finanzielle Notfälle und hat neben dem Abbau von Schulden die höchste Priorität.

Privatinsolvenz Wenn eine Person so viele Schulden hat, dass sie ihre Ausgaben nicht mehr bezahlen kann. ist sie insolvent. Durch eine gerichtliche Regelung kann sie nach einem bestimmten Zeitraum schuldenfrei werden.

5 Erstelle ein Erklärvideo, einen Podcast oder eine Präsentation zum Vermeiden von Schulden. Nutze die Tipps.

Material

Welche Auswirkungen hat der Onlinehandel auf die Innenstädte?

M9 *Entwicklung des Onlinehandels 2014–2020, Deutsche Bundesbank, 2021*

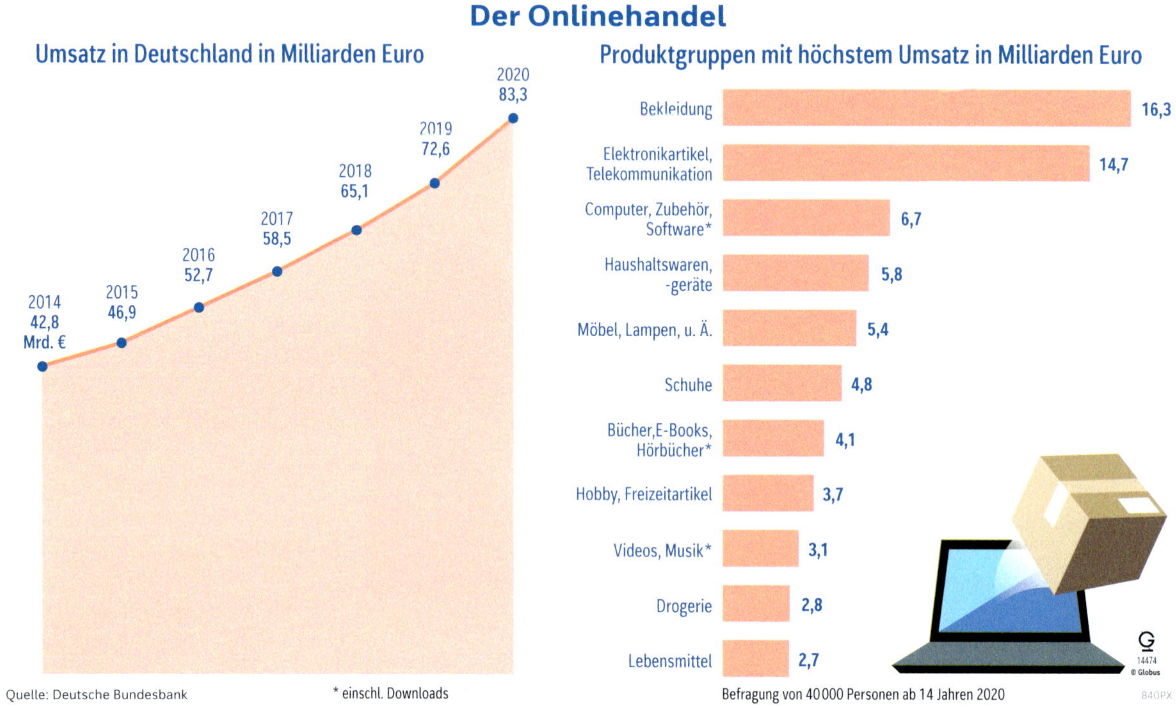
Der Onlinehandel
Umsatz in Deutschland in Milliarden Euro
2014 42,8 Mrd. €
2015 46,9
2016 52,7
2017 58,5
2018 65,1
2019 72,6
2020 83,3
Produktgruppen mit höchstem Umsatz in Milliarden Euro
Bekleidung 16,3
Elektronikartikel, Telekommunikation 14,7
Computer, Zubehör, Software* 6,7
Haushaltswaren, -geräte 5,8
Möbel, Lampen, u. Ä. 5,4
Schuhe 4,8
Bücher,E-Books, Hörbücher* 4,1
Hobby, Freizeitartikel 3,7
Videos, Musik* 3,1
Drogerie 2,8
Lebensmittel 2,7
Quelle: Deutsche Bundesbank
* einschl. Downloads
Befragung von 40000 Personen ab 14 Jahren 2020
14474 © Globus

M10 *Einkaufen im Einzelhandel oder im Internet, Handelsverband Deutschland, 2022*

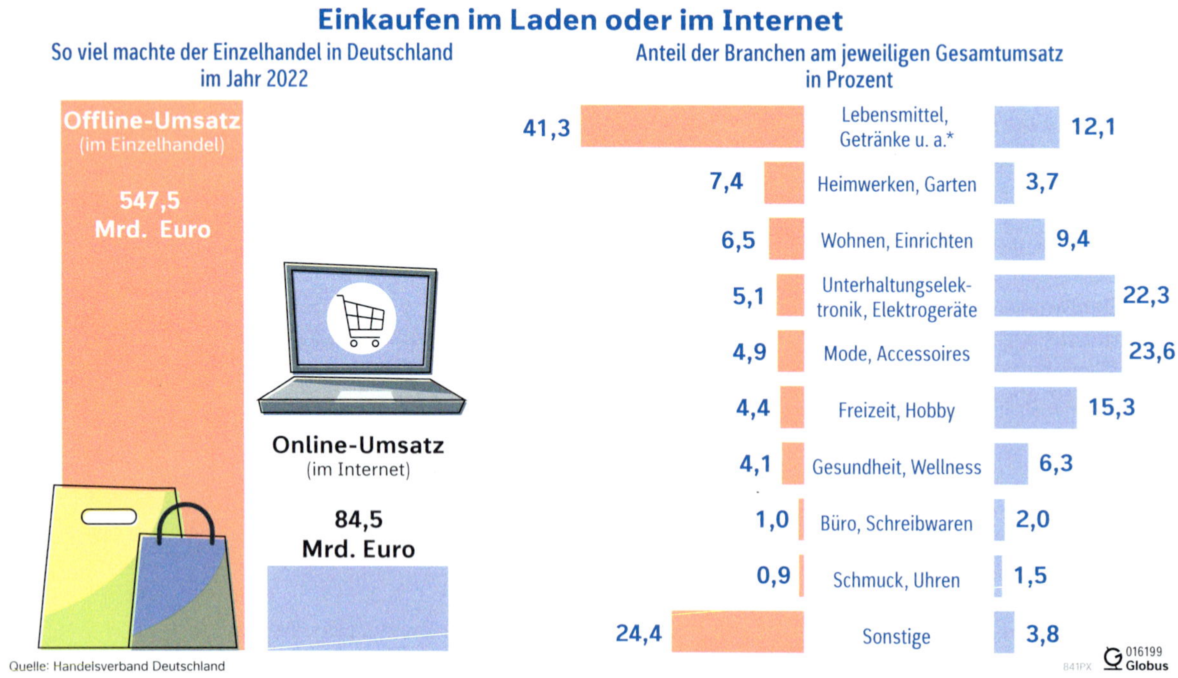
Einkaufen im Laden oder im Internet
So viel machte der Einzelhandel in Deutschland im Jahr 2022
Offline-Umsatz (im Einzelhandel)
547,5 Mrd. Euro
Online-Umsatz (im Internet)
84,5 Mrd. Euro
Anteil der Branchen am jeweiligen Gesamtumsatz in Prozent
41,3 Lebensmittel, Getränke u. a.* 12,1
7,4 Heimwerken, Garten 3,7
6,5 Wohnen, Einrichten 9,4
5,1 Unterhaltungselektronik, Elektrogeräte 22,3
4,9 Mode, Accessoires 23,6
4,4 Freizeit, Hobby 15,3
4,1 Gesundheit, Wellness 6,3
1,0 Büro, Schreibwaren 2,0
0,9 Schmuck, Uhren 1,5
24,4 Sonstige 3,8
Quelle: Handelsverband Deutschland
016199 Globus

M11 *Szenario 1: Leerstand, Geschäfte schließen*

ALLES MUSS RAUS
RÄUMUNGS-VERKAUF
WEGEN GESCHÄFTSAUFGABE

M12 *Szenario 2: Paketlieferung per Drohne*

M13 *Innenstädte verändern sich, Das Beispiel Paris (Frankreich), ZDF, November 2021*

Paris ist die Vorzeigemetropole im Wandel, der Kopf dahinter heißt Carlos Moreno. ***„Lebendig bleiben Städte, die auf ökologische, ökonomische und soziale Werte setzten“***, sagt der französisch-kolumbianische Stadtforscher und hat dabei sechs Grundbedürfnisse definiert: Wohnen, Arbeiten, Einkaufen, Gesundheitsversorgung, Ausbildung und Freizeit. In einer lebenswerten Stadt sind sie in nur 15 Minuten zu Fuß oder mit dem Fahrrad zu erreichen. Seine „Stadt der Viertelstunde“ ist der Bauplan für die Zukunft von Paris. In seinem Fahrradladen erlebt Mathieu Roulleau die Veränderungen hautnah mit. Zweiräder boomen, seit die Stadt für 10 Millionen Euro im Jahr das Radwegenetz ausbaut, insgesamt sind 200 Streckenkilometer geplant – und die (Corona-) Pandemie pusht (verstärkt) die Entwicklung noch: Paris radelt in eine grünere Zukunft.

M14 *Zukunftsvision einer Innenstadt*

6 **a)** Erstellt für eure Stadt eine Umfrage zum Thema „Macht Online-Shopping die Innenstädte kaputt?“ Nutzt dazu die Materialien dieser Doppelseite, um eure Fragen zu entwickeln (siehe Methode auf Seite 230).

b) Entwickelt mithilfe der Umfrageergebnisse ein Szenario für eure Stadt (siehe Methode auf Seite 178).

c) Diskutiert abschließend: „Wie sieht die Zukunft deiner Stadt aus?“ World-Café

Wie beeinflussen die sozialen Medien unsere Kaufentscheidungen?

Abb. 1 *„Wir zeigen euch unsere Lieblingssüßigkeiten!" – zwei Influencerinnen essen Süßigkeiten und filmen sich dabei.*

Soziale Medien und Werbung

Influencerinnen und Influencer

Viele Kinder und Jugendlichen folgen in den sozialen Medien ihren Lieblingsinfluencerinnen und – influencern. Dabei kommen sie automatisch mit **Werbung** in Kontakt. Denn mit Werbung verdienen die Influencerinnen und Influencer Geld. Große Firmen und Konzerne nutzen die **Reichweite** der Influencerinnen und Influencer, um gezielt Kinder und Jugendliche mit der Werbung für ihr Produkt anzusprechen.

Werbung in sozialen Medien

Die Werbung wird dabei oft in den Videos der Influencerinnen und Influencer zwischendurch eingeblendet. Auch bewerben Influencerinnen und Influencer ein Produkt ganz offensichtlich, indem sie es nach ihrem eigenen Video in die Kamera halten und die Vorzüge erklären. Beispielsweise bewerben „Junkfluencerinnen" und „Junkfluencer" Süßigkeiten für Kinder und Jugendliche. Hierbei werden Süßigkeiten in bunten Farben als cool und hipp dargestellt. Auf die negativen gesundheitlichen Auswirkungen wird nicht eingegangen. Vielmehr geht es um den **Konsum** der Süßigkeiten, mit welchem die Influencerinnen und Influencer ein positives **Lebensgefühl** versprechen.

Digitale Filter

Um möglichst perfekt auszusehen, nutzen viele Influencerinnen und Influencer digitale **Filter**. Hierdurch können Gesicht und Körper glatter, reiner, fitter, schlanker und perfekter dargestellt werden, als sie in Wirklichkeit sind. Auch Produkte in der Werbung können durch Filter in Szene gesetzt werden, um bunter und schöner auszusehen. Filter werden in der Werbung in den sozialen Medien eingesetzt, um ein Produkt besser zu vermarkten und zu verkaufen.

Deine Daten sind Gold wert

Sobald du dich in den sozialen Medien aufhältst, werden deine Gewohnheiten als **Daten** gespeichert.

- Wie lange guckst du dir ein Video an?
- Welchen Influencerinnen und Influencern folgst du?
- Welche Kommentare werden von dir geliked?
- Was postest du?
- Wo wohnst du?
- Wie alt bist du?
- Welche Begriffe googlest du?
- Welche Hobbys und Interessen hast du?

Das Internet kann sich deine Gewohnheiten und Interessen merken.

Algorithmen und künstliche Intelligenz

Ein sogenannter **Algorithmus** verwertet alle deine Daten und die von Millionen anderer Nutzerinnen und Nutzer. Man kann auch sagen, dass ein Algorithmus ein Rechenweg ist, welcher immer nach einem bestimmten Muster abläuft. Dieser berechnet was gut zu dir passen könnte, indem er Millionen von Daten vergleicht und nach Gemeinsamkeiten sucht.
Mithilfe von **Künstlicher Intelligenz** (KI) sind die Algorithmen lernfähig geworden. Sie verbessern von allein ihre Rechenwege und sind in der Lage noch genauer vorherzusagen, was du als nächstes machen möchtest. Als Folge wird dir dann passgenaue Werbung eingeblendet. Die Anbieter von sozialen Medien haben daher ein hohes Interesse, dass du lange auf ihren Plattformen bleibst. Wenn ihre Nutzerinnen und Nutzer den Algorithmus immer mehr mit Daten füttern, können die großen Technologiekonzerne noch genauer Werbung schalten. Hierdurch verdienen sie viele Milliarden Dollar.

Vor- und Nachteile

Sicherlich ist es sehr praktisch, wenn man Produkte direkt angeboten bekommt, die man gerne kaufen möchte. So muss man nicht mehr lange suchen oder entdeckt spannende Produkte. Problematisch ist, dass man wenig wirklich neues kennenlernt, weil der Algorithmus nur das anzeigt, was man kennt. Dadurch entsteht eine **Filterblase** aus Dingen, die zu einem passen und die ähnlich sind zu den eigenen Gewohnheiten. Hieraus kann eine Onlinesucht entstehen, weil man immer weiter klickt und scrollt und Schwierigkeiten hat, damit aufzuhören. Die automatische Speicherung persönlicher Daten kann man durch die Datenschutz- und Cookieeinstellungen selbst kontrollieren. Es ist gut zu wissen, dass die eigenen persönlichen Daten eine große Geldquelle für Anbieter von sozialen Medien sind.

A Erstelle eine Mindmap zum Thema: „Soziale Medien und Werbung". Nutze alle fettgedruckten Begriffe dieser Doppelseite (siehe Seite 226).

B Diskutiert über die Vor- und Nachteile von Werbung in den sozialen Medien.

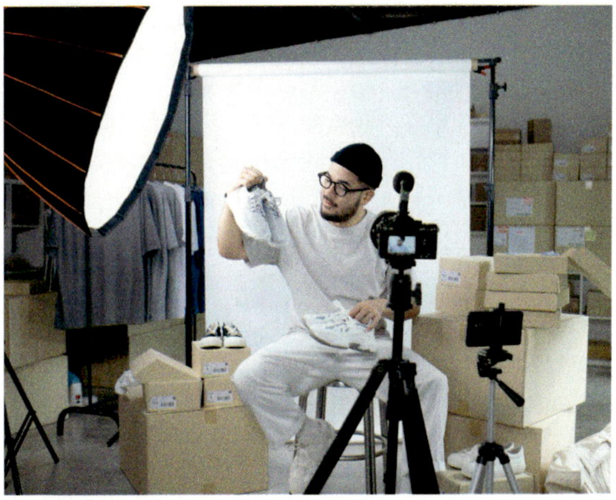

Abb. 2 *Influencer präsentiert Turnschuhe*

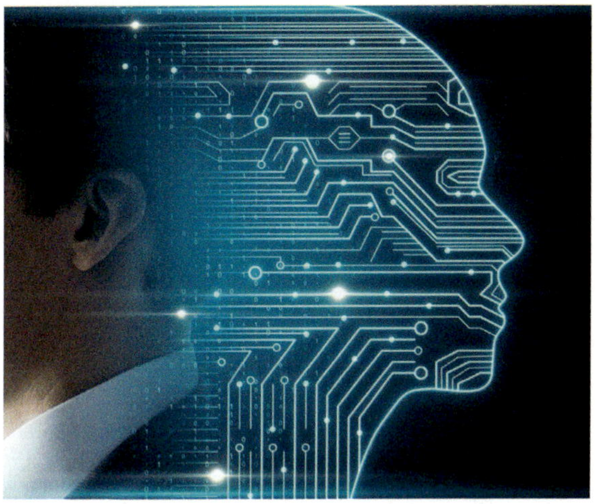

Abb. 3 *Symbolbild für Künstliche Intelligenz*

Abb. 4 *Produkte entdecken - ganz leicht über Soziale Medien*

Material

Chance oder Problem – Sollte Süßigkeitenwerbung für Kinder verboten werden?

M1 *Ernährungsminister Özdemir (Die Grünen) plant Verbot von Süßigkeitenwerbung, Deutschlandradio, 2023*

Bundesernährungsminister Cem Özdemir (Bündnis 90/Die Grünen) möchte an Kinder gerichtete Werbung für Lebensmittel mit zu viel Zucker, Fett und Salz per Gesetz eindämmen und hat dazu Punkte für einen Gesetzentwurf vorgelegt. [...] Ausgenommen sind laut Ministerium Werbung für Obstsäfte und Milch. Einem neuen Kompromissvorschlag zufolge soll auch Joghurt ausgenommen werden, der nicht extra gesüßt wurde.
Werbung für ungesunde Lebensmittel, die sich an Kinder unter 14 Jahren richtet, soll demnach in allen für Kinder relevanten Medien und als Außenwerbung verboten werden. Beispielsweise dürfte dann in Zukunft kein Werbeplakat auf der Straße einen sehr zucker- und fetthaltigen Schokoriegel als guten Snack für Grundschulkinder loben. Auch für Werbung, die ungesunde Snacks anpreist, sich aber nicht inhaltlich speziell an Kinder richtet, soll es Einschränkungen geben. Sie soll beispielsweise nicht mehr an Tageszeiten zu sehen sein, an denen viele Kinder Medien nutzen. Das soll wochentags von 17 bis 22 Uhr gelten, samstags zusätzlich von 8 bis 11 Uhr und sonntags von 8 bis 22 Uhr. Werbung für ungesunde Chips, Fertiggerichte oder Limonaden wären dann verboten, auch wenn die Spots sich nicht speziell an Kinder richten.

1 a) Fasse die Kernaussagen des Textes zusammen (siehe Methode auf Seite 227).
b) Erkläre, was Ernährungsminister Özdemir umsetzen will.

Unterschiedliche Positionen zum geplanten Werbungsverbot

M2 *Position der Kinder- und Jugendärzte, Dr. Thomas Fischbach, Präsident des Berufsverbands der Kinder- und Jugendärzte e.V. (BVKJ), September 2022*

Die Lebensmittelindustrie mache täglich auf sämtlichen Kanälen gezielt Werbung für „Zuckerbomben und fettige Snacks“. Die Folgen bekämen Kinder- und Jugendärzte in ihren Praxen zu sehen. Fälle von extremem Übergewicht und [...] Diabetes bei jungen Menschen häuften sich. [...] Mit ihrem Marketing für Süßigkeiten oder Limonaden im Fernsehen, im Radio und auf Online-Plattformen [zerstörten] die Hersteller das Bemühen vieler Eltern, ihre Kinder gesund zu ernähren, kritisierte Fischbach. In der Corona-Pandemie habe sich die Lage noch zugespitzt.

M3 *Position von Foodwatch, 2023*

foodwatch
die essensretter

Lebensmittelwerbung prägt nachweislich das Ernährungsverhalten von Kindern und erhöht den Verzehr. Kinder essen etwa doppelt so viel Süßigkeiten, aber nur halb so viel Obst und Gemüse wie empfohlen. Die Folge: Aktuell sind etwa 15 Prozent der Kinder und Jugendlichen von Übergewicht und sechs Prozent sogar von starkem Übergewicht (Adipositas) betroffen. Ihnen drohen im späteren Leben Krankheiten wie [...] Diabetes, Gelenkprobleme, Bluthochdruck und Herzerkrankungen. Jeder siebte Todesfall in Deutschland ist [...] auf ungesunde Ernährung zurückzuführen.

M4 *Position des SPD-Bundestagsabgeordneten Matthias Miersch, 2023*

„Die Gesundheit unserer Kinder und Jugendlichen ist ein extrem wichtiges Gut. Darum wollen wir gezielte, an Kinder gerichtete Werbung für ungesunde Lebensmittel verbieten. Wir wollen Kinder besser vor Werbung schützen, damit ungesunde Lebensweisen gar nicht erst normalisiert werden. Kinder und Jugendliche sind besonders empfänglich für Werbung, die etwa über Social Media, Apps und Fernsehen gezielt an unter 14-Jährige ausgespielt wird. Damit soll jetzt Schluss sein. Es ist sehr gut, dass die Bundesregierung eine gesetzliche Regelung vorschlägt. Die SPD [...] fordert ein Werbeverbot schon lange. Unterstützung für unsere langjährige Forderung erfahren wir durch Kinderärzte, Wissenschaft, Verbänden - und wohl am wichtigsten: vor allem von Eltern und Großeltern."

M5 *Position der Süßwarenindustrie*

BDSI
Bundesverband der Deutschen
Süßwarenindustrie e.V.

Von Teilen der Politik geforderte Werbeverbote u. a. für Süßwaren sind nicht geeignet, um einen Beitrag zur Lösung des gesamtgesellschaftlichen Problems des Übergewichts zu leisten. Denn Übergewicht hat viele Ursachen, insbesondere zu wenig Bewegung, eine unausgewogene Ernährung oder genetische Faktoren. Süßwaren sind genussbringende Produkte für die kleinen Freuden im Alltag. In Maßen genossen haben sie daher, wie jedes andere Lebensmittel auch, in einer ausgewogenen Ernährung ihren Platz.

M6 *Position der CDU-Bundestagsabgeordneten Christina Stumpp, März 2023**

Gegen das von der [Regierung] geplante Werbeverbot für Süßigkeiten und Snacks wandte sich die CDU-Expertin Christina Stumpp. Sie sprach sich dafür aus, Kindern Kompetenzen im Umgang mit gesunder Ernährung zu vermitteln, statt Werbung aus ihrem Alltag zu verbannen. Im Kampf gegen Übergewicht bei Kindern setzt Stumpp auf Ernährungsbildung und Bewegung. Als Widerspruch brandmarkte sie, dass die Ampel gleichzeitig (die Droge) Cannabis legalisieren will, ohne die gesundheitlichen Gefahren in den Blick zu nehmen.

** Text verändert*

M7 *Positionen der Werbewirtschaft*

ZAW
Zentralverband
der deutschen
Werbewirtschaft

Der Einfluss von Werbeschranken auf das Ernährungsverhalten und Übergewicht bei Kindern ist nicht belegt. [...]
Bewegungsförderung ist ein besserer Ansatz, um Übergewicht zu bekämpfen. [...]
Es liegt in der Verantwortung der Eltern, für eine gesunde Ernährung der Kinder zu sorgen. [...]
Der Anteil der Kinder unter den Fernsehzuschauern zur abendlichen Primetime ist sehr gering. [...]
Werbeverbote sind Bevormundung. [...]

WHO World Health Organisation (Weltgesundheitsorganisation). Ziel der Organisation ist es, die Gesundheit aller Menschen auf der Welt zu verbessern..

2 a) Führt in der Klasse eine Talkshow zur Streitfrage: „Sollte Süssigkeitenwerbung für Kinder verboten werden?" durch (siehe Methode auf Seite 24). Verteilt dafür die Rollen entsprechend der Materialien M2–M7.
b) Nimm schriftlich Stellung zu der Streitfrage und stelle deine eigene Meinung dar.

Welche Alternativen gibt es zu unserem Konsumverhalten?

Abb. 1 *Frauen bekleben in China Pakete für den Versand*

Alternativen zum Konsum

Die Wegwerfgesellschaft

Heutzutage sind Konsumgüter überall verfügbar. Es gibt nichts, was man nicht kaufen kann. Etwa seit den 1970er Jahren ist diese ständige Verfügbarkeit von Waren vorhanden. Im aktuellen 21. Jahrhundert wurde diese Entwicklung durch die weltweite Vernetzung der Wirtschaft und durch das Internet noch größer. Menschen in wohlhabenden Ländern wie USA, Deutschland, Frankreich oder Australien leben in sogenannten **Wegwerfgesellschaften**. Hier besitzen viele Menschen Dinge, wie Kleidung oder technische Geräte, die sie nur kurz nutzen und dann nicht mehr verwenden oder wegwerfen. Hingegen fehlt es vielen Menschen in ärmeren Ländern wie Bangladesch, Burundi oder Bolivien oft am Nötigsten zum Überleben.

CO_2-Einsparmöglichkeiten

Wenn mehr Menschen in den wohlhabenden Ländern bewusster konsumieren, könnten sie bis zu 70 % der **CO_2-Emissionen** einsparen, die durch ihr **Konsumverhalten** ausgestoßen werden. Bewusster konsumieren meint etwa weniger Autofahren, auf Flugreisen weitgehend verzichten, weniger Fleisch essen, weniger neue Kleidung kaufen, Wasser sparen, auf Plastik so gut es geht verzichten, energieeffiziente Geräte wählen und **erneuerbare Energien** nutzen.

Bewusst konsumieren

Einige Menschen wollen heutzutage bewusster konsumieren. Daher ändern sie ihr Konsumverhalten. Beispielsweise ernähren sich immer mehr Menschen vegetarisch oder vegan, vermeiden Plastikprodukte oder kaufen Kleidung im Secondhandladen. Wenn immer mehr Menschen ihr Konsumverhalten verändern, motiviert dies auch andere zum Nachahmen.

Die Rolle der Politik

Trotzdem können sich nicht alle Menschen einen Lebensstil leisten, der durch teurere Bio-Produkte, fair gehandelte Kleidung oder das Fahren von E-Autos geprägt ist. Von Armut betroffene Menschen haben oft keine Wahl. Sie müssen die preisgünstigsten Produkte kaufen, um mit dem monatlichen Einkommen auszukommen. Die Politik muss daher durch Vorgaben und Unterstützungsangebote allen Menschen ermöglichen, nachhaltiger und bewusster zu konsumieren.

A Erkläre den Begriff „Wegwerfgesellschaft".

B Beschreibe, wie Menschen bewusster konsumieren und CO_2 einsparen können.

C Entwickelt Ideen, was die Politik machen kann, um einen nachhaltigen Konsum für alle zu fördern.

Wie soll man sich entscheiden?

M1 *Sein oder Haben?, Text und Karikatur von Frank Spleth unter Bildergeschichten.eu*

Konsumgesellschaft: Sein oder Haben

Ich konsumiere, also bin ich. Und das tolle – ich bin nicht alleine, ich bin in Gesellschaft, in der Konsumgesellschaft. In der Konsumgesellschaft weiß jeder, dass das Sein über das Haben errungen wird .... aber nie erreicht werden kann, weil es immer mehr Dinge gibt, die man noch erlangen müsste, als die, die man schon besitzt. Es ist aber auch wirklich gemein: Zu allen Dingen, die man sich zu eigen macht, gesellen sich 100 weitere, die man noch nicht hat. Am Ende des Weges muss man schließlich zugeben, dass es weder ein Sein noch ein Haben gab. Es gab nur ein Haben wollen, dessen Quelle nie versiegte.

OH, DIESE AUSWAHL! DU WEIßT GAR NICHT, WIE GUT IHR ES HEUTE HABT.
UND DU WEIßT GAR NICHT, WIE GUT DU ES HATTEST, DICH NICHT STÄNDIG ZWISCHEN 90 SORTEN ENTSCHEIDEN ZU MÜSSEN.
BILLIG
NEU
MEHR INHALT
GUT
NOCH BILLIGER
BIO
GESUND

1 **a)** Beschreibe die Kritik aus dem Text an der Konsumgesellschaft.

b) Analysiere die Karikatur (siehe Methode auf Seite 122).

Kompletter Konsumverzicht – eine Lösung?

M2 *Ein Selbstexperiment, BR, Oktober 2021*

„Ich glaube nicht, dass man mit einer selbstgezogenen Karotte in der Hand die Welt retten kann. Aber ich glaube, dass wir ein neues Verständnis brauchen, was wertvoll ist."
Greta Taubert, Journalistin und Buchautorin

Würde es helfen, wenn wir alle einfach aufhören zu konsumieren? Die Journalistin Greta Taubert hat das vor ein paar Jahren im Rahmen eines Selbstexperiments gemacht und ein Jahr lang so gut wie gar nichts gekauft. Ihr Essen beispielsweise hat sie sich über das **Containern** oder über **„Fairteiler"** von **„Foodsharing"** besorgt, im Garten selbst vieles angebaut oder Beeren, Pilze und Kräuter in der Stadt gesammelt. Um das ein Jahr lang durchzuhalten, musste sie komplett aus unserem System, sich mit Geld alles zu kaufen, was man braucht, ausbrechen. Das war unglaublich zeitintensiv und anstrengend - aber sie hat sehr viele wertvolle **Erfahrungen** dabei gemacht. Ihr Leben war plötzlich auf andere Weise reich und sie hat viel Gemeinschaft erfahren.

Containern Hierbei klettern Menschen in Abfallcontainer, um essbare Lebensmittel zu retten.

2 **a)** Stell dir vor, du bist Greta Taubert. Stelle mögliche positive und negative Erfahrungen des Selbstexperimentes in einer Tabelle zusammen.

b) „Kompletter Konsumverzicht – eine Lösung?" Nimm Stellung zu dieser Aussage.

Material

Verändertes Konsumverhalten

M3 *Wie kann im Alltag anders konsumiert werden?*

A
CARSHARING
B
C
SECONDHAND
D
WIR RETTEN
LEBENS MITTEL!
E
F
G
H

3 a) Ordne den Fotos in M3 die Begriffe zu:
Bücher tauschen – Reparieren statt neu kaufen – Foodsharing – ein Auto teilen – Gemeinschaftsgärtnern – Secondhand einkaufen – Unverpacktladen – Möbel selber bauen

b) Kommen die Handlungen auch in deinem Leben vor? Notiere.

c) Diskutiert über die Vor- und Nachteile des veränderten Konsumverhaltens (siehe Methode auf Seite 224).

Was verstehst du unter einem guten Leben?

M4 *Expertengespräch mit dem Konsumpädagogen Peter Gnielczyk, Juli 2015*

Herr Gnielczyk, Schuldenprävention – warum gehört sie in die Schule?

Weil junge Menschen heute in ihren Familien oft nur wenig über Finanzen lernen. Gleichzeitig wird ihr Konsumalltag komplexer. Jugendliche müssen lernen, sich darin zurechtzufinden. Sie müssen wissen, wie sie angemessen mit Geld umgehen, die richtige Versicherung oder die für sie passenden Finanzprodukte finden können. Dabei muss Schule ihnen helfen, wenn sie sie vor Verschuldung oder gar Überschuldung bewahren möchte. […]

Welche Rolle spielt das Thema in Schulbüchern?

Soweit ich den Überblick habe, gibt es in vielen Schulbüchern „Warnhinweise" zur Verschuldung, zur Verschuldungsspirale. Was fehlt, sind Zugänge zu den tieferen Gründen der Ver- oder Überschuldung. Die haben viel mit Werbung zu tun, mit „*Konsumdruck*", mit der Suche nach *Anerkennung*. Schuldenprävention sollte sich deswegen auch mit den Möglichkeiten eines „*guten Lebens*" abseits des Konsums befassen. In vielen Schulbüchern sucht man das aber noch vergebens.

Was würden Sie sich für die Zukunft wünschen?

Dass alle Schülerinnen und Schüler im Unterricht mehr Gelegenheit haben, sich mit ihren *Lebensziele* und ihren Vorstellungen eines „guten Lebens" zu befassen. Denn dazu gehört mehr als nur Dinge zu besitzen – etwa *Sinn zu finden in der Arbeit* oder in der *Beziehung zu anderen*. Jungen Menschen müssen in der (Konsum-) Gesellschaft erst ihre eigene Position finden. Schule sollte ihnen dabei stärker als bisher unter die Arme greifen.

4 a) Erkläre, warum Schuldenprävention laut dem Konsumpädagogen Gnielczyk in jedes Schulbuch gehört.

b) Beschreibe, was der Konsumpädagoge unter einem guten Leben versteht.

c) Welche Lebensziele jenseits des Konsums von Dingen hast du? Notiere deine Gedanken.

Material

Weniger ist mehr – Wie kann man auf Konsum verzichten?

M5 *Werbeplakat an einer Bushaltestelle*

KAUF
WENIGER!

5 a) Notiere, was dir beim Betrachten des Werbeplakats durch den Kopf geht.

b) Vergleicht eure Gedanken. Bienenkorb

c) Diskutiert, für welche Personen die Aussage des Plakates problematisch sein könnte.

Worauf kann man verzichten?

M6 *Unverzichtbarer Konsumverzicht, Spektrum.de, Juni 2023**

Verzicht auf Fleisch oder sämtliche tierische Produkte: Vegetarismus oder Veganismus sind die häufigsten Formen des Konsumverzichts. Gründe dafür sind häufig die Vermeidung von Tierleid und die Emissionsverringerung (Verringerung des CO_2 Ausstoßes). Es kann ein wirksames Instrument sein, um die Ernährungssicherheit von künftig zehn oder elf Milliarden Menschen zu gewährleisten.

Verzicht auf konventionell erzeugte landwirtschaftliche Produkte: Der Marktanteil für Bioprodukte wächst kontinuierlich. Aktuell liegt er bei knapp sieben Prozent. Einer der Gründe, die für Produkte von biologisch bewirtschafteten Flächen sprechen, ist eine im Vergleich zu konventionellen Flächen um durchschnittlich 30 Prozent höhere Artenvielfalt.

Verzicht auf Plastik und andere Verpackungen: Fast jedes Produkt im Supermarkt ist verpackt. Bei jedem Verbraucher fallen im Jahr durchschnittlich 78 Kilogramm Verpackungsmüll an: 32 Kilogramm Leichtverpackungen, 25 Kilogramm Glasverpackungen und 20 Kilogramm Papier, Pappe und Karton. Wer auf Verpackungen verzichten möchte kann in Unverpacktläden einkaufen.

Verzicht auf lange Transportwege: In der globalen Welt von heute werden Waren aus aller Welt in aller Welt verkauft. In den Obst- und Gemüseabteilungen der Supermärkte finden sich viele Produkte aus Übersee, selbst wenn die Produkte auch regional angebaut werden. Es gibt Initiativen, die sich auf eine Vermarktung regionaler Produkte spezialisiert haben. Hier werden zudem Standorte von Obstbäumen aufgelistet, bei denen man sich kostenlos bedienen kann.

Verzicht auf Neuware: Wer in kurzen Abständen immer das neueste Handymodell oder die neueste Modekollektion kauft, sorgt dafür, dass immer neue Konsumgüter produziert werden. Wesentlich ressourcenschonender und klimafreundlicher ist es, Kleidung oder technische Geräte erst dann zu ersetzen, wenn sie kaputtgehen. Wer secondhand kauft, spart nicht nur Geld, sondern schont auch Ressourcen. Deutschlandweit gibt es knapp 1000 so genannte Repair-Cafés, in denen die Geräte zu bestimmten Terminen für wenig Geld repariert werden können.

*Text verändert

6 Wähle eine Aufgabe aus:

I **a)** Fasse in wenigen Sätzen jeden einzelnen Kasten zusammen (siehe Methode auf Seite 229).

II **b)** Erstelle einen Infoflyer oder ein Lernplakat zum Thema: „Weniger ist mehr – Wie kann man auf Konsum verzichten?“ (siehe Methode auf Seite 228).

III **c)** Entwickelt ein kurzes Video oder einen Podcast zum Thema: „Weniger ist mehr – Wie kann man auf Konsum verzichten?“ (siehe Methode auf Seite 126 oder Seite 166).

Konsum und Nachhaltigkeit

CMA CGM

Abb. 1 *Containerschiff mit Konsumgütern vor einem Café*

KAUF
WENIGER!

Abb. 2 *Werbeplakat an einer Bushaltestelle*

Was bedeutet konsumieren?

Wenn Menschen im Alltag Dinge verbrauchen, spricht man von Konsum. Beim Konsumieren wird in der Regel Geld ausgegeben, weil Produkte oder Dienstleitungen bezahlt werden müssen. In Gesellschaften, in denen regelmäßig viel gekauft und verbraucht wird spricht man von Konsumgesellschaften. Das regelmäßige Konsumieren hat auch Folgen. Natur, Umwelt und Klima werden durch den Abbau von Ressourcen ausgebeutet und durch Müll belastet. Lebensmittel und Ernährung haben einen direkten Einfluss auf den Klimawandel. Die Art und Weise, wie sich Menschen ernähren, hat einen direkten Einfluss auf den CO2-Ausstoß und damit auf die Beeinflussung des Klimas. Auch das Internet hat einen großen Einfluss auf das Klima, weil hierfür sehr viel Strom verbraucht wird.

Chancen und Risiken beim Onlinehandel

In den letzten Jahren hat der Onlinehandel weltweit stark zugenommen. Besonders für Verbraucherinnen und Verbraucher ist es oft bequemer, wenn sie ein Produkt online bestellen und nach Hause geliefert bekommen. Bei Kreditsystemen wie PayPal oder Klarna kann man auch Ratenzahlungen durchführen. Das bedeutet, dass der Betrag über mehrere Monate in kleinen Beträgen abbezahlt wird. Schulden können entstehen, wenn Verbraucherinnen und Verbraucher ein Produkt online bestellen und erst später bezahlen müssen. So verliert man leicht den Überblick über die eigenen Finanzen.

Wo können sich Verbraucherinnen und Verbraucher unabhängig informieren?

In Deutschland sind die Beratung und das Informieren von Verbraucherinnen und Verbrauchern auch eine staatliche Aufgabe. Sie wird unter anderem von den Verbraucherzentralen (VZ) und der Stiftung Warentest wahrgenommen. Verbraucherzentralen gibt es in allen Bundesländern, auch in Nordrhein-Westfalen. Die Stiftung Warentest prüft unabhängig und nach wissenschaftlichen Kriterien Produkte und Dienstleitungen. Die Ergebnisse veröffentlicht sie in Testberichten.

Gibt es Alternativen zu unserem Konsum?

Würden mehr Menschen in wohlhabenden Ländern bewusster konsumieren, könnten sie bis zu 70% der CO_2-Emissionen einsparen. Einige Menschen ändern deshalb bereits ihr Konsumverhalten. Etwa ernähren sich immer mehr Menschen vegetarisch, vermeiden Plastikprodukte oder kaufen Kleidung im Secondhandladen. Von Armut betroffene Menschen haben oft keine Wahl. Sie müssen die günstigen Produkte kaufen. Die Politik muss daher durch Vorgaben und Unterstützungsangebote allen Menschen ermöglichen, nachhaltiger und bewusster zu konsumieren.

Wichtige Begriffe
Klimawandel, Konsumgesellschaft, konsumieren, nachhaltiger Konsum, Onlinehandel, ökologischer Fußabdruck, Verbraucherzentrale, Verbraucherschutz, Wegwerfgesellschaft, Widerrufsrecht

Jugendliche und Konsum

M1 *Ein Einkaufsbummel*

1 **a)** Notiere, was dir beim Betrachten des Fotos durch den Kopf geht.
b) Erkläre die Begriffe „Konsum“, „konsumieren“ und „Konsumgesellschaft“.
c) Stelle die Probleme dar, die mit dem steigenden Konsum verbunden sind.

Jugendliche und Onlinekonsum

M2 *Schaubild zur Umfrage: Wofür geben Jugendliche Geld im Netz aus?, Postbank, 2019*

Wofür geben Jugendliche Geld im Netz aus?
54 Euro geben Jugendliche durchschnittlich pro Monat im Netz aus, vor allem für
(Antworten in Prozent):
66 % Kleidung, Schuhe
52 Film-/Serien-streaming
49 Medienprodukte (Bücher u. a.)
45 Musik-Streaming
40 Online-Spiele, In-Game-Käufe
38 Unterhaltungs-elektronik
36 modische Accessoires
24 Körperpflege-, Kosmetikartikel
Befragung von 1004 Jugendlichen im Alter von 16 bis 18 Jahren
in Deutschland von April bis Mai 2019
Quelle: Postbank
© Globus

2 **a)** Analysiere das Schaubild.
b) Beurteile, ob deine Ausgaben im Netz sinnvoll oder vermeidbar sind.

3 **a)** Beschreibe, warum Jugendliche Schulden machen.
b) Erkläre, wie man aus der Schuldenfalle wieder herauskommen kann.

Onlinehandel und Verbraucherschutz

M3 *Begriffspuzzle*

A Widerrufsrecht

B Buy now, pay later

C Ratenkredit

1 Möglichkeit, Dinge sofort zu kaufen und später zu bezahlen.

2 Recht, ein gekauftes Produkt innerhalb von 14 Tagenzurückzugeben.

3 Die Bank verleiht für einen bestimmten Zeitraum Geld gegen Gebühr (Zinsen).

4 **a)** Ordne jedem Begriff (A-C) die passende Erklärung (1-3) zu.
b) Erkläre die Begriffe mit eigenen Worten.

Alternativen zum Konsum

M4 *Schaubild zum Tauschring*

Wie funktioniert ein Tauschring?
Sophie sammelt Spielfiguren...
... mag aber keine Bonbons.
Jan hätte so gerne Bonbons...
... und hat ein Auto übrig.
Laura wünscht sich ein Auto...
... und hat viel zu viele Spielfiguren

5 **a)** Beschreibe, wie ein Tauschring funktioniert.
b) Erkläre, wieso ein Tauschring eine Alternative zum typischen Konsumieren sein könnte.
c) Wie findest du die Idee des Tauschrings? Stelle deine Meinung schriftlich dar.

Lösungen: *Lerncheck*

Identität und Gesellschaft

Kapitel 3

- *Was bedeutet Sozialisation für meine persönliche Entwicklung?*
- *Welchen Einfluss haben soziale Medien auf meine Identitätsbildung?*
- *Welche Bedeutung haben individuelle und soziale Verantwortung für mich und die Gesellschaft?*
- *Welche rechtlichen Folgen gibt es für straffällige Jugendliche?*

Was ist Sozialisation und welchen Einfluss hat sie auf unsere Identität?

Abb. 1 *Sozialisation durch Social Media*

Sozialisation – Analog und Digital

Individuum und Gesellschaft

Menschen sind sowohl **Individuen** (Einzelwesen) als auch soziale Wesen. Das bedeutet, dass jeder Mensch eine eigene **Identität** entwickelt und gleichzeitig in ein soziales Umfeld wie zum Beispiel aus Familie, Freundeskreis, Schule oder Verein eingebunden ist. Das ist Teil der **Identitätsbildung**.

Sozialisation

Die persönliche Entwicklung eines Menschen ist also verbunden mit dem Aufwachsen in einer Gesellschaft. Der Vorgang, wie Menschen die Werte, Normen und Rollen einer Gesellschaft verinnerlichen, nennt man **Sozialisation**. Sozialisation ist also das Hineinwachsen und die Integration des Menschen in die Gesellschaft. Beispielsweise lernen Kinder und Jugendliche in der Schule Klassen- und Schulregeln. Hierdurch soll das gemeinsame Zusammenleben möglich werden. Es findet eine Integration im System Schule statt. Gleichzeitig **sozialisieren** sich Jugendliche auch gegenseitig, indem sie ihr Verhalten aufeinander abstimmen und beobachten, wie sie damit beim Gegenüber ankommen. Die persönliche Entwicklung eines Menschen wird dabei immer durch Anpassung und Abgrenzung an das eigene soziale Umfeld bestimmt.

Primäre und sekundäre Sozialisation

Die **primäre Sozialisation** beschreibt vor allem die Einflüsse der Familie auf die Entwicklung eines Menschen. Hier werden Grundfertigkeiten und Erfahrungen des sozialen Lebens, der Sprache und den Umgang mit Gefühlen gelernt. Beispielsweise lernen Kinder von ihren Eltern das Sprechen.

Die **sekundäre Sozialisation** findet vor allem in der Schule, der Gleichaltrigengruppe oder Peergroup, in der Freizeit und durch die sozialen Medien statt. Der Einfluss der Eltern nimmt immer mehr ab. Die Peergroup hingegen gewinnt an Einfluss dazu.

Die Sozialisation ist hierbei meistens ein nicht bewusster Vorgang. Beispielsweise werden Jugendliche durch Vorbilder in den sozialen Medien indirekt beeinflusst, oder durch Gleichaltrige unter Druck gesetzt. Familie, Schule, Gleichaltrigengruppe und soziale Medien nennt man auch **Sozialisationsinstanzen**. Instanz kann man auch mit Bereich übersetzen.

A Erkläre den Begriff „Sozialisation“.

B Benenne die Unterschiede zwischen primärer und sekundärer Sozialisation.

C Beschreibe, was man unter Sozialisationsinstanzen versteht.

Welche Bedeutung hat die Gleichaltrigengruppe (Peergroup) für Jugendliche?

M1 *Szenen in Gleichaltrigengruppen (Peergroup), Autorentext*

A

B

C

1 In meiner Clique kommen alle gut miteinander aus. Es gibt keinen Neid und wir respektieren uns so wie wir sind.

2 In unserer Clique ist klar, wer das Sagen hat. Das ist manchmal gut, führt aber auch zu Konflikten, weil sich die Anderen oft nicht ernst genommen fühlen.

3 Es ist noch nicht lange her, da gehörte ich auch noch zur Clique. Heute wollen sie nichts mehr mit mir zu tun haben. Das tut schon weh.

M2 *Die Gleichaltrigengruppe (Peergroup), Erklärung aus einem Fachbuch für Politische Bildung, 2016**

Die Peergroup - was ist das?

Für die Ablösung vom Elternhaus und die Vorbereitung auf das Erwachsenenleben ist die Gruppe der Gleichaltrigen (Peergroup) wichtig. Diese Gruppen sind lockerer als Familie und Schule zusammengesetzt. Die Beziehungen in diesen Gruppen zeichnen sich durch eine unbeständige Rangordnung aus. Je weniger Geschwister Kinder und Jugendliche haben, desto wichtiger wird diese Gleichaltrigengruppe. Erstens erhalten Kinder und Jugendliche in solchen Gruppen Anerkennung und Sicherheit zum ersten Mal nicht von Erwachsenen, sondern eben von ihresgleichen. Zweitens werden in diesen Gruppen neue Verhaltensmuster erprobt, und zwar solche, die nicht wie in Familie und Schule von einer Autorität wie der Lehrerin oder den Eltern vorgegeben sind. Dieses Experimentierfeld der Gleichaltrigengruppen ermöglicht zum Beispiel Erfahrungen mit der Veränderlichkeit von Regeln und **Macht**verhältnissen. Es kann erlebt werden, wie durch **Solidarisierung** Gegenmacht entsteht und **Hierarchien** umgestürzt werden. Und drittens bieten die offenen Vorgänge in solchen Gleichaltrigengruppen die Möglichkeit, eine eigene Identität zu finden und zu stärken. Gerade die Offenheit dieser Vorgänge schafft einen Raum für Unabhängigkeit (Autonomie).

* *Text verändert*

Solidarisierung Vorgang der Unterstützung, des Zusammenhalts
Macht wenn eine Person ihren Willen auch gegen Widerstand durchsetzen kann
Hierarchie Rangordnung in einer sozialen Gruppe

1 Wähle eine Aufgabe aus:
- I **a)** Ordne die Sprechblasen aus M1 den Bildern zu. Begründe deine Zuordnung.
- II **b)** Ordne die Sprechblasen den Bildern zu (M1) und erkläre mit M2 die Bedeutung der Peergroup für Jugendliche.
- III **c)** Ordne die Sprechblasen den Bildern zu und entwickle eine eigene Sprechblase zur Bedeutung der Peergroup für Jugendliche.

Welche Herausforderungen entstehen für die Identitätsbildung durch die sozialen Medien?

M3 *Eine Social Media-Expertin berichtet, Autorentext*

Welche Rolle spielt Social Media bei der Identitätsbildung?

Lisa Strietzel: Eine sehr große Rolle! Vorbilder können inspirieren. Früher fanden junge Menschen sie in der Familie oder in Freundschaften. Auf Social Media kommen sie heute mit mehr und mit anderen Personen in Kontakt als im Alltag.

Gibt es da auch Gefahren?

Lisa Strietzel: Auf Social Media wirkt es, als sei alles möglich. Aber einige Menschen können sich nicht entscheiden, wer sie sind oder sein wollen. Und je höher sie ihre Ziele und Ansprüche an sich selbst setzen, desto wahrscheinlicher wird es, dass sie enttäuscht werden.

2 **a)** Stellt euch das Interview gegenseitig vor.
b) Führt das Interview fort, indem ihr eure eigenen Erfahrungen mit Social Media problematisiert.
c) Diskutiert, welche Rolle Vorbilder auf Social Media für euch spielen.

Inwiefern erzeugt Social Media psychischen Druck?

M4 *Auch Influencerinnen und Influencer spüren psychischen Druck – Ein Influencer berichtet, ZDF, Juni 2022*

Die Macht von Instagram - wie Jugendliche beeinflusst werden

Fabian Arnold hat den perfekten Body und zwei Millionen Follower bei TikTok. Die sozialen Netzwerke setzen auch ihn unter Druck. Inzwischen biete ihm seine Agentur auch eine Psychotherapie an.

Influencer Fabian sieht sich auch als Opfer von Instagram. Zwar wisse er um die vielen Filter und dass weiße Zähne nicht immer weiß seien. Trotzdem könne man das nicht ausblenden. Dass er selber den perfekten Körper hat und andere Nutzer damit unter Druck setzt, findet Influencer Fabian nicht. Er rede in seinen Postings auch über mentale Stärke.

NEW FACES AWARD 2022
BUNTE
BMW BERLIN
BERLIN

Fabian (27): Model, zwei Millionen TikTok-Follower

Link: Druck durch soziale Netzwerke (ZDF)

3 **a)** Beschreibe, welche Probleme der Influencer Fabian Arnold in den sozialen Netzwerken sieht.
b) Nimm Stellung: „Inwiefern setzen soziale Netzwerke wie TikTok Jugendliche und Influencerinnen und Influencer unter Druck?". Nutze dazu auch den Webcode.
c) Diskutiere: „Welche Möglichkeiten haben Influencerinnen und Influencer, um dem psychischen Druck in den sozialen Netzwerken entgegenzuwirken?"

4 Erstellt einen Leitfaden zum Umgang mit Postings aus Sicht der Nutzerinnen und Nutzer von sozialen Netzwerken. Du kannst dazu einen Social Media-Beitrag erstellen.

Sind Online-Challenges für Jugendliche gefährlich?

M5 *Warum nehmen Jugendliche an Online-Challenges teil?, Autorentext*

Für die meisten Jugendlichen die wichtigsten Gründe:

- Views, Likes, Kommentare bekommen
- Andere beeindrucken

M6 *Bundesinstitut warnt vor Deo-Challenge als Mutprobe, Tagesschau, September 2023*

Das Bundesinstitut für Risikobewertung (BfR) warnt vor der sogenannten "Deo-Challenge", bei der sich meist jüngere Menschen mit Deospray verletzen [...]. Deo [wird] so lange auf eine Hautstelle gesprüht, bis es nicht mehr auszuhalten ist. Im Extremfall könne die Temperatur dabei innerhalb weniger Sekunden auf bis zu minus 30 Grad Celsius sinken [...]. Schmerzen und massive Hautschädigungen können die Folge sein.

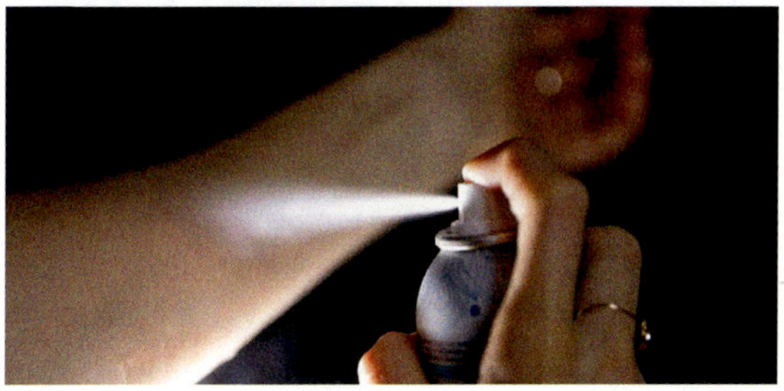

5 **a)** Tauscht euch in der Klasse über eure Erfahrungen mit Online-Challenges aus. Marktplatz
b) Beschreibe die gesundheitlichen Folgen der Deo-Challenge.
c) Erstellt eine Positionsline zur Frage: „Sollte ein Verbot von Online-Challenges ausgesprochen werden?"

Wie sollte mit Online-Challenges umgegangen werden?

M7 *Richtlinien einer Social Media-Plattform, Autorentext*

Wir entfernen folgende Inhalte von unserer Plattform!

Inhalte, die strafbare Handlungen Minderjähriger zeigen, wie:
1. Den Besitz oder Konsum von Stoffen, die für Minderjährige verboten sind, sowie den Missbrauch legaler Stoffe.
2. Körperliche Herausforderungen/Challenges, Mutproben oder Stunts, die: (Illegale) Handlungen oder die Beteiligung daran darstellen oder bewerben, die das Wohlergehen Jugendlicher gefährden könnten.

6 **a)** Erkläre die Richtlinien der Social Media-Plattform gegen Online-Challenges.
b) Diskutiere, ob die Richtlinien der Social Media-Plattform einen Beitrag zur Eindämmung gefährlicher Challenges leisten können.
c) Beurteilt: „Wie sollten Jugendliche mit Online-Challenges in den sozialen Medien umgehen?"

Wie kann ein diskriminierungsfreies Zusammenleben in der Gesellschaft funktionieren?

Abb. 1 *Vielfalt in der Gesellschaft*

Lebenswelten in der Gesellschaft

Vielfältige Lebenswelten

Die Gesellschaft ist vielfältig. Das heißt, dass Menschen mit unterschiedlichen sozialen, kulturellen, sprachlichen, religiösen und ethnischen Herkünften, Menschen mit **körperlichen oder geistigen Beeinträchtigungen** und Menschen mit verschiedenen **sexuellen Orientierungen** zusammenleben. In NRW leben etwas mehr als 18 Millionen Menschen. Fast ein Drittel, etwa 6 Millionen Menschen, haben einen **Migrationshintergrund**.

Diskriminierung

Wenn Menschen oder Gruppen aufgrund von Merkmalen herabgesetzt und benachteiligt werden, spricht man von **Diskriminierung**. So werden Menschen aufgrund ihres Aussehens, ihrer Herkunft, oder ihrer sexuellen Orientierung beleidigt, benachteiligt und ausgeschlossen. Diskriminierungserfahrungen sind oft mit psychischer und körperlicher Gewalt verbunden. Die Betroffenen leiden hierunter. Ihr alltägliches Leben wird durch die Diskriminierung erschwert. Besonders schwierig ist, wenn die Diskriminierung zu weniger Chancen in der Schule, im Beruf oder in der Freizeit führt. Die Ursache für Diskriminierung sind Vorurteile, unreflektierte Einstellungen oder negative Gefühle gegenüber anderen Menschen und Gruppen.

Alltagsrassismus

Besonders im Alltag entstehen Bewertungen, Einstellungen und **Vorurteile** gegenüber Anderen. Problematisch wird es, wenn sich diese Bewertungen negativ auf einzelne Menschen oder Gruppen beziehen. Dadurch können **Machtungleichheiten** entstehen. Wenn beispielsweise ein junger Mann aus Afghanistan nicht in eine Disco hineingelassen wird oder regelmäßig von der Polizei kontrolliert wird, ohne dass es einen echten Grund gibt, spricht man von **Alltagsrassismus**.

Inklusion als Ziel

In einer **demokratischen Gesellschaft** ist es ein Ziel, dass Menschen ohne Angst mit all ihren Gemeinsamkeiten und Unterschieden friedlich zusammenleben können. Wenn alle Menschen die Möglichkeit haben, am gesellschaftlichen Leben teilzunehmen, nennt man das **Inklusion**. Das wurde etwa in der **UN-Behindertenrechtskonvention** im Jahre 2006 festgeschrieben. Damit haben sich fast alle Länder der Welt eine inklusive Gesellschaft als Ziel gesetzt.

A Beschreibe, warum die Gesellschaft vielfältig ist.

B Erkläre die Begriffe „Diskriminierung“, „Alltagsrassismus“ und „Inklusion“ und finde passende Beispiele im Text.

Diskriminierung im Alltag

M1 *Formen von Diskriminierung, Fiktive Zeitungsüberschriften, Autorentext*

A Bedrohungen und Beleidigungen gegen obdachlose Menschen werden immer häufiger

B Polizeikontrolle: Mann wird aufgrund seiner erkennbaren Herkunft angehalten und durchsucht

C Unternehmen lehnt älteren Bewerber ab, obwohl er die Qualifikationen und Fähigkeiten für die Stelle besitzt

D Mitglieder der „jüdischen Weltverschwörung" behaupten, das jüdische Menschen heimlich die Welt kontrollieren

E Ehe für gleichgeschlechtliche Paare in Deutschland erst seit 2017 erlaubt

1 Altersdiskriminierung **2** Antisemitismus **3** Rassismus **4** Feindschaft gegen Obdachlose **5** Diskriminierung homosexueller Paare

1 a) Ordne den Zeitungsüberschriften die unterschiedlichen Formen von Diskriminierung zu.
b) Stellt eure Erfahrungen mit Diskriminierung in einem Standbild dar (siehe Methode auf Seite 84).

Welche Gruppen sind besonders von Diskriminierung betroffen?

M2 *Schaubild: Diskriminierte Gruppen in Deutschland, Bertelsmann Stiftung, 2023*

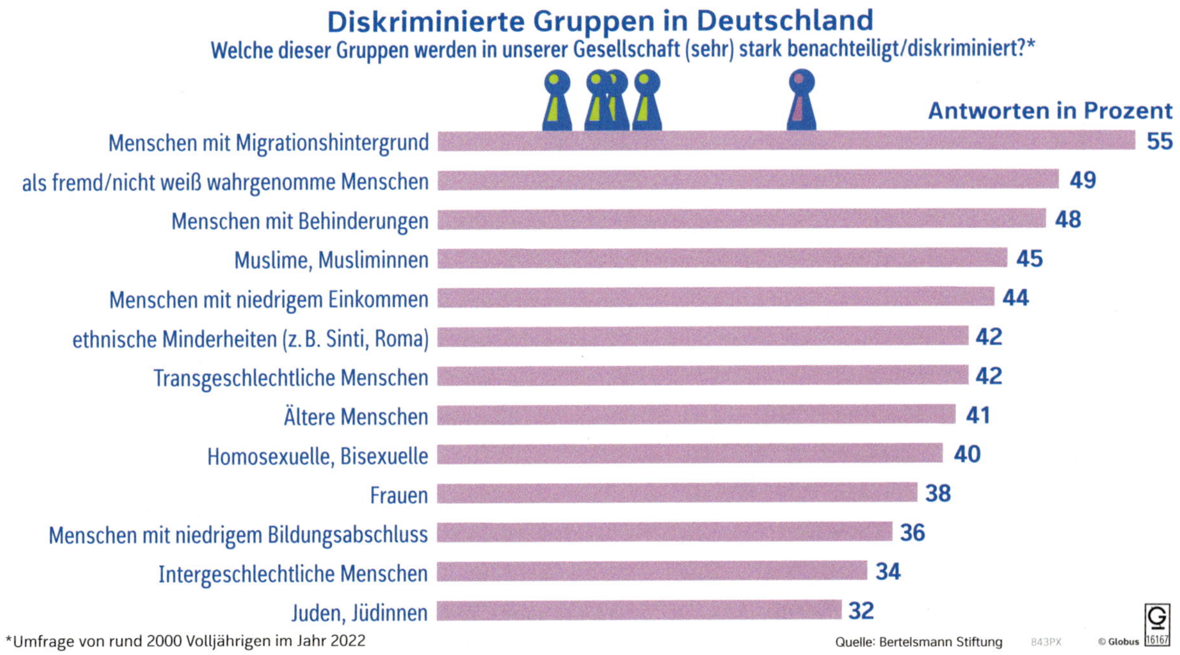
Diskriminierte Gruppen in Deutschland
Welche dieser Gruppen werden in unserer Gesellschaft (sehr) stark benachteiligt/diskriminiert?*
Antworten in Prozent
Menschen mit Migrationshintergrund 55
als fremd/nicht weiß wahrgenomme Menschen 49
Menschen mit Behinderungen 48
Muslime, Musliminnen 45
Menschen mit niedrigem Einkommen 44
ethnische Minderheiten (z. B. Sinti, Roma) 42
Transgeschlechtliche Menschen 42
Ältere Menschen 41
Homosexuelle, Bisexuelle 40
Frauen 38
Menschen mit niedrigem Bildungsabschluss 36
Intergeschlechtliche Menschen 34
Juden, Jüdinnen 32
*Umfrage von rund 2000 Volljährigen im Jahr 2022
Quelle: Bertelsmann Stiftung
843PX
© Globus 16167

2 Analysiere das Schaubild (siehe Methode auf Seite 227).

Material

„Geh doch in das Land zurück, aus dem du gekommen bist!"

M3 *Karikatur von Tom Körner: „Dortmund, 2002"*

GEH' GEFÄLLIGST DAHIN, WO DU HERKOMMST!
WAS SOLL ICH IN DORTMUND?
©TOM

M4 *Studie zu Erfahrungen von Alltagsrassismus junger Menschen mit Migrationshintergrund, MDR, Oktober 2021**

Die Medienwissenschaftlerin Dr. Maya Götze hat in einer Studie herausgefunden, dass zehn von zehn dunkelhäutigen Kindern täglich Rassismus erfahren. Die folgenden Fragen und Aussagen sind Teil des Alltagsrassismus.

- Woher kommst du denn wirklich?
- Darf ich deine Haare anfassen?
- Du sprichst aber gut Deutsch!
- Geh doch in das Land zurück, aus dem du gekommen bist!

*Text verändert

3 a) Analysiere die Karikatur (siehe Methode auf Seite 122).

b) Stelle Erfahrungen von Alltagsrassismus dar.

c) Schau dir das Video „Bruder, Bruder, Bruder" an. Erweitere das Video um eine eigene Filmsequenz zum Thema Alltagsrassismus. Film zum Thema Alltagsrassismus

Wie erleben junge Menschen Alltagsrassismus in Deutschland?

M5 *Nur für Stammgäste, Hasan Gökkaya, ZEIT, August 2018*

„[...] Meinen damals spärlichen Bart hatte ich abrasiert, obwohl ich ihn gerne trug. Aber ein schwarzer Bart bedeutet Türke und [...]: Du kommst nicht rein. [...] Der Türsteher sah mich an. Dann schüttelte er den Kopf, als hätte er einen Betrüger entdeckt. "Raus! Raus! Raus!", rief er. [...] Jahrelang an Clubtüren abgewiesen werden und dabei zusehen, wie andere aufgrund ihres Aussehens reingelassen werden, ist eine besonders [bösartige] Form von Rassismus. Er ist unsichtbar und heimtückisch. Er tut mehr weh als Beleidigungen und lässt sich schlechter erzählen. [...] Zu meinem 18. Geburtstag gab es keine Ausnahme. [...] Der Mann hatte im Nachsatz "Tut mir Leid" gesagt, als ich ihn gebeten hatte, für meinen 18. Geburtstag eine Ausnahme zu machen. Als ob Rassismus mit einem "Tut mir Leid" weniger verletzen würde. [...] Es macht etwas mit Menschen, wenn man ihnen im jungen Alter zu verstehen gibt, sie seien anders. Dass sie zwar in Deutschland leben dürfen, nicht aber sich unbeschwert mit Freunden treffen und feiern. Das fängt an der Clubtür an und setzt sich später bei der Wohnungs- und Jobsuche fort. Man wird wacher, vorsichtiger, wütender.

M6 *Kampf gegen Rassismus, 2020. Karikatur von Schwarwel*

SCH WAR WEL
BUNDESREGIERUNG SETZT INTEGRATIONSEXPERTEN IM KAMPF GEGEN RASSISMUS EIN

4 a) Analysiere die Karikatur (Methode auf Seite 122).

b) Beschreibe die Rassismuserfahrungen von Hasan Gökkaya.

c) Diskutiert, was man gegen Alltagsrassismus tun kann. World-Café

Wie werden Menschen mit körperlichen oder geistigen Einschränkungen im Alltag diskriminiert?

M7 *Fallbeispiele, Autorentext*

A In einer Schule gibt es nur Treppen und keinen Aufzug.

B Ein junger Mann mit Down-Syndrom soll in einer Werkstatt für Menschen mit Behinderung arbeiten, obwohl er mit Unterstützung in einem Restaurant als Kellner arbeiten könnte.

C Im Bus lachen Jugendliche einen anderen Jugendlichen mit einer geistigen Behinderung aus.

D In einem Sportverein wird eine Rollstuhlfahrerin nicht aufgenommen.

5 I **a)** Beschreibe die Diskriminierungen von Menschen mit Behinderungen in den Fallbeispielen.
II **b)** Entwickle eigene Beispiele aus den Bereichen Schule, Verein, Arbeit und Alltag.
III **c)** Erstelle eine Mindmap zum Thema „Diskriminierung von Menschen mit Behinderung" (siehe Methode auf Seite 226). Schau dir dafür auch das Video an. Film zu Teilhabe und Gleichberechtigung

Was gilt für die Rechte von Menschen mit Behinderungen?

M8 *Die UN-Behindertenrechtskonvention in leichter Sprache, Beauftragter der Bundesregierung*

A Trotzdem werden viele Menschen mit Behinderung überall auf der Welt noch schlecht behandelt.

B Damit es allen Menschen mit Behinderung auf der ganzen Welt besser geht, haben verschiedene Länder eine Vereinbarung gemacht. In schwerer Sprache heißt diese Vereinbarung: Übereinkommen der Vereinten Nationen über die Rechte von Menschen mit Behinderungen.

C Jeder Mensch hat Rechte.
Zum Beispiel das Recht, dass er gut behandelt wird. Allen Menschen soll es gut gehen. Darüber gibt es viele Regeln und Gesetze in Europa und der ganzen Welt. Diese Regeln und Gesetze sind auch für Menschen mit Behinderung.

D Jedes Land muss dafür sorgen, dass Menschen mit Behinderung diese Rechte bekommen. Und, dass sie nicht schlechter als andere Menschen behandelt werden.

Darum: Diese Vereinbarung

1

Jeder Mensch hat Rechte.

2

Die Vereinbarung gilt für die gesamte Welt.

3

Aber: Menschen mit Behinderung geht es oft schlecht

4

6 Bringe die Kästen (A-D) in eine sinnvolle Reihenfolge und ordne diese den Bildern (1–4) zu.

Material

Wie funktioniert das Zusammenleben in der Gesellschaft?

M9 **Modelle** *über das Zusammenleben in einer Gesellschaft, Grafische Darstellung und Autorentext*

Erklärung: Die bunten Figuren symbolisieren die Menschen und der Kreis ein System wie Kindergarten, Schule oder Arbeitsstelle.

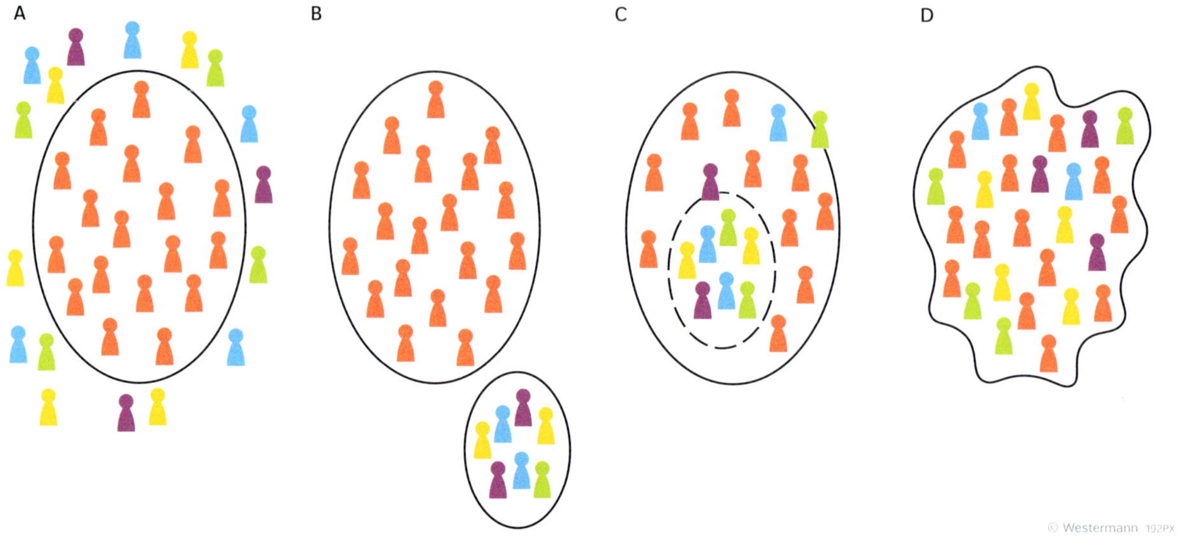
A
B
C
D

1 Integration bedeutet, Menschen mit unterschiedlichem Hintergrund und Herkunft in die Gesellschaft einzubeziehen und ihnen gleiche Chancen zu ermöglichen. Ihre Unterschiede sind aber noch deutlich.

2 Bei der **Exklusion** sind Menschen ausgeschlossen und dürfen oder können nicht mitbestimmen und teilnehmen.

3 Inklusion heißt, dass alle Menschen die gleichen Möglichkeit haben, am gesellschaftlichen Leben teilzunehmen. Unterschiede sind nicht mehr erkennbar.

4 Die **Separation** bedeutet, dass einer bestimmten Gruppe von Menschen, z. B. Menschen mit Behinderung, zwar eine Art gesellschaftliches Angebot gewährt wird, jedoch in einem eigenen System.

Modelle sind gedankliche Vorstellungen. Sie sind dafür da, um sich schwierige Sachverhalte in der Realität besser vorzustellen zu können.

7 **a)** Ordne die Zeichnungen (A-D) den passenden Erklärungen (1–4) zu.
b) Erstelle zu jedem Modell ein Alltagsbeispiel. +
c) Begründe, warum das Modell „Inklusion" am besten geeignet ist, um in einer vielfältigen und offenen Gesellschaft friedlich zusammen zu leben.
d) Recherchiere unter dem Webcode nach sozialen Projekten zur Inklusion in deiner Nähe.

Link: Inklusionsprojekte

Inklusion und Zusammenhalt: Kann ein allgemeiner Pflichtdienst helfen?

M10 *Erklärung eines allgemeinen Pflichtdienstes, ZDF Logo, Februar 2023*

Ein allgemeiner Pflichtdienst würde bedeuten, dass ihr für einen bestimmten Zeitraum nicht euer Ding machen könntet, sondern etwas für die Allgemeinheit tun müsstet. Ihr wärt dann also verpflichtet, eine Zeit lang zum Beispiel alte oder kranke Menschen zu pflegen, bei der Feuerwehr mitzuarbeiten, Kinder- oder Jugendgruppen zu betreuen oder zur Bundeswehr, also der deutschen Armee, zu gehen. Beim allgemeinen Pflichtdienst geht es darum, eine Arbeit zu machen, die vielen Menschen hilft.

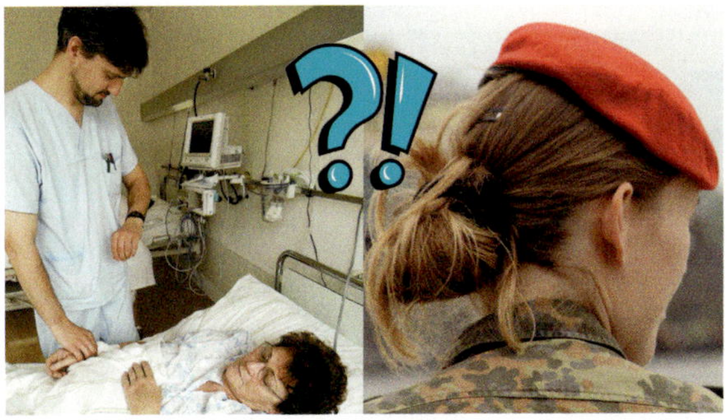

Arbeit in der Pflege *Wehrdienst bei der Bundeswehr*

8 **a)** Beschreibe die Überlegungen zu einem allgemeinen Pflichtdienst.

b) Ordne dich auf einer Positionslinie für oder gegen einen allgemeinen Pflichtdienst ein.

Zwischen Engagement und Pflicht - der Wert des allgemeinen Pflichtdienstes

M11 *Pro- und Kontra-Argumente für einen allgemeinen Pflichtdienst, ZDF Logo, Februar 2023*

Befürworter finden: Wenn man eine Zeit lang anderen hilft, dann könnte das dazu führen, dass alle besser zusammenhalten. Außerdem würden die jungen Leute selbst erleben, wie wichtig die Berufe in diesen Bereichen sind. Und sie würden Neues erleben und vieles lernen, das sie später gut gebrauchen könnten. In einigen Bereichen werden außerdem dringend Mitarbeiter und Mitarbeiterinnen gesucht. Immer weniger Menschen haben sich in den vergangenen Jahren zum Beispiel dazu entschlossen, zur Bundeswehr zu gehen. Dort fehlen deshalb viele Soldatinnen und Soldaten. Auch in Pflegeeinrichtungen oder Kindergärten fehlt es an Personal. Die jungen Leute könnten dort einige Aufgaben übernehmen. Sie würden außerdem einen Einblick bekommen und sich später vielleicht selbst für solche Berufe entscheiden.

Gegnerinnen und Gegner finden: Es sei nicht richtig, die Personalprobleme dadurch zu lösen, dass junge Menschen zur Arbeit verpflichtet werden. Manche Politiker schlagen deshalb vor, lieber dafür zu sorgen, dass solche Jobs wie in der Pflege in Zukunft für mehr Menschen interessant sind. Dazu müssten sie beispielsweise besser bezahlt werden. Andere bezweifeln, dass so ein Pflichtjahr überhaupt möglich ist. Sie sagen, die Gesetze in Deutschland erlaubten es nicht, dass jemand zu einer Arbeit gezwungen wird. Und: Man sollte niemanden zwingen eine Arbeit zu machen, die derjenige vielleicht nicht machen will. Denn dann würde er die Arbeit vielleicht auch nicht gut machen.

9 **a)** Fasst die Pro- und Kontra-Argumente zum allgemeinen Pflichtdienst in einer Tabelle zusammen.

b) Führt eine Pro-Kontra-Diskussion zur Streitfrage durch: *„Kann der allgemeine Pflichtdienst die Persönlichkeitsentwicklung und das soziale Engagement junger Menschen fördern?“* (siehe Methode auf Seite 224).

c) Nimm Stellung zur Streitfrage.

Ein Standbild bauen

Abb. 1 *Standbild zum Thema Freundschaft*

Szenische Darstellung, also das Nachspielen bestimmter Situationen, bietet gegenüber anderen Methoden folgende Vorteile: Komplexe und schwierige Themen werden auf das Wesentliche reduziert; zudem werden sie durch das Spiel(en) erfahrbar gemacht. Eine Form des szenischen Spiels ist das Standbild. Es handelt sich dabei um eine **Darstellung, bei der auf Sprache und Bewegung verzichtet wird**. Das Ziel besteht darin, eine Aussage, einen Sachverhalt oder eine Fragestellung zu einem Thema ohne Bewegung darzustellen. Folgende Schritte helfen euch dabei, ein aussagekräftiges Standbild zu erstellen:

Schritt 1: Erstellung des Standbilds in der Gruppe

Um euer Thema in ein Standbild umzusetzen, werdet ihr in Gruppen aufgeteilt. Am besten geht ihr während der Gruppenarbeitsphase folgendermaßen vor:

- Tragt zusammen, was ihr über das Thema wisst
- Gemeinsam stellt ihr Überlegungen an, was ihr darstellen wollt und wie ihr es darstellen möchtet.
- Es melden sich Freiwillige für die Rollen der Schauspielerinnen und Schauspieler.
- Ihr bestimmt oder wählt in eurer Gruppe eine Regisseurin oder einen Regisseur. Sie oder erbaut das Standbild testweise in der Gruppe. Währenddesen stimmt sie oder er sich mit den anderen ab.
- Zu beachten sind etwa Mimik, Körperhaltung oder die Positionierung einzelner Personen zueinander.
- Die Gruppenmitglieder, die keine Regisseur- oder Schauspielrollen haben, geben eine Rückmeldung zur Wirkung des Standbilds.

Schritt 2: Präsentation des Standbilds

In der Präsentationsphase stellt die Regisseurin oder der Regisseur die Schauspielerinnen und Schauspieler der Gruppe in der gewünschten Position auf und formt sie. Dabei solltet ihr Folgendes beachten:

- Es soll nichts mehr gesagt werden. Auch die Regisseurin oder der Regisseur sprechen nicht, sondern verrichten ihr Werk ohne Worte.
- Nun gefrieren die Standbildfiguren auf ein Zeichen für ca. 30 Sekunden.
- Währenddessen lassen die Mitschülerinnen und Mitschüler das Bild auf sich wirken, achten dabei auf Haltung, Mimik und Gestik und stellen Vermutungen zur Aussageabsicht an.
- Ihre Beobachtungen und Vermutungen behalten sie jedoch erstmal für sich.

Schritt 3: Reaktionen der Klasse

Nach der Auflösung des Standbilds folgt die Aussprache über das gesehene Standbild.

- Das Standbild wird zunächst von den Zuschauenden möglichst genau beschrieben und anschließend im Hinblick auf das mögliche Thema des Standbildes analysiert.
- Die Rückmeldungen sollen dabei stets positiv und sachlich geäußert werden.

Schritt 4: Einordnung der Vermutungen

Die Gruppe, die das Standbild gebaut hat, ordnet die Beschreibungen und Deutungen der Zuschauenden ein, indem sie ihre ursprünglichen Gedankengänge mitteilt. Gegebenenfalls werden die gemachten Erfahrungen reflektiert.

Diskriminierung in der Schule

Auch in der Schule kann es zu Alltagsdiskriminierung kommen, auch wenn es manchmal unbemerkt bleibt oder als „normal" angesehen wird. Es folgt eine fiktive Situation, die euch helfen soll, das Bewusstsein für Alltagsdiskriminierung zu schärfen. Es ist wichtig zu betonen, dass Diskriminierung jeglicher Art nicht akzeptabel ist und alle sich dafür einsetzen sollten, eine inklusive und respektvolle Umgebung zu schaffen!

Abb. 2 *Diskriminierung in der Schule – (k)ein Alltag?*

M1 *Situationsbeschreibung, Autorentext*

In der Mittagspause sitzen einige Schülerinnen und Schüler zusammen in der Cafeteria. In der Ecke sitzt ein neuer Schüler, Kyryl, der erst seit kurzem in die Klasse gekommen ist. Er stammt aus einem anderen Land und spricht noch nicht perfekt Deutsch. Als Kyryl sich dazu entscheidet, sich der Gruppe anzuschließen, hört er plötzlich einige leise Kommentare und spürt die Blicke der Anderen auf sich gerichtet. Einige Schülerinnen und Schüler beginnen zu tuscheln und zu lachen, während sie auf Kyryl zeigen. Er fühlt sich unwohl und unsicher, ob er wirklich willkommen ist.

M2 *Rollenkarten für das Standbild*

Regisseurin oder Regisseur
Während du dich mit den anderen absprichst, baust du das Standbild. Achte dabei auf die Mimik, Körperhaltung und Positionierung der Schauspielerinnen und Schauspieler.

Schauspielerin oder Schauspieler
Ohne dich geht gar nichts! Du bist Teil des Standbilds. Setze das um, was ihr als Gruppe besprochen habt und die Regisseurin oder der Regisseur sagt oder macht. Achte dabei auf deine Mimik, Körperhaltung und Positionierung.

Motivatorin oder Motivator
Du hast die wunderbare Aufgabe zu loben, was gut läuft. Bei Motivationsproblemen gibst du Anregungen.

Rückmelderin und Rückmelder
Du nimmst eine wichtige Rolle ein: Du betrachtest das fertige Standbild und gibst der Gruppe eine Rückmeldung: Entspricht das Standbild dem, was ihr euch vorgenommen habt?

Beobachtungsbogen Standbild

1 Stelle mit deiner Gruppe die Situation aus M1 mit Hilfe der Rollenkarten in einem Standbild dar.

2 Entwickle eine Situation der Alltagsdiskriminierung, zu der deine Gruppe ein Standbild bauen kann.

Warum werden Kinder und Jugendliche straffällig?

Abb. 1 *Taschendiebstahl in einer Einkaufsstraße*

Jung und straffällig

Kinder- und Jugendkriminalität

Kinder- und Jugendkriminalität umfasst alle Taten, die gegen **Gesetze** verstoßen und die von Kindern, Jugendlichen und Heranwachsenden begangen werden. Dabei gilt als Kind, wer zum Zeitpunkt der Tat noch nicht 14 Jahre alt ist. Wer zur Tatzeit zwischen 14 und 17 Jahre alt ist, ist Jugendlicher. Heranwachsende sind Personen, die schon 18, aber noch keine 21 Jahre alt sind.

Strafmündig

Mündig ist in Deutschland jede Person, die 18 Jahre alt ist. Das heißt, das **Erziehungsrecht** und die gesetzliche Verantwortung von Eltern oder Erziehungsberechtigten endet ab diesem Alter. **Strafmündig** ist man allerdings schon früher, nämlich ab dem 14. Lebensjahr. Damit können Jugendliche strafrechtlich zur Verantwortung gezogen werden. Das heißt, sie können vor dem Gesetz bestraft werden. Grundsätzlich müssen sie aber die Fähigkeit haben einzusehen, dass sie eine strafbare Handlung begangen haben. Nicht strafmündig sind Kinder unter 14 Jahren. Sie müssen nicht vor einem Gericht Verantwortung für ihre strafbaren Handlungen übernehmen.

Ursachen von Jugendkriminalität

Jugendkriminalität ist weit verbreitet. Darunter fallen Straftaten wie **Diebstahl**, **Körperverletzung**, **Mobbing**, **Sachbeschädigung** oder **Raub** (gewaltsames Abnehmen von fremden Eigentum). Allerdings zeigen Studien, dass sich strafbare Handlungen Jugendlicher in den meisten Fällen im Erwachsenenalter nicht fortsetzen. Viele Jugendliche werden mit leichten Straftaten wie z. B. Ladendiebstahl, Sachbeschädigung oder Fahren ohne gültigen Fahrschein nur ein- bis zweimal auffällig. Gründe liegen hier vor allem im sich Abgrenzen von Erwachsenen, in Mutproben oder im Austesten von Grenzen. Schwerwiegende, wiederholte Straftaten werden vorwiegend durch eine kleinere Gruppe von Jugendlichen verübt. Diese sind oft sozial benachteiligt, haben Schul-, Alkohol-, oder Drogenprobleme, Gewalterfahrungen in der Familie oder einen kriminellen Freundeskreis.

A Beschreibe Kinder- und Jugendkriminalität.
B Arbeite den Unterschied von mündig und strafmündig heraus.
C Erkläre, wie es zu Jugendkriminalität kommen kann.

Fälle von Jugendkriminalität

M1 *Jugendliche werden strafbar, Autorentext*

A ... meine Kumpels haben mir gezeigt, wie ein Fenster aufgebrochen wird und dann bin ich immer öfter in Häuser eingestiegen und habe Bargeld und wertvolle Sachen geklaut. (Leon, 16 Jahre)

B ... ich hatte so eine Wut über die Fünf in Mathe, da habe ich den Auto-Außenspiegel meines Mathe-Lehrers abgetreten. (Mia, 14 Jahre)

C ... ich habe schon sehr früh angefangen zu trinken, das stand ja bei uns zu Hause alles rum. Später habe ich dann in den Supermärkten die Schnapsflaschen mitgehen lassen. (Alejando, 17 Jahre)

D ... es war einfach eine Mutprobe, als ich das Parfüm im Laden klauen sollte. Dann wurde ich aber erwischt und die Polizei kam. (Ayla, 13 Jahre)

wird wahrscheinlich im Erwachsenenalter strafbare Handlungen ausführen	wird im Erwachsenenalter wahrscheinlich **keine** strafbare Handlungen ausführen

1 Wähle eine Aufgabe aus:

I **a)** Ordne die Aussagen der Jugendlichen den Kategorien zu.

II **b)** Ordne die Aussagen der Jugendlichen begründet den Kategorien zu.

III **c)** Entwickle für jede Kategorie eine strafbare Handlung eines Jugendlichen. Begründe deine Fälle.

Entwicklung der Kinder- und Jugendkriminalität

M2 *Anzahl der straftatverdächtigten Kinder, Jugendlichen und Heranwachsenden in Deutschland, Quelle Bundeskriminalamt (BKA), 2022*

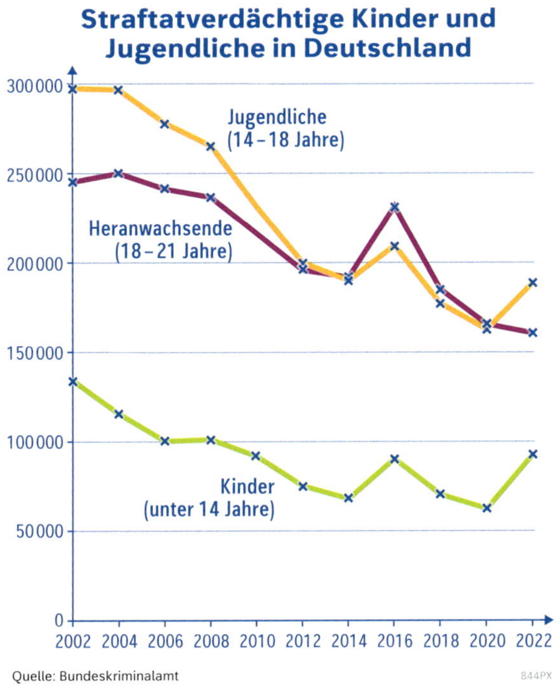
Straftatverdächtige Kinder und Jugendliche in Deutschland
300 000
250 000
200 000
150 000
100 000
50 000
0
2002 2004 2006 2008 2010 2012 2014 2016 2018 2020 2022
Jugendliche (14–18 Jahre)
Heranwachsende (18–21 Jahre)
Kinder (unter 14 Jahre)
Quelle: Bundeskriminalamt
844PX

M3 *Anstieg der Jugendkriminalität: Experten sehen keinen Grund zur Panik, WDR, März 2023*

Die Jugendkriminalität ist gestiegen – bundesweit wie in NRW. Zu dem Anstieg haben vor allem Nicht-Deutsche beigetragen, wie aus BKA-Zahlen hervorgeht. Experten erwarten aber keinen anhaltenden Trend. [...] Münch [Präsident BKA] betonte, dass nicht-deutsche Minderjährige stärker von Risikofaktoren betroffen seien. Bei Diebstahldelikten - die das Gros der Taten bilden – seien beispielsweise ökonomische Aspekte und bei Gewaltdelikten Stress mögliche Auslöser. [...] NRW-Innenminister Herbert Reul, [...] verweist auch [...] auf Corona: "Es gibt wieder Gelegenheiten, die es früher nicht gab [...]“

2 **a)** Analysiere die Grafik (Methode auf Seite 227).

b) Erkläre den Anstieg der Jugendkriminalität im Jahr 2022. Think-Pair-Share

c) Recherchiere Gründe für den kurzfristigen Anstieg in den Jahren 2015/2016.

d) Vergleiche das Rechercheergebnis mit den Aussagen des BKA-Präsidenten Münch in M3.

In welchen Bereichen werden Kinder, Jugendliche und Heranwachsende vorwiegend straffällig?

M4 *Anzahl der Tatverdächtigten unter 21 Jahren bei jugendtypischen Delikten (Straftaten), Landeskriminalamt NRW, Lagebild 2022*

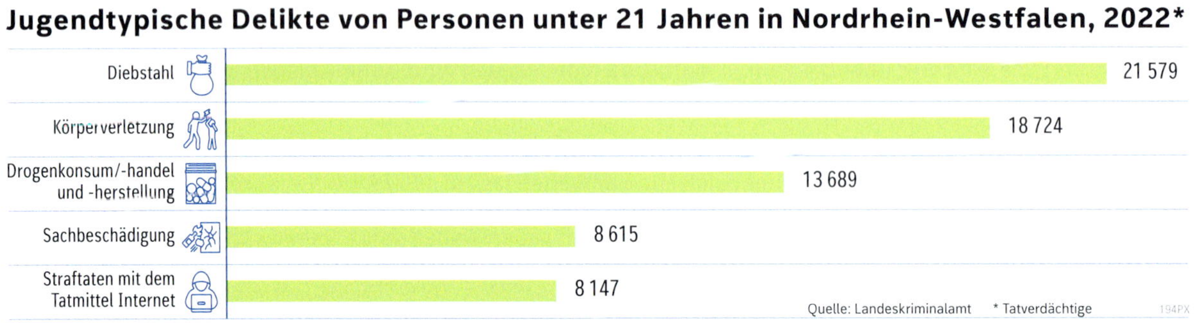
Jugendtypische Delikte von Personen unter 21 Jahren in Nordrhein-Westfalen, 2022*
Diebstahl
21 579
Körperverletzung
18 724
Drogenkonsum/-handel und -herstellung
13 689
Sachbeschädigung
8 615
Straftaten mit dem Tatmittel Internet
8 147
Quelle: Landeskriminalamt
* Tatverdächtige
194PX

M5 *Alterstypische Delikte, Online-Erziehungsratgeber, Bayerisches Landesjugendamt, 2023*

Bei Kindern (bis zum 14. Geburtstag) sind mehr als die Hälfte, bei Jugendlichen (zwischen dem 15. und 18. Lebensjahr) fast die Hälfte aller Delikte Ladendiebstähle. Dabei überwiegen Diebstähle mit relativ geringen Schadenssummen. Nicht selten sind auch Fahrraddiebstähle. „Schwerer Diebstahl" (also aus gesicherten Räumen oder Behältern), kommt dagegen eher selten vor. Relativ häufige Delikte sind auch:

- so genannte Leistungserschleichung (zum Beispiel „Schwarzfahren" mit öffentlichen Verkehrsmitteln);
- Körperverletzung (bei Jugendlichen und Heranwachsenden überwiegend innerhalb der Altersgruppe);
- Sachbeschädigungen; [...]
- Verstöße gegen das Betäubungsmittelgesetz;
- Raub (dazu gehört zum Beispiel nicht nur Tankstellenraub - er wird zu Recht strafrechtlich als Verbrechen eingestuft sondern auch schon das so genannte „Jackenabziehen");
- räuberische Erpressung.

3 **a)** Analysiere die Grafik (siehe Methode auf Seite 227).
b) Arbeite die wesentlichen Aussagen aus dem Text heraus (siehe Methode auf Seite 229).
c) Vergleiche die Ergebnisse der Grafik mit den Aussagen aus dem Text. +

„Must have" – Konsum und Verführung

M6 *Warum stehlen Jugendliche? Online-Erziehungsratgeber, Bayerisches Landesjugendamt, 2023*

Etwas nicht einfach „mitgehen" zu lassen, fällt Jugendlichen vielleicht umso schwerer, als sie der Verführung zum Konsum überall begegnen. Ausgehen, modische Kleidung, Zigaretten werden in der Pubertät immer wichtiger. Sie werden häufig durch das riesige Angebot der Produkte verführt, die man angeblich unbedingt besitzen muss. Auch weckt die Werbung immer wieder neue Wünsche in ihnen. Das kostet Geld, was sie meistens nicht ausreichend haben. Da kann es passieren, dass sie zu unerlaubten Mitteln greifen, um sich ihre Wünsche zu erfüllen. Selten stehlen Jugendliche aber aus echter Bedürftigkeit.

4 **a)** Nenne Gründe, warum Jugendliche Diebstähle begehen.
b) Beurteile die Gründe. Bienenkorb

Vorbeugen vor einer kriminellen Karriere

M7 *Dem Leben eine neue Richtung geben – "Kurve Kriegen" ist eine NRW-Initiative zur Verhinderung von Jugendkriminalität, Oktober 2023*

Sie sind noch sehr jung und doch schon auf dem Weg in eine „kriminelle Karriere“: Mehrfachtatverdächtige Kinder und junge Jugendliche in besonderen sozialen Problemlagen. Bevor solche Entwicklungen Fahrt aufnehmen, beugt die nordrhein-westfälische Polizei gezielt und wirkungsvoll vor. [...] Die kriminalpräventive NRW-Initiative „Kurve kriegen“ zielt darauf ab, besonders kriminalitätsgefährdete Kinder und Jugendliche (überwiegend im Alterssegment von 8 bis 15 Jahren) so früh wie möglich zu erkennen und [...] vor einem dauerhaften Abgleiten in die Kriminalität zu bewahren.
Bei der Auswahl der Zielgruppe geht es neben der Feststellung der Art und des Umfangs strafrechtlicher Auffälligkeiten insbesondere auch um die Berücksichtigung der Lebensumstände dieser Kinder und jungen Jugendlichen, denn Problembelastungen [...] können maßgebliche Ursachen für die Entstehung [...] von Kriminalität sein.
Zur Erreichung der Ziele arbeitet die Polizei mit anerkannten Trägern der freien Kinder- und Jugendhilfe zusammen. Diese stellen [...] pädagogische Fachkräfte (PFK) zur Verfügung. Die Aufgabe der PFK ist es, die individuellen Ursachen für das delinquente (straffällige) Verhalten herauszuarbeiten und dementsprechend gezielte [...] Hilfeangeboten für die Teilnehmenden und ihre Familien anzubieten.

KURVE KRIEGEN

M8 *In der Go-Kart-Bahn statt auf der Straße, Markus W., Pädagogische Fachkraft, Duisburg, Oktober 2023*

Im Rahmen einer pädagogischen Maßnahme [...] waren wir vom Standort Duisburg kürzlich mit vier Teilnehmenden zu Gast auf einer Go-Kart Bahn. Nun mag sich der eine oder die andere fragen: Go-Kart-fahren als pädagogische Maßnahme? Auf den ersten Blick scheint Go-Kart-fahren eine reine Spaßveranstaltung zu sein. Allerdings können Sie sich ja bereits vorstellen, dass wir das durchaus differenziert betrachten und beurteilen. Zunächst einmal gilt es festzuhalten, dass niemand von den Teilnehmenden, die mitgefahren sind, jemals zuvor überhaupt auf einer Go-Kart Bahn war. Es ist ein Impuls, den wir dadurch setzen wollen und können. Ein Impuls, der einen Anreiz schafft, ganz legal etwas Tolles zu erleben. Bislang erlebten die Kinder und Jugendlichen, die an Kurve kriegen teilnehmen, reizgebende Situationen häufig „auf der Straße“, wo sie sich mit rechtswidrigen Handlungen oder Straftaten beweisen wollten. [...] Das Go-Kart-fahren kann einen ähnlichen Kick geben und Adrenalinschübe ausstoßen mit dem Unterschied, dass es legal ist, dass andere Menschen nicht zu Schaden kommen und keine rechtswidrigen Handlungen oder Straftaten begangen werden, um Bestätigung und Anerkennung von der Peergroup zu bekommen.

5 **a)** Nenne die Zielgruppe der Initiative „Kurve kriegen“ aus M7.
b) Beschreibe die Zielgruppe, die von der Initiative „Kurve kriegen“ angesprochen wird.
c) Lege dar, wie die Ziele der Initiative „Kurve kriegen“ erreicht werden sollen.

6 **a)** Arbeite die Rolle der pädagogischen Fachkraft Markus W. heraus.
b) „In der Go-Kart-Bahn statt auf der Straße“: Eine sinnvolle oder nicht sinnvolle Maßnahme? Diskutiert.

Welche Maßnahmen und Strafen erwarten jugendliche Straftäter?

Abb. 1 *Ein paar Quadratmeter: Blick in eine Gefängniszelle einer Jugendstrafanstalt*

Erziehung vor Strafe

Strafmündigkeit und Strafrecht

Genau wie Erwachsene, werden auch Jugendliche bei Gesetzesüberschreitungen verurteilt. Allerdings gelten für sie andere Gesetze als für Erwachsene.

Seit 1923 gilt für Jugendliche in Deutschland, dass sie ab dem 14. Lebensjahr strafmündig sind. Jedoch sind sie nach **Jugendgerichtsgesetz** (JGG §3) nur strafrechtlich verantwortlich, wenn sie zur Tatzeit die sittliche und geistige Entwicklung haben, das Unrecht ihrer Tat einzusehen. Unter diesen Voraussetzungen werden jugendliche Straftäterinnen und Straftäter an Jugendgerichten nach dem **Jugendstrafrecht** verurteilt. Mit der Anwendung des Jugendstrafrechts wollen Richterinnen und Richter vor allem erneuten Straftaten von Jugendlichen entgegenwirken. Jedoch ist das vorrangige Ziel des Jugendstrafrechts, das 1974 eingeführt wurde, Jugendliche in erster Linie nicht zu bestrafen, sondern zu erziehen.

Besonderheiten des Jugendstrafrechts

Im Jugendstrafrecht sind drei abgestufte Maßnahmen beziehungsweise Strafen für straffällige Jugendliche aufgeführt: Erziehungsmaßregeln, Zuchtmittel und Jugendstrafe. **Erziehungsmaßregeln** sind Auflagen wie das Ableisten von Sozialstunden, die Teilnahme an einem sozialen Trainingskurs oder die Bemühung um einen **Täter-Opfer-Ausgleich**. **Zuchtmittel** sind Maßnahmen, wenn Erziehungsmaßregeln nicht mehr ausreichen. Dazu gehören Verwarnungen, bestimmte Auflagen oder Arrest, z. B. Freiheitsentzug an einem Wochenende. Als schärfste Form sieht das JGG die **Jugendstrafe** vor. Diese besteht in Freiheitsentzug, der in einer Jugendstrafanstalt abgeleistet werden muss.

A Beschreibe die Voraussetzungen, unter denen das JGG für jugendliche Straftäterinnen und Straftäter angewendet wird.

B Erkläre die Besonderheiten des Jugendstrafrechts.

Aufgaben des Jugendstrafrechts

M1 *Erziehungsmaßregeln, Jugendkriminalität und Jugendstrafrecht, Justiz-Broschüre, 2022*

Weisungen sind Gebote und Verbote, welche die Lebensführung des Jugendlichen beeinflussen [...]. Beispielhaft nennt das Gesetz etwa die Weisungen, in einem Heim zu wohnen, ein Lehr- oder Arbeitsverhältnis anzutreten, Arbeitsleistungen zu erbringen [...]. Ferner nennt das Gesetz ausdrücklich die Weisungen, an einem sozialen Trainingskurs teilzunehmen [...] oder sich zu bemühen, einen Ausgleich mit dem Verletzten zu erreichen (Täter-Opfer-Ausgleich). [...] In der Praxis besonders wichtig ist die Verpflichtung zu gemeinnütziger Arbeit [...]. Regelmäßig wird dem Jugendlichen (Heranwachsenden) dabei aufgegeben, in seiner Freizeit ein bestimmtes Maß (z. B. 40 Arbeitsstunden) gemeinnütziger Arbeit zu leisten, etwa in einem Altenheim Hilfsdienste zu erbringen [...]

M2 *Zuchtmittel, Jugendkriminalität und Jugendstrafrecht, Justiz-Broschüre, 2022*

Zuchtmittel sind die Verwarnung, die Erteilung von Auflagen und der Jugendarrest.
Bei der Verwarnung hält der Jugendrichter dem Täter das Unrecht seiner Tat eindringlich vor. Oft wird die Verwarnung mit anderen Maßnahmen verbunden. Als Auflage kann dem Straftäter aufgegeben werden,

- nach Kräften den durch die Tat verursachten Schaden wieder gutzumachen,
- sich persönlich bei dem Verletzten zu entschuldigen [...]

Das Zuchtmittel des Jugendarrests wird als Freizeitarrest (bis zu 2 Wochenenden), Kurzarrest (bis zu 4 Tagen) oder Dauerarrest (1 bis 4 Wochen) verhängt. Er ist Freiheitsentzug, aber keine Freiheitsstrafe. [...] Der Arrest wird in Jugendarrestanstalten vollzogen.

M3 *Jugendstrafe, Jugendkriminalität und Jugendstrafrecht, Justiz-Broschüre, 2022*

Die Jugendstrafe ist die einzige echte Kriminalstrafe, die das Jugendgerichtsgesetz kennt. Sie ist Freiheitsentzug in einer Jugendstrafanstalt von mindestens 6 Monaten bis höchstens 10 Jahren Dauer. Jugendstrafe ist zu verhängen, wenn wegen der schädlichen Neigungen, die in der Tat hervorgetreten sind, Erziehungsmaßregeln oder Zuchtmittel nicht ausreichen oder wenn wegen der Schwere der Schuld Jugendstrafe erforderlich ist.

1 **a)** Beschreibe die drei unterschiedlichen Formen des Jugendstrafrechts.
b) Recherchiere Straftaten Jugendlicher, bei denen die unterschiedlichen Formen des Jugendstrafrechts angewandt wurden und stellt sie in der Klasse vor.
c) Nimm Stellung zum Ziel des Jugendstrafrechts, in erster Linie straffällige Jugendliche zu erziehen, statt zu bestrafen.

Besuch einer Gerichtsverhandlung

Abb. 1 *Gerichtsverhandlung*

Um das Jugendstrafrecht besser zu verstehen, bietet es sich an, einen Gerichtsprozess zu besuchen. Dabei könnt ihr erleben, wie ein Strafdelikt verhandelt, das Jugendstrafrecht angewendet und ein Urteil gesprochen wird. Im Allgemeinen wird ein Besuch von Schulklassen in einem Gericht in NRW gerne gesehen und auch begleitet.

Schritt 1: Wahl des Gerichts

- Wählt euch ein Gericht in eurer Nähe aus.
- Recherchiert auf der Homepage nach Gerichtsbesuchen für Schulklassen.
- Nehmt Kontakt mit dem Gericht auf. Sehr oft organisieren Gerichte den Besuch und suchen interessante Verhandlungen aus.
- Das Gericht weist euch einen Termin zu, der öffentlich ist. Denn für Verhandlungen, bei denen die beschuldigte Person jünger als 18 Jahre ist, ist grundsätzlich keine Öffentlichkeit zugelassen. Das gilt bei Heranwachsenden in der Regel nicht.
- Wenn möglich, bittet die Richterin oder den Richter um ein Gespräch am Verhandlungstag.

Schritt 2: Besuch vorbereiten

- Sprecht mit eurer Lehrkraft die Verhaltensregeln für den Besuch im Prozess ab.
- Fotos oder Audioaufnahmen sind während der Verhandlung nicht erlaubt.
- Erstellt einen Beobachtungsbogen für die Verhandlung, damit ihr später die Verhandlung auswerten könnt.
- Verteilt die Beobachtungsaufgaben.

Schritt 3: Besuch durchführen

- Kommt mindestens 15 Minuten vor der Verhandlung, um vielleicht noch letzte Fragen untereinander zu klären und vor allem, um pünktlich in den Verhandlungsraum zu gelangen.
- Fertigt eure Notizen zu den Beobachtungsaufgaben an.
- Skizziert den Verhandlungsraum mit der Sitzordnung.

Schritt 4: Auswertung nach dem Besuch

- Berichtet über eure Eindrücke von der Verhandlung.
- Wertet eure Notizen aus.
- Diskutiert darüber, ob ihr das Urteil als gerecht oder ungerecht empfindet.
- Beurteilt, ob die Gerichtsverhandlung für die Richterin oder den Richter schwer zu leiten war.
- Ihr könnt die Verhandlung auch in einem Rollenspiel nachspielen. Verteilt dazu die Rollen, spielt die Verhandlung nach und diskutiert das Urteil.

Abb. 2 *Das Amtsgericht in Duisburg*

Eine Gerichtsverhandlung beobachten

M1 *„Kleines Gerichtslexikon“*

Das kleine Gerichtslexikon soll dir helfen, die Gerichtsverhandlung und die verschiedenen Rollen besser zu verstehen:
Staatsanwältin/Staatsanwalt: ermittelt zur Straftat und klagt an.
Verteidigerin/Verteidiger: verteidigt die Angeklagte oder den Angeklagten.
Richterin/Richter: spricht nach dem Gesetz das Urteil.
Jugendgerichtshilfe: wird jeder Jugendlichen, jedem Jugendlichen oder Heranwachsenden zur Seite gestellt. Ein Fachteam berät die oder den Jugendlichen im Vorfeld und begleitet sie zum Gerichtstermin. Auch ermittelt das Team die Persönlichkeit, das familiäre und gesellschaftliche Umfeld der angeklagten Person und berichtet im Gericht.
Schöffin/Schöffe: ehrenamtliche Richterin oder ehrenamtlicher Richter, die/der von der Kommune, einer Gewerkschaft, der Kirche oder anderen Organisationen benannt wird. Sie oder er spricht ehrenamtlich mit der beruflich ausgebildeten Richterin oder dem beruflich ausgebildetem Richter gemeinsam das Urteil.

M2 *Informationen für deinen Beobachtungsbogen für eine Gerichtsverhandlung*

Allgemeine Angaben
- Lage und Name des Gerichts
- Raumnummer der anstehenden Verhandlung
- Zeitpunkt der Verhandlung
- Angeklagte oder Angeklagter und Grund der Anklage

Ablauf der Verhandlung
- Eröffnung der Verhandlung
- Aussagen durch die Staatsanwaltschaft
- Aussagen zur Beweisaufnahme
- Aussagen und Befragung der Jugendgerichtshilfe
- Befragung und Aussagen von Geschädigten/Opfern
- Befragung und Aussagen von Zeuginnen und Zeugen
- Befragung und Aussagen weiterer Personen, eventuell Sachverständiger
- Klärung des Sachverhalts
- Stimmung im Gerichtssaal
- Reaktionen der Zuschauerinnen/Zuschauer
- Kleidung der handelnden Personen
- Plädoyer (Schlusswort) der Staatsanwaltschaft und der Verteidigung
- „letztes Wort“ der angeklagten Person
- Dauer der Beratungszeit des Gerichts für das Urteil
- Urteil zu der Straftat
- Reaktion/Stimmung der angeklagten Person nach der Urteilsverkündung
- Dauer der Verhandlung insgesamt

Beobachtungsbogen zum Ausfüllen

1 Besuche mit deiner Klasse eine Gerichtsverhandlung. Nutze dafür auch den Beobachtungsbogen.

Identität und Gesellschaft

Abb. 1 *Sozialisation durch soziale Medien*

Abb. 2 *Unsere Gesellschaft ist vielfältig*

Was ist Sozialisation und welchen Einfluss hat sie auf deine Identität?

Wenn Menschen die Werte, Normen und Rollen einer Gesellschaft verinnerlichen, nennt man das Sozialisation. Ziel der Sozialisation ist die Integration des Menschen in die Gesellschaft. Die primäre Sozialisation beschreibt die Einflüsse der Familie auf die Entwicklung eines Menschen. Die sekundäre Sozialisation findet vor allem in der Schule, der Gleichaltrigengruppe, der Freizeit und durch sozialenMedien statt. Diese Gruppen und Bereiche nennt man auch Sozialisationsinstanzen.

Wie kann ein diskriminierungsfreies Zusammenleben funktionieren?

Menschen mit unterschiedlichen sozialen, kulturellen, sprachlichen, religiösen und ethnischen Herkünften, Menschen mit Behinderungen und Menschen mit verschiedenen sexuellen Orientierungen sind Teil unserer Gesellschaft. Wenn Menschen oder Gruppen auf Grund von Merkmalen herabgesetzt und benachteiligt werden, spricht man von Diskriminierung. In einer demokratischen Gesellschaft ist es ein Ziel, dass Menschen ohne Angst gemeinsam mit ihren Verschiedenheiten friedlich zusammenleben können. Der Begriff Inklusion bedeutet, dass alle Menschen die Möglichkeit haben sollen, am gesellschaftlichen Leben teilzunehmen.

Warum werden Kinder und Jugendliche kriminell?

Jugendkriminalität, zu der Straftaten wie Diebstahl, Körperverletzung, Mobbing, Sachbeschädigung oder Raub gehört, ist weit verbreitet. Gründe für solche Straftaten sind oft Mutproben, etwas Ausprobieren oder Abgrenzung von Erwachsenen. Schwerwiegende wiederholte Straftaten werden vorwiegend von kleineren, sozial benachteiligten Gruppen von Jugendlichen verübt. Grundsätzlich sind alle Jugendlichen ab dem 14. Lebensjahr strafmündig und werden für Gesetzesüberschreitungen verurteilt.

Welche Maßnahmen und Strafen erwarten jugendliche Straftäter?

Straffällige Jugendliche werden nach dem Jugendstrafrecht verurteilt. Vorrangiges Ziel ist nicht eine Bestrafung, sondern die Erziehung der straffälligen Jugendlichen. Deswegen gibt es drei abgestufte Maßnahmen: die Erziehungsmaßregeln, das Zuchtmittel und die Jugendstrafe. Allerdings steht im Vordergrund die Erziehung der Jugendlichen, nicht ihre Bestrafung.

Wichtige Begriffe
Erziehungsmaßregeln, Jugendgerichtsgesetz, Jugendstrafe, Sozialisation (primäre/sekundäre), Sozialisationsinstanz, Zuchtmittel

Lerncheck

Sozialisation

M1 *Silbenrätsel*

FA PE UP SC DI ME HU ER LIE
EN LE GRO MF

1 **a)** Bilde aus den Silben vier Begriffe, die mit den Sozialisationsinstanzen zusammenhängen.
b) Erkläre den Unterschied zwischen primärer und sekundärer Sozialisation.

Diskriminierung

M2 *Karikatur Dönergrill von Gerhard Mester*

DÖNER-GRILL am Südbahnhof
Die passen doch gar nicht in unsere abendländische Kultur...!!
Türken wollen in die EU
ANGEBOT
Dönerteller
+ Pommes

2 **a)** Analysiere die Karikatur.
b) Nimm Stellung zur Aussage der Karikatur.

Allgemeine Dienstpflicht

M3 *Einführung einer allgemeinen Dienstpflicht?*

3 **a)** Beschreibe, was man unter einer Allgemeinen Dienstpflicht versteht.
b) Erstelle eine Pro- und Kontra Tabelle zur Einführung einer allgemeinen Dienstpflicht.
c) Stelle deine eigene Meinung dar.

Erziehung vor Strafe

M4 *Karikatur „Weichei" von Klaus Stuttmann, 2003*

Wegen Ihres noch jugendlichen Alters wird die Strafe zur Bewährung ausgesetzt!
Weichei!!

4 **a)** Analysiere die Karikatur.
b) „Erziehung vor Strafe": Beurteile das Ziel des Jugendstrafrechts.

Verschiedene Jugendstrafen

M5 *Begriffspuzzle*

Erziehungsmaßregel A

Jugendstrafe B

Zuchtmittel C

1 Freizeitarrest, Kurz- oder Dauerarrest

2 Verwarnung, Auflagen, Täter-Opfer-Ausgleich

3 Freiheitsentzug in einer Jugendstrafanstalt

5 **a)** Ordne jedem Begriff (A–C) die passende Erklärung (1–3) zu.
b) Erkläre die einzelnen Jugendstrafarten.

Lösungen: Lerncheck

Grundlagen der Demokratie

GRUNDGESETZ
für die Bundesrepublik Deutschland

Kapitel 4

- *Warum ist das Grundgesetz für unsere Demokratie so wichtig?*
- *Was haben Grund- und Menschenrechte mit unserer Demokratie zu tun?*
- *Welche Aufgaben hat der Landtag von Nordrhein-Westfalen?*
- *Welche Möglichkeiten der Mitwirkung hast du in Nordrhein-Westfalen?*

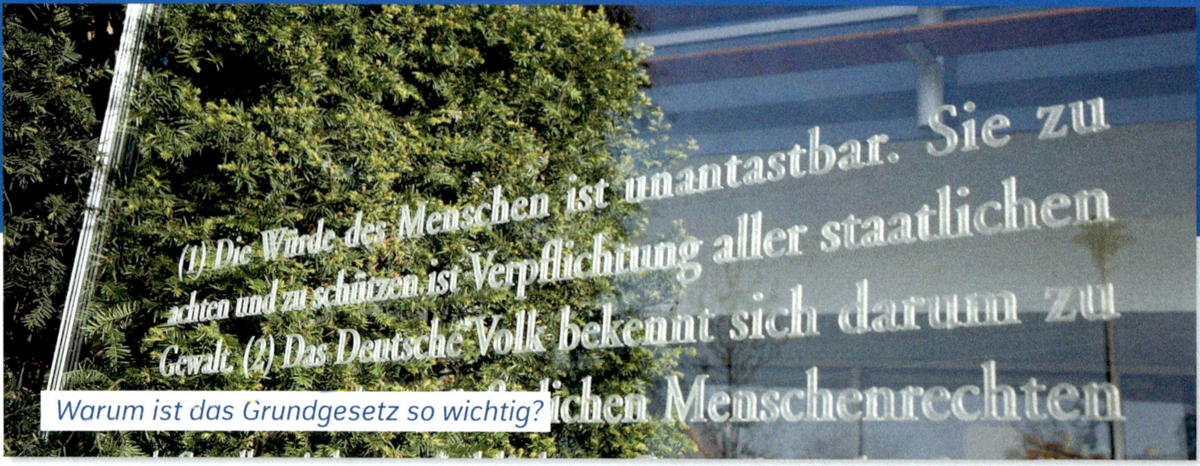
(1) Die Würde des Menschen ist unantastbar. Sie zu
achten und zu schützen ist Verpflichtung aller staatlichen
Gewalt. (2) Das Deutsche Volk bekennt sich darum zu
Menschenrechten
Warum ist das Grundgesetz so wichtig?

Abb. 1 *Artikel 1 des Grundgesetzes auf einer Glaswand im Regierungsviertel in Berlin*

Das Grundgesetz

Die Verfassung

Das **Grundgesetz** (GG) ist die gesetzliche Grundlage der Bundesrepublik Deutschland. Darin sind die wichtigsten Regeln und Prinzipien für den Staat und für das Zusammenleben der Menschen festgelegt. An das GG, das auch als **Verfassung** bezeichnet wird, müssen sich alle halten: Bürgerinnen und Bürger, Schulen, Behörden, Unternehmen und Regierungen. Die einzelnen Bestimmungen im GG werden **Artikel** genannt.

Die Grundrechte

Die Verfasserinnen und Verfasser des Grundgesetzes haben neben der Präambel (Einleitung), die **Grundrechte** in Artikel 1–19 vorangestellt. Diese Rechte sind besonders geschützt und dürfen nie verändert werden. Sie sind in Grundrechte und Bürgerinnen- bzw. Bürgerrechte unterteilt. Die Grundrechte gelten für alle Menschen. Am wichtigsten und bekanntesten ist Artikel 1 GG: „Die **Würde** des Menschen ist unantastbar. Sie zu achten und zu schützen ist Verpflichtung aller staatlicher Gewalt." Das bedeutet, jeder Mensch hat die gleiche Würde, egal wer er ist. Denn jeder Mensch ist einzigartig und wird vom Staat in ihrer oder seiner Persönlichkeit geschützt. Daneben gibt es die Bürgerinnen- und Bürgerechte, die nur für Deutsche gelten. Sie fangen immer mit: „Alle Deutschen haben ..." an.

Organisation des Staates

In einem zweiten Abschnitt des Grundgesetzes wird das **Demokratieprinzip** festgeschrieben. Das Demokratieprinzip ist unser grundlegendes Staatsprinzip. Es ist in Artikel 20 GG verankert und legt fest, dass die Bundesrepublik Deutschland ein demokratischer und sozialer Bundesstaat ist. Alle Staatsgewalt geht vom Volk aus und wird von ihm durch Wahlen und Abstimmungen ausgeübt. Des Weiteren werden in diesem Abschnitt auch die Organisation und der Aufbau des Staates mit den Rechten und Aufgaben der Bundesländer festgeschrieben.

In den folgenden Abschnitten werden etwa die Wahl und die Amtsdauer einer Bundespräsidentin oder eines Bundespräsidenten und die Zusammensetzung der Bundesregierung aufgeführt. Letztere besteht aus der Bundeskanzlerin oder dem Bundeskanzler und aus den Bundeministerinnen und -ministern. Diese Personen wirst du in Band 3 kennenlernen.

A Nenne Beispiele, wo dir das Grundgesetz schon begegnet ist.

B Beschreibe die ersten beiden Teile, in die das Grundgesetz unterteilt ist.

C Begründe, warum das Grundgesetz sehr wichtig ist.

Grundgesetz und Menschenrechte

M1 *Ganz besondere Rechte: Grund- und Menschenrechte, Bayerische Staatsregierung, April 2017**

Menschenrechte: Jeder Mensch hat Rechte, die ihm angeboren sind und von Natur aus zustehen. Sie werden dem Menschen nicht für eine bestimmte Zeit verliehen. Sie sind „unveräußerlich“ – sie können also weder gekauft oder verdient noch können sie genommen werden. Diese Rechte stehen jedem Menschen zu, egal in welchem Staat man lebt oder welche Staatsangehörigkeit man besitzt. Auch Religion, Hautfarbe, Nationalität etc. sind hier nicht wichtig. Man könnte sagen es sind „Jedermannsrechte“. Die Menschenrechte sind ein gemeinsames Ideal von allen Völkern und Nationen. Sie wurden von den Mitgliedsstaaten der UN verabschiedet, also beschlossen. Die UN steht für United Nations, einem Zusammenschluss von mittlerweile 193 Staaten.

*Text verändert

Grundrechte: Der Begriff „Grundrecht“ hängt eng mit den Menschenrechten zusammen: Denn die Menschenrechte, die für jeden Menschen gelten, egal in welchem Land man lebt, sind oft auch die Grundlagen für die Verfassung einzelner Staaten. In der Bundesrepublik Deutschland werden mit dem Begriff „Grundrechte“ meist die ersten 19 Artikel der Verfassung des Grundgesetzes bezeichnet. Sie beginnen oft mit den Worten „**Jeder** hat das Recht […]“, wenn sie für alle Menschen gelten oder „**Jeder Deutsche** hat das Recht […]“, wenn sie für Menschen mit der deutschen Staatsbürgerschaft gelten. Letztere werden Bürgerrechte genannt. Grundrechte sind Rechte der einzelnen Person gegenüber dem Staat. Als Grundlage für die Grundrechte diente die „Allgemeine Erklärung der Menschenrechte“ von 1948.

*Text verändert

1 a) Erkläre, was Menschenrechte sind.
b) Arbeite heraus, was Grundrechte sind.
c) Vergleiche Menschen- und Grundrechte. + Bienenkorb

Warum ist Artikel 1 GG ein grundlegender Artikel des Grundgesetzes?

M2 *Artikel 1 GG: Leitidee des Grundgesetzes, 2017*

Artikel 1

(1) Die Würde des Menschen ist unantastbar. Sie zu achten und zu schützen ist Verpflichtung aller staatlicher Gewalt.

(2) Das deutsche Volk bekennt sich darum zu unverletzlichen und unveräußerlichen Menschenrechten als Grundlage jeder menschlichen Gemeinschaft, des Friedens und der Gerechtigkeit in der Welt.

(3) Die nachfolgenden Grundrechte binden Gesetzgebung, vollziehende Gewalt, Rechtsprechung als unmittelbar geltendes Recht.

M3 *„Die Würde des Menschen ist unantastbar“, Zeichnung auf Hanisauland.de*

2 a) Gib den Artikel 1 GG in eigenen Worten wieder. Recherchiere dir unbekannte Begriffe.
b) Erkläre Artikel 1, auch mithilfe der Zeichnung M3. +

Grundrecht aus dem Grundgesetz: Persönliche Freiheitsrechte

M4 *Artikel 2 GG: Persönliche Freiheitsrechte*

DAS GIBT ABER CHAOS!
LIES NOCH EINMAL GENAUER!

Artikel 2

(1) Jeder hat das Recht auf die freie Entfaltung seiner Persönlichkeit, soweit er nicht die Rechte anderer verletzt und nicht gegen die verfassungsmäßige Ordnung oder das Sittengesetz verstößt.
(2) Jeder hat das Recht auf Leben und körperliche Unversehrtheit. Die Freiheit der Person ist unverletzlich. In diese Rechte darf nur aufgrund eines Gesetzes eingegriffen werden.

M5 *Die persönlichen Freiheitsrechte im Grundgesetz, Landeszentrale für politische Bildung Baden-Württemberg, Juli 2023*

Jeder Mensch hat das Recht, sein Leben selbst zu gestalten. Er soll und darf eigene Wünsche und Vorstellungen haben und sich so entwickeln, wie es seiner Begabung und seiner Persönlichkeit entspricht. Jeder Mensch soll so leben können, wie er will. Das gilt allerdings nur, solange er damit anderen Menschen nicht in die Quere kommt. Denn die haben ja das gleiche Recht! Alle müssen darauf achten, dass sie nicht die Freiheit der anderen verletzen. [...] Wenn es nun verschiedene Meinungen gibt, müssen die Menschen versuchen, eine Lösung zu finden. [...] Niemand hat das Recht, einer anderen Person wehzutun oder ihr das Leben zu nehmen. Kein Mensch darf einem anderen Menschen körperlich schaden. [...] In Deutschland ist es gesetzlich verboten, Kinder zu schlagen oder ihnen anderweitig wehzutun.

3 Wähle eine Aufgabe aus:

I **a)** Gib den Artikel 2 GG in eigenen Worten wieder.
II **b)** Erkläre die Aussage im Bild: „Lies noch einmal genauer!". Beachte besonders Artikel 2 Absatz (1).
III **c)** Erläutere den Satz: „Die Freiheit ist auch immer die Freiheit des Anderen."

Einschränkung der Grundrechte

M6 *Grundgesetz und Grundrechte in der Corona-Pandemie, Landeszentrale für politische Bildung Baden-Württemberg, Juli 2023**

Viele Maßnahmen zur Eindämmung der Corona-Pandemie haben zu einer Einschränkung der Grundrechte geführt. Die ehemalige Bundeskanzlerin Angela Merkel sprach sogar von einer „Zumutung für die Demokratie". Mit Quarantäneanordnungen griff der Staat in das Recht der Freiheit der Person ein, etwa Großeltern oder Freundinnen und Freunde nicht mehr besuchen zu dürfen. Ein ehemaliger hoher Richter äußerte in einem Interview, dass der Staat eine Doppelfunktion hat. Er muss einerseits die Freiheit der Bürgerinnen und Bürger garantieren, aber andererseits auch ihre Sicherheit gewährleisten.

* Text vereinfacht

4 **a)** Arbeite die beschriebene Problematik in der Zeit der Corona-Pandemie heraus.
b) Diskutiert in der Klasse das Problem der Doppelfunktion des Staates.

Grundrecht aus dem Grundgesetz: Gleichheit vor dem Gesetz

M7 *Artikel 3 GG: Gleichheit vor dem Gesetz*

Artikel 3
(1) Alle Menschen sind vor dem Gesetz gleich.
(2) Männer und Frauen sind gleichberechtigt. Der Staat fördert die tatsächliche Durchsetzung der Gleichberechtigung von Frauen und Männern und wirkt auf die Beseitigung bestehender Nachteile hin.
(3) Niemand darf wegen seines Geschlechtes, seiner Abstammung, seiner Rasse, seiner Sprache, seiner Heimat und Herkunft, seines Glaubens, seiner religiösen oder politischen Anschauungen benachteiligt oder bevorzugt werden. Niemand darf wegen seiner Behinderung benachteiligt werden.

ALLE SIND GLEICHBERECHTIGT!
UND DAS IST AUCH RICHTIG SO!

M8 *Das sagt das Grundgesetz über die gleiche Behandlung vor dem Gesetz aus, Landeszentrale für politische Bildung Baden-Württemberg, Juli 2023**

Ob arm oder reich, berühmt oder unbekannt – alle Menschen sind vor dem Gesetz gleich. Gleichberechtigung – dieses Wort hast du bestimmt schon einmal gehört. Gleichberechtigung bedeutet, dass niemand wegen seines Geschlechtes, das heißt, weil er ein Mann oder eine Frau ist, benachteiligt werden darf. Egal ob Junge oder Mädchen, ob Mann oder Frau, Artikel 3 sagt es ganz einfach: Männer und Frauen sind gleichberechtigt! Manchmal werden Menschen von anderen aus unterschiedlichen Gründen ungerecht behandelt: weil sie eine andere Sprache sprechen, weil sie eine andere Hautfarbe oder weil sie eine andere Religion haben. Vielleicht hast du das auch schon einmal erlebt. Jeder Mensch ist etwas Besonderes und gleich viel wert wie andere. Ein Mensch soll bei uns keine Vorteile oder Nachteile gegenüber anderen haben, egal woher er kommt, wie er aussieht, welches Geschlecht er hat oder welcher Religion er angehört.

* Text vereinfacht

M9 *Gleichbehandlung der Geschlechter im Arbeitsleben, Antidiskriminierungsstelle des Bundes, 2024*

Für gleiche oder gleichwertige Arbeit von Frauen und Männern muss gleiches Entgelt bezahlt werden, so lautet das rechtliche Gebot der Entgeltgleichheit.
Doch obwohl dieses Gebot in der Gesellschaft weitgehend anerkannt wird, ist es noch nicht durchgängig umgesetzt: Frauen verdienten in Deutschland im Jahr 2022 durchschnittlich immer noch 18 % weniger als Männer. Und auch in Führungspositionen sind Frauen in Deutschland nach wie vor unterrepräsentiert. Die Ursachen für die Benachteiligung der Frauen sind vielfältig – ebenso die Lösungen.

5 a) Gib Artikel 3 in eigenen Worten wieder.
b) Sind der Begriff „Rasse“ und der Hinweis „Männer und Frauen sind gleichberechtigt“ im Grundgesetz noch zeitgemäß? Begründe. +

Wie funktioniert Herrschaft
in Deutschland?

Abb. 1 *Bundeskanzler Scholz bei einer Unterschrift - Darf eine Person allein entscheiden?*

Herrschaftsform in Deutschland

Demokratie als Herrschaftsprinzip

Die Bundesrepublik Deutschland ist ein demokratischer Staat, in dem alle **Staatsgewalt** vom Volk ausgeht. Das ist im Grundgesetz in Artikel 20 verankert. Verankert bedeutet in diesem Zusammenhang, dass dieser Artikel besonders geschützt ist. Er darf in seinem Grundsatz nicht verändert werden. Die Herrschaftsform in Deutschland ist somit eine **Demokratie**.

Demokratie kommt aus dem Griechischen und bedeutet **„Herrschaft des Volkes"**. Das Volk herrscht also über sich selbst. Bei über 84 Millionen Menschen, die in Deutschland leben, ist es unmöglich, dass diese an allen politischen Entscheidungen mitwirken oder über Gesetze persönlich abstimmen. Daher überträgt das Volk die Entscheidungsgewalt durch Wahlen an **Repräsentantinnen** und **Repräsentanten**. Das sind zum Beispiel die Bürgermeisterinnen und Bürgermeister oder die Abgeordneten in Parlamenten. Diese werden für eine begrenzte Zeit gewählt. Sind Bürgerinnen und Bürger mit der Arbeit der gewählten Repräsentantinnen oder Repräsentanten nicht zufrieden, können sie bei der nächsten Wahl andere bestimmen. Die Übertragung der Entscheidungsgewalt an Repräsentantinnen und Repräsentanten nennt man **repräsentative Demokratie**.

Die Gewaltenteilung

Im politischen Zusammenhang wird immer wieder von Gewalt gesprochen. Damit ist nicht gemeint, jemandem einen Schaden zuzufügen. Vielmehr ist es die Möglichkeit des Staates, für Recht und Ordnung zu sorgen. Gewalt hat hier die Bedeutung von Macht.
In einem demokratischen Rechtsstaat gibt es drei Gewalten: die **Legislative** (gesetzgebende Gewalt), die **Exekutive** (die ausführende Gewalt) und die **Judikative** (die richterliche Gewalt). Damit niemand Macht missbrauchen kann, sind die drei Gewalten voneinander getrennt und jede wird von einer anderen Gruppe von Menschen ausgeübt. Diese handeln unabhängig voneinander und kontrollieren sich gegenseitig, sodass Machtmissbrauch verhindert wird. Das wird **Gewaltenteilung** genannt und ist in Artikel 20 GG festgeschrieben.

Film: Einfach erklärt: Gewaltenteilung

A Erkläre, auch mithilfe der Wortwolke, das Prinzip von Demokratie.

B Erläutere an einem Beispiel, dass wir in einer Demokratie leben.

C Beurteile die Aussage: „Die Gewaltenteilung ist für einen demokratischen Staat unverzichtbar."

Die Verfassungsprinzipien

M1 *Artikel 20 GG*

Art. 20

(1) Die Bundesrepublik Deutschland ist ein demokratischer und sozialer Bundesstaat.

(2) Alle Staatsgewalt geht vom Volke aus. Sie wird vom Volke in Wahlen und Abstimmungen und durch besondere Organe der Gesetzgebung, der vollziehenden Gewalt und der Rechtsprechung ausgeübt.

(3) Die Gesetzgebung ist an die verfassungsmäßige Ordnung, die vollziehende Gewalt und die Rechtsprechung sind an Gesetze und Recht gebunden.

(4) Gegen jeden, der es unternimmt, diese Ordnung zu beseitigen, haben alle Deutschen das Recht zum Widerstand, wenn andere Abhilfe nicht möglich ist.

1 a) Lies den Artikel 20 des Grundgesetzes. Klärt gemeinsam unklare Begriffe.

b) Fasse die Aussagen des Artikels in eigenen Worten zusammen.

c) In Absatz 4 ist das Recht auf Widerstand festgeschrieben. Begründe dessen Wichtigkeit.

Das Wesen von Demokratie

M2 *Karikaturen Gerhard Mester und Erik Liebermann*

A

DEMOKRATIE
BETEILIGUNG

B

DEMOKRATIE

2 a) Analysiere eine der beiden Karikaturen (siehe Methode auf Seite 122).

b) Gib der Karikatur eine passende Überschrift.

c) Beschreibe Maßnahmen, damit Demokratie gelingen kann. Placemat

Definitionen von Demokratie

M3 *Verschiedene Ansichten*

Abraham Lincoln (1809 – 1865), US-Präsident 1861 – 1865 „Demokratie: die Regierung des Volkes durch das Volk und für das Volk."

Frank-Walter Steinmeier, Bundespräsident seit 2017 „Demokratie heißt immer: die Bereitschaft, nicht nur eigene Interessen zu sehen, und die Fähigkeit zum Ausgleich und Kompromiss."

3 a) Arbeite aus den Zitaten heraus, welche Aspekte von Demokratie betont werden.

b) Formuliere eigene, kurze Gedanken zur Demokratie.

Wie wichtig ist der Rechtsstaat für eine Demokratie?

Abb. 1 *Land- und Amtsgericht Duisburg*

Rechtsstaatsprinzip in Deutschland

Rechtsstaatlichkeit

Die Bundesrepublik Deutschland ist ein **Rechtsstaat**. Hier gelten Recht und Gesetz. Genauso wie sich jede Bürgerin und jeder Bürger an die Gesetze halten muss, gilt das auch für die Regierung, die Polizei oder Richterinnen und Richter. Sie alle müssen sich bei ihrer Arbeit an das geltende Recht halten. Mit Recht sind die Gesetze gemeint, die das Zusammenleben regeln.

Gewaltmonopol

Nur der Staat darf in Deutschland Gewalt ausüben, das heißt, nur er darf dafür sorgen, dass Recht und Gesetze eingehalten werden. Das wird als **Gewaltmonopol** des Staates bezeichnet. Zum Schutz von Recht und Gesetz kann das Gewaltmonopol mit oder auch ohne Waffen geschehen.

Das Gewaltmonopol wird zum Beispiel von der Polizei ausgeübt, etwa um einen bewaffneten Raubüberfall zu stoppen.

Film: Einfach erklärt: Der Rechtsstaat

Grundsätze eines Rechtsstaats

In einem Rechtsstaat gelten folgende Grundsätze:

Rechtssicherheit: Alle Bürgerinnen und Bürger können sich darauf verlassen, dass ihre Rechte vom Staat geachtet werden. Der Staat ist etwa an das Grundgesetz gebunden. Er darf nur Gesetze machen, die nicht dagegen verstoßen. Auch die Verwaltung und die Justiz sind an das Recht gebunden. Damit sind Bürgerinnen und Bürger gegen staatliche Willkür geschützt.

Rechtsgleichheit: Das bedeutet, dass für alle Bürgerinnen und Bürger die gleichen Gesetze gelten und sie vor Gericht auch gleichbehandelt werden.

Rechtskontrolle: Jeder kann vor Gericht ziehen, wenn sie oder er im Recht verletzt wurde. Eine Rechtskontrolle ist nicht nur gegen Menschen oder Unternehmen, sondern auch gegenüber dem Staat möglich.

A Beschreibe den Begriff „Rechtsstaatlichkeit“.

B Erläutere die Grundsätze eines Rechtsstaats.

C Diskutiert in der Klasse, warum der Staat das Gewaltmonopol besitzt.

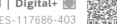

Rechtsstaatliche Grundsätze

M1 *Absolute Macht, Karikatur*

Ich werde eure Forderungen damit beantworten, dass ich euch verhaften lasse ...

1 a) Analysiere die Karikatur (siehe Seite 122).

b) Lege mithilfe des Grundgesetzes dar, gegen welche Rechte eines Rechtsstaates in der Karikatur verstoßen wird.

Das Wesen von Demokratie

M2 *Zitat von Richard von Weizäcker (1920 – 2015), ehemaliger Bundespräsident der Bundesrepublik Deutschland*

„Zum Recht gehört auch das Ziel des Rechts, nämlich Gerechtigkeit und Frieden."

2 Interpretiere das Zitat von Richard von Weizsäcker.

3 Wähle eine Aufgabe aus:

I **a)** Nenne drei Beispiele, in denen du ungerecht behandelt wurdest. Entwickle gerechte Lösungen.

II **b)** Erläutere den Zusammenhang zwischen Recht und Gerechtigkeit.

III **c)** Bewerte ob es gerecht ist, alle Menschen gleich zu behandeln.

Gegenteil von Rechtsstaat

M3 *Ist das Gegenteil eines Rechtsstaates ein Unrechtsstaat, in dem Recht und Gesetz mit Füßen getreten werden? Landeszentrale für politische Bildung Baden-Württemberg, 2023*

Der Rechtsstaatsbegriff hat sich aus der Abgrenzung zu [...] Diktaturen oder Polizeistaaten heraus entwickelt, die das Gegenteil eines Rechtsstaats sind. Diktaturen und Polizeistaaten stellen Staats- und Machtinteressen an erste Stelle, ohne sich an Gesetze zu halten – oder ändern diese nach ihrem Gutdünken. Gesetze, die den Einzelnen vor der Willkür des Staats schützen, gibt es in einer Diktatur nicht. [...] Willkür ist, wenn jemand ohne Begründung oder richterlichen Beschluss verhaftet und ins Gefängnis gesteckt wird – ohne zu wissen warum oder ohne überhaupt etwas Falsches getan zu haben. Willkür wäre auch, wenn ein Gericht jemanden härter bestraft, weil er einen roten Pulli anhat und die Richter diese Farbe nicht mögen. Willkür ist also ein Handeln ohne gesetzliche Grundlage oder einen sachlichen Grund. Wenn die Staatsmacht wie beispielsweise Polizei oder Gerichte willkürlich handelt, können sich die Menschen nicht darauf verlassen, dass ihre Rechte geschützt werden.

Diktatur Regierungsform, bei der eine Person oder Gruppe uneingeschränkte Macht über ein Land hat und die Bürgerinnen und Bürger wenig oder gar keine Mitbestimmungsmöglichkeiten haben.
Polizeistaat ein Land, in dem die Regierung starke Kontrolle über Bürgerinnen und Bürger ausübt, oft durch eine übermäßige Präsenz von Polizei und Sicherheitskräften, und in dem Bürgerrechte und Freiheiten stark eingeschränkt sein können

4 a) Nenne Staatsformen, die kein Rechtsstaat sind.

b) Vergleiche Polizeistaaten und Diktaturen mit einem Rechtsstaat.

c) Recherchiere aktuelle Staaten, in denen es keine Rechtsstaatlichkeit gibt. Berichte der Klasse.

the fantastic sixteen
Welchen Sinn ergeben unterschiedliche Gesetze in 16 Bundesländern?

Abb. 1 *Die Länderwappen der 16 Bundesländer der Bundesrepublik Deutschland*

Das Bundesstaatsprinzip

Die föderale Ordnung

In Deutschland ist die Macht auf mehrere Schultern verteilt. Das soll verhindern, dass eine Person alle Macht an sich reißt und es zu einer Diktatur kommt. In Artikel 20 GG ist dazu das **Bundesstaatsprinzip** festgeschrieben. Deutschland ist ein Bundestaat mit 16 Teilstaaten. Einer dieser Teilstaaten ist dein Bundesland Nordrhein-Westfalen. Alle Teilstaaten, die 16 **Bundesländer**, bilden zusammen den Gesamtstaat, die **Bundesrepublik Deutschland**. Dieses Staatsprinzip wird auch **Föderalismus** genannt. Föderalismus heißt, dass sich mehrere Teilstaaten zu einem Bundesstaat zusammenschließen. Die Bundesrepublik Deutschland als Gesamtes bildet eine politische Einheit mit einer gemeinsamen Verfassung, dem Grundgesetz. Daneben hat jedes einzelne Bundesland eine eigene Verfassung. Auch NRW hat eine eigene Landesverfassung, mit Gesetzen die nur hier gelten. Etwa wird dort in Artikel 29 die Förderung des Kleingartenwesens festgeschrieben, da Kleingärten ein Teil der „grünen Lunge" in Ballungsräumen sind.

Film: Einfach erklärt: Föderalismus

Link: Quiz zu den Bundesländern Deutschlands

Zuständigkeiten bei der Macht

Die Macht zwischen dem Gesamtstaat und den Bundesländern ist aufgeteilt. In die **alleinige Zuständigkeit der Bundesländer** fällt das Schul- und Polizeiwesen. Über diese Bereiche beraten und entscheiden die jeweiligen Landesparlamente, zum Beispiel der Landtag Nordrhein-Westfalen in Düsseldorf. Gesetze, die hier für das Schul- und Polizeiwesen beschlossen werden, gelten nur in NRW. In anderen Bereichen, beispielsweise im Steuerwesen oder im Staatsangehörigkeitsrecht, darf nur der Bund Gesetze erlassen. Das wird **ausschließliche Gesetzgebung** genannt. In einem dritten Bereich dürfen Länder Gesetze verabschieden, wenn der Bund keine Gesetze dazu erlassen hat. Dazu gehört beispielsweise das Straf- und Arbeitsrecht. Die Verteilung der Aufgaben zwischen Bund und Ländern ist im Grundgesetz geregelt. Grundsätzlich arbeiten Bund und Länder eng zusammen, denn viele Gesetze, die vom Bund erlassen werden, betreffen auch die Länder.

A Beschreibe die Idee des Föderalismus.

B Erläutere die Aufgabenverteilung zwischen Bund und Ländern.

Die Aufgabenverteilung von Bund und Ländern

M1 *Beispiele für Aufgaben, Autorentext*

Aufgaben des Bundes (Zuständigkeit für die Gesetzgebung liegt ausschließlich beim Bund.)	**Aufgaben der Länder** (Zuständigkeit für die Gesetzgebung liegt ausschließlich bei den Ländern.)	**Aufgaben von Bund oder Land** (Die Länder sind zuständig, wenn der Bund keine Regelung getroffen hat.)
• Auswärtige Angelegenheiten • Verteidigung • Währungs- und Geldwesen • Zoll • Luftverkehr • Soziales Sicherungssystem	• Schulwesen • Polizei • Rundfunk- und Medienwesen • Öffentlicher Personennahverkehr	• Straßenverkehr • Arbeitsrecht • Bürgerliches Recht • Strafrecht • Tier- und Pflanzenschutz • Steuerpolitik

1 Benenne die drei Zuständigkeitsbereiche der Aufgaben.

2 Wähle eine Aufgabe aus:

I **a)** Nenne je zwei Aufgaben des Bundes, der Länder und von Bund oder Land.

II **b)** Begründe anhand ausgewählter Aufgaben die Zuständigkeit des Bundes.

III **c)** Begründe die Aufgabenverteilung von Bund und Ländern.

3 Recherchiere, welche Instanz über die Zuständigkeit entscheidet, wenn Bund und Länder sich nicht einig sind (siehe Methode auf Seite 231).

Das Schulwesen ist Ländersache

M2 *Zwei Erfahrungsberichte über Schulwechsel nach Umzug, Der Spiegel, 16.1.2015*

„Ich habe in den Jahren 1960–1973 die Schule besucht, in Rheinland-Pfalz, Baden-Württemberg und Nordrhein-Westfalen. Jeder Schulwechsel war ein Drama, weil weder die Lehrpläne noch die Schultypen übereinstimmten.
Ich hatte die Hoffnung, dass dies sich bessern würde, aber in 40 Jahren hat sich nichts verändert – es ist scheinbar noch schlimmer geworden. Und das in einer Zeit, in der von Arbeitnehmern höchste Flexibilität verlangt wird. [...]
Es wird höchste Zeit, mit dieser Kleinstaaterei aufzuhören – die Schulbildung sollte endlich in Bundeshand, die Länderhoheit ist ein Relikt aus der Vorzeit!!!“

„Ich [...] habe [...] in knapp 40 Jahren als Lehrerin [...] häufig Schüler, die mit ihren Eltern umgezogen waren, unterrichtet. Meiner Erfahrung nach sind Kinder und Jugendliche viel flexibler, als wir Erwachsenen und Eltern das annehmen.
Ein normal begabtes Kind hat innerhalb eines halben bis eines ganzen Jahres alle Lücken gefüllt [...]. Macht euch bloß nicht verrückt! Besonders auch nicht eure Kinder! Das Leben ist auch so schon anstrengend genug!“

Relikt Überbleibsel

4 **a)** Vergleiche die Inhalte der beiden Erfahrungsberichte. Bienenkorb

b) Befragt Schüler/-innen, die aus einem anderen Bundesland zugezogen sind, nach ihren Erfahrungen.

5 Diskutiert die Forderung: „Schulpolitik sollte Aufgabe des Bundes werden.“

NRW
Was macht das Bundesland Nordrhein-Westfalen aus?

Abb. 1 *Buchstaben „NRW“ in den Landesfarben am Schloss Nordkirchen anlässlich der Feier zum 75. Geburtstag NRWs*

Unser Land Nordrhein-Westfalen

Geschichte des Landes

Das Land Nordrhein-Westfalen wurde am 23. August 1946 von der britischen Militärregierung gegründet. Diese hatte Teile des heutigen **Bundeslandes** nach Ende des Zweiten Weltkrieges verwaltet. In der sogenannten „Operation Marriage“, wurde der nördliche Teil der preußischen Rheinprovinz mit der preußischen Provinz Westfalen vereint. Düsseldorf wurde damit zur **Landeshauptstadt**.

Mit der Vereinigung wurde eine Aufteilung des Ruhrgebiets mit seiner Schwerindustrie und den Rohstoffen verhindert. Diese waren für den Wiederaufbau nach dem Krieg nicht nur für NRW, sondern für ganz Europa wichtig. 1947 kam die Region Lippe hinzu. In der Flagge des Landes erinnern noch heute die Wellenbalken des Rheins, das Pferd und die Rose an diese Provinzen. 1950 beschloss der **Landtag** für das Land eine Verfassung, die durch einen mehrheitlichen Volksentscheid im Juli des gleichen Jahres in Kraft trat.

Land und Leute in Nordrhein-Westfalen

Mit fast 18 Millionen Menschen ist das Land Nordrhein-Westfalen das bevölkerungsreichste Bundesland Deutschlands. In 29 Städten leben mehr als 100.000 Menschen, die größten Städte sind Düsseldorf, Dortmund, Essen und Köln mit je etwa einer Million Einwohnerinnen und Einwohnern. **Ballungsräume** mit sehr vielen Menschen sind das Ruhrgebiet und die Rheinschiene. Besondere Bedeutung hat der grenzüberschreitende Raum Aachen, Maastricht in den Niederlanden und Lüttich in Belgien. Als Grenzgänger finden viele Menschen in den Nachbarländern Arbeit. NRW ist auch ein beliebte Einwanderungsland. Mit 5,56 Millionen Menschen leben hier so viele Menschen mit Einwanderungsgeschichte wie nirgendwo sonst.

Forschung, Kultur und Leben

Ein dichtes Netz an Straßen, Schienen, Wasserwegen und vier große Flughäfen verbindet NRW mit nah und fern. Mit einer Vielzahl von Universitäten und Fachhochschulen, in denen Tausende von Studierenden ausgebildet werden, ist das Land auch **Forschungs-** und **Entwicklungsstandort**. Darüber hinaus bietet Nordrhein-Westfalen mit seinen Theater-, Opern-, und Konzerthäusern eine hohe Lebensqualität.

A Gib die Geschichte Nordrhein-Westfalens wieder.
B Arbeite Informationen über das Land NRW aus.
C Entwickelt Ideen, wie man den 80. Geburtstag von NRW im Jahr 2026 feiern kann. Marktplatz

Das alles ist Nordrhein-Westfalen!

M1 *Unser Land ist vielseitig*

A *Wasserschloss im Münsterland bei Havixbeck*

B *Altstadt von Monschau, Grenzregion zu Belgien*

C *Tagebau Garzweiler*

D *Schwebebahn Wuppertal*

E *Winterberg am Rothaarstieg*

F *Rhein in Düsseldorf*

G *Talsperre Biggesee*

H *Schnurrviertel in Minden*

Zollverein

I *Zeche Zollverein*

J *Karneval in Köln*

1 Teilt euch in Gruppen ein.

a) Erstellt zu einem der abgebildeten Orte und Themen eine digitale Präsentation (siehe Seite 225).

b) Präsentiert euer Thema in der Klasse. Galeriegang

Warum ist Parteienvielfalt für die Demokratie so wichtig?
CSU
SPD
Freie Demokraten FDP
CDU
BÜNDNIS 90 DIE GRÜNEN
DIE LINKE.

Abb. 1 *In Deutschland gibt es viele verschiedene Parteien*

Parteien in der Demokratie

Parteien in der Demokratie

So vielfältig wie Menschen mit ihren Meinungen und Interessen in unserem Land sind, so vielfältig ist auch unsere Parteienlandschaft. **Parteien** sind Zusammenschlüsse von Bürgerinnen und Bürgern. Sie haben gemeinsame politische und gesellschaftliche Vorstellungen, wie Probleme gelöst werden oder Gesellschaft gestaltet werden kann. In einer lebendigen Demokratie gibt es unterschiedliche politische Ideen. Diese Vielfältigkeit führt zu vielen Parteien. Das wird **Pluralismus** genannt. Es ist eine Voraussetzung für Demokratie. Auch im Grundgesetz werden Parteien ausdrücklich erwähnt. In Artikel 21 steht, dass Parteien bei der politischen Willensbildung des Volkes mitwirken. Daher wird oft von einer Parteiendemokratie gesprochen. Darüber hinaus müssen Parteien demokratische Prinzipien wie die freiheitliche demokratische Grundordnung achten. Parteien, die gegen diese verstoßen oder sie beseitigen wollen, können durch das höchste Gericht der Bundesrepublik Deutschland, das Bundesverfassungsgericht, verboten werden.

Aufgaben von Parteien

Parteien erfüllen wichtige Aufgaben in der pluralistischen Demokratie. Sie bündeln die politischen und gesellschaftlichen Vorstellungen von Bürgerinnen und Bürger und lassen diese in ihr **Parteiprogramm** einfließen. Mit den Parteiprogrammen werben sie, vorwiegend bei Wahlen, um die Zustimmung in der Bevölkerung. Vor allem über Medien nehmen sie Einfluss auf die **öffentliche Meinung** und regen zur **politischen Beteiligung** an. Eine weitere Aufgabe von Parteien ist es, Kandidatinnen und Kandidaten für öffentliche Ämter aufzustellen. Sie benennen Personen, die etwa für den Gemeinderat oder Landtag kandidieren.

A Beschreibe Aufgaben von Parteien.

B Erkläre, warum Parteienvielfalt für eine funktionierende Demokratie wichtig ist.

C Stell dir vor, du willst eine Partei gründen. Welche politischen oder gesellschaftlichen Vorstellungen würdest du in dein Parteiprogramm schreiben? Begründe.

Material

Mit Parteien mitreden

M1 *Der Nachwuchs misstraut den Parteien, Deutschlandfunk Kultur, Juni 2021*

Die Jugend ist politisiert. Das zeigt auch der Erfolg von Fridays for Future. Dennoch müssen Parteien sich weiter Nachwuchssorgen machen. Die Skepsis der Jungen der etablierten Politik gegenüber bleibt – auch in der Pandemie gab es Enttäuschungen. [...]
In Kiel werden Kinder und Jugendliche von der Politik gehört. Finden zumindest Emma Louisa Döhler und Yasin Söbütay. Die beiden Teenager sind Mitglieder des Jungen Rates. [...]
„Wir haben auch Rede- und Antragsrecht in der Ratsversammlung. Das heißt, wir dürfen auch mit den Parteien mitreden und dort auch zu den konkreten Anträgen, die gerade aktuell sind, auch was sagen. [...]“, erklärt sie. [...]
Der 18-jährige Yasin ist zufrieden: „Also, Kiel hat sich sehr gut gewendet, wir haben viele Projekte, die wir auch weiter unterstützen. Wir arbeiten auch viel mit der Stadt zusammen.“
Ganz anders sieht es aus beim Blick auf die Landes- und Bundesebene. Hier hat gerade die Corona-Pandemie den beiden Jugendlichen zuletzt das Gefühl gegeben, machtlos und ungehört zu bleiben.
Schöner wäre es, „wenn auch einfach mehr Kinder und Jugendliche – wenn es um den Bereich geht – auch im Landtag gehört werden [...].

KEIN ORT
Kiel
CHALLENGE
Yasin Söbütay und Emma Louisa Döhler

1 a) Beschreibe die Erfahrungen, die Emma Louisa Döhler und Yasin Söbütay über Politik gemacht haben.
b) Erkläre, wo die beiden Handlungsbedarf in der Politik sehen.

Wie kann man Jugendliche für Parteimitarbeit begeistern?

M2 *Emma und Yasin fühlen sich keiner Partei verbunden, Deutschlandfunk Kultur, Juni 2021*

[...] Weder sie [Emma Louisa Döhler] noch ihr Junger-Rats-Kollege Yasin fühlen sich derzeit einer speziellen Partei verbunden, geschweige denn sind dort Mitglied. Auch um sie werden die Politikerinnen und Politiker in den Parlamenten also buhlen [werben] müssen. [...] Innerhalb der letzten drei Jahrzehnte hat sich sowohl bei der SPD wie auch der CDU die Mitgliederzahl halbiert. [...] Wie aber lassen sich junge Menschen heute noch für Politik und Parteien begeistern? „Also man erreicht sie nicht für die Parteien, indem man ihnen einen halbstündigen Vortrag hält, wie wichtig Parteien für die parlamentarische Demokratie sind. Da sind schon alle eingeschlafen dabei“, sagt Kevin Kühnert, früher Chef der Jusos und heute stellvertretender Bundesvorsitzender der SPD. „Parteien müssen mit denen, die schon da sind, zeigen, dass sie durchlässige, innovationsfreudige Organisationen sind. Das sind sie heute nämlich häufig nicht! Und das kriegen junge Menschen sehr wohl mit. Und dann finden sie andere Orte für politisches Engagement: NGOs, Bürgerinitiativen oder Ähnliches.“

2 a) Berichte über die Mitgliederentwicklung in SPD und CDU. Recherchiere auch zu weiteren Parteien.
b) Arbeite die Sichtweise von Kevin Kühnert zum Erreichen junger Menschen durch Parteien, heraus.
c) Verfasse einen Brief an eine Vorsitzende oder einen Vorsitzenden einer Partei deiner Wahl, indem du mitteilst, was sich ändern muss, damit du aktiv in dieser Partei mitarbeiten würdest.

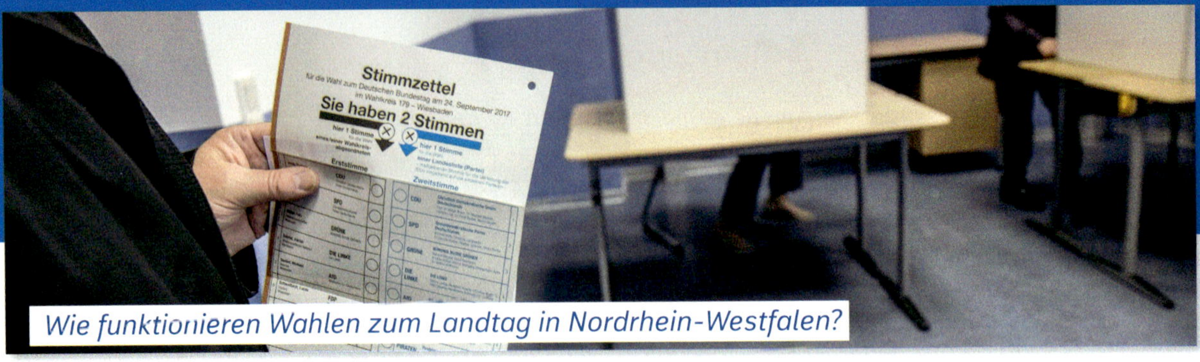
Stimmzettel
Sie haben 2 Stimmen

Wie funktionieren Wahlen zum Landtag in Nordrhein-Westfalen?

Abb. 1 *Stimmabgabe in einem Wahllokal*

Landtagswahl in NRW

Wahlen zum Landtag

In Nordrhein-Westfalen finden alle fünf Jahre **Landtagswahlen** statt. Dann können wahlberechtigten Bürgerinnen und Bürger entscheiden, welche Vertreterinnen und Vertreter in den **Landtag** in Düsseldorf einziehen. Im Gegensatz zu den Ratsmitgliedern der Kommunen arbeiten die Abgeordneten dort nicht ehrenamtlich. Sie beziehen ein Gehalt. Dieses Gehalt nennt man **Diäten**.

Wie bei jeder Wahl in Deutschland gelten zur Landtagswahl die fünf **Wahlgrundsätze**. Sie stehen im Grundgesetz, in Artikel 38, Absatz 1. **Allgemein**: Alle, die einen deutschen Personalausweis besitzen, 18 Jahre und älter sind und am Wahltag seit mindestens 16 Tagen in NRW wohnen, dürfen wählen. In Deutschland wird niemand von Wahlen ausgeschlossen. So spielen Religionszugehörigkeit, politische Meinung oder Geschlecht keine Rolle. **Unmittelbar**: Die Wählerin oder der Wähler wählt eine Person direkt in der Wahlzelle. Es werden keine Wahlleute bestimmt, die die Abgeordneten wählen. **Frei**: Die Wahlberechtigten entscheiden selbst, ob und wen sie wählen. Niemand darf gezwungen werden, eine bestimmte Person zu wählen. **Gleich**: Alle Wahlberechtigten haben die gleiche Anzahl von Stimmen. Jede Stimme zählt gleich viel, egal, ob jemand jung, reich, arm oder berühmt ist. **Geheim**: Der oder die Wahlberechtigte muss niemandem verraten, was er oder sie gewählt hat. Auch darf das aus den Wahlunterlagen nicht erkennbar sein.

Wahlsystem

Zur Wahl des Landtags haben die Wahlberechtigten zwei Stimmen. Mit der **Erststimme** wird eine Person aus dem Wahlkreis, in dem man wohnt, gewählt. Die Person, die die meisten Stimmen erhält, zieht in den Landtag ein. Alle Stimmen, die auf andere Personen entfallen sind, werden nicht mehr berücksichtigt. Diese Form der Wahl wird **Mehrheitswahl** genannt. Mit der **Zweitstimme** wird eine Partei gewählt. Jede Partei erhält nach einem bestimmten mathematischen Verhältnis so viele Sitze im Landtag, wie sie an Zweitstimmen gewinnt. Dadurch ist gewährleistet, dass abgegebene, gültige Stimmen zum Tragen kommen. Die Zweitstimme ist also die wichtigere, da mit ihr über die Zusammensetzung des Landtags entschieden wird. Diese Form der Wahl wird **Verhältniswahl** genannt. Nicht berücksichtigt werden Parteien, die weniger als fünf Prozent der Zweitstimmen bekommen. Die Fünf-Prozent-Sperrklausel verhindert, dass der Landtag mit kleinen Parteien zersplittert.

Film: So funktionieren Landtagswahlen

A Beschreibe die Wahlgrundsätze anhand eigener Beispiele.

B Erkläre, warum durch regelmäßig stattfindende Wahlen „Herrschaft auf Zeit" vergeben wird.

C Arbeite die Vorgaben für das Wahlsystem zur Landtagswahl heraus.

Stimmabgabe bei Landtagswahlen

M1 *Die Stimmabgabe, Landtag Nordrhein-Westfalen, April 2021*

Das aktive Wahlrecht hat, wer mindestens 18 Jahre alt ist, die deutsche Staatsangehörigkeit besitzt und mindestens seit dem 16. Tag vor der Wahl in NRW wohnt. [...] Am Wahltag dürfen die Bürgerinnen und Bürger in 128 Wahlkreisen in NRW zwischen 8 und 18 Uhr ihre Stimmen abgeben. Die etwa gleichgroßen Wahlkreise sind wiederum in Stimmbezirke mit maximal 2.500 Einwohnerinnen und Einwohnern unterteilt. [...] Unter Vorlage der Wahlbenachrichtigung oder des Personalausweises erhalten die Bürgerinnen und Bürger im Wahllokal einen Stimmzettel, den sie in einer Kabine ausfüllen und danach falten, sodass man die Stimmabgabe nicht sieht, und anschließend in eine Wahlurne werfen. [...] Ehrenamtliche Wahlhelferinnen und Wahlhelfer überwachen die Stimmabgabe, zählen am Abend die Stimmen aus und übermitteln das Ergebnis des Stimmbezirks an die Wahlkreisleitung.

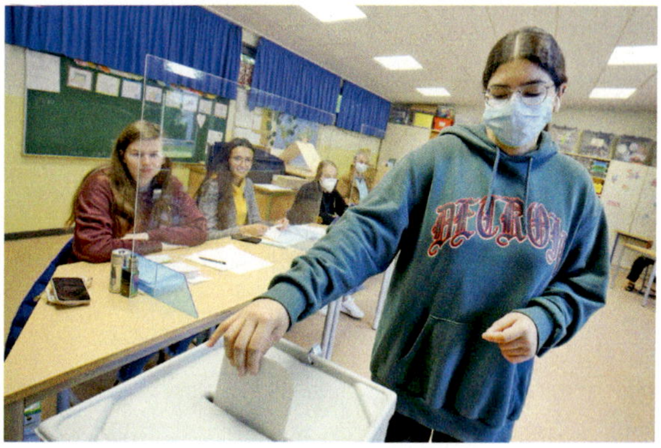

Eine Wählerin wirft ihren Stimmzettel in einem Wahllokal in eine Wahlurne

Aktives Wahlrecht bedeutet, dass man wählen darf. Das passive Wahlrecht hingegen meint, dass man gewählt werden kann.

1 a) Erkläre, wer bei der Landtagswahl in NRW wählen darf.
b) Beschreibe den Verlauf der Stimmabgabe bei einer Wahl.

Briefwahl und Hilfen bei Wahlen

M2 *Wahlhilfe, Briefwahl und passives Wahlrecht, Landtag Nordrhein-Westfalen, April 2021*

Grundsätzlich geben alle ihre Stimme persönlich und geheim ab. Wer jedoch Hilfe braucht, etwa wegen einer Behinderung oder weil er nicht lesen kann, kann eine Person seines Vertrauens in die Wahlkabine mitnehmen. Wer schon vor dem Wahltag wählen möchte, kann Briefwahlunterlagen anfordern. Diese müssen ausgefüllt bis spätestens 18 Uhr am Wahltag beim Wahlamt eingetroffen sein.
Neben dem aktiven Wahlrecht gibt es auch das passive Wahlrecht: Dieses erlaubt es, sich selbst wählen zu lassen. [...] Wer wahlberechtigt ist, ist also auch wählbar [...] allerdings muss er darüber hinaus seit mindestens drei Monaten in NRW wohnen.

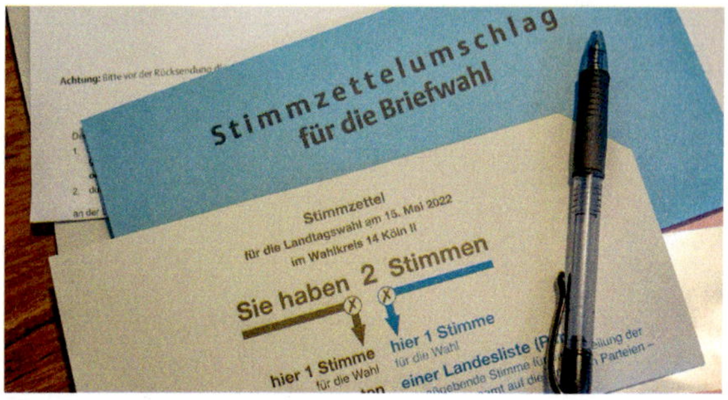
Stimmzettelumschlag
für die Briefwahl
Stimmzettel
für die Landtagswahl am 15. Mai 2022
im Wahlkreis 14 Köln II
Sie haben 2 Stimmen
hier 1 Stimme
für die Wahl
hier 1 Stimme
für die Wahl
einer Landesliste

Briefwahlunterlagen (Muster) der Stadt Köln zur Landtagswahl im Mai 2022

2 a) Beschreibe mögliche Hilfen bei Wahlen.
b) Arbeite heraus, was bei einer Briefwahl zu beachten ist. Bienenkorb
c) Erkläre das passive Wahlrecht für Landtagswahlen in Nordrhein-Westfalen.

Jede wahlberechtigte Person hat zwei Stimmen

M3 *Muster eines Stimmzettels aus einem fiktiven Wahlkreis zur Landtagswahl 2022, Auszug*

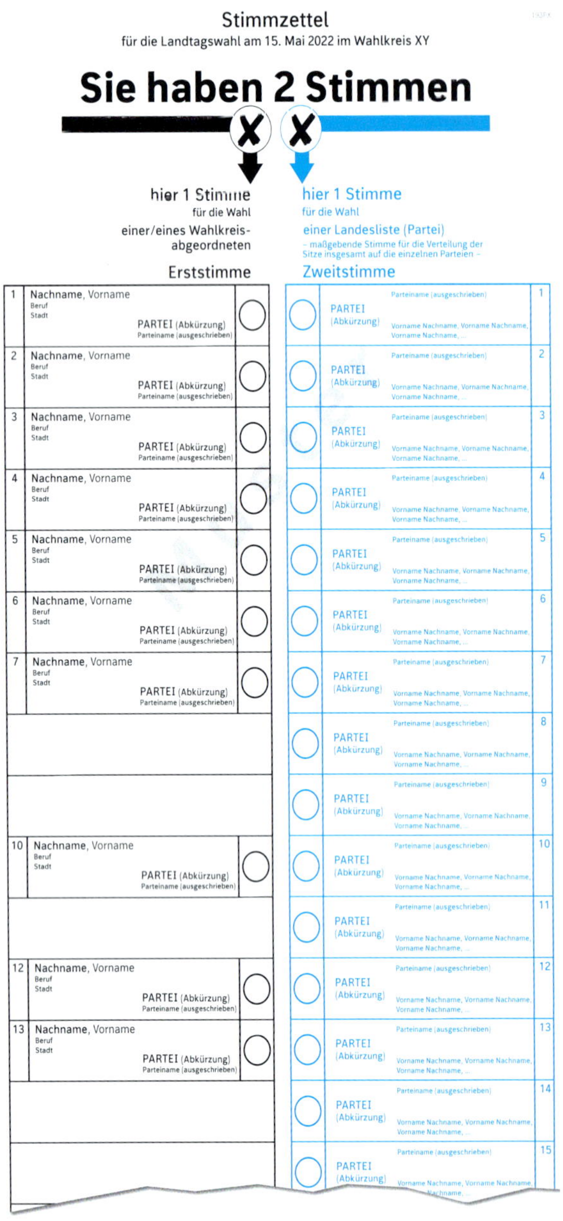
Stimmzettel
für die Landtagswahl am 15. Mai 2022 im Wahlkreis XY
Sie haben 2 Stimmen
hier 1 Stimme
für die Wahl
einer/eines Wahlkreis-abgeordneten
Erststimme
hier 1 Stimme
für die Wahl
einer Landesliste (Partei)
– maßgebende Stimme für die Verteilung der Sitze insgesamt auf die einzelnen Parteien –
Zweitstimme
Nachname, Vorname
Beruf
Stadt
PARTEI (Abkürzung)
Parteiname (ausgeschrieben)
Vorname Nachname, Vorname Nachname, Vorname Nachname, ...

Vergrößerte Ansicht des Musterstimmzettels M3

M4 *Die Erst- und Zweitstimme, Landtag Nordrhein-Westfalen, April 2021*

Jede und jeder Wahlberechtigte in NRW hat zwei Stimmen. Mit der Erststimme können die Wählerinnen und Wähler eine konkrete Person aus ihrem Wahlkreis unterstützen. Mit der Zweitstimme entscheiden sie sich – unabhängig von der Erststimme – für eine der Parteien, die zur Landtagswahl antreten.

Erststimme

Das NRW-Wahlrecht ist eine Kombination aus Mehrheits- und Verhältniswahlrecht, man spricht deshalb auch von einer personalisierten Verhältniswahl. In jedem der 128 Wahlkreise des Landes genügt bei der Erststimme die einfache Mehrheit: Wer als Direktkandidatin oder -kandidat die meisten Stimmen in einem Wahlkreis erhält, ist gewählt. Bei Stimmengleichheit entscheidet das Los. Mitunter hängt es an wenigen Stimmen, die darüber entscheiden, wer aus einem Wahlkreis in den Landtag einzieht.

Zweitstimme

Sind die Direktmandate vergeben, ziehen mindestens 53 weitere Abgeordnete über die Landesliste ihrer Partei ins Parlament ein. Hier zählt der Stimmanteil der Partei an den Zweitstimmen (Verhältniswahlrecht). Dazu werden zunächst die gültigen Stimmen gezählt. Nur Parteien, die mindestens fünf Prozent dieser Gesamtstimmenzahl erreichen, ziehen ins Parlament ein.

Das mathematische Verfahren, mit dem die genaue Zahl der Mandate der Parteien berechnet wird, ist in § 33 Landeswahlgesetz in Verbindung mit § 58 Landeswahlordnung festgelegt.

3 Lies den Text M4 mithilfe der Fünf-Schritt-Lesemethode (siehe Methode auf Seite 229).

4 Wähle eine Aufgabe aus:

I **a)** Beschreibe den Unterschied zwischen Erst- und Zweitstimme.

II **b)** Erkläre das personalisierte Verhältniswahlrecht.

III **c)** Erläutere, warum die Zweitstimme die wichtigere Stimme bei der Sitzverteilung für die Parteien ist.

Gründe, das Wahlrecht wahrzunehmen

M5 *Warum zur Wahl gehen? Landeszentrale für politische Bildung Baden-Württemberg, 2023*

Weil andere entscheiden, wenn ich nicht wähle! Werden Stimmen nicht abgegeben, gehen sie verloren. Gehe ich also nicht wählen, werden andere entscheiden, wer mich vertritt. [...]

Weil Wählen heißt, Verantwortung zu übernehmen!

Weil Wählen heißt, Verantwortung zu übernehmen! Die Politik entscheidet heute über viele Themen von morgen. [...] Wenn ich heute darauf verzichte zu wählen, verzichte ich auch darauf, meine eigene Zukunft mitzugestalten.

Weil jede Stimme zählt! Die Entscheidung, wer [...] das Sagen hat, kann von wenigen Stimmen abhängen – im Zweifel genau von meiner. Meine Stimme kann meinem Kandidierenden an die Macht verhelfen [...].

Weil es mein Recht und Privileg ist! Nur das Volk kann seine Vertreterinnen und Vertreter entsenden. [...]

5 a) Nenne die Gründe, warum Wahlberechtigte ihr Wahlrecht wahrnehmen sollen.
b) Erkläre, warum es wichtig ist, an Wahlen aktiv teilzunehmen.

Wichtige Aufgaben des Landtags

M6 *Funktionen und Aufgaben des Landtags, Internetseite des Landtags Nordrhein-Westfalen, 2021*

Öffentliche Diskussion | Gesetzgebung und Budgetrecht | Wahlfunktion | Parlamentarische Kontrolle

Gesetzgebung bedeutet: Der Landtag verabschiedet die Gesetze für das Bundesland. Der Landesgesetzgebung unterliegen u. a. Schulen, Kultur, Kommunen, Polizei und Strafvollzug. Zu den vornehmsten Rechten gehört das Budgetrecht – also das Recht, über den Landeshaushalt zu bestimmen. **Wahlfunktion** bedeutet: Der Landtag wählt den Landtagspräsidenten, dessen Stellvertreterinnen und Stellvertreter, die Ministerpräsidentin oder den Ministerpräsidenten [...] **Öffentliche Diskussion** bedeutet: Im Landtag werden die politischen Fragen vor aller Öffentlichkeit diskutiert. Plenarsitzungen werden live im Internet übertragen. **Parlamentarische Kontrolle** bedeutet: Der Landtag kontrolliert die Arbeit von Landesregierung und Landesverwaltung.

Budgetrecht Budget bedeutet „Tasche" oder „Geldsack." Budgetrecht bedeutet hier, dass nur der Landtag darüber entscheiden darf, wie die Steuergelder ausgegeben werden, die dem Land NRW zur Verfügung stehen.
Plenarsitzung Plenum bedeutet „voll". Als Plenarsitzung wird die Versammlung der Abgeordneten bezeichnet.

6 a) Arbeite die wesentlichen Aufgaben des Landtags heraus. Think-Pair-Share
b) Recherchiere die oder den aktuellen Ministerpräsidentin/Ministerpräsidenten des Landes NRW.
c) Recherchiere eine aktuelle Plenarsitzung des Landtags und schreibe eine kurze Zeitungsmeldung.

Wie kommt es zu einer neuen Regierung?

Abb. 1 *Abgeordnete im Landtag*

Landtag und Regierung

Erste Landtagssitzung nach der Wahl

Nach der Wahl kommen die Abgeordneten zur feierlichen ersten **Landtagssitzung** im Plenarsaal des Landtags in Düsseldorf zusammen. Die Alterspräsidentin oder der Alterspräsident eröffnet diese Sitzung, in der alle Abgeordneten verpflichtet werden. Verpflichten bedeutet, dass sie ihre Kraft dem Wohle des Landes Nordrhein-Westfalen widmen werden. Diese erste Sitzung wird **konstituierende Sitzung** genannt. Mit dieser Sitzung endet die Amtszeit der alten Landesregierung. Sie ist jetzt nur noch geschäftsführend im Amt, hat aber alle Rechte einer normalen Regierung.

Landtagspräsidium wird gewählt

In der konstituierenden Sitzung wird auch das **Landtagspräsidium** in geheimer Wahl gewählt. Dieses besteht aus der Präsidentin oder dem Präsidenten und den Vizepräsidentinnen oder Vizepräsidenten. Die Präsidentin oder der Präsident leitet abwechselnd mit den Vizepräsidentinnen oder Vizepräsidenten die Landtagssitzungen. Dabei achten sie unparteiisch darauf, dass die Beratungen gerecht zugehen und die Würde und Ordnung des Landtags eingehalten werden. Außerdem vertritt sie oder er den Landtag.

Die neue Regierung

Um eine neue Regierung zu bilden, müssen sich in den meisten Fällen zwei oder mehrere Parteien zusammentun, um eine **Mehrheit** im Landtag zu erreichen. Dazu verhandeln sie, gehen Kompromisse zu ihren Parteiprogrammen ein und bilden dann eine Gemeinschaft für die nächsten fünf Jahre. Das wird **Koalition** genannt. Personen und Parteien, die nicht an der Regierung beteiligt sind, nennt man **Opposition**. Einer Landesregierung steht eine **Ministerpräsidentin** oder ein **Ministerpräsident** vor. Diese Person wird in geheimer Abstimmung aus der Mitte des Landtags gewählt und braucht dazu mehr als die Hälfte der Stimmen der gewählten Abgeordneten. Die gewählte Ministerpräsidentin oder der Ministerpräsident ernennt die Ministerinnen und Minister und kann diese auch entlassen.

A Erkläre den Begriff „konstituierende Sitzung“.

B Nenne Aufgaben des Landtagspräsidiums.

C Erläutere das Zustandekommen einer neuen Landesregierung.

Alterspräsidentin/Alterspräsident ist die oder der an Lebensjahren älteste Abgeordnete des Landtags

Ergebnis der 18. Landtagswahl in NRW

M1 *Stimmenverteilung nach Parteien bei der Landtagswahl in NRW, Landeswahlleitung, Mai 2022*

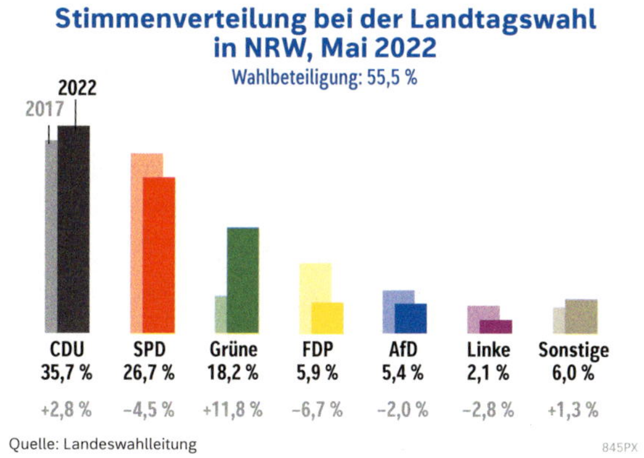
Stimmenverteilung bei der Landtagswahl in NRW, Mai 2022
Wahlbeteiligung: 55,5 %
2022
2017
CDU 35,7 % +2,8 %
SPD 26,7 % −4,5 %
Grüne 18,2 % +11,8 %
FDP 5,9 % −6,7 %
AfD 5,4 % −2,0 %
Linke 2,1 % −2,8 %
Sonstige 6,0 % +1,3 %
Quelle: Landeswahlleitung
845PX

M2 *Verteilung der Sitze im 18. Landtag nach der Landtagswahl NRW, Landeswahlleitung, Mai 2022*

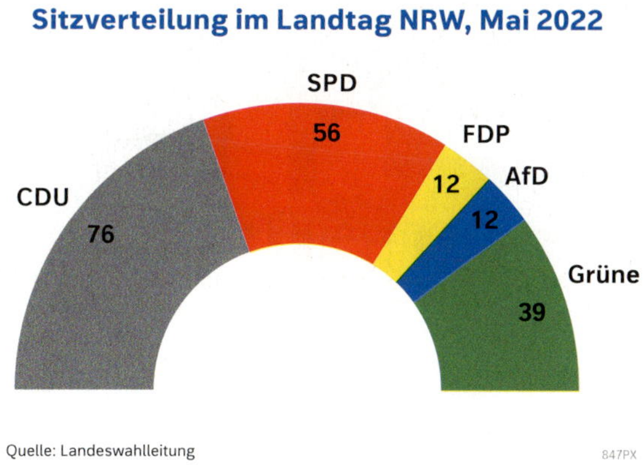
Sitzverteilung im Landtag NRW, Mai 2022
CDU 76
SPD 56
FDP 12
AfD 12
Grüne 39
Quelle: Landeswahlleitung
847PX

1 a) Werte die Grafik M1 aus (siehe Methode auf Seite 227).

b) Begründe, warum nur eine Koalition eine Ministerpräsidentin bzw. einen Ministerpräsidenten wählen kann.

c) Ermittle mögliche Koalitionen aus zwei Parteien, die eine Ministerpräsidentin bzw. einen Ministerpräsidenten wählen könnten.

M3 *Wahl von Ministerpräsident Hendrik Wüst (CDU), Die Landesregierung Nordrhein-Westfalen, Juni 2022*

Hendrik Wüst ist der 12. Ministerpräsident des Landes Nordrhein-Westfalen. Er übernahm am 27. Oktober 2021 die Amtsgeschäfte der Landesregierung und wurde am 28. Juni 2022 im Landtag Nordrhein-Westfalen erneut zum Ministerpräsidenten gewählt und vereidigt. Er bestimmt die Richtlinien der Politik der Landesregierung und leitet die Geschäfte der Landesregierung nach Maßgabe der Geschäftsordnung. [...] Alle weiteren Mitglieder der Landesregierung werden vom Ministerpräsidenten ernannt.

Aufgabe der Landesregierung ist es, die politischen Geschäfte auf Landesebene zu führen und zu gestalten. Zugleich ist sie für die Ausführung der vom Landtag beschlossenen Gesetze zuständig. In der Regel trifft sich das Kabinett einmal pro Woche, um über Gesetzesvorlagen [...] zu beraten.

Kabinett anderes Wort für Regierung

Ministerpräsident Hendrik Wüst (CDU)

2 a) Beschreibe die Aufgaben des Ministerpräsidenten Hendrik Wüst und seiner Regierung.

b) Recherchiere, mit welcher Koalition Hendrik Wüst regiert (siehe Methode Seite 231).

Einen Landtagsbesuch durchführen

Abb. 1 *Der Landtag in Düsseldorf*

Ein Besuch im Landtag von NRW bietet Gelegenheit, politische Prozesse hautnah zu erleben und Demokratie besser zu verstehen. Durch direkten Austausch mit den Abgeordneten könnt ihr euer Wissen erweitern und aktiv an politischen Gesprächen teilhaben.

Schritt 1: Den Landtagsbesuch planen

- Die Planung eines Landtagbesuches sollte frühzeitig geschehen. Man sollte mindestens ein halbes Jahr vorher einen Termin vereinbaren. Das könnt ihr beim Besucherdienst des Landtags machen. Die Mailadresse findet ihr im Internet.
- Gemeinsam mit eurer Lehrkraft muss eure Klasse eine Entscheidung treffen, welches Programm ihr durchführen möchtet. Die verschiedenen Programme findet ihr im Internet.
  Link: Besuchsprogramme im Landtag
- Der Besuch einer Plenardebatte ist besonders eindrucksvoll, weil man hier die Politikerinnen und Politiker live erleben kann.
- Ihr könnt auch eine Landtagsabgeordnete oder einen Landtagsabgeordneten aus eurer Stadt/eurem Kreis für eine Diskussion anfragen. Recherchiert hierfür auch nach der Parteizugehörigkeit der Abgeordneten.
- Das Programm dauert in der Regel vier Stunden und geht meist von 9:00 bis 13:00.
- Plant rechtzeitig auch die Hin- und Rückfahrt per Bahn und Straßenbahn (Haltestelle Landtag/Kniebrücke).
- Auf Antrag gibt es eine Kostenerstattung.

Schritt 2: Den Landtagsbesuch im Unterricht vorbereiten

- Informiert euch über die Aufgaben des Landtages mithilfe dieses Kapitels.
- Informiert euch auch über die Bedeutung der Symbole auf dem Landeswappen von Nordrhein-Westfalen.
- Bereitet im Unterricht Fragen vor, welche ihr mit den Abgeordneten diskutieren wollt.
- Überlegt, welche aktuellen Themen euch derzeit besonders interessieren und formuliert Fragen.
- Formuliert auch Fragen zum Tagesablauf und der Arbeit der Landtagsabgeordneten.
- Fragt die Abgeordnete oder den Abgeordneten nach den Motiven zu ihrer oder seiner Parteizugehörigkeit.
- Formuliert Fragen, die sich auf Bereiche in eurer Kommune und eurer Region beziehen.
  Arbeitsbogen für die Vorbereitung des Besuchs

Schritt 3: Den Landtagsbesuch durchführen

- Seid mindestens 15 Minuten vor Programmbeginn am Landtag.
- Beim Sicherheitscheck dürfen keine scharfen Gegenstände, wie Messer oder Rasierklingen, mitgenommen werden.
- Jede und jeder von euch sollte einen Personalausweis oder Reisepass dabeihaben.
- Verhaltet euch ruhig, respektvoll und folgt konsequent den Anweisungen des Besucherdienstes.
- Seid bei den Fragen an die Landtagsabgeordneten gut vorbereitet, höflich, sachlich und kritisch.

Schritt 4: Den Landtagsbesuch auswerten

- Besprecht im Unterricht, wie ihr den Landtagsbesuch gefunden habt.
- Entwickelt Fragen zur Auswertung und benatwortet diese. Schaut euch dazu auch den Bogen zur Nachbereitung im Webcode an.
  Arbeitsbogen zur Nachbereitung des Besuchs

Methode

Ein Besuch des Landtags in Düsseldorf

M1 *Mit diesen Schritten klappt es!, Autorentext*

Abb. 2 *Luftaufnahme des Landtags in Düsseldorf und Wappen des Bundeslandes Nordrhein-Westfalen*

Schritt 1: Den Landtagsbesuch planen
- Wie kann ich mit meiner Klasse den Landtag besuchen?
- Wie finde ich Lantagsabgeordnete für meinen Wahlkreis?

Links: Nützliche Links zur Planung des Besuchs

Schritt 2: Den Landtagsbesuch vorbereiten
- Was weiß ich schon über den Landtag?
- Wie werden im Landtag Gesetze verabschiedet?
- Welche Bedeutung haben die Symbole auf dem Landeswappen von Nordrhein-Westfalen?
- Welche Bedeutung hat die Architektur des Landtages?
- Teste dein Wissen auch mit Hilfe des Quizzes im Webcode!

Links: Nützliche Links zur Vorbereitung des Besuchs

Schritt 3: Den Landtagsbesuch durchführen
- Nimm keine verbotenen Gegenstände mit.
- Hast du alle wichtigen Fragen für das Abgeordnetengespräch dabei?
- Wie sieht ein virtueller Landtagsbesuch aus?

Link: Virtueller Rundgang durch den Landtag

Schritt 4: Den Landtagsbesuch auswerten
- Wie habt ihr den Landtagsbesuch empfunden?
- Wie war der Umgang der Abgeordneten untereinander?
- Was fandet ihr besonders interessant?
- Was fandet ihr nicht so spannend?
- Inwiefern hat der Landtagsbesuch dabei geholfen, Demokratie auf Landesebene besser zu verstehen?

Link: Teste dein Wissen zum Landtag

1 Bereitet euch mithilfe der Doppelseite auf einen Landtagsbesuch in Düsseldorf vor und führt diesen durch.

Radentscheid
BIELEFELD
www.radentscheid-bielefeld.de
Entspannt und
sicher Rad fahren
von 8 bis
88 Jahren
Wie können wir direkten Einfluss auf die Politik nehmen?

Abb. 1 *Der „Radentscheid" Bielefeld - für mehr Sicherheit auf den Radwegen Bielefelds*

Direkte Demokratie

Einfluss nehmen

Vielen Bürgerinnen und Bürgern reicht es nicht mehr aus, nur alle fünf Jahre ihre Stimme bei der Wahl abzugeben. Sie wollen auch in der Zwischenzeit über politische Projekte oder Maßnahmen mitentscheiden. Sowohl die Gemeindeordnung als auch die Verfassung des Landes NRW sehen deshalb Möglichkeiten vor, direkten Einfluss auf die Politik zu nehmen. Das wird **direkte Demokratie** genannt.

Direkte Demokratie in der Gemeinde

Mit einem **Einwohnerantrag** können Bürgerinnen und Bürger beantragen, dass der Rat über ein bestimmtes Thema berät und entscheidet. Der Einwohnerantrag muss von einer bestimmten Anzahl von Personen, die mindestens 14 Jahre alt sind, gestellt werden.
Andere Möglichkeiten sind das **Bürgerbegehren** und der **Bürgerentscheid**. Mit dem Bürgerbegehren wollen Personen bestimmte Interessen durchsetzen. Ist das Bürgerbegehren mit der vorgeschriebenen Anzahl von Unterschriften zustande gekommen, muss der Rat reagieren. Stimmt der Rat dem Bürgerbegehren zu, war es erfolgreich. Stimmt der Rat nicht zu, können die Stimmberechtigten mithilfe eines Bürgerentscheides ihre Anliegen durchsetzen.

Direkte Demokratie in NRW

Auch die Verfassung des Landes sieht Möglichkeiten vor, dass Bürgerinnen und Bürger in die Politik eingreifen können. Mit der **Volksinitiative** kann das Volk beantragen, dass sich der Landtag mit einem Thema beschäftigt.
Mit einem **Volksbegehren** kann das Volk Gesetze oder Änderungen an Gesetzen beantragen. Entspricht der Landtag dem Volksbegehren nicht, kommt es zum Volksentscheid. Das Volk kann so ein Gesetz selbst beschließen. Auch für die Volksinitiative, das Volksbegehren und den Volksentscheid ist jeweils eine bestimmte Anzahl von Stimmberechtigten notwendig.

A Beschreibe die Möglichkeiten, die Bürgerinnen und Bürger in Kommunen haben, um Politik mitzugestalten.

B Recherchiere Vorgaben zu den Möglichkeiten der Einflussnahme in der Gemeinde.

C Arbeite die Möglichkeiten heraus, die das Volk von NRW hat, um Politik zu gestalten.

D „Politiker und Politiker kennen sich besser aus, deswegen sollten Bürgerinnen und Bürger nur durch Wahlen mitbestimmen dürfen." Diskutiert über diese Aussage. Marktplatz

Direkter Einfluss in der Kommune

M1 *Der Rat der Stadt Bonn beschließt den Bau eines neuen Hallenbads, MEHR DEMOKRATIE NRW, Dezember 2017*

Der Rat der Stadt Bonn hatte am 14. Dezember den Bau eines „Wasserland“ genannten neuen Hallenbades beschlossen. [...] Mit dieser Investition sollte ein umfassendes Schwimmangebot mit mehr als 2000 Quadratmetern Wasserfläche entstehen und ein breites Angebot für alle Nutzergruppen geboten werden: für den Schwimmunterricht der Bonner Schulen, für Training und Wettkämpfe der Sportvereine, Freizeitschwimmer, Kinder, Jugendliche, Familien und Senioren, Erholungssuchende und Frühschwimmer.

M2 *Kritik am Schwimmbadkonzept, Initiative zum Erhalt der Stadtteilbäder, MEHR DEMOKRATIE NRW, Dezember 2017**

Die neuen Initiativen kämpften um den Erhalt ihrer Stadtteilbäder, die für das Wasserland aufgegeben werden sollten. Sie lehnten das Projekt unter anderem wegen längerer Anfahrtswege und höherer Eintrittspreise im Vergleich zu anderen Bädern ab. Sie kritisierten auch, dass die Stadt den Baukredit von rund 60 Millionen Euro selbst aufnehmen und an die Stadtwerke Bonn (SWB) als Bauherren und Betreiber weiterreichen sollte. Die Stadtwerke würden so von allen Risiken befreit und dafür die Kommune weiter in die Verschuldung getrieben.

* Text verändert

M3 *Bürgerbegehren und Bürgerentscheid „Projekt Hallenbad Wasserland“, MEHR DEMOKRATIE, NRW*

Das Bürgerbegehren wurde am 15. Dezember 2017 bei der Stadt angemeldet. Die Unterschriftensammlung hatte am 26. Januar 2018 begonnen. Bis zum 25. April 2018 hatten die Initiatoren 10.808 gültige Unterschriften für das Begehren bei der Stadt eingereicht. Der Stadtrat hatte das Begehren am 3. Mai 2018 abgelehnt. Im Bürgerentscheid vom 6. Juli bis zum 3. August 2018 war das Bürgerbegehren erfolgreich. 51,9 Prozent der Abstimmenden votierten gegen das geplante Hallenbad „Wasserland“. Die Abstimmungsbeteiligung lag bei 42,9 Prozent.

1 a) Arbeite die Argumente für den Neubau eines Hallenbades und die für den Erhalt der Stadtteilbäder heraus.

b) Beschreibe die Vorgänge des Bürgerbegehrens und des Bürgerentscheids.

c) Etwas mehr als die Hälfte stimmte gegen den Bau. Diskutiert über das Ergebnis. Bienenkorb

Ein Verein fördert die Demokratie

M4 *MEHR DEMOKRATIE: ein Verein der sich aktiv für mehr Demokratie einsetzt**

Demokratie ist nie fertig. Sie muss ständig weiterentwickelt werden. Dafür tritt *Mehr Demokratie* ein. Dabei kommt es darauf an, dass alle Menschen die Möglichkeit haben, mitzugestalten. *Mehr Demokratie* hat durch Kampagnen, Volksbegehren und Gespräche mit Politikerinnen und Politikern dafür gesorgt, dass die direkte Demokratie in allen Bundesländern ausgebaut oder überhaupt erst eingeführt wurde.

**Text verändert*

Baustelle

2 a) Erkläre die Aussage: „Demokratie ist nie fertig.“

b) Diskutiert über die Aussage des Fotos.

Karikaturen interpretieren

Eine Karikatur ist eine Zeichnung, die oft mit wenigen Strichen Dinge auf den Punkt bringt. Sie stellt gesellschaftliche oder politische Probleme übertrieben, einseitig und meistens parteiisch dar. Die Karikaturistin oder der Karikaturist will der Gesellschaft einen Spiegel vorhalten. Sie oder er kommentiert in scharfer, bissiger Art gesellschaftliche Probleme und aktuelle politische Ereignisse und Konflikte. Dadurch werden in aller Regel bei den Betrachterinnen oder Betrachtern Zustimmung oder Widerspruch ausgelöst. Eine demokratische Gesellschaft muss solche Bildkommentare aushalten, und bestenfalls die Kritik überdenken oder auch aufnehmen.

1. Schritt: Die Karikatur beschreiben

- Wie heißt die Karikaturistin oder der Karikaturist?
- Wann und wo wurde die Karikatur veröffentlicht?
- Hat die Karikatur einen Titel oder eine Unterschrift?
- Gibt es Personen in der Zeichnung?
- Welche Kleidung tragen die Personen?
- Gibt es Gegenstände in der Karikatur?
- Wenn es Sprechblasen gibt, was steht darin?
- Ist eine besondere Situation dargestellt?
- Gibt es besondere Auffälligkeiten, besondere Farben, wird etwas besonders herausgehoben oder ähnliches?

2. Schritt: Die Karikatur deuten

- Welche Personen sind dargestellt, z. B. Frauen, Männer, eine bestimmte Person, ein Politiker, eine Politikerin?
- Haben die Gesichtsausdrücke eine Bedeutung, wie z. B. Freude, Angst, Langeweile, ...?
- Gibt es besondere Handlungen der Personen?
- Haben die Gegenstände eine bestimmte Bedeutung?
- Welches Problem wird thematisiert?
- Welche Hauptaussage hat die Karikatur?

3. Schritt: Die Karikatur beurteilen

- Wie wirkt die Karikatur auf dich?
- Welche Gefühle löst die Karikatur bei dir aus?
- Findest du die Kritik in der Karikatur richtig oder übertrieben?
- Kannst du der Kernaussage der Karikatur zu oder nicht zustimmen?

Variante Nachdem ihr zunächst allein über eure ersten Eindrücke zur Karikatur nachgedacht habt, könnt ihr sie auch gemeinsam an der Tafel analysieren.
Tipp Versucht doch einmal, selbst eine Karikatur über ein politisches Problem zu zeichnen. Stellt die Zeichnung eurer Klasse vor.

Demokratische Kultur

M1 *Karikatur von Michael Hüter*

DUMMHEIT
POPULISMUS
ANGST
EINFACHE LÖSUNGEN
DEMOKRATISCHE KULTUR
DAS SIEHT GAR NICHT GUT AUS
ACH WAS, HIER IST ALLES GUT!
Was steht auf dem Baum?
Was sagen die Personen?
Wer sind die einzelnen Personen? Wo sind sie? Was machen sie?

Musterlösung zur Karikatur M1

Wir analysieren Karikaturen

M2 *Verschiedene Karikaturen zum Thema „Wahlen und Parteien"*

WAS WÄHLST DU DENN AM SONNTAG?
KEINE AHNUNG! ICH HABE JA DIE CASTINGS GAR NICHT GESEHEN.
HB

A *„Was wählst du denn am Sonntag?", Harm Bengen*

SPD
Grüne
CDU
FDP
Linke

B *„Wahlplakate", Max Pohlenz*

Na, Alter, vom Aussterben bedroht?
WÄHLT, BITTE!
PARTEIEN
WÄHLER
Mohr

C *„Museumsreif", Burkhard Mohr*

Alexa, welche Partei soll ich wählen?

D *„Die Sonntagsfrage", Uwe Krumbiegel*

1 Analysiere eine der Karikaturen aus M2 mithilfe der Methode.

Warum sind freie Medien in einer Demokratie wichtig?
Hier eiskalt

Abb. 1 *Zeitungskiosk in Düsseldorf*

Medien in der Demokratie

Medienvielfalt

Eine große Vielfalt von **Massenmedien** wie Zeitungen, Radio, Fernsehen und Internet ermöglicht es, uns umfassend über unsere Region, über Deutschland und die Welt zu **informieren**. Noch nie gab es so viele Möglichkeiten sich zu informieren, wie heute: Medien sind weltweit an fast jedem Ort präsent und berichten in Echtzeit über Ereignisse.

Demokratie braucht Medien

Medien informieren jeden Tag über gesellschaftliche Probleme und aktuelle Ereignisse. Das garantiert in Deutschland das Grundgesetz. In diesem wird die **Meinungs- und Pressefreiheit** und die **Freiheit der Berichterstattung** in Rundfunk und Film als Grundrecht festgeschrieben. Das bedeutet, dass jedes Medium frei und unzensiert berichten darf. Der Staat darf also nichts kürzen oder ändern oder in die Berichterstattung eingreifen. Die Pressefreiheit ist für eine Demokratie wichtig, denn um sich eine Meinung zu bilden und sich an der Demokratie zu beteiligen müssen die Bürgerinnen und Bürger sich ungehindert informieren können. Allerdings hat die Meinungsfreiheit Grenzen. Das trifft zu, wenn die Rechte anderer Menschen verletzt werden, z. B. durch Beleidigungen, durch Hassbotschaften oder wenn bewusst gelogen wird.

Aufgaben der Medien in der Demokratie

Medien haben nicht immer etwas mit Politik zu tun. Trotzdem sind sie für uns die Quellen, aus denen wir fast alles über Politik erfahren. Im politischen Prozess fallen Medien wesentliche Aufgaben zu:

- Medien sollen die Bürgerinnen und Bürger umfassend und sachlich **informieren**, auch durch investigativen Journalismus.
- Medien sollen politische Vorgänge **erklären**, analysieren und kommentieren und so zur **Urteils- und Meinungsbildung** beitragen.
- Medien sollen das politische Handeln von Politikerinnen und Politikern **beobachten**, kontrollieren, kritisieren und politische Skandale aufdecken.

A Beschreibe, warum Medien in einer Demokratie wichtig sind.

B Erkläre, wann die Meinungsfreiheit in den Medien auch Grenzen hat.

C Erläutere die Aufgaben von Medien in der Demokratie.

investigativer Journalismus Journalismus mit langer, genauer und umfassender Recherche vor der Veröffentlichung.

Material

Medien und Demokratie

M1 *Es gilt Meinungsfreiheit, Bundeszentrale für politische Bildung, September 2020**

Art. 5 GG (Auszug)
(1) Jeder hat das Recht, seine Meinung in Wort, Schrift und Bild frei zu äußern und zu verbreiten.

Artikel 5 sagt: Jede Person darf ihre oder seine Meinung öffentlich sagen.
Was bedeutet das für mich und wo gibt es Grenzen?

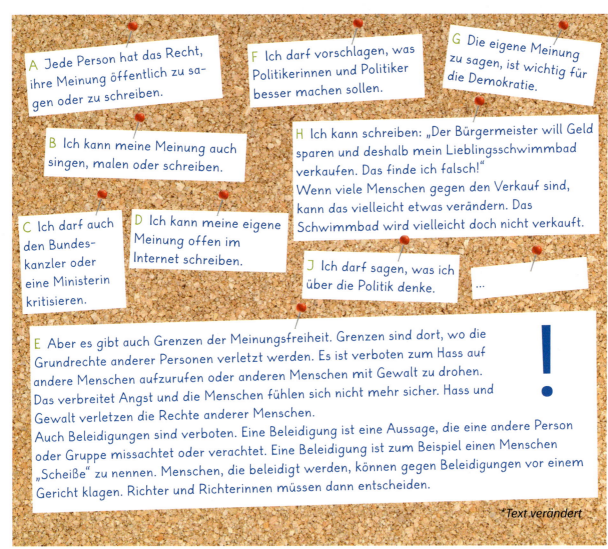

A Jede Person hat das Recht, ihre Meinung öffentlich zu sagen oder zu schreiben.

F Ich darf vorschlagen, was Politikerinnen und Politiker besser machen sollen.

G Die eigene Meinung zu sagen, ist wichtig für die Demokratie.

B Ich kann meine Meinung auch singen, malen oder schreiben.

H Ich kann schreiben: „Der Bürgermeister will Geld sparen und deshalb mein Lieblingsschwimmbad verkaufen. Das finde ich falsch!“
Wenn viele Menschen gegen den Verkauf sind, kann das vielleicht etwas verändern. Das Schwimmbad wird vielleicht doch nicht verkauft.

C Ich darf auch den Bundeskanzler oder eine Ministerin kritisieren.

D Ich kann meine eigene Meinung offen im Internet schreiben.

J Ich darf sagen, was ich über die Politik denke.

...

E Aber es gibt auch Grenzen der Meinungsfreiheit. Grenzen sind dort, wo die Grundrechte anderer Personen verletzt werden. Es ist verboten zum Hass auf andere Menschen aufzurufen oder anderen Menschen mit Gewalt zu drohen. Das verbreitet Angst und die Menschen fühlen sich nicht mehr sicher. Hass und Gewalt verletzen die Rechte anderer Menschen.
Auch Beleidigungen sind verboten. Eine Beleidigung ist eine Aussage, die eine andere Person oder Gruppe missachtet oder verachtet. Eine Beleidigung ist zum Beispiel einen Menschen „Scheiße“ zu nennen. Menschen, die beleidigt werden, können gegen Beleidigungen vor einem Gericht klagen. Richter und Richterinnen müssen dann entscheiden.

!

**Text verändert*

1 a) Recherchiere den vollständigen Artikel 5 GG und gib ihn in eigenen Worten wieder.
b) Erläutere, was Meinungsfreiheit bedeutet und wo sie ihre Grenzen hat.

2 „Das bedeutet Meinungsfreiheit in der Politik für mich: ...“ Formuliere einen eigenen Zettel. Ihr könnt eure Ergebnisse in Form einer Wandzeitung in der Klasse ausstellen.

Einen Podcast erstellen

Abb. 1 *Ein Schüler erstellt einen Podcast*

Was ist ein Podcast?

Ein Podcast ist eine Audio-Sendung im Internet. Das Wort Podcast ist eine Wortschöpfung. Es setzt sich aus „pod" und „cast" zusammen. „Pod" steht für „play on demand", also „Abspielen auf Anforderung". „Cast" ist die Abkürzung von Broadcast, also Rundfunksender. Ein Podcast ist ein Radiobeitrag, der im Internet zur Verfügung steht. Das können Beiträge von Radiosendern sein. Es stellen aber auch viele Privatpersonen, sogenannte Podcasterinnen und Podcaster, Beiträge in das Internet.

Schritt 1: Den Podcast vorbereiten

- Wählt ein Thema aus, zu dem ihr einen Podcast herstellen wollt.
- Entscheidet, in welcher Form ihr den Podcast herstellt, z. B. als:
  - Vortrag einer Einzelperson
  - Gespräch zwischen zwei Personen
  - Interview
  - Gespräch oder Diskussion als Tischgespräch zwischen mehreren Personen.
- Organisiert euch einen Computer mit Mikrofon, besser wären je ein Mikrofon pro sprechender Person.
- Ihr könnt auch ein Handy zur Aufnahme und Produktion benutzen.

Schritt 2: Planung

- Recherchiert intensiv zu eurem Thema.
- Fertigt nach der Recherche ein Drehbuch mit den Inhalten an, die ihr senden wollt.
- Legt in dem Drehbuch fest, wer wann was spricht
- Fertigt Spickzettel für eure Rollen an.
- Verteilt die Rollen als Sprecherin oder Sprecher und interviewter Person.
- Legt Sprechart wie sachlich, lässig, emotional, fest. Sie können je nach Thema variieren.

Arbeitsbogen für ein Drehbuch

Schritt 3: Aufbau und Produktion

- Plant den Aufbau eures Podcasts folgendermaßen:
  - Leitet den Podcast mit Musik ein, nennt Titel des Podcasts und die Namen der Sprecherinnen und Sprecher.
  - Macht eine Anmoderation mit Begrüßung der Zuhörerinnen und Zuhörer, stellt das Thema und eventuelle Interviewgäste kurz vor.
  - Behandelt im Hauptteil euer Thema, so wie ihr es in eurem Drehbuch festgelegt habt.
  - Gebt zum Schluss eine kurze Zusammenfassung der Sendung und bedankt euch bei euren Zuhörerinnen und Zuhörern.
- Sucht euch für die Produktion einen geeigneten, ruhigen Raum.
- Probt den Ablauf eurer Sendung mit einer Probeaufnahme.
- Fertigt euren Podcast an.
- Schneidet Geräusche, Pausen, Versprecher oder andere Störfaktoren heraus.
- Unterlegt Bereiche mit passender Musik, beachtet aber die Urheberrechte.

Schritt 4: Veröffentlichung

- Veröffentlicht euren Podcast in der Klasse oder auf der Schulhomepage.
- Wenn ihr an die Öffentlichkeit geht, denkt daran: Ihr verlasst einen geschützten Raum!

Ein Podcast zum Thema „Ein Bürgerentscheid in unserer Stadt“

M1 *Musterlösung*

Schritt 1: Podcast vorbereiten

Den Podcast zum Thema „Ein Bürgerentscheid in unserer Stadt“ könnt ihr in Gruppenarbeit mit fünf bis sechs Personen erstellen. Für diesen Podcast eignet sich die Form eines Interviews, in dem eine Person, die an der Organisation des Bürgerentscheids beteiligt war, interviewt wird. Organisationsaufgaben verteilt ihr in der Gruppe.

Schritt 2: Planung

Ihr recherchiert gemeinsam in der Gruppe zum Thema und tragt eure Materialien und Ergebnisse zusammen. Euer Drehbuch zum Interview könnte so beginnen:

F: Können Sie uns zuerst etwas über den zeitlichen Ablauf sagen?“

A: Ja sicherlich. Im Juni 2022 hat der Rat der Stadt Köln beschlossen, die Haupt- und Realschule aufzulösen und eine vierte Gesamtschule zu errichten. Wir wollten, dass die Schulen für unsere Kinder erhalten bleiben, und haben ein Bürgerbegehren zum Erhalt der Schulen eingeleitet.

F: War das erfolgreich?

A: Ja und nein. Wir hatten die nötigen Stimmen und der Rat musste sich wieder mit dem Thema befassen. Er blieb aber bei seiner Entscheidung und hat dem Bürgerbegehren nicht entsprochen.

F: Wie ging es dann weiter?

A: Es kam dann zu einem Bürgerentscheid mit einer sehr hohen Beteiligung. Unser Bürgerbegehren war erfolgreich, die Haupt- und Realschule bleiben erhalten.

...

Schritt 3: Aufbau und Produktion

Mit Hilfe des Drehbuchs produziert ihr euren Podcast nach den Schritten Einleitung, Anmoderation, Hauptteil, Schluss.

Für die Rollen legt ihr fest, dass vorwiegend sachlich, manchmal auch emotional gesprochen wird.

Mit einer Schneide-App entfernt ihr störende Passagen und um Spannung oder Aufmerksamkeit zu erzeugen, fügt ihr an einigen Stellen Musik ein.

Schritt 4: Veröffentlichung

Der Podcast wird in der Klasse und anschließend, nach Genehmigung der Schulleitung, auf der Schulhomepage veröffentlicht.

1 **Fertigt einen Podcast zu einem Bürgerentscheid in eurer Stadt an.**

Abb. 2 *In einem Podcast können Themen auf sachliche, lustige, emotionale, ... Art besprochen werden. Ihr entscheidet!*

Grundlagen der Demokratie

Warum ist das Grundgesetz für unsere Demokratie so wichtig?

Artikel 1
(1) Die Würde des Menschen ist unantastbar. Sie zu
achten und zu schützen ist Verpflichtung aller staatlichen
Gewalt. (2) Das Deutsche Volk bekennt sich darum zu
unverletzlichen und unveräußerlichen Menschenrechten

Abb. 1 *Artikel 1 des Grundgesetzes auf einer Glaswand im Regierungsviertel in Berlin*

Das Grundgesetz, das auch als Verfassung bezeichnet wird, legt die wichtigsten Regeln und Prinzipien für unser Zusammenleben fest. In den Artikeln 1–19 stehen die Grundrechte und Bürgerinnen- und Bürgerrechte, die besonders geschützt sind und nie verändert werden dürfen. Besonders wichtig ist Artikel 1, der hervorhebt, dass die Würde eines Menschen unantastbar und geschützt ist. In weiteren Artikeln sind z. B. das Demokratieprinzip, dass alle Staatsgewalt vom Volk ausgeht oder der Aufbau und die Organisation des Staates festgeschrieben.

Welches Herrschaftsprinzip gilt in Deutschland?

Demokratie ist ein Herrschaftsprinzip, in dem alle Staatsgewalt vom Volk ausgeht. In Wahlen bestimmen die wahlberechtigten Bürgerinnen und Bürger Abgeordnete, die für eine begrenzte Zeit ihre Interessen vertreten und für sie Entscheidungen treffen. Das wird repräsentative Demokratie genannt. Damit Macht nicht missbraucht wird, sind in einem demokratischen Rechtsstaat die drei Gewalten Legislative, Exekutive und Judikative getrennt und werden jeweils von einer anderen Personengruppe ausgeübt.

Wie funktionieren die Landtagswahlen in Nordrhein-Westfalen?

In Wahlen bestimmen die Wahlberechtigten die Abgeordneten des Landtags von NRW. Die gewählten Abgeordneten kommen erstmalig in der konstituierenden Sitzung zusammen und wählen das Landtagspräsidium. Um eine Regierung zu bilden, müssen sich meistens Parteien zu Koalitionen zusammenschließen, die dann mit ihrer Mehrheit eine Ministerpräsidentin oder einen Ministerpräsident wählen. Die gewählte Person ernennt dann die Ministerinnen und Minister.

Wie können wir direkten Einfluss auf die Politik nehmen?

Vielen Menschen reicht es nicht aus, nur alle fünf Jahre die Politik durch eine Wahl mitzubestimmen. Sie wollen auch in der Zwischenzeit über politische Projekte und Maßnahmen mitentscheiden. Sowohl in der Gemeindeordnung als auch der Landesverfassung sind Möglichkeiten der direkten Demokratie verankert. Das sind für die Kommunen der Einwohnerantrag, das Bürgerbegehren und der Bürgerentscheid und für das Land NRW die Volksinitiative und der Volksentscheid.

Radentscheid
BIELEFELD
Entspannt und
sicher Rad fahren
von 8 bis
88 Jahren

Abb. 2 *Direkte Demokratie beim „Radentscheid" Bielefeld*

Wichtige Begriffe
ausschließliche Gesetzgebung, Bürgerbegehren, Bürgerentscheid, Demokratieprinzip, direkte Demokratie, Exekutive, Gewaltenteilung, Gewaltmonopol, Grundgesetz, Grundrechte, Judikative, Koalition, konstituierende Sitzung, Landtagspräsidium, Legislative, Massenmedien, Mehrheitswahl, Ministerpräsidentin/Ministerpräsident, Parteiendemokratie, Rechtsstaat, Repräsentantin/Repräsentant, Staatsgewalt, Staatsprinzip, Verfassung, Verhältniswahl, Volksbegehren, Volksinitiative

Lerncheck

Das Grundgesetz

M1 *Passen die Satzteile zusammen?, Autorentext*

1 Im Grundgesetz (GG) sind ...

2 Jeder Mensch hat Rechte, ...

3 Grundrechte hängen eng mit den Menschenrechten zusammen und sind Rechte...

4 Am wichtigsten und bekanntesten ist Artikel 1 GG: ...

5 Die Grundrechte sind besonders geschützt ...

a ... die für alle Menschen gelten.

b ... die wichtigsten Gesetze für Deutschland festgelegt.

c ... „Die Würde des Menschen ist unantastbar".

d ... die ihm angeboren sind und von Natur aus zustehen.

e ... damit alle Menschen in Frieden und Freiheit leben können.

1 **a)** Finde zu jedem Satzanfang (1-5) den passenden Satzteil (a-e) und schreibe den vollständigen Satz in dein Heft.
b) Erkläre zwei Sätze mit eigenen Worten.

Herrschaftsform Demokratie

M2 *Wichtige Begriffe aus unserer Demokratie*

	1	2	3	4	5	6	7	8	9	10	11	12	13	14
a	W	G	E	W	A	L	T	M	O	N	O	P	O	L
b	N	M	P	A	R	T	E	I	E	N	Q	R	N	L
c	T	Z	U	H	E	X	E	K	U	T	I	V	E	V
d	Y	X	W	l	H	G	D	W	Q	E	R	T	B	H
e	C	V	L	E	G	I	S	L	A	T	I	V	E	L
f	A	B	U	N	D	E	S	S	T	A	A	T	G	X
g	R	E	C	H	T	S	S	T	A	A	T	S	D	J
h	G	F	S	A	J	U	D	I	K	A	T	I	V	E

2 **a)** Finde die sieben im Wortgitter versteckten Begriffe und schreibe sie heraus.
b) Erkläre fünf Begriffe jeweils in einem kurzen Satz.

Wie funktionieren Wahlen?

M3 *Wahlen in NRW, Autorentext*

A Das aktive Wahlrecht zum Landtag von NRW hat jede deutsche Person, die mindestens 16 Jahre alt ist.

B Die Wahlberechtigten haben bei der Wahl drei Stimmen.

C Die Wahlberechtigten müssen nach der Wahl berichten, was sie gewählt haben.

D Die Ministerpräsidenten oder der Ministerpräsident wird nach der Wahl durch Los bestimmt.

E Eine Form von direkter Demokratie, mithilfe der Bürgerinnen und Bürger Gesetze selbst beschließen können, gibt es in NRW nicht.

3 **a)** Berichtige die fünf Aussagen.
b) Begründe, warum das Wahlrecht ein grundlegendes Recht in der Demokratie ist.

Medien und Demokratie

M4 *Wenn Pressefreiheit fällt ... (Karikatur)*

FRESSE, PRESSE !!
DEMOKRATIE
PRESSE-FREIHEIT

4 **a)** Nenne die drei wesentliche Aufgaben von Presse im politischen Prozess.
b) Werte die Hauptaussage der Karikatur von Kostas Koufogiorgos aus.
c) Beschreibe, was für dich Meinungsfreiheit in der Politik bedeutet.

Lösungen: Lerncheck

Marktprozesse und wirtschaftliches Handeln

Kapitel 5

Hofladen
Gemüse, Obst, Fleisch

- *Was ist ein Markt?*
- *Welche Märkte gibt es und worin unterscheiden sie sich?*
- *Wie entstehen Preise?*
- *Was sind Unternehmen und wie können sie zum Umweltschutz beitragen?*
- *Wie verändert Digitalisierung das Wirtschaftsgeschehen?*

Wirtschaften –
(k)eine Angelegenheit für alle?

Abb. 1 *Einkauf auf dem Marktplatz*

Grundlagen des Wirtschaftens

Was wirtschaften bedeutet

Wenn du eine Serie streamst, etwas einkaufst oder ein neues Hochhaus gebaut wird, hat all das mit **Wirtschaft** zu tun. Man spricht davon, dass Menschen **wirtschaften**, wenn sie etwas tun oder erschaffen, wovon sie leben können. Geht es um das Herstellen von Produkten oder den Kauf und Verkauf von Waren in einem ganzen Land, verwendet man den Fachbegriff **Ökonomie**. Er kommt aus dem Griechischen und bedeutet „haushalten". Manche Wirtschaftswissenschaftlerinnen und -wissenschaftler verstehen darunter nur den Teil der Wirtschaft, den man in Geldeinnahmen bemessen kann. Es geht dabei darum, wie Menschen, Unternehmen und Regierungen Geld verdienen, ausgeben und sparen. Für andere zählt auch jene Arbeit zur Wirtschaft, die oft nicht bezahlt wird, etwa das Putzen zuhause, das Aufziehen von Kindern oder die Pflege älterer Familienmitglieder.

Grenzen der Wirtschaft

Bei der Herstellung wirtschaftlicher Güter wie Zahnbürsten oder Möbel werden häufig Mittel (Ressourcen) aus der Natur wie z. B. Holz oder Erdöl verwendet. Diese sind jedoch nur begrenzt vorhanden. Zudem entstehen dabei Abgase und Umweltverschmutzungen, die dem Klima und der Natur schaden. Das Wirtschaften der Menschen ist also durch die Knappheit der natürlichen Ressourcen der Erde bestimmt.

Die drei Akteure in der Wirtschaft

Einige von euch waren bestimmt auch schon einmal auf einem Wochenmarkt und haben dort etwas eingekauft, genau wie die Frau oben auf dem Bild. Aber was genau hat das Bild vom Wochenmarkt mit Wirtschaft zu tun?

Im Wirtschaftsgeschehen gibt es drei Akteure, die voneinander abhängig sind. Auf dem Bild findet ihr bereits zwei davon: Die Frau ist eine Verbraucherin und steht für den Bereich der **privaten Haushalte**. Der Marktstand, an dem die Frau ein Brot kauft, ist ein **Unternehmen**. Der dritte Akteur, der **Staat**, ist zwar auf dem Bild nicht direkt zu sehen, spielt aber trotzdem eine wichtige Rolle: Er erhält einen Teil des Kaufpreises für das Brot als Steuern. Auch der Verkäufer auf dem Bild muss einen Teil des Geldes, das er für seine Arbeit bekommt, an den Staat abgeben. Im Wirtschaftsgeschehen ist der Staat aber nicht nur die Bundesregierung, sondern auch die kommunale Verwaltung. Ein Beispiel dafür wäre, dass die Kommune die Genehmigungen für den Markt erteilt und die Regeln für den Betrieb festlegt, z. B. wann der Markt stattfinden darf.

A Erkläre, was man unter Wirtschaft versteht.

B Nenne die drei Akteure im Wirtschaftsgeschehen.

C Beschreibe, welche Rolle die drei Akteure auf dem Wochenmarkt spielen.

Das alles ist Wirtschaft

M1 *Bereiche des Wirtschaftens*

Es gibt viele verschiedene Bereiche in der Ökonomie eines Landes. Man kann sie etwa so unterteilen:

a) Banken und Finanzwesen
b) Erziehung und Bildung
c) Mobilität und Verkehr
d) Land- und Forstwirtschaft
e) Gastronomie
f) Chemische/Andere Industrien

A

B

C

D

E

F

1 **a)** Ordne den Wirtschaftsbereichen das passende Foto zu.
b) Notiere drei Bereiche, die du besonders wichtig für die Gemeinschaft findest.
c) Diskutiert eure Ergebnisse in der Klasse.

Die Wirtschaft in den Medien

M2 *Fiktive Zeitungsüberschriften zum Thema „Wirtschaft", Autorentext*

1 Bundesregierung einigt sich auf Senkung der Steuern

2 Jugendliche verfügen über immer mehr Geld

3 Pleitewelle: Viele Läden in den Innenstädten müssen schließen

4 Lohnerhöhung: Beschäftigte in der Autoindustrie bekommen mehr Geld

5 Tech-Firmen: Gewinne steigen unaufhaltsam

2 Wähle eine Aufgabe aus:
I **a)** Ordne die Zeitungsüberschriften den drei Wirtschaftsakteuren zu.
II **b)** Ordne die Überschriften den drei Wirtschaftsakteuren zu und finde weitere aktuelle Beispiele.
III **c)** Recherchiere Zeitungsüberschriften zum Thema Wirtschaft und ordne sie den Akteuren zu.

Was ist ein Markt?

Abb. 1 *Luftaufnahme des Wochenmarktes in Düsseldorf*

Märkte und Marktgeschehen

Marktgeschehen

Supermarkt, Wochenmarkt, Kleidungsgeschäft, Kaufhaus ... all das fällt dir sicherlich ein, wenn du das Wort **Markt** hörst. Diese Märkte sind alles Orte. Doch auch auf dem Wochenmarkt gibt es weitere Märkte, etwa für Tomaten oder Möhren. Dort treffen sich Personen, die zum Beispiel Tomaten verkaufen wollen, mit den Personen, die diese kaufen wollen.

Sprechen **Wirtschaftsexpertinnen** und **Wirtschaftsexperten** allerdings von Markt, ist das meist an keinen bestimmten Raum oder Platz gebunden, sondern als übergeordneter Begriff zu sehen. So gibt es etwa einen Markt für Erdöl oder für Computerchips. Solche Produkte werden oft **weltweit** gehandelt. Das findet dann nicht an einem bestimmten Ort statt, an dem Menschen zusammenkommen, sondern ist **virtuell** organisiert. Auch dir ist das vielleicht schon aufgefallen. Willst du dir etwa ein neues Computerspiel kaufen, kannst du in ein Geschäft gehen. Du kannst aber auch im Internet danach suchen und es dort kaufen, ohne einen Laden zu betreten oder dich mit der Verkäuferin oder dem Verkäufer zu treffen. Anders als auf dem Wochenmarkt nutzen Menschen also auch verschiedene **Technologien** wie das Internet, um miteinander zu handeln und Produkte zu kaufen oder zu verkaufen.

Einteilung von Märkten

Grundsätzlich lassen sich Märkte nach den Gütern und Dienstleistungen unterscheiden, die auf ihnen gehandelt werden, etwa:

- **Konsumgütermärkte:** Auf diesen Märkten können Menschen Produkte für ihren persönlichen Gebrauch erwerben. Ein Beispiel sind Nahrungsmittelmärkte.
- **Dienstleistungsmärkte:** Das sind Märkte, auf denen Dienstleistungen angeboten werden, also eine Handlung oder einen Service, den jemand für dich erbringt. Ein Beispiel sind Dienstleistungen im Gesundheitsbereich, etwa Krankengymnastik.
- **Produktionsgütermärkte:** Auf diesen Märkten können Unternehmen die Güter und Rohstoffe kaufen, die sie für die Herstellung von Waren oder die Erbringung von Dienstleistungen benötigen. Ein Unternehmen, das Fernseher herstellt, kauft etwa Bauteile wie Computerchips bei anderen ein.

A Erstelle eine Mindmap zum Thema Markt und Marktgeschehen (siehe Methode auf Seite 226).

B Erläutere anhand eines Beispiels, was Expertinnen und Experten unter einem Markt verstehen.

C Nenne Beispiele für unterschiedliche Märkte aus deiner Region.

Auf dem Wochenmarkt

M1 *Welche Güter werden gehandelt?, Autorinnentext*

Stellt euch vor, ihr befindet euch auf einem lebhaften Wochenmarkt. Der Duft frischer Produkte liegt in der Luft, bunte Stände reihen sich aneinander, und Händlerinnen und Händler preisen ihre Waren an. Die Sonne scheint, und es herrscht reges Treiben …

Fr. Nadamer

Guten Tag! Schön, dass Sie vorbeischauen. Wie kann ich Ihnen heute helfen?

Hallo! Ich bin auf der Suche nach frischem Gemüse für unser Abendessen. Haben Sie vielleicht Tomaten und Paprika? …

Hr. Rehbach

1 **a)** Entwickelt eine kurze Dialogszene, in der ihr das Gespräch zwischen Verkäuferin und Käufer fortführt.

b) Führt das Rollenspiel vor der Klasse durch (siehe Methode auf Seite 234).

c) Reflektiert gemeinsam, was ihr über das Marktgeschehen gelernt habt.

Einteilung von Märkten

M2 *Verschiedene Märkte*

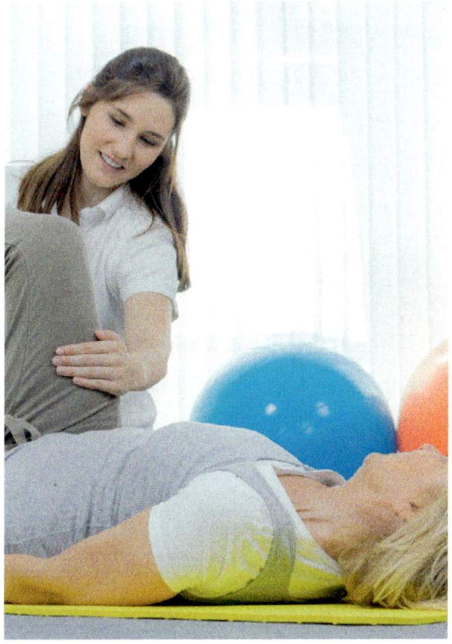

2 **a)** Ordne die dargestellten Märkte begründet den folgenden Marktarten zu:

Konsumgütermarkt | Produktionsgütermarkt | Dienstleistungsmarkt

b) Finde weitere Bilder zu den einzelnen Marktarten.

Wie entwickeln sich die Preise von Produkten?

Abb. 1 *Eine Frau kauft auf einem Wochenmarkt ein*

Preisbildung auf Märkten

Angebot und Nachfrage

Angebot und **Nachfrage** sind zwei Grundlagen der Wirtschaft die bestimmen, wie Produkte und Dienstleistungen im Markt gehandelt werden.Das Angebot zeigt, wie viel von einem Produkt verfügbar ist, während die Nachfrage angibt, wie sehr das Produkt gewünscht wird. Diese beiden Kräfte interagieren miteinander und bestimmen den Preis und die **Verfügbarkeit** von Waren. Wie das funktioniert, lernst du auf Seite 138. Ist etwa der Preis für ein Produkt hoch, sind weniger Personen bereit, dieses zu kaufen.

Austauschbare und sich ergänzende Güter

Oft haben Menschen eine Vorstellung, wie viel sie für ein bestimmtes Produkt bezahlen möchten. Liegt der Preis darüber, wählen sie wenn möglich ein anderes Produkt. Sind Erbsen etwa zu teuer, kaufen sie stattdessen vielleicht Bohnen. Manche Güter sind also **austauschbar**. Neben den austauschbaren Gütern gibt es jedoch auch Produkte, die gemeinsam verwendet werden. Kaufst du dir etwa ein neues Smartphone, benötigst du auch ein passendes Ladekabel. Ohne ein Ladekabel kann der Akku des Smartphones nicht aufgeladen werden. Das Smartphone und das Ladekabel sind daher **sich ergänzende Güter**.

Preise verändern sich

Produkte kosten unterschiedlich viel. Frau Harms möchte bald in den Skiurlaub fahren. Dafür benötigt sie eine neue Winterjacke. Diese soll 150€ kosten. Nun ärgert sie sich - im letzten Frühjahr hatte sie ein ähnliches Modell für 50€ gesehen. Weil der Winter vorbei war, hatte sie diese jedoch nicht gekauft. Sie stellt sich also die Frage: Warum kostet ein Produkt so viel, wie es kostet? Wenn viele Menschen eine Ware nachfragen, wird der Preis steigen. Wenn nur wenige Menschen eine Ware haben möchten, wird der Preis sinken. So bilden sich Preise auf Märkten. Weil im Winter mehr Menschen warme Jacken benötigen als im Sommer, sind diese im Winter teurer. Dafür bekommt man Bademode im Winter oft günstiger.

A Nenne je ein Beispiel für austauschbare Güter und ein Beispiel für sich ergänzende Güter.

B Ordne die folgenden Produkte begründet den Jahreszeiten zu, in denen du erwartest, dass sie am teuersten sind: Erdbeeren, Winterschal, Sonnencreme, Heizlüfter.

C Diskutiere, wie austauschbare und sich ergänzende Güter die Kaufentscheidung beeinflussen können.

Austauschbare und sich ergänzende Güter

M1 *Vier Güter – austauschbar oder sich ergänzend?*

Wenn Erbsen zu teuer sind, kann man z. B. Bohnen kaufen. Diese Güter sind austauschbar. Andere Güter ergänzen sich, z. B. Hardware und Software eines Computers. Diese kann man nur gemeinsam verwenden.

A *Butter*

B *Kaffeemaschine*

C *Kaffeefilter*

D *Margarine*

1 **a)** Ordne zu, welche zwei Güter austauschbare Güter sind und welche zwei Güter sich ergänzende Güter sind. Begründe.

b) Erläutere anhand je zweier eigener Beispiele, was austauschbare und sich ergänzende Güter sind.

2 Der Preis für Butter steigt. Diskutiert, was das für die Nachfrage nach Margarine bedeuten könnte. +

Think-Pair-Share

Preisänderungen auf dem Markt

M2 *Beispiel 1, Autorentext*

Wir haben diesen Sommer bisher viel weniger T-Shirts verkauft als sonst. Das liegt wahrscheinlich am schlechten Wetter. Wir müssen den Preis der Ware reduzieren, sonst bleiben wir auf den T-Shirts sitzen.

M3 *Beispiel 2, Autorentext*

Große Messe in der Stadt: Hotelpreise viermal so hoch wie sonst

Dieses Wochenende wird eine internationale Messe in der Stadt veranstaltet. Erwartet werden viele zehntausend Besucherinnen und Besucher. „Alle, die nicht unbedingt an diesem Wochenende die Stadt besuchen müssen, sollten ihren Besuch verschieben.“, sagt der Tourismusbeauftragte der Stadt. „Denn die Preise für die Hotelzimmer sind aufgrund der vielen Gäste viel höher als normalerweise.“

3 Wähle eine Aufgabe aus:

I **a)** Beschreibe, wie sich in den Beispielen die Preise für das jeweilige Gut verändern.

II **b)** Erläutere, wieso der Preis sinkt (M2) bzw. steigt (M3).

III **c)** Erläutere, wie sich die angebotene und nachgefragte Menge der Güter in den Beispielen verändert hat.

4 Diskutiere folgende Aussage: „Wenn ein Gut knapper wird, steigt sein Preis.“

Wirtschaft spielerisch entdecken

Abb. 1 *Treffpunkt Marktplatz*

Um herauszufinden, wie die Preisbildung auf Märkten funktioniert, könnt ihr das Erdbeermarktspiel spielen. Hier entdeckt ihr zum Beispiel wie Preise entstehen, welche Rolle Verkäuferinnen und Verkäufer sowie Käuferinnen und Käufer haben. Stellt euch vor, auf dem Wochenmarkt in eurer Region werden Erdbeeren verkauft. Ihr werdet in drei Gruppen aufgeteilt: die Käuferinnen und Käufer sowie Verkäuferinnen und Verkäufer der Erdbeeren. Die anderen übernehmen die Rolle der Marktleitung. Sie protokollieren die Vorgänge auf dem Markt und leiten die Klasse an.

Schritt 1: Vorbereitung

- Jede Person erhält eine Rollenkarte, die ihre oder seine spezifische Rolle auf dem Markt definiert. Es gibt drei Rollen: Verkäuferin/Verkäufer, Käuferin/Käufer und Marktleitung.
- Verkäuferinnen und Verkäufer: Diese Personen sind für den Verkauf der Erdbeeren verantwortlich. Sie haben die Aufgabe, die Qualität und den Preis ihrer Erdbeeren festzulegen und sie zu verkaufen.
- Käuferinnen und Käufer: Diese Personen wollen Erdbeeren kaufen, um ihre Bedürfnisse zu erfüllen. Dazu müssen sie Preise vergleichen und die besten Erdbeeren zum besten Preis finden.
- Marktleitung: Diese Personen sind für die Überwachung des Marktes verantwortlich. Sie stellen sicher, dass der Handel fair und geordnet abläuft, und lösen Streitigkeiten, falls sie auftreten.

Schritt 2: Spielregeln

- Es gibt fünf Spielrunden. Jede dauert 3 Minuten. Die Marktleitung eröffnet und schließt jede Runde.
- Wenn ihr die Person gefunden habt, die für den euch passenden Preis kaufen/verkaufen will, schreibt ihr einen Kaufvertrag. Die ausgefüllten Kaufverträge werdenan die Marktleitung ausgehändigt.
- In jeder Runde darf höchstens eine Schale Erdbeeren pro Person gekauft oder verkauft werden.
- Werden sich Käuferin/Käufer und Verkäuferin/Verkäufer nicht einig, suchen sie sich in der verfügbaren Zeit eine andere Person für ihren Handel.
- Nur ganze Eurobeträge dürfen angenommen werden. Es ist etwa erlaubt, 5€ zu bieten, aber nicht 5,50 €.
- Die Kaufpreise werden an der Tafel notiert.

Schritt 3: Auswertung

Wenn die Spielrunden beendet sind, werden die Ergebnisse ausgewertet. Besprecht zunächst, wer leicht einen Handel abschließen konnte und wer nicht. Überlegt, wovon euer Handel beeinflusst wurde. Dann ist es an der Zeit zu verstehen, wie Angebot und Nachfrage funktionieren. An der Tafel erstellt ihr dafür gemeinsam eine Grafik:

- Achsen: Tragt auf der horizontalen Achse (x-Achse) die Menge der Erdbeeren pro Schale und auf der vertikalen Achse (y-Achse) die Preise in Euro ein.
- Angebotskurve: Tragt die Menge der Erdbeerschalen, ein die die Verkäuferinnen und Verkäufer bei verschiedenen Preisen anbieten würden. Verbindet dann die Punkte um zu zeigen, wie sich die angebotene Menge ändert, wenn sich der Preis ändert.
- Nachfragekurve: Zeichnet nun eine weitere Linie, die angibt, wie viele Erdbeeren die Käufer zu verschiedenen Preisen kaufen möchten.
- Gleichgewichtspreis finden: Der Gleichgewichtspreis ist der Preis, bei dem die Menge der angebotenen Erdbeeren der Menge der nachgefragten Erdbeeren entspricht. Wo sich die beiden Linien schneiden, ist der Gleichgewichtspreis.

Wie entstehen Preise auf dem Markt?

M1 *Angebotskurve, Nachfragekurve, Gleichgewichtspreis. Autorinnentext*

Die Nachfrage im Marktmodell: Wenn der Preis für Erdbeeren hoch ist, werden weniger Personen bereit sein, diese zu kaufen. Etwa könnten bei einem Preis von 5€ pro Schale nur 4 Schalen gekauft werden. Im Gegensatz dazu würden bei einem niedrigeren Preis von 2€ möglicherweise 10 Schalen gekauft werden. Die Nachfragekurve zeigt: **Je höher der Preis, desto geringer die Nachfrage**.

Das Angebot im Marktmodell: Wenn der Preis für Erdbeeren niedrig ist, werden weniger Erdbeeren angeboten. Zum Beispiel könnten bei einem Preis von 2€ pro Schale nur 5 Schalen angeboten werden. Im Gegensatz dazu könnten bei einem höheren Preis von 10€ möglicherweise 13 Schalen angeboten werden. Die Angebotskurve zeigt: **Je höher der Preis, desto höher das Angebot**.

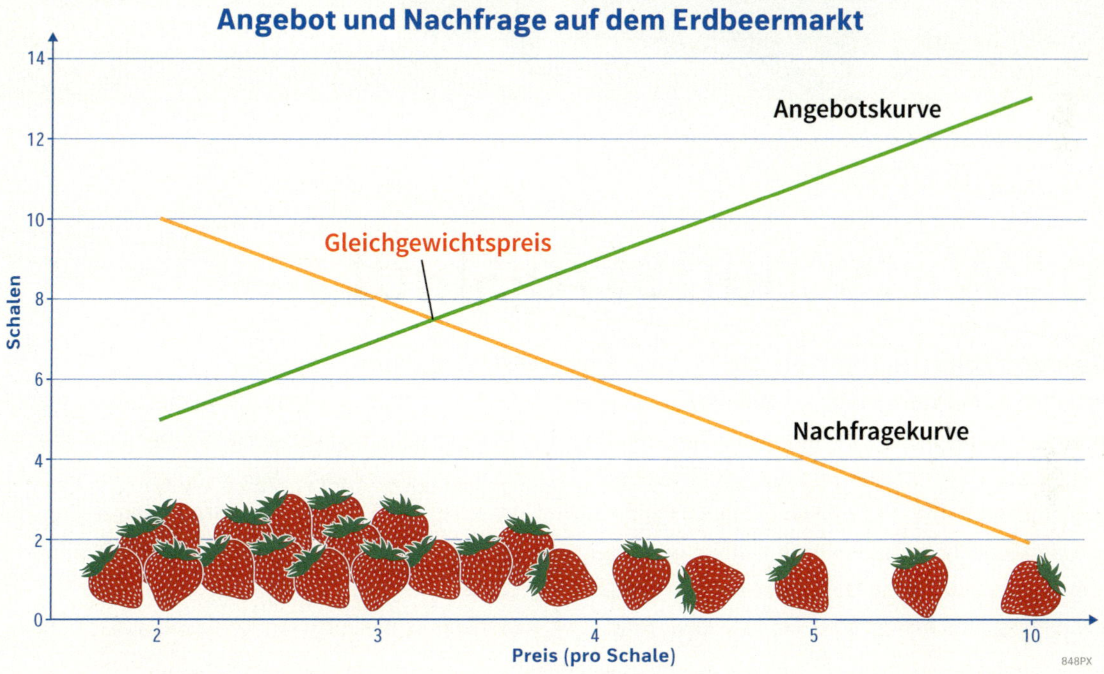
Angebot und Nachfrage auf dem Erdbeermarkt
Angebotskurve
Gleichgewichtspreis
Nachfragekurve
Schalen
0
2
4
6
8
10
12
14
2
3
4
5
10
Preis (pro Schale)
848PX

Der Gleichgewichtspreis: Wenn sich die angebotene Menge von Erdbeeren mit der nachgefragten Menge von Erdbeeren ausgleicht, spricht man vom Gleichgewichtspreis. An diesem Punkt möchten sowohl die Verkäuferinnen und Verkäufer ihre Produkte zu diesem Preis verkaufen als auch die Käuferinnen und Käufer zu diesem Preis kaufen. Angebot und Nachfrage sind im Einklang.

1 Simuliert mit Hilfe der Materialien aus dem Webcode eine Marktsituation zum Erdbeermarkt. Wertet im Anschluss eure Ergebnisse aus. Rollenkarten und Zusatzmaterialien für die Marktsimulation

2 Vervollständigt folgende Sätze: *Je höher der Marktpreis, desto … Je niedriger der Marktpreis, desto … .*

Mo-Fr 7-24 • Sa 7-23.30 Uhr
EDEKA
Wie lassen sich wirtschaftliche Zusammenhänge abbilden und untersuchen?

Abb. 1 *Handwerker nach der Arbeit beim Einkauf*

Der Wirtschaftskreislauf

Vielfalt wirtschaftlicher Abläufe

Wirtschaftliche **Abläufe** und Zusammenhänge sind kompliziert: Viele Menschen kaufen viele unterschiedliche Güter. Die Güter werden von Unternehmen hergestellt und verkauft. Unternehmen beschäftigen dafür viele Menschen. Diese Arbeit ist eine wichtige **Einkommensquelle** für die Menschen. Auf den ersten Blick wirkt das alles erst einmal ziemlich verwirrend.

Modelle in der Wirtschaft

Um einen Überblick über diese vielen **Geld- und Warenströme** zu bekommen, kann der sogenannte **Wirtschaftskreislauf** helfen. Bei diesem handelt es sich um ein wichtiges **ökonomisches Modell**, mit dem wirtschaftliche Zusammenhänge dargestellt werden. Der Wirtschaftskreislauf etwa zeigt, wie Geld und Waren zwischen Unternehmen und Menschen fließen.

Film: Einfach erklärt: Der Wirtschaftskreislauf

Die Rolle des Staates

Auch der Staat spielt in der Wirtschaft eine wichtige Rolle. Er nimmt zum Beispiel **Steuern** ein. Diese Einnahmen gibt er auch wieder aus. Er muss etwa die Menschen bezahlen, die für ihn arbeiten. Dazu gehören Polizistinnen und Polizisten sowie Lehrerinnen und Lehrer. Der Staat unterstützt aber auch bedürftige Menschen, die zum Beispiel keine Arbeit haben.

Die Rolle ausländischer Unternehmen

Ausländische Unternehmen sind ebenfalls wichtig für die Wirtschaft in einem Land. So werden viele Produkte aus dem Ausland gekauft (**importiert**). Andere werden wiederum ins Ausland verkauft (**exportiert**).

A Benenne wirtschaftliche Aktivitäten von Privatpersonen, Unternehmen und dem Staat.

B Stelle grafisch dar, wie diese Aktivitäten zusammenhängen.

Der einfache Wirtschaftskreislauf

M1 *Das Grundmodell, Autorentext*

Jeden Tag wird in Deutschland millionenfach etwas gekauft oder verkauft. Menschen arbeiten und bekommen dafür Lohn. Um diese undurchsichtige Vielfalt zu ordnen und übersichtlich zu gestalten, kann man das Wirtschaftskreislaufmodell nutzen. Das Grundmodell des Wirtschaftskreislaufs besteht aus zwei Akteuren: den privaten Haushalte und den Unternehmen. Was machen diese?

In Unternehmen werden Güter hergestellt. Auch bieten Unternehmen Dienstleistungen (zum Beispiel eine Physiotherapie) an. Alle Unternehmen Deutschlands fassen wir zum Sektor „**Unternehmen**" zusammen.

Alle privaten Haushalte in Deutschland fassen wir zum Sektor „**Private Haushalte**" zusammen. Die privaten Haushalte stellen in unserem Modell den Unternehmen ihre Arbeitskraft sowie Boden und Kapital zur Verfügung. Für ihre Arbeitsleistung erhalten sie von den Unternehmen Gehälter bzw. Löhne. Für Boden und Kapital bekommen die privaten Haushalte zum Beispiel Mieteinnahmen oder einen Teil der Gewinne der Unternehmen. Damit kaufen die privaten Haushalte wiederum Waren und Dienstleistungen bei den Unternehmen (Konsumausgaben). So fließt auch wieder ein Geldstrom von den Haushalten zurück an die Unternehmen. Das Geld fließt in einem Kreislauf.

Es gibt zwei Arten von Strömen, die entgegengesetzt zueinander laufen:

- **Geldströme**: Das Einkommen der privaten Haushalte und die Konsumausgaben sind die Geldströme. Mit den Geldströmen werden also alle Geldflüsse zwischen allen Unternehmen und allen privaten Haushalten abgebildet. Im Strom „Löhne und Gewinne" sind alle Löhne, Gehälter, Mieten und Gewinne, die die privaten Haushalte in Deutschland von den Unternehmen in Deutschland bekommen, enthalten. Der Strom „Konsumausgaben" umfasst zum Beispiel alle Konsumausgaben der privaten Haushalte.
- **Güter- und Leistungsströme**: Die Güter- und Leistungsströme umfassen alles, was für das Geld zur Verfügung gestellt wird, zum Beispiel die Arbeitskraft und die Waren und Dienstleistungen.

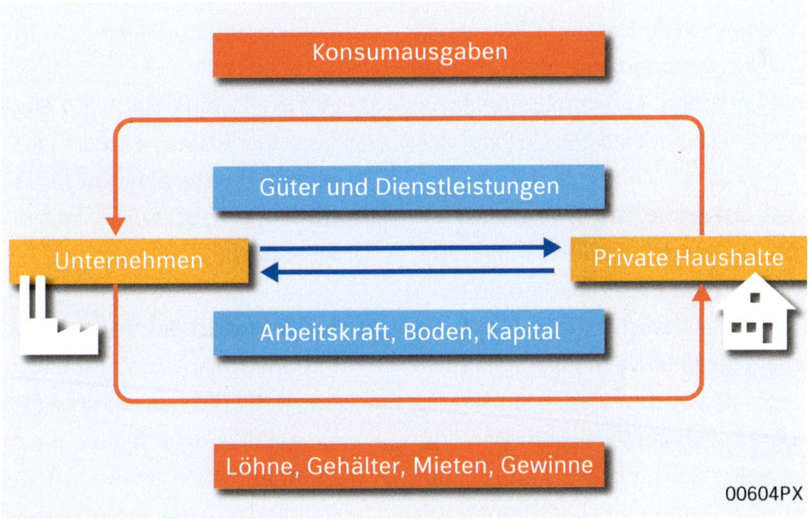
Konsumausgaben
Güter und Dienstleistungen
Unternehmen
Private Haushalte
Arbeitskraft, Boden, Kapital
Löhne, Gehälter, Mieten, Gewinne
00604PX

1. Beschreibe den einfachen Wirtschaftskreislauf mit Hilfe der Abbildung.
2. Erkläre den Unterschied zwischen Geld- und Güterströmen in einem Erklärvideo (siehe Seite 166).
3. Diskutiere, wie der Staat im Wirtschaftskreislaufmodell dargestellt werden könnte.

Was sind Unternehmen und was machen sie?

Abb. 1 *Arbeiter in einem Stahlwerk*

Unternehmen im Wirtschaftsgeschehen

Unternehmen sind überall

Du kommst im Alltag mit sehr vielen **Unternehmen** in Kontakt: zum Beispiel Geschäften, Reisegesellschaften, Kiosks, Banken, Handwerksbetrieben. Es gibt Unternehmen, in denen viele tausende Menschen arbeiten. In vielen Unternehmen arbeiten aber auch nur einige wenige Personen. Manchmal arbeitet in einem Unternehmen auch nur eine einzige Person.

Tätigkeiten von Unternehmen

In vielen Unternehmen werden Produkte hergestellt. In einer Bäckerei wird etwa Brot gebacken. In einer Fabrik werden Autos oder Waschmaschinen gebaut. Viele Unternehmen stellen ihre Produkte aber nicht selbst her. Sie verkaufen z. B. Waren, wie Kleidung oder Bücher. Andere verkaufen Versicherungen oder helfen Menschen, wenn sie krank sind. Krankenhäuser sind nämlich auch Unternehmen. Unternehmen bieten auch Reparaturen an, wie z. B. die Fahrradwerkstatt. Es gibt auch Unternehmen, die nur für andere Unternehmen arbeiten. Zum Beispiel gibt es Unternehmen, die Maschinen für Fabriken herstellen.

Arten von Unternehmen

Unternehmen, die etwas herstellen, also produzieren, nennt man **Produktionsunternehmen**. Ein Unternehmen, das beispielsweise Züge produziert, ist ein Produktionsunternehmen.

Andere Unternehmen tun etwas für Menschen oder für andere Unternehmen. Diese nennt man **Dienstleistungsunternehmen**. Ein Friseursalon, bei dem du dir die Haare schneiden lassen kannst, ist ein Dienstleistungsunternehmen.

Unternehmen verfolgen Ziele

Ein Unternehmen zu gründen und zu führen ist nicht leicht: Man muss ein gutes Produkt oder eine gute Dienstleistung anbieten, man muss die Konkurrenz im Auge haben, man muss Kundinnen und Kunden überzeugen, das Produkt zu kaufen und man muss Mitarbeiterinnen und Mitarbeiter einstellen und bezahlen. Unternehmerinnen und Unternehmer verfolgen also viele Ziele. Man kann diese in ökonomische, soziale und ökologische Ziele unterteilen.

Ökonomische Ziele

Ökonomische Ziele sind wirtschaftliche Ziele. Unternehmen müssen ausreichend Geld einnehmen, um ihre Kosten decken zu können. Nur so können sie ihre Mitarbeiterinnen und Mitarbeiter pünktlich bezahlen, Rohstoffe einkaufen (z. B. Mehl in einer Bäckerei) und Werbung machen, um ihr Produkt bei den Kundinnen und Kunden bekannt zu machen. Unternehmerinnen und Unternehmer möchten am Ende natürlich noch Geld übrig haben, also mehr einnehmen als ausgeben. Das nennt man Gewinn. Ein Unternehmen, das auf Dauer keinen Gewinn macht, kann nicht überleben und wird womöglich wieder verschwinden.

Abb. 2 *Unternehmen wollen Gewinne machen*

Soziale Ziele

Unternehmen verfolgen auch **soziale Ziele**. Ein soziales Ziel kann z. B. sein, sichere und gut bezahlte Arbeitsplätze mit guten Arbeitsbedingungen anzubieten. Ein anderes Beispiel für ein soziales Ziel ist eine kleine Bäckerei, die den lokalen Fußballverein unterstützt, sodass dieser neue Tornetze oder Trikots kaufen kann.

Abb. 3 *Viele Unternehmen unterstützen lokale Sportvereine*

Ökologische Ziele

Ökologische Ziele werden für Unternehmen immer wichtiger. So haben sich mittlerweile viele Unternehmen selbst verpflichtet, nur noch Strom aus erneuerbaren Energiequellen, also z. B. Wind, Wasser und Sonne, zu verwenden. Ein weiteres Beispiel für ein ökologisches Ziel ist, bei der Produktion weniger Müll zu verursachen (etwa durch ein verbessertes Produktionsverfahren). Manche Unternehmen bezahlen ihren Mitarbeiterinnen und Mitarbeitern auch ein Bus- oder Bahnticket, damit diese nicht mit dem Auto zur Arbeit kommen müssen. Das ist ebenfalls gut für die Umwelt.

Weiterführendes Material: Die Ziele von öffentlichen Unternehmen

BRINGT DICH
ZUM JOB
UND NOCH
VIEL WEITER.
FRAG DEINE FIRMA
STRÖER

Abb. 4 *Werbeplakat für das Jobticket in Köln*

Abb. 5 *Lieferung per Rad, statt mit dem Lieferwagen*

A Nenne Beispiele für Unternehmen, die du kennst.

B Beschreibe Tätigkeiten, die Unternehmen durchführen.

C Erläutere die drei grundlegenden Ziele von Unternehmen an je einem Beispiel.

Material

Arten von Unternehmen

M1 *Produktions- und Dienstleistungsunternehmen, Autorentext*

In Produktionsunternehmen werden ...	In Dienstleistungsunternehmen wird/werden ...
• Rohstoffe gewonnen (z. B. Kohle, Holz). • Güter hergestellt, die zur weiteren Produktion notwendig sind (z. B. Maschinen, Backöfen). • Güter hergestellt, die dem Konsum dienen (z. B. Nahrungsmittel, Kleidung, Fernseher).	• gehandelt (z. B. Verkauf von Kleidung). • Waren und Personen transportiert (z. B. Güterzug, Schulbus). • Bankgeschäfte geregelt (z. B. eine Überweisung ausgeführt). • Versicherungen angeboten (z. B. eine Krankenversicherung). • Menschen betreut und unterrichtet (z. B. Kindergarten, Nachhilfeschule).

A *Flugzeughersteller*

B *Kindergarten*

C *Busunternehmen*

D *Bergbauunternehmen*

1 **a)** Ordne die auf den Bildern dargestellten Unternehmen in Produktionsunternehmen und Dienstleistungsunternehmen ein.

b) Erläutere anhand von selbstgewählten Beispielen, was Produktionsunternehmen und Dienstleistungsunternehmen sind.

Ziele von Unternehmen

M2 *Unternehmerinnen und Unternehmer verfolgen verschiedene Ziele, Autorentext*

Gaëlle

Für mich ist es wichtig, dass wir ausreichend Aufträge bekommen. Nur so kann ich die Arbeitsplätze in meinem Unternehmen auch langfristig sichern.

Claudia und Malte

Wir müssen mit den Einnahmen des Restaurants unsere Familie ernähren. Daher ist es wichtig, dass wir genügend Gewinn erwirtschaften.

Uta

Uns und unseren Kundinnen und Kunden sind die Umwelt und die Natur sehr wichtig. Daher produzieren und verkaufen wir nur Bio-Produkte.

Sonja

Ich muss öfter neue Maschinen kaufen, damit mein Unternehmen mit den aktuellen technischen Entwicklungen mithalten kann. Das Geld für die Maschinen müssen wir natürlich auch verdienen.

Tom

Unsere Kundinnen und Kunden erwarten eine hohe Qualität und einen guten Service, denn unsere Brote und Brötchen sind teurer als in einem Backshop. Daher steht für mich die Kundenzufriedenheit an erster Stelle.

Yana

Für uns ist ein gutes Betriebsklima wichtig. Sind die Mitarbeiterinnen und Mitarbeiter nicht zufrieden, merken die Kundinnen und Kunden das.

2 Beschreibe die Ziele der dargestellten Unternehmerinnen und Unternehmer.

3 Wähle eine der Aufgaben aus:

- **I a)** Nenne die wirtschaftlichen Ziele der dargestellten Unternehmen.
- **II b)** Ordne die Ziele der Unternehmen sozialen, ökologischen und ökonomischen Zielen zu.
- **III c)** Erläutere, welches gemeinsame Ziel die Unternehmerinnen und Unternehmer haben.

4 Setze dich damit auseinander, warum Unternehmen ökonomische Ziele verfolgen müssen.

Welche Bedeutung hat Umweltschutz für Unternehmen?

Abb. 1 *Rauchfahnen über einem Braunkohlekraftwerk im Rheinland*

Umweltschutz in Unternehmen

Eine Verantwortung für die Zukunft

Umweltschutz in Unternehmen ist mehr als nur eine gesellschaftliche Verpflichtung. Es geht darum, nachhaltige Praktiken zu fördern, die dazu beitragen, Ressourcen zu erhalten und Umweltauswirkungen zu minimieren. Unternehmen spielen eine Schlüsselrolle bei der Gestaltung einer nachhaltigen Zukunft.

Energieeffizienz und Ressourcenschonung

Ein zentraler Aspekt des Umweltschutzes in Unternehmen ist die Steigerung der **Energieeffizienz** und die Schonung von Ressourcen. Dies kann durch den Einsatz moderner Technologien, Recyclingprogramme und effizientere Produktionsprozesse erreicht werden. Unternehmen tragen somit dazu bei, den ökologischen Fußabdruck zu verringern. Ein weiterer wichtiger Schwerpunkt liegt auf der Gestaltung **nachhaltiger Lieferketten und Produkte**. Unternehmen sollten darauf achten, umweltfreundliche Materialien zu verwenden, erneuerbare Energien zu fördern und Transportwege zu optimieren. Durch die Auswahl von nachhaltigen Lieferanten können Unternehmen den Umweltschutz im gesamten Produktionsprozess sicherstellen.

Umweltfreundliche Entsorgung

Umweltschutz in Unternehmen beinhaltet auch eine umweltfreundliche Entsorgung von Abfällen. Indem Unternehmen Abfälle reduzieren und Ressourcen wiederverwenden entsteht eine sogenannte **Kreislaufwirtschaft**. Dies trägt nicht nur zur Umweltentlastung bei, sondern kann auch Kosteneinsparungen für Unternehmen bedeuten.

Förderung von Umweltbewusstsein

Auch die Mitarbeitenden sollten für Umweltfragen sensibilisiert werden. Unternehmen können Programme zur Förderung des **Umweltbewusstseins** einführen, um ihre Mitarbeiter zu motivieren, umweltfreundliche Verhaltensweisen am Arbeitsplatz und darüber hinaus zu praktizieren. Dies schafft eine gemeinsame Verantwortung für den Umweltschutz.

A Benenne, welche Bedeutung Umweltschutz in Unternehmen für die Gesellschaft hat.

B „Die Regierung sollte härtere Vorschriften zum Umweltschutz in Unternehmen einführen." Diskutiert diese Aussage.

Ökologische Ziele von Unternehmen

M1 *Wie RECUP aus der Not eine Tugend macht – Interview mit Florian Pachaly von RECUP, 07.06.2023*

RECUP - modern, nachhaltig, konsumentenfreundlich!

Wie aus einer Idee der Kampf gegen Einwegverpackungen wurde und warum Purpose das Herz eines Unternehmens ist.

Vor sieben Jahren haben Sie mit der Gründung von RECUP aus der Not eine Tugend gemacht und mit einem innovativen Pfandsystem der umweltbelastenden Einwegverpackung den Kampf angesagt. Wie kam es dazu?

Die Idee hatten Fabian und ich unabhängig voneinander während unseres Studiums. Fabian, der in Malmö studierte, hatte im Rahmen eines Uni-Projekts zur Verbesserung der Nachhaltigkeit der Universität die Idee, Einwegbecher abzuschaffen [...]. Ich hatte die Idee ebenfalls während meines Studiums. Durch Zufall kamen wir damit bei derselben Person an – und so dann schließlich zusammen – und beschlossen, die Sache gemeinsam anzugehen. Im November 2016 starteten wir mit unserem Pilotprojekt für Mehrwegbecher in Rosenheim. Das System kam bei den 26 Testpartnern gut an und so folgten im Mai 2017 bereits 50 weitere Partner in München. Mittlerweile gibt es RECUP und REBOWL bundesweit an über 21.000 Ausgabestellen und unser System ist die marktführende Mehrweglösung für die Gastronomie in Deutschland.

Welche Herausforderungen haben euch seit der Gründung am stärksten auf die Probe gestellt?

Wir haben erst spät auf Automatisierung und den Ausbau der Prozess-/IT-Landschaft gesetzt. Hier mussten wir viel nachholen.

Eine weitere Herausforderung ist und bleibt es, Gewohnheiten zu durchbrechen. Auch wenn das Thema „Pfand" in Deutschland geläufig ist, stellt es sich immer wieder als schwierig heraus, dies ganz einfach auf To-go-Becher und Take-away-Schalen zu übertragen. Daher zeigen wir vermehrt mit Kampagnen und Infomaterial, wie simpel das Mehrwegsystem funktioniert.

Angenommen, ich wäre Besitzer:in eines Cafés, weshalb sollte ich mich neben der Nachhaltigkeitsvorteile für die wiederverwendbaren Becher und Bowls von RECUP begeistern?

Für RECUP-Partner ist das Mehrwegsystem bereits ab ca. 12 ausgegebenen To-go-Getränken im RECUP bzw. ab dem sechsten Take-away-Gericht in der REBOWL am Tag günstiger als das Einwegsystem. Außerdem werden Gastronomiebetriebe Teil eines aufmerksamkeitsstarken Unternehmensnetzwerks: Bereits 21.000 Partner haben sich deutschlandweit unserer Mehrweglösung angeschlossen und positionieren ihre Unternehmen als modern, nachhaltig und konsumentenfreundlich.

Florian Pachaly von RECUP

1 Beschreibe, was das Unternehmen RECUP macht.

2 Wähle eine der Aufgaben aus:

I **a)** Erkläre, warum das Unternehmen RECUP auch ökonomische Ziele verfolgen sollte.

II **b)** Erläutere, warum Unternehmen immer auch ökonomische Ziele verfolgen sollten.

III **c)** Recherchiere weitere Unternehmen, die sich besonders für Umweltschutz engagieren.

Welchem Wandel unterliegen Unternehmen?

Abb. 1 *Ein Roboter kommt in der Landwirtschaft zum Einsatz*

Unternehmen im Wandel

Wirtschaft im Wandel

„Früher, als wir jung waren, da gab es ...“ Kennt ihr solche Sätze von euren Eltern oder Großeltern? Die Wirtschaft, die Produkte, die Unternehmen und auch die Arbeit, verändern sich ständig. Auch an alltäglichen Produkten könnt ihr das besonders deutlich feststellen: etwa am **Wandel** vom Telefon zum Smartphone.

Unternehmen verändern sich

Aber auch die Unternehmen verändern sich. Viele Unternehmen sind heute international tätig. Sie haben Standorte sowie Mitarbeiterinnen und Mitarbeiter auf der ganzen Welt. Und sie setzen Produkte auf der ganzen Welt ab. Es gibt globale, also weltweite Marken, die man auf der ganzen Welt kennt.

Arbeit verändert sich

Durch den technischen Fortschritt verändern sich Arbeitsplätze. Maschinen helfen den Menschen, ihre Arbeit einfacher und schneller zu erledigen. Oft werden dadurch weniger Arbeitskräfte benötigt. In der Landwirtschaft wurde früher beispielsweise fast alles von Hand erledigt. Das Feld wurde mithilfe von Tieren gepflügt. Das Korn wurde dann mit der Sense gemäht und anschließend per Hand weiterverarbeitet. Heute übernehmen Maschinen diese Aufgaben.

Demografischer Wandel und Fachkräfte

Aber auch bei der Suche nach neuen Mitarbeitenden müssen sich viele Unternehmen neu aufstellen. Der **demografische Wandel** sorgt für Veränderungen auf dem Arbeitsmarkt. Demografischer Wandel meint die Veränderung der Bevölkerungsstruktur, vor allem durch wechselnde Geburtenraten und eine zunehmende Lebenserwartung. Das führt meist zu einer älter werdenden Gesellschaft. Während sich früher viele Menschen auf eine ausgeschriebene Stelle beworben haben und die Unternehmen auswählen konnten, sieht das heute in vielen Branchen ganz anders aus. Auch **Fachkräfte** sind in vielen Bereichen Mangelware. Man spricht vom **Fachkräftemangel**. Um Mitarbeitende anzulocken, reicht nicht nur ein hohes Gehalt. Viele Unternehmen bieten heute etwa zusätzlich Kinderbetreuung, Gesundheitsprogramme und **flexible Arbeitszeiten** an. Auch hier herrscht Wettbewerb zwischen Unternehmen. Nicht nur vielen jungen Menschen ist die möglichst freie Lebensgestaltung mindestens genauso wichtig wie eine gute Bezahlung.

A Erkläre, wie sich gesellschaftliche Entwicklungen auf Unternehmen auswirken können.

B Erläutere, warum Unternehmen heute mehr anbieten müssen, als ein gutes Gehalt.

Digitalisierung in einer Tischlerei

M1 *Nicht nur im Privaten hat die Digitalisierung vieles verändert, sondern auch in Unternehmen. Das gilt auch für Betriebe, bei denen man das erstmal nicht vermutet, wie etwa in einer Tischlerei. Die Geschäftsführerin Leonie Lobinger erläutert dies, Autorentext*

Leonie Lobinger

Die individuellen Wünsche der Kundinnen und Kunden werden am Computer entworfen. Sie bekommen dann eine Computergrafik, die aussieht wie ein Foto. So können sie sehen, ob das Produkt ihren Wünschen entspricht.

Die Möbel werden nicht mehr mit Stift und Papier entworfen, sondern am Computer. Die so erstellten Dateien dienen dann der Herstellung der Möbel.

Die Übersicht über die Lagerbestände erfolgt über Computerprogramme. So kann die oder der Mitarbeitende auf dem Tablet nachsehen, was wo liegt, und wie viel noch auf Lager ist.

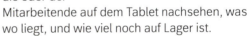

Die Zeiterfassung läuft digital. So können bei der Erstellung der Rechnung nicht mehr so leicht Fehler entstehen.

Ein Computerprogramm hat einen Überblick über alle Prozesse im Unternehmen. Es weiß zum Beispiel, wann welcher Auftrag erledigt sein muss und welches Personal und welche Maschinen dafür benötigt werden.

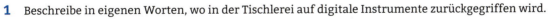

1 Beschreibe in eigenen Worten, wo in der Tischlerei auf digitale Instrumente zurückgegriffen wird.

2 Wähle eine der Aufgaben aus:

I **a)** Beschreibe, wie Arbeit ohne diese digitalen Instrumente erfolgen könnte und vergleiche damit die digitale Tischlerei.

II **b)** Erläutere, wie die Arbeit ohne die digitalen Instrumente erfolgen würde und vergleiche damit die digitale Tischlerei. Stelle die Vor- und Nachteile der Digitalisierung heraus.

III **c)** Diskutiert die Auswirkungen der Digitalisierung auf die Mitarbeitenden in der Tischlerei.

Wie verändert die Digitalisierung die Märkte und Handelsbeziehungen?

Abb. 1 *Junger Mann beim Bezahlen im Internet*

Digitale Marktplätze und Plattformen

Märkte früher und heute

Wollte man früher einen Computer kaufen, ging man in die Geschäfte vor Ort und verglich die Preise. Essen bestellte man per Telefon und holte es sich ab, den Urlaub buchte man im Reisebüro. Das kann man heute alles auch über das Internet erledigen. Auf **digitalen Marktplätzen** wird eingekauft und gehandelt. Man spricht hier auch von der **Plattform-Ökonomie**. Wie auf einem Wochenmarkt kommen im Internet Kunden und Kundinnen mit Anbietern und Anbieterinnen zusammen. Es gibt Unternehmen, die mit der Bereitstellungen dieser Plattformen ihr Geld verdienen.

Vor- und Nachteile für Unternehmen

Für die Anbieter von Sachgütern und Dienstleistungen hat das viele Vorteile. Die Gruppe der Nachfragerinnen und Nachfrager ist durch das Internet nicht mehr örtlich begrenzt, vielmehr kann man heute in der ganzen Welt anbieten. Weil es keine festen Öffnungszeiten gibt, geht das rund um die Uhr.

Veränderte Konkurrenz

In den sozialen Netzwerken kann man sich Menschen präsentieren, die man sonst nie erreicht hätte. Allerdings geht damit auch ein verschärfter Konkurrenzkampf einher. Früher hatte ein Elektrohändler nur wenige Konkurrenten in der Nachbarschaft, heute steht er mit Anbietern aus der ganzen Welt im Wettbewerb.

Vor- und Nachteile für Erwerbstätige

Durch digitale Marktplätze und Plattformen entstehen neue Tätigkeitsfelder. Jedoch findet man gerade in Bereichen, die sich durch schnelle und kostengünstige Lieferungen auszeichnen, häufig schlechte Arbeitsbedingungen mit niedrigen Löhnen.

A Ermittle ein eigenes Beispiel für einen Markt, der heute vor allem online organisiert ist.

B Du hast einen Handel für Gebrauchtwagen in einer mittelgroßen Stadt. Erläutere, was sich durch Plattform-Ökonomien verändert hat.

Märkte früher und heute

M1 *Befrage deine Eltern und ältere Verwandte, Autorentext*

In welchen Bereichen habt ihr früher in eurer Stadt eingekauft und seid heute online unterwegs?

Welche Vorteile haben Onlinemärkte im Vergleich zu Einkaufsmöglichkeiten in eurer Stadt? Welche Nachteile haben sie im Vergleich?

1 **a)** Führe die Befragung durch (M1). Erstelle eine Tabelle in deinem Heft und fülle sie aus (siehe Seite 230).
b) Vergleiche deine Ergebnisse mit denen deiner Mitschülerinnen und Mitschüler. Ermittle Gemeinsamkeiten und Unterschiede. Partnervortrag

Plattform-Ökonomie

M2 *So funktioniert eine Plattform-Ökonomie*

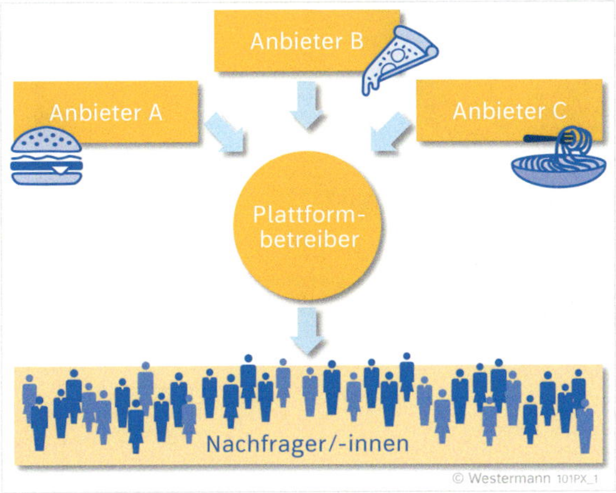
Anbieter B
Anbieter A
Anbieter C
Plattform-betreiber
Nachfrager/-innen
© Westermann

2 **a)** Erkläre mithilfe der Grafik M2 die Funktionsweise der Plattform-Ökonomie.
b) Ermittelt gemeinsam wesentliche Aufgaben von Plattformbetreibern.

3 Diskutiert, wovon es abhängt, ob eine Plattform erfolgreich ist oder nicht. Marktplatz

4 **a)** Sieh dir die Bilder an (M3). Stelle eine Verbindung zu Online-Märkten bzw. -plattformen her.
b) Erläutere, in welchen Bereichen Onlinehandel und -plattformen eine kleinere oder größere Rolle spielen und woran dies liegt.
c) Diskutiere die Rolle von Onlinehandel im Hinblick auf zukünftige Entwicklungen.

M3 *Die Plattform-Ökonomie im Alltag*

Bequem nach Hause geliefert

M4 *Lieferdienste in der Kritik, Autorentext*

Die Schattenseiten des Lieferdienst-Booms: Ausbeutung, Druck und Minijobs

Lieferdienste gehören mittlerweile zum Alltag. In wenigen Minuten bringen sie uns das Gewünschte und schaffen dabei gleichzeitig flexible Arbeitsplätze wie Minijobs.

Doch es gibt viel Kritik: Auch bei Regen, Sturm und Schnee müssen die Fahrerinnen und Fahrer unter Zeitdruck Bestellungen auf dem Fahrrad ausliefern.

Viele Angestellte klagen zudem über schlechte Arbeitsbedingungen, strenge Verhaltenskontrollen und eine geringe Bezahlung. Manche Unternehmen verlangen sogar, dass die Angestellten ihre eigenen Fahrräder und Smartphones benutzen müssen. Zumindest hat das Bundesarbeitsgericht 2021 nach der Klage eines Betroffenen entschieden, dass in solchen Fällen finanzielle Entschädigungen fällig sind.

M5 *Karikatur*

Dann würde ich die Köpfhörer, das Duschgel und den Orangensaft nehmen, bitte.
Vielen Dank für Ihren Einkauf. Die Beträge werden von Ihrem Konto abgebucht.

5 Arbeite das in M4 beschriebene Problem heraus.

6 **a)** Analysiere die Karikatur (M5) (siehe Seite 122).

b) Diskutiert, inwieweit große Onlinehändler und -plattformen mit dem dargestellten Regal vergleichbar sind.

7 „Menschen bestellen vor allem bei Anbietern mit günstigen Preisen". Erläutere den Zusammenhang zwischen unseren Entscheidungen als Nachfragerinnen und Nachfrager und dem beschriebenen Problem.

Vor- und Nachteile von digitalen Marktplätzen und Plattformen

M6 *Vor- und Nachteile von Plattformen für Unternehmen, bitkom Research, 2020*

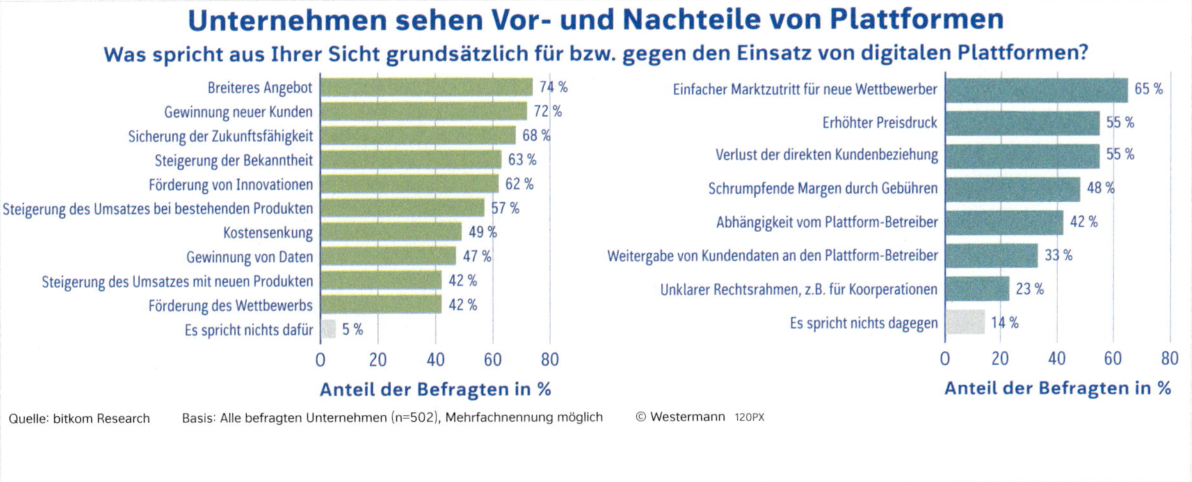
Unternehmen sehen Vor- und Nachteile von Plattformen
Was spricht aus Ihrer Sicht grundsätzlich für bzw. gegen den Einsatz von digitalen Plattformen?
Breiteres Angebot 74 %
Gewinnung neuer Kunden 72 %
Sicherung der Zukunftsfähigkeit 68 %
Steigerung der Bekanntheit 63 %
Förderung von Innovationen 62 %
Steigerung des Umsatzes bei bestehenden Produkten 57 %
Kostensenkung 49 %
Gewinnung von Daten 47 %
Steigerung des Umsatzes mit neuen Produkten 42 %
Förderung des Wettbewerbs 42 %
Es spricht nichts dafür 5 %
0 20 40 60 80
Anteil der Befragten in %
Einfacher Marktzutritt für neue Wettbewerber 65 %
Erhöhter Preisdruck 55 %
Verlust der direkten Kundenbeziehung 55 %
Schrumpfende Margen durch Gebühren 48 %
Abhängigkeit vom Plattform-Betreiber 42 %
Weitergabe von Kundendaten an den Plattform-Betreiber 33 %
Unklarer Rechtsrahmen, z.B. für Koorperationen 23 %
Es spricht nichts dagegen 14 %
0 20 40 60 80
Anteil der Befragten in %
Quelle: bitkom Research
Basis: Alle befragten Unternehmen (n=502), Mehrfachnennung möglich
© Westermann 120PX

8 a) Fasse zusammen, was die Grafik darstellt und gib die zentralen Ergebnisse wieder (siehe Seite 227).

b) Diskutiert dann die Nennungen, die ihr nicht versteht.

c) Stell dir vor, du hast einen Laden für Elektrogeräte von deinen Eltern geerbt. Analysiere die positiven und negativen Auswirkungen der Plattform-Ökonomie für dich und den Laden.

Das Sterben der Innenstädte

M7 *Karikatur und Foto*

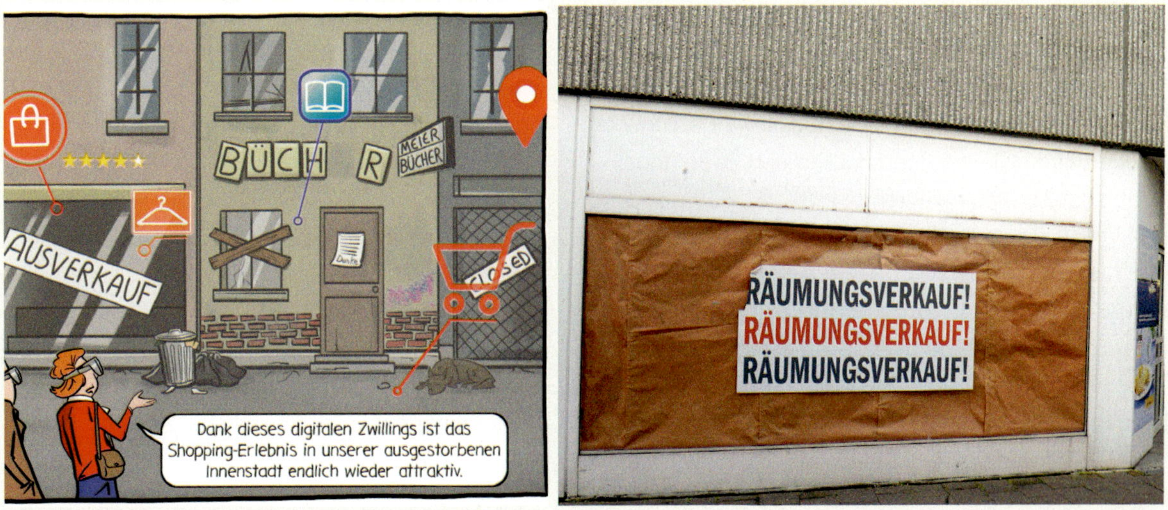
BÜCH R
MEIER BÜCHER
AUSVERKAUF
CLOSED
Dank dieses digitalen Zwillings ist das Shopping-Erlebnis in unserer ausgestorbenen Innenstadt endlich wieder attraktiv.
RÄUMUNGSVERKAUF!
RÄUMUNGSVERKAUF!
RÄUMUNGSVERKAUF!

9 Beschreibe die in der Karikatur und dem Bild beschriebenen Auswirkungen des Booms der Online-Märkte in den Innenstädten (siehe Methode auf Seite 122).

10 Erstellt einen Podcast (Seite 126), zur Auswirkungen des Onlinehandels auf eure Stadt/ Gemeinde.

Kompakt

Marktprozesse und wirtschaftliches Handeln

Wirtschaften – eine Angelegenheit für alle?

Wirtschaften bedeutet, dass Menschen Dinge tun oder erstellen, von denen sie leben können, wie zum Beispiel der Verkauf und Kauf von Waren. Im Wirtschaftsleben spielen drei wichtige Gruppen eine Rolle: die privaten Haushalte (z. B. eine Frau, die einkauft), Unternehmen (z. B. ein Marktstand) und der Staat, der Steuern einnimmt und Regeln festlegt. Sie alle kommen auf dem Markt zusammen. Es gibt sehr viele unterschiedliche Märkte.

Abb. 1 *Ein Roboter in der Landwirtschaft*

Wie entwickeln sich Preise von Produkten?

Angebot und Nachfrage sind zentrale Konzepte in der Wirtschaft, die den Preis und die Verfügbarkeit von Produkten und Dienstleistungen bestimmen. Angebot (die Menge eines verfügbaren Produkts) und Nachfrage (das Verlangen danach) beeinflussen sich dabei gegenseitig. Es gibt austauschbare Güter, bei denen Konsumenten bei hohen Preisen zu alternativen Produkten greifen (z. B. von Erbsen zu Bohnen wechseln), und sich ergänzende Güter, die gemeinsam genutzt werden (wie ein Smartphone und sein Ladekabel). Preise für Produkte ändern sich basierend auf Angebot und Nachfrage. So können saisonbedingte Nachfrageänderungen wie bei Winterjacken und Bademode zu Preisunterschieden führen.

Wie lassen sich wirtschaftliche Zusammenhänge abbilden und untersuchen?

Im Wirtschaftskreislauf werden die wesentlichen Tauschvorgänge zwischen den Wirtschaftsakteuren dargestellt. So produzieren Unternehmen Güter und verkaufen diese, während Menschen ihre Arbeit anbieten und die Produkte kaufen. Auch der Staat spielt eine zentrale Rolle in der Wirtschaft, indem er Steuern erhebt und ausgibt, um beispielsweise öffentliche Bedienstete zu bezahlen und bedürftige Bürgerinnen und Bürger zu unterstützen.

Was sind Unternehmen und wie wandeln sie sich?

Unternehmen durchdringen nahezu alle Aspekte des täglichen Lebens, von kleinen Ein-Personen-Betrieben bis hin zu Großunternehmen mit tausenden Mitarbeitern. Sie decken ein breites Spektrum an Tätigkeiten ab – von der Produktion physischer Güter bis hin zu verschiedenen Dienstleistungen für Menschen und andere Unternehmen. Sie verfolgen dabei sowohl ökonomische, soziale als auch ökologische Ziele, wobei insbesondere Umweltschutz und Nachhaltigkeit zunehmend in den Fokus rücken. Unternehmen sind einem ständigen Wandel unterworfen. Sie werden beeinflusst durch Globalisierung, technischen Fortschritt und demografische Entwicklungen. Diese Veränderungen wirken sich auch auf die Arbeit und Märkte aus. Die Digitalisierung bietet für Unternehmen Chancen und Herausforderungen im globalen Wettbewerb. Auch für Erwerbstätige bringt sie neue Tätigkeitsfelder, aber auch Risiken schlechter Arbeitsbedingungen mit sich.

Wichtige Begriffe

Angebot und Nachfrage, digitale Marktplätze, Gleichgewichtspreis, Globalisierung, Konsumverhalten, Markt, Onlinehandel, Preis, Preisbildung, Unternehmen, Wirtschaftskreislauf

Marktprozesse und wirtschaftliches Handeln

1 Lies den Kasten mit den wichtigsten Begriffen des Kapitels auf der Kompaktseite. Wähle drei Begriffe aus und erkläre sie in eigenen Worten.

Ziele von Unternehmen

M1 *Verschiedene Ziele und Ansichten, Autorentext*

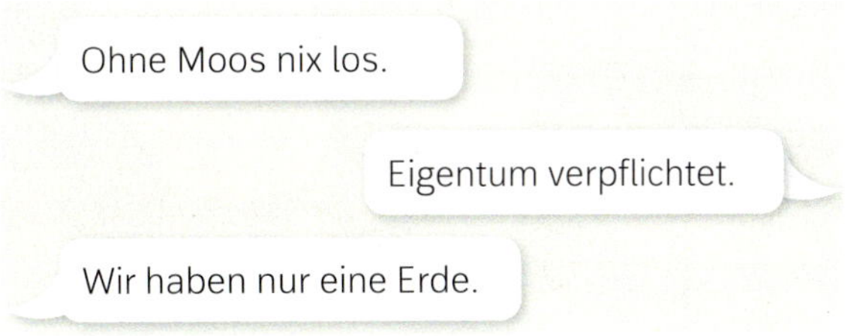
Ohne Moos nix los.
Eigentum verpflichtet.
Wir haben nur eine Erde.

2 **a)** Benenne Ziele von Unternehmen und ordne sie nach ökonomischen, sozialen und ökologischen Zielen.
b) Formuliere eine eigene Sprechblase zu einem Unternehmensziel deiner Wahl.

Unternehmen im Wirtschaftsgeschehen

M2 *Busunternehmen*

M3 *Hersteller von Tiefkühl-Pizzas*

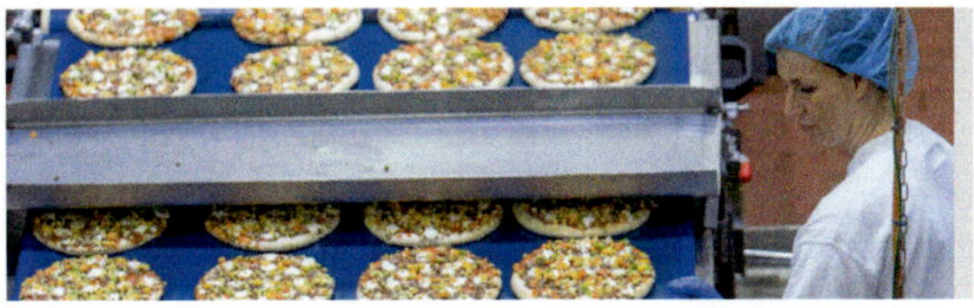

3 Erläutere mithilfe der Beispiele, was Dienstleistungs- und Produktionsunternehmen sind.

4 Diskutiere anhand eines Beispiels aus deinem Alltag, wie sich ein Unternehmen im Wandel der Zeit verändert hat.

Märkte und Preise

5 **a)** Nenne drei Arten von Märkten, die du aus deinem Alltag kennst.
b) Beschreibe, was die Begriffe „Angebot" und „Nachfrage" bedeuten.
c) Erläutere anhand eines Produkts deiner Wahl, was passieren könnte, wenn davon plötzlich viel mehr oder viel weniger verfügbar ist. Wie verändert das den Preis?

Wirtschaft verstehen

M4 *Der Wirtschaftskreislauf*

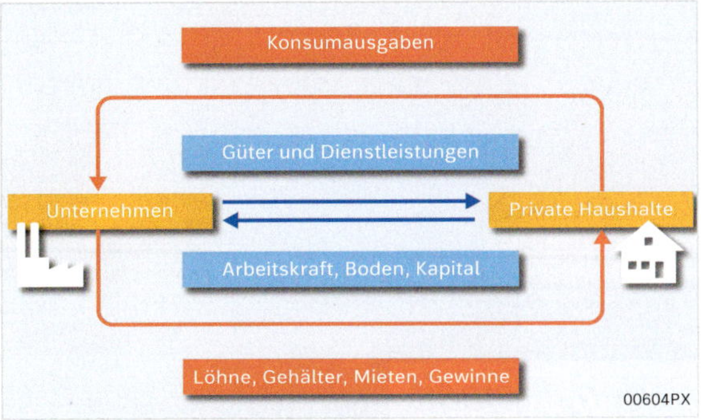
Konsumausgaben
Güter und Dienstleistungen
Unternehmen
Private Haushalte
Arbeitskraft, Boden, Kapital
Löhne, Gehälter, Mieten, Gewinne
00604PX

6 Beschreibe den Wirtschaftskreislauf.

7 Ermittle mithilfe des Wirtschaftskreislaufs die möglichen Folgen folgender Ereignisse:
a) Die Löhne in Deutschland sinken.
b) Ein Unternehmen muss mehr Geld für die Miete zahlen.
c) Die Haushalte konsumieren weniger.

8 Erläutere an einem selbstgewählten Beispiel die Grenzen und Potenziale des Wirtschaftskreislaufs.

Lösungen: Lerncheck

Kapitel 6

23.03.19
PUT IT TO THE PEOPLE MARCH
12PM, PARK LANE
VOTE LEAVE BROKE THE LAW #STOPBREXIT

- Welche Bedeutung hat die EU in unserem Alltag?
- Wie hat sich die EU entwickelt?
- Wie wollen wir Europa gestalten, um Frieden, Freiheit, Gerechtigkeit und Wohlstand zu sichern?

Leben in der Europäischen Union

NEVER
GONNA GIVE
EU UP

Was verbindet dich mit Europa und der Europäischen Union?

Abb. 1 *Eine Person mit der Flagge der Europäischen Union*

Europa, die EU und du

Leben in Europa

Hast du dir schon einmal Gedanken darüber gemacht, dass du nicht nur in einer Stadt, einem Bundesland und in einem Staat lebst, sondern auch auf einem **Kontinent** mit dem Namen **Europa**? In deiner Nähe liegen Länder wie Belgien, Frankreich, Luxemburg oder die Niederlande. Das Bundesland Nordrhein-Westfahlen grenzt im Westen an Belgien und an die Niederlande. Dort kannst du Einkaufen, ohne an den Grenzen halten zu müssen und auch einfach mit dem **Euro** bezahlen. Hinzu kommt, dass du dort mit deinem Smartphone telefonieren oder im Internet surfen kannst, ohne mehr zu bezahlen als in Deutschland.

Die Europäische Union

Das alles liegt daran, dass viele Länder Europas Teil der **EU** sind. Die Abkürzung EU steht für **Europäische Union**. Sie ist eine wirtschaftliche und politische Gemeinschaft mehrerer Staaten, ein sogenannter **Staatenbund**. Sie wurde gegründet, um wirtschaftliche Zusammenarbeit herzustellen und für dauerhaften Frieden zu sorgen. Im Laufe der Jahre hat dieses Bündnis die Zusammenarbeit in vielen weiteren Bereichen beschlossen. Daher hast du viele der oben genannten Freiheiten, die dir aus Deutschland bekannt sind, auch in anderen Ländern der EU.

EU-Mitgliedschaft

Nicht alle Länder des Kontinents **Europa** sind auch automatisch Teil des Staatenbündnisses **EU**. Auf dem Kontinent Europa leben etwa 750 Millionen Menschen auf einer Fläche von etwa 11 Millionen km^2. In der EU hingegen leben ca. 450 Millionen Menschen auf einer Fläche von etwa 4 Millionen km^2.

Aktuell (Stand 2024) sind 27 Staaten Mitglied in der EU. Großbritannien gehört seit Januar 2020 nicht mehr zur EU. Um ein neues Mitglied in der EU werden zu können, müssen sich die Länder bewerben. Die EU – also die 27 Mitgliedstaaten – prüft dann, ob das Bewerberland alle politischen und wirtschaftlichen Voraussetzungen erfüllt und an der Friedenswahrung mitarbeitet. Im Laufe der Jahre kamen immer mehr Mitglieder hinzu und die EU entwickelte sich immer weiter.

A Nenne Beispiele, wo du im Alltag der EU begegnest. Link: "What Europe does for me"

B Erkläre den Unterschied zwischen Europa und der Europäischen Union.

C Fühlst du dich als Europäerin bzw. als Europäer? Tauscht euch aus und begründet eure Ansichten. Marktplatz

Mitgliedsstaaten der Europäischen Union

M1 *Politische Karte von Europa, 2024*

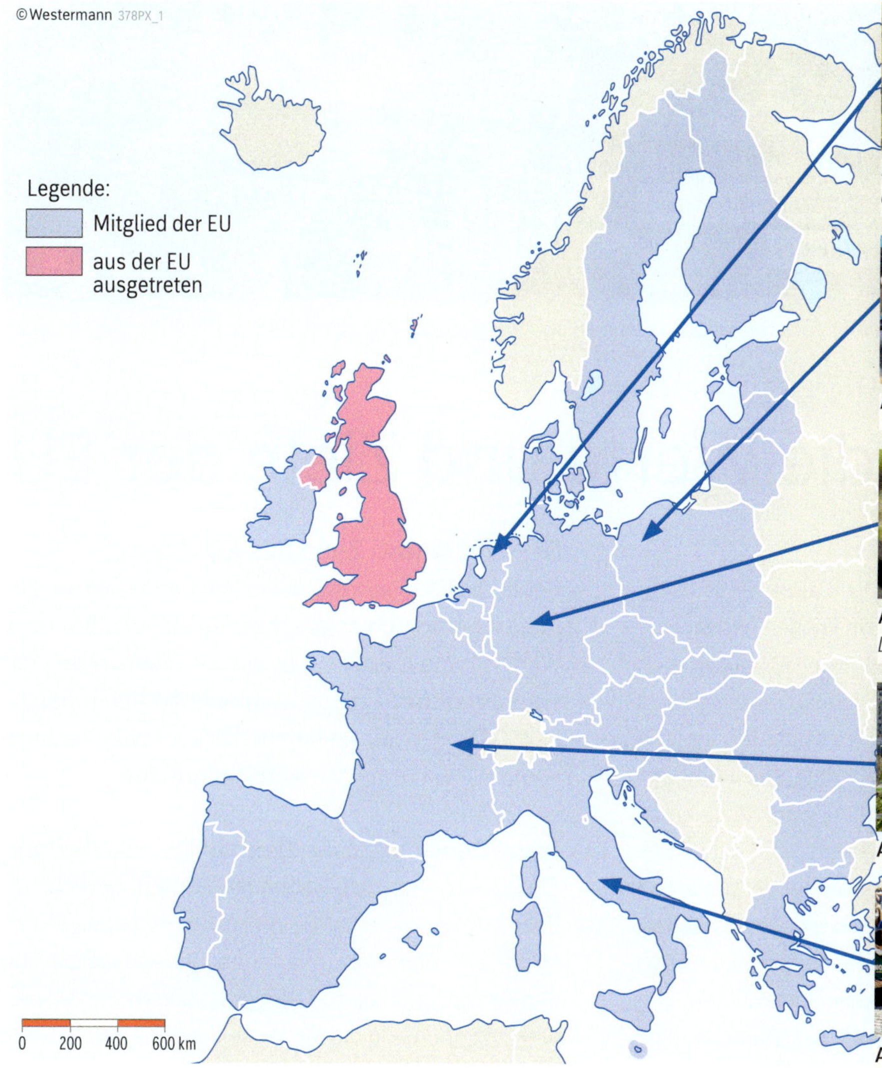
©Westermann 378PX_1
Legende:
Mitglied der EU
aus der EU ausgetreten
0
200
400
600 km

Abb. 1 *Telefonieren im Urlaub ohne Roaminggebühren*

Abb. 2 *Rucksackreisende*

BIO

Abb. 3 *Das EU-Bio-Logo für Lebensmittel*

Abb. 4 *Austausch in Frankreich*

Abb. 5 *Fridays for Future-Protest in Rom (2020)*

1 Benenne die Mitgliedstaaten der Europäischen Union.

2 Beschreibe mit Hilfe der Fotos die Möglichkeiten Jugendlicher in der Europäischen Union.

Vergrößerte Ansicht der Karte und Bilder

3 Wähle eine Aufgabe und stellt euch die Ergebnisse gegenseitig in Form einer Wandzeitung vor:

- **a)** Gestalte einen Steckbrief zu einem EU-Staat deiner Wahl.
- **b)** Sichte die Fotos und schreibe eine europäische Alltaggeschichte zu einem Foto deiner Wahl.
- **c)** Beschreibe in einem Tagebucheintrag eine Urlaubsreise in ein Land der EU.

4 Diskutiert mögliche Gründe, warum manche Staaten Europas nicht zur Europäischen Union gehören.

Roaminggebühren: zusätzliche Kosten, die entstehen können, wenn du dein Handy im Ausland benutzt, um Anrufe zu tätigen oder mobile Daten zu nutzen

Für ein EUROPA ohne Mauern
L'EUROPE C'EST Toi L'UNION C'EST NOUS
Meine Stimme
STOPPT AFD
Mein Herz schlägt für Vielfalt
Mein Herz schlägt für Vielfalt

Wie ist die Europäische Union entstanden und wie hat sie sich entwickelt?

Abb. 1 *Demonstration für Vielfalt und Zusammenhalt in Deutschland und Europa*

Der Weg, die Werte und Ziele der EU

Auf dem Weg zur EU

Nach zwei Weltkriegen (1914–1918 und 1939–1945) wollten die Menschen in Europa in Frieden und Sicherheit leben. Die „Geburtsstunde" der EU ergab sich durch die Zusammenarbeit zwischen Frankreich und Deutschland. Sie schlossen sich zusammen, um die Herstellung und Verteilung von Kohle und Stahl gemeinsam zu regeln. Kohle und Stahl waren notwendig für den **Wiederaufbau** der Wirtschaft. 1951 schlossen sich auch Belgien, Luxemburg, die Niederlande und Italien an. Es entstand die **Europäische Gemeinschaft für Kohle und Stahl (EGKS)**. Diese Gemeinschaft entwickelte sich inhaltlich immer weiter. Außerdem schlossen sich immer mehr Staaten an. So entstand im Jahre 1993 die Europäische Union (EU).

Die Entwicklung der EU

Die historische Entwicklung prägte auch die **Ziele** der EU. Die Staatengemeinschaft wollte ein **dauerhaftes friedvolles Miteinander** durch **wirtschaftliche Zusammenarbeit** erreichen. Von Anfang an ging es dem Bündnis neben wirtschaftlichen Zielen auch um politische Beziehungen. Immer mehr Bereiche, wie Umwelt, Sicherheit, Migration und Gesundheit kamen im Laufe der Jahre hinzu, immer mehr Ziele und Werte wurden definiert.

Die Werte und Ziele der EU

Heute sind alle wesentlichen Ziele und Werte der Europäischen Union in Verträgen festgelegt. Wichtige Werte für die EU sind zum Beispiel die Achtung der **Freiheit, Demokratie, Gleichheit, Rechtsstaatlichkeit** – das Handeln im Rahmen bestehender Gesetze – und die Wahrung der **Menschenrechte**.

Diese Werte prägen die Ziele der EU, also das, was die EU erreichen will. Neben der Förderung des Friedens und der wirtschaftlichen Zusammenarbeit möchte die EU auch, dass alle Menschen in Freiheit und Sicherheit leben. Es soll allen EU-Ländern wirtschaftlich gut gehen und die Menschen sollen in Wohlstand und unter gerechten Bedingungen leben können. Auch zum Schutz der Umwelt und zu technischem Fortschritt möchte die EU beitragen.

A Beschreibe die Hintergründe zur Entstehung der Europäischen Union.

B Arbeite die grundlegenden Ziele und Werte der EU heraus und erkläre je zwei an einem Beispiel.

C Diskutiert, welche Werte ihr für die Europäische Union als wichtig empfindet. Marktplatz

Auf der Suche nach Schutz und Sicherheit

M1 *Mehr als 110 Millionen Menschen weltweit auf der Flucht, UNO Flüchtlingshilfe**

Mitte 2023 wurde die Zahl derer, die weltweit auf der Flucht waren, auf über 110 Millionen Menschen geschätzt. Häufig zwingen Krieg und Gewalt die Menschen dazu, ihre Heimat zu verlassen. Geflüchtete sind „Personen, die sich außerhalb des Landes befinden, dessen Staatsangehörigkeit sie besitzen […] und die […] eine wohlbegründete Furcht vor Verfolgung […] haben". Geflüchtete suchen sichere Zufluchtsorte und nehmen häufig weite Wege auf sich, um diese zu finden. Häufig zwingen Krieg und Gewalt die Menschen dazu, ihre Heimat zu verlassen. Sie müssen ihren Lebensmittelpunkt räumlich verlegen. Wenn dies geschieht, spricht man von Migration. Die Menschen kommen auf der Suche nach einem sicheren Lebensmittelpunkt häufig in andere Länder, in denen sie dann Asyl beantragen Viele kommen bis nach Europa. Das Wort Asyl bedeutet wörtlich übersetzt „Heim" oder „Unterkunft" und kommt aus dem griechischen. Asyl bedeutet daher so viel wie „Schutz vor Gefahr oder Verfolgung".

*Text verändert

1 a) Beschreibe das Bild.

b) Definiere die Begriffe „Geflüchtete", „Migration" und „Asyl" in eigenen Worten.

Zuflucht in Europa – ein Ziel der Europäischen Union?

M2 *Auszüge aus dem EU-Recht, Dezember 2011*

Richtlinie (Gesetz) von 2011 (Auszug)

(2) Eine gemeinsame Asylpolitik […] ist wesentlicher Bestandteil des Ziels der Europäischen Union, schrittweise einen Raum der Freiheit, der Sicherheit und des Rechts aufzubauen, der allen offen steht, die wegen besonderer Umstände rechtmäßig in der Union um Schutz ersuchen.

Vertrag über die Arbeitsweise der Europäischen Union, Art. 78 (Auszug)

(1) Die Union entwickelt eine gemeinsame Politik im Bereich Asyl, subsidiärer Schutz [Hilfe leisten] und vorübergehender Schutz, mit der jedem Drittstaatsangehörige, der internationalen Schutz benötigt, ein angemessener Status angeboten und die Einhaltung des Grundsatzes der Nicht-Zurückweisung gewährleistet werden soll. […]

Drittstaatsangehöriger Person aus einem Land, das nicht Mitglied der Europäischen Union ist

M3 *Asylanträge in der EU, Europ. Rat, 1990-2022*

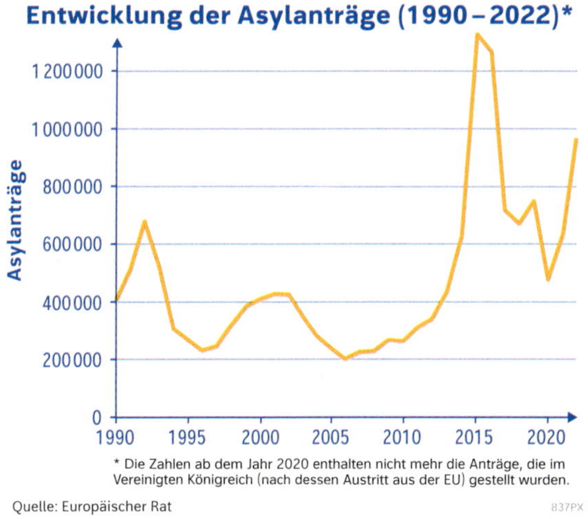
Entwicklung der Asylanträge (1990 – 2022)*
Asylanträge
1 200 000
1 000 000
800 000
600 000
400 000
200 000
0
1990
1995
2000
2005
2010
2015
2020
* Die Zahlen ab dem Jahr 2020 enthalten nicht mehr die Anträge, die im Vereinigten Königreich (nach dessen Austritt aus der EU) gestellt wurden.
Quelle: Europäischer Rat
837PX

2 Analysiere die Entwicklung der Asylanträge in der Europäischen Union.

3 III Diskutiert, welche Herausforderungen die gemeinsame Asylpolitik der EU-Mitgliedstaaten mit sich bringen könnte. Bienenkorb

Material

Warum flüchten Menschen?

M4 *Hauptursachen für Flucht, UNO Flüchtlingshilfe*

Krieg und Gewalt: Krieg und Gewalt zwingen die Menschen häufig zur Flucht. Oftmals sind es Frauen und Kinder, die ihre Heimat verlassen müssen. Mehr als die Hälfte (52%) der Flüchtlinge kamen Mittel 2023 aus nur drei Ländern: Syrien, Afghanistan und der Ukraine. Durch Kämpfe und Bombenhagel werden die Lebensgrundlagen und die Infrastruktur zerstört, häufig kommt es zu Tod und Gewalt.

Verfolgung und Menschenrechtsverletzungen: Ein weiterer Grund ist die Verfolgung und Gewalt, die Menschen in ihrem Herkunftsland erfahren. Aufgrund von geschlechtsspezifischen, religiösen oder anderen Gründen werden sie in ihrem Heimatland diskriminiert, ausgegrenzt oder sogar verfolgt. Ihre Menschenrechte werden in diesen Fällen verletzt.

Hunger, Armut und Perspektivlosigkeit: Gewaltsame Konflikte, klimatische Veränderungen oder Streit um Ressourcen führt in einigen Ländern zu Lebensmittelknappheit, sodass Menschen aus Hunger fliehen. Auch Armut oder die fehlende Aussicht auf eine Veränderung der Lebensumstände kann Menschen zur Flucht bewegen.

Klima und Umwelt: Das Weltklima ändert sich und in einigen Regionen sind die negativen Folgen des Klimawandels bereits deutlich zu spüren. Unwetter oder Dürren führen an einigen Stellen bereits zu erschwerten Lebensbedingungen oder sogar unwirtschaftlichen Verhältnissen. Menschen fliehen auch aufgrund von Naturkatastrophen oder fehlender Ressourcen durch den Klimawandel.

4 Erarbeitet die Ursachen für Flucht. Nutzt zur zusätzlichen Recherche den angegebenen Webcode.
Gruppenpuzzle Link: *Fluchtursachen erklärt*

Fluchtursache Klima

M5 *Zusammenhang von Migration und Klimawandel, Welthungerhilfe*

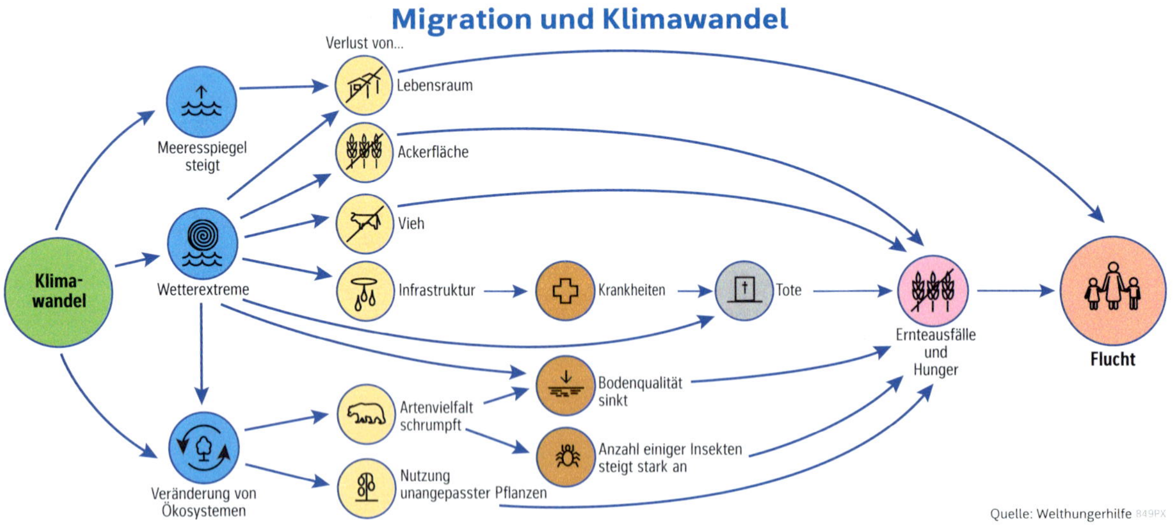
Migration und Klimawandel
Verlust von...
Lebensraum
Ackerfläche
Vieh
Infrastruktur
Krankheiten
Tote
Meeresspiegel steigt
Klima-wandel
Wetterextreme
Veränderung von Ökosystemen
Artenvielfalt schrumpft
Nutzung unangepasster Pflanzen
Bodenqualität sinkt
Anzahl einiger Insekten steigt stark an
Ernteausfälle und Hunger
Flucht
Quelle: Welthungerhilfe 849PX

5 **a)** Erläutere den Zusammenhang von Migration und Klimawandel.
b) Finde Beispiele klimatischer Veränderungen aus deiner Region und Europa (siehe Seite 231).

An den Grenzen der EU

M6 *Wie kommen Geflüchtete in die EU?, Autorinnentext*

Die Menschen sind aus unterschiedlichen Teilen der Welt auf der Flucht und hoffen unter anderem, in der EU Rettung zu finden. Einige Fluchtrouten lassen sich genauer benennen:

- **Balkanroute**: Viele Menschen kommen seit Jahren vom Nahen Osten über den Balkan nach Europa.
- **Mittelmeerrouten**: Insgesamt gibt es drei Mittelmeerrouten, um an die EU-Außengrenzen zu kommen: von der Türkei nach Griechenland, von Marokko aus auf das spanische Festland und von Libyen oder Tunesien aus nach Italien.
- **Flucht innerhalb Europas**: Seit 2022 kommen viele Geflüchtete aus der Ukraine über die polnisch-belarussische Grenze in die EU.

Links und Karte: Die häufigsten Fluchtrouten

6 a) Beschreibe die genannten Fluchtrouten.

b) Recherchiere Risiken und Gefahren, denen Menschen auf der Flucht ausgesetzt sind (siehe Seite 231).

Wie gefährlich ist die Flucht?

M7 *Schlagzeilen im Überblick, aus den Medien*

„Aufnahmen aus Lampedusa: Empörung über Erniedrigende Behandlung von Flüchtlingen“, Frankfurter Allgemeine Zeitung, 18.12.2013“

„Route über das Mittelmeer: Fast 100 Flüchtlinge seit Jahresbeginn gestorben“, Tagesschau, 29.01.2024

„Migration: Zäune, Kontrollen, Abschiebungen – die EU setzt auf Abschottung“, Handelsblatt, 09.02.2023

M8 *Schutzsuchende an der polnisch-belarussischen Grenze, 2021*

564

7 a) Beschreibe die in den Schlagzeilen geschilderte Lage an den Grenzen der EU.

b) Recherchiere weitere Schlagzeilen zur Lage an den Grenzen der EU (siehe Seite 231).

8 Beschreibe die Situation Geflüchteter an den Außengrenzen der EU, etwa in einem Podcast (siehe Seite 126).

9 **III** Diskutiert die Probleme im Umgang mit Geflüchteten an der Außengrenze der EU. Fishbowl

Welche Freiheiten hast du in der Europäischen Union?
YANG MING
HYUNDAI
MAERSK

Abb. 1 *Container in einem Hafen*

Die vier Freiheiten in der EU

Der Schengenraum

Eine politische Entscheidung ist bis heute zentral für die Freiheiten der EU: das **Schengener Abkommen** (1985). Schengen ist der Name eines kleinen Dorfes in Luxemburg, das an der Grenze zu Deutschland und Frankreich liegt. Hier wurde das erste Abkommen unterzeichnet, welches das Passieren der **Grenzen ohne Passkontrolle** ermöglichen sollte. Aus dem Abkommen folgte die **Reisefreiheit** im sogenannten Schengenraum. Diesem **Schengenraum** gehören heute die meisten Staaten der EU an. Dadurch könnt ihr etwa in den Urlaub nach Italien fahren, ohne ein Visum beantragen zu müssen oder kontrolliert zu werden.

Der Europäische Binnenmarkt

Eine weitere wichtige Entscheidung war der gemeinsame **Binnenmarkt**, der in der EU 1993 geschaffen wurde. Dieser ermöglichte weitere Freiheiten. Ein Binnenmarkt ist ein Wirtschaftsgebiet, in dem frei und meist ohne Zölle Handel mit Waren, Dienstleistungen oder Kapital betrieben werden kann. Der gemeinsamer Binnenmarkt der EU meint, dass es einen einheitlich geregelten Markt in der EU gibt. Der Europäische Binnenmarkt ist der größte auf der Welt. Menschen in der EU können problemlos Produkte aus anderen EU-Ländern kaufen oder in einem anderen EU-Land arbeiten.

Film: Einfach erklärt: Europäischer Binnenmarkt

Die vier Freiheiten des Binnenmarktes

Vom gemeinsamen Binnenmarkt profitieren viele Länder in der EU. So liefert auch Deutschland etwa zwei Drittel seiner produzierten Güter in die EU-Länder. Der europäische Binnenmarkt funktioniert, da vier wirtschaftliche Freiheiten diesen definieren: der **freie Personenverkehr**, der **freie Warenverkehr**, der **freie Dienstleistungsverkehr** und der **freie Kapitalverkehr**.

So kannst du in den Niederlanden shoppen gehen, da der freie Personenverkehr dir den Grenzübertritt jederzeit ermöglicht. Außerdem kannst du aufgrund des freien Warenverkehrs im deutschen Supermarkt Olivenöl aus Italien kaufen. Hinzukommend können Unternehmen frei entscheiden, wo sie in der EU produzieren, da durch den freien Kapitalverkehr Geldströme möglich sind und Arbeitnehmerinnen und Arbeitnehmer können aufgrund des freien Dienstleistungsverkehrs entscheiden, wo sie arbeiten.

A Beschreibe das Schengener Abkommen.
B Benenne die vier Freiheiten des Europäischen Binnenmarktes.
C Erkläre die vier Freiheiten des Binnenmarktes auf der Grundlage eigener Beispiele.

Material

Grenzenloses Europa

M1 *Der Schengenraum*

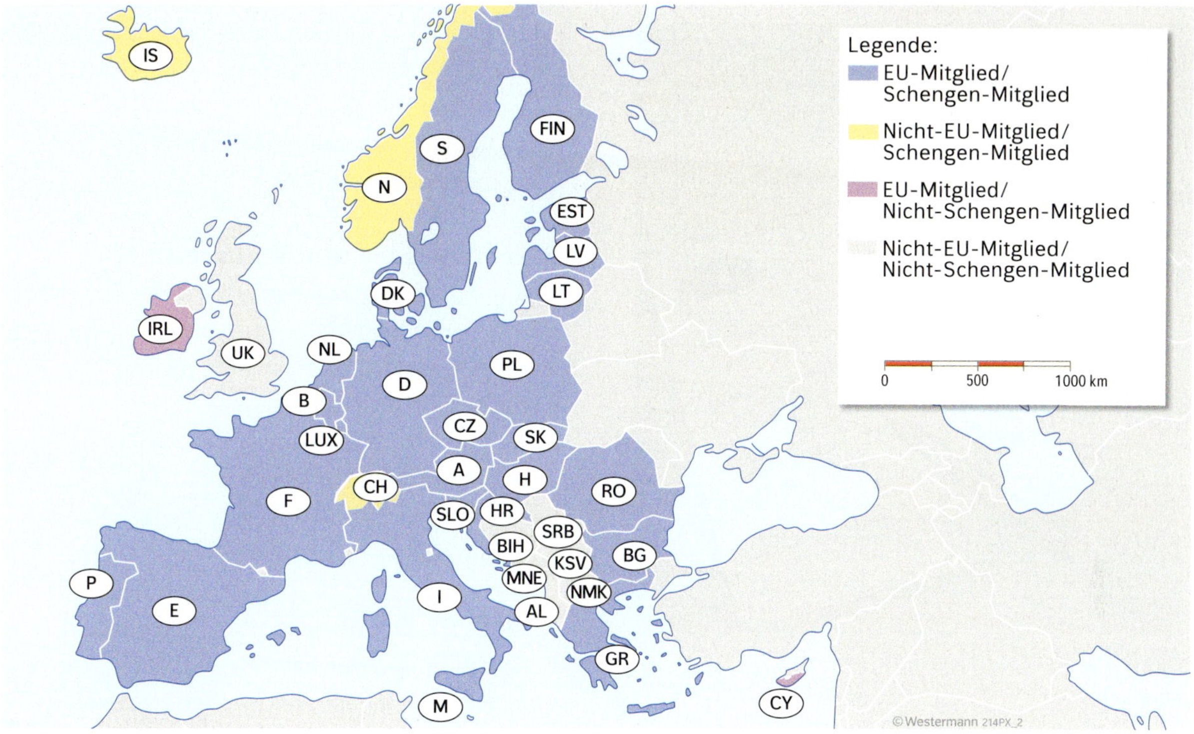
Legende:
EU-Mitglied/ Schengen-Mitglied
Nicht-EU-Mitglied/ Schengen-Mitglied
EU-Mitglied/ Nicht-Schengen-Mitglied
Nicht-EU-Mitglied/ Nicht-Schengen-Mitglied
0
500
1000 km
IS
N
S
FIN
EST
LV
LT
DK
IRL
UK
NL
D
PL
B
LUX
CZ
SK
F
CH
A
H
RO
SLO
HR
SRB
BIH
KSV
BG
MNE
NMK
AL
P
E
I
GR
M
CY
©Westermann 214PX_2

1 Wähle eine Aufgabe aus:

I a) Welche Länder gehören zum Schengenraum?

II b) Stell dir vor, du fährst in den Sommerferien mit dem Auto nach Griechenland. Deine Freundin fährt mit dem Auto nach Rumänien. Beschreibe in je einem Tagebucheintrag die passierten Grenzkontrollen.

III c) Analysiere die vorliegende Karte. Nutze dafür die Legende.

Die niederländisch-deutsche Grenze

M2 *Grenzübergang zwischen Kerkrade (NL) und Herzogenrath (D) im Jahr 1973*

69·16·TT
NL
D
AC-DV

2 Wähle eine Aufgabe aus:

I a) Beschreibe das Foto.

II b) Erzähle eine kleine „Grenz-Geschichte" zu dem Foto.

III c) Entwickelt Ideen, was die beiden Personen mit ihrer Geste zum Ausdruck bringen wollten.

\+ Bienenkorb

Einen Erklärfilm drehen

SZENE 1
Karl verweist auf die Zeichnung, die den Grenzübergang Gronau
...
SZENE 2

Abb. 1 *Ein Storyboard hilft euch, den Ablauf eures Erklärfilms zu planen*

Vorlage für ein Storyboard

Meist sind Erklärfilme kurze Videos mit einer Länge von zwei bis drei Minuten. In solchen Filmen wird versucht, Themen leicht verständlich und anschaulich zu erklären. Durch die Kombination von Ton und Bild wird die Konzentration beim Zuschauen erhöht und Dinge sind besser einprägbar. Ein guter Erklärfilm bringt die Inhalte möglichst einfach und kurz auf den Punkt. Es gibt unterschiedliche Arten von Erklärfilmen. In manchen werden Menschen gefilmt, die etwas mit Hilfe von Hilfsmitteln oder Filmausschnitten erklären. Andere Erklärfilme filmen zum Beispiel einen weißen Hintergrund, vor dem mit Bildern oder Zeichnungen Zusammenhänge deutlich gemacht und erklärt werden. Mit folgenden Schritten könnt ihr ganz einfach selbst einen Erklärfilm drehen:

1. Schritt: Inspiration sammeln

Schaut euch zunächst einige Erklärfilme an, um Ideen und Eindrücke zu sammeln. Sucht dazu auf einer Videoplattform nach einem Thema und setzt das Wort „Erklärfilm“ dahinter. Achtet im Erklärfilm auf:
- das Thema und das Ziel,
- den Ablauf,
- die Länge des Erklärfilms.

2. Schritt: Idee und Vorbereitung

Legt nun das Thema eures Erklärfilmes fest. Macht euch anschließend Notizen zu den folgenden Fragen:
- Welches Thema soll dargestellt werden?
- Welches Ziel wollen wir erreichen?
- Wie wollen wir unsere Idee umsetzen?
- Welche Hilfsmittel brauchen wir?

Recherchiert in dieser Phase auch genaue Informationen und Hintergrundwissen zu eurem Thema.

3. Schritt: Drehbuch oder Storyboard

Notiert nun eure Ideen mit Hilfe eines Drehbuchs oder Storyboards. Überlegt, was wann gesagt werden soll, wann ihr die Hilfsmittel benötigt und wie diese eingesetzt werden. Formuliert aus euren recherchierten Informationen kurze Sprechertexte und legt Rollen fest.

4. Schritt: Gestaltung des Filmsets

Bereitet anschließend die Aufnahme vor. Zeichnet zum Beispiel Materialien und schneidet sie aus, stellt benötigte Hilfsmittel bereit und stellt die Kamera ein. Übt den Ablauf des Films und den richtigen Einsatz der Hilfsmittel und Rollen.

5. Schritt: Filmdreh und Bearbeitung

Nun könnt ihr eure Idee verfilmen. Bringt die Kamera am besten in geeigneter Höhe an, um verwackelte Aufnahmen zu vermeiden und prüft Ton- und Lichtverhältnisse. Nehmt euren Film entweder in einem Durchgang oder in mehreren „Takes“ (mehrere kurze Videos) auf. Ihr könnt den Film danach in einer App bearbeiten, schneiden und noch Effekte hinzufügen.

Liberalisierung des EU-Binnenmarktes

M1 *Die vier Freiheiten des EU-Binnenmarktes*

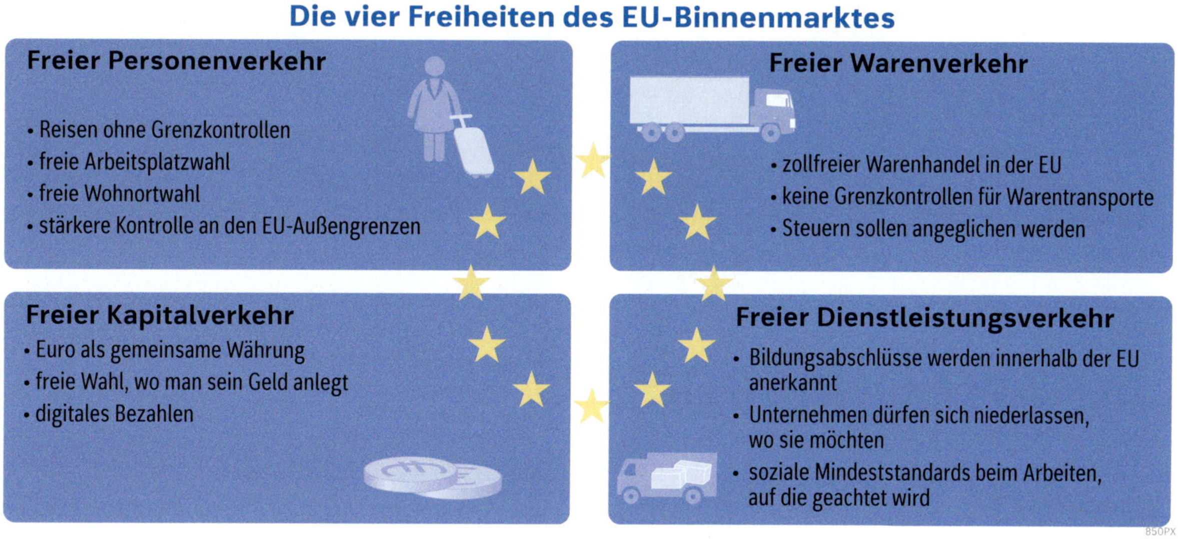
Die vier Freiheiten des EU-Binnenmarktes
Freier Personenverkehr
• Reisen ohne Grenzkontrollen
• freie Arbeitsplatzwahl
• freie Wohnortwahl
• stärkere Kontrolle an den EU-Außengrenzen
Freier Warenverkehr
• zollfreier Warenhandel in der EU
• keine Grenzkontrollen für Warentransporte
• Steuern sollen angeglichen werden
Freier Kapitalverkehr
• Euro als gemeinsame Währung
• freie Wahl, wo man sein Geld anlegt
• digitales Bezahlen
Freier Dienstleistungsverkehr
• Bildungsabschlüsse werden innerhalb der EU anerkannt
• Unternehmen dürfen sich niederlassen, wo sie möchten
• soziale Mindeststandards beim Arbeiten, auf die geachtet wird

Die niederländisch-deutsche Grenze

M1 *Das Dreiländereck Aachen, Autorinnentext*

Ein Dreiländereck ist ein geografischer Punkt, an dem drei Länder und somit auch ihre Sprachen und Kulturen aufeinandertreffen. Solche Punkte gibt es an unterschiedlichen Stellen, ein bekanntes Dreiländereck in Deutschland ist das Dreiländereck Aachen. Bei dem Dreiländereckpunkt Aachen treffen sich die Länder Deutschland, Belgien und die Niederlande. Auf dem höchsten Berg der Niederlande, dem Vaalserberg, befindet sich der Dreiländereckpunkt. Umringt von Natur, bietet der Dreiländereckpunkt heute vielfältige Freizeitmöglichkeiten wie Wanderrouten, Aussichtstürme oder auch ein Labyrinth. Darüber hinaus ist die Region aber auch ein Sinnbild für das Miteinander verschiedener Sprachen und Kulturen in einem vereinten Europa und ein Beispiel für die Umsetzung des Binnenmarktes.

Abb. 2 *Aussichtspunkt am Dreiländereck Aachen*

1 **Erstelle einen Erklärfilm zum gelebten EU-Binnenmarkt im Dreiländereck Aachen oder anhand eines anderen selbstgewählten Beispiels.**

Weitere Fallbeispiele zum gelebten EU-Binnenmarkt

Freu-de, schöner
Himm-li-sche, dein
Wie nehmen wir die EU wahr?
in Vielfalt geeint

Abb. 1 *Die Symbole der EU in den Gedanken eines Menschen*

Die symbolische EU

Der Europatag

Wie viele andere Organisationen, Gesellschaften oder Gruppen hat auch die EU sich im Laufe der Zeit Symbole geschaffen, die zu ihrer Identifizierung, Unterscheidung und Repräsentation beitragen sollen. Ein Beispiel dafür ist der **Europatag**.

Am 9. Mai 1950 trug Robert Schuman, damaliger französischer Außenminister, seinen Vorschlag für ein vereintes Europa vor. Er schlug eine neue Art der Zusammenarbeit vor. Diese sollte einen Krieg zwischen den Nationen undenkbar machen. Seine Idee gilt als Geburtsstunde der heutigen Europäischen Union, wodurch der 9. Mai seit jeher alljährlich für Frieden und Einheit steht und als Europatag gefeiert wird.

Die Europäische Hymne

Im Jahr 1972 erklärte der Europarat Beethovens „Ode an die Freude" zu seiner **Hymne**. Die Hymne soll nicht nur ein Symbol für die Europäische Union, sondern auch für Europa im weiteren Sinne sein. Die ehemals von Schiller 1785 verfasste „Ode an die Freude" bringt die Vorstellung zum Ausdruck, dass alle Menschen zu Brüdern werden. Ohne Worte, nur durch die Musik soll die Hymne die **europäischen Werte** Freiheit, Frieden und Solidarität ausdrücken. Sie wird bei offiziellen Feierlichkeiten und Veranstaltungen mit europäischem Charakter gespielt.

Die EU-Flagge

Die zwölf kreisförmig angeordneten Sterne auf blauem Hintergrund auf der **Europäischen Flagge** stehen für Einheit, Solidarität und Harmonie zwischen Europas Völkern. Die Zahl 12 ist ein Symbol für Vollkommenheit und Vollständigkeit, hat jedoch keinen Bezug zur Anzahl der Mitgliedstaaten der EU. Die kreisförmige Anordnung soll die Einheit symbolisieren. Die Europäische Flagge wurde 1985 von allen Mitgliedsländern als offizielles Symbol der späteren EU angenommen.

Das Motto der EU

„In Vielfalt geeint" – so lautet seit dem Jahr 2000 das Motto, der offizielle Leitspruch der Europäischen Union. Dieses **Motto** soll dafür stehen, dass die Europäerinnen und Europäer sich gemeinsam für Frieden und Wohlstand einsetzen und gleichzeitig durch ihre Vielfältigkeit und Verschiedenheit gekennzeichnet sind. Verschiedene Kulturen, Sprachen und Traditionen werden als Bereicherung angesehen.

A Tauscht euch darüber aus, welche Symbole der EU euch bereits begegnet sind und welche Gefühle diese in euch auslösten. Marktplatz

B Entwirf ein kleines Schauspiel, in welchem das Motto der EU thematisch deutlich wird.

Hördatei: Die Europäische Hymne

Symbolpolitik in der EU

M1 *Kommentar zur Europawahl 2019, Zeit Online**

Ein blauer Pullover mit EU-Logo ist zum Lieblingsaccessoire von Politikerinnen, Politikern und Prominenten geworden. Ein politisches Signal ist das nicht, nur ein Fashion-Statement.

** Text verändert*

M2 *Europas Symbole, Autorinnentext*

Die Symbole der EU und ihre Verankerung in der Verfassung wurden nicht von allen Ländern gleich gut aufgenommen. Vor allem die skandinavischen Länder und auch Großbritannien argumentierten damals gegen die Verankerung der EU-Symbole in der Verfassung. Ihre Argumente bezogen sich häufig auf nationale Souveränität, also Unabhängigkeit. Eine Entwicklung hin zu einem „europäischen Superstaat“ sollte vermieden werden.

M3 *Verbrennung der EU-Flagge, Autorinnentext*

Seit dem 14. Mai 2020 kann man in Deutschland bestraft werden, wenn man einen Schaden an der Europäischen Flagge oder Hymne anrichtet. So kann man bis zu drei Jahre ins Gefängnis kommen oder muss eine Geldstrafe zahlen.
Der Grund dafür ist, dass die Europäische Union für Deutschland sehr wichtig ist. Der Bundesrat hat entschieden, dass man hart gegen Taten vorgehen muss, wenn die wichtigen Werte der Europäischen Union gefährdet sind.

M4 *Queen Elisabeth (1926-2022) und ihr Outfit zur Zeit des Brexit (Austritt Großbritanniens aus der Europäischen Union)*

M5 *Die EU und ich, Schüler(innen)-Meinungen*

A Die EU ist wie ein großer Schiedsrichter beim Fußball für alle Länder. Man braucht einen Schiedsrichter, damit Regeln eingehalten werden, sonst funktioniert kein faires Spiel.

B Die EU finde ich ist ganz schön weit weg. Ich würde manchmal gerne mehr davon mitbekommen.

C Das Logo der EU macht sich toll auf Pullovern! Das ist ein richtiges Modestatement, dass man für Zusammenhalt steht und so.

1 Analysiert in Kleingruppen ein Material eurer Wahl. Tauscht euch anschließend über eure Ergebnisse aus. World-Café
a) Notiert erkennbare Vor- und Nachteile von Symbolen bezogen auf die EU.
b) Beurteilt den Stellenwert europäischer Symbole für den Zusammenhalt des Staatenbundes.

2 Entwickle eigene Symbole bezogen auf die EU und beurteile diese in Hinblick auf ihren möglichen Nutzen.

71. Europäischer
Wettbewerb 2024
Europa
(un)limited
Wie kannst du Europa verstehen und mitgestalten?

Abb. 1 *Plakat des 71. Europäischen Wettbewerbs 2024*

Europäischer Wettbewerb

Der Europäische Wettbewerb

Schon seit 1953, als der **Europäische Wettbewerb** in Frankreich entstand, beteiligen sich jedes Jahr viele Kinder und Jugendliche. Ziel des europäischen Wettbewerbs ist es, Europa kreativ lernend zu entdecken und mitzugestalten.

Im Laufe der Jahrzehnte nahmen zahlreiche Länder am Wettbewerb teil. In Deutschland ist der Europäische Wettbewerb heute fester Bestandteil im Rahmen **europapolitischer Schulbildung**. Der Wettbewerb wird von der Bundesregierung unterstützt und steht unter der Schirmherrschaft des Bundespräsidenten.

Ein Wettbewerb in Vielfalt

Mit jährlich rund 1300 teilnehmenden Schulen ist der Europäische Wettbewerb der älteste **Schulwettbewerb** in Deutschland. Dabei sind Schülerinnen und Schüler aller Altersklassen und Schulformen eingeladen, kreative Beiträge zu aktuellen europäischen Themen einzureichen. Der Fantasie sind keine Grenzen gesetzt. Es geht vielmehr um die eigenständige Auseinandersetzung mit europäischen Themen. Die individuelle Leistung wird gewürdigt, sodass der Wettbewerb durch **Vielfalt** lebt.

Themen, Bewertung und Preise

Der Wettbewerb steht jedes Jahr unter einem neuen Motto. Der sogenannte Lenkungsausschuss trägt die Entscheidungsgewalt über das Thema. Die Bewertung der Beiträge erfolgt zunächst auf Landesebene. Die Landesjury leitet die besten Arbeiten dann an die Bundesjury weiter. Neben Geld- und Sachpreisen werden auch Abonnements, Spiele oder Reisen bei regionalen Preisverleihungen vergeben. Eine Besonderheit: Jedes Jahr werden 30 Preisträgerinnen und Preisträger von der Bundesregierung nach Berlin eingeladen. Grundsätzlich sind alle kreativen Bearbeitungsformen beim Europäischen Wettbewerb zugelassen, nur bei der Länge von Texten und Videos, Formaten von Bildern oder Objekten und bezogen auf Einzel und Gruppenarbeiten gibt es Vorgaben. Für die Einreichungen wurden Bewertungskriterien festgelegt, die auf der Homepage des Wettbewerbs einsehbar sind.

A **Erläutere die Zielsetzung und den Ablauf des Europäischen Wettbewerbs.**

B **Diskutiert eure Eindrücke zum Wettbewerb.**

Link: Der Europäische Wettbewerb

Mach mit und sei dabei!

M1 *Best of Europäischer Wettbewerb, Mai 2023*

Der Europäische Wettbewerb ×

„Europa ist bunt! Und das zeigt auch der knapp 9-minütige Best-of-Film des 70. Europäischen Wettbewerbs. So sehen wir in dem Video moderne europäische Märchen, werden entführt in fantastische Zauberwelten, werden konfrontiert mit aktuellen weltpolitischen Protesten und Klimaaktivismus und sind berührt vom Zusammenhalt über Generationen und Ländergrenzen hinweg. Insgesamt werden über 200 beeindruckende Arbeiten präsentiert, die allesamt für einen Preis der Bundesjury nominiert waren. Auch die Musik, die dem Film zugrunde liegt, stammt vollständig von den Schüler:innen. Wir sind begeistert und beeindruckt von so viel Kunst, Kreativität und Können!"

Europäischer Wettbewerb

Film: Best of Video zum Europäischen Wettbewerb 2023

M2 *Beiträge zum Europäischen Wettbewerb 2023*

Abb. 2 *Emily Hemmerling, Gymnasium Saarburg*

Abb. 3 *Lilly Röder, Neustadt a. d. Aisch*

wer entscheidet was man darf

Abb. 4 *Edim Noyan und Fabian Grothaus, Paderborn*

1 Sichte und beschreibe die Materialien zum Europäischen Wettbewerb 2023.

2 **a)** Informiere dich anhand einer Internetrecherche über den aktuellen Europäischen Wettbewerb und dessen Zielsetzung (siehe Methode auf Seite 231).

b) Recherchiere die Aufgabenstellung deiner Altersklasse und gestalte einen Beitrag zum aktuellen Europäischen Wettbewerb.

c) Präsentiert euch eure Ergebnisse gegenseitig (siehe Methode auf Seite 225/Seite 233). Galeriegang

3 Beurteilt: Ist der Europäische Wettbewerb ein geeignetes Instrument, um Europa kreativ lernend zu entdecken und mitzugestalten?

THE
FUTURE
IS
EUROPE
#ERASMUS+

Wie fördert die EU das Lernen, Leben und Arbeiten im EU-Ausland?

Abb. 1 *Junges Mädchen vor einem Gebäude in Brüssel mit der Aufschrift „The Future is Europe"*

Lernen und Leben in der EU

Lernen in einem anderen EU-Land

Jugendliche und junge Erwachsene können in der Schulzeit, während der Ausbildung und im Studium an einem Auslandsaufenthalt in einem europäischen Land teilnehmen. Das Förderprogramm der EU, **Erasmus +** unterstützt sie dabei.
Der Name des Programms „Erasmus+" leitet sich von dem Gelehrten **Erasmus von Rotterdam** ab, der zu seiner Zeit (15./16. Jahrhundert) ein gebildeter Theologe und überzeugter Europäer war.

Das Förderprogramm dient dazu, das Lernen, den Sport und die Zusammenarbeit von Jugendlichen in der EU zu fördern. Jugendliche können mit anderen Menschen, Kulturen und der europäischen Vielfalt in Kontakt kommen. Sie können so für einen bestimmten Zeitraum über den eigenen nationalen „Tellerrand" gucken. Es können Erfahrungen gesammelt und die persönliche Entwicklung vorangetrieben werden. Dadurch können Jugendliche ein gemeinsames europäisches Gefühl aufbauen und Solidarität und Toleranz unabhängig von nationalen Grenzen erleben.

Links: Informationen zu Erasmus+

Die Möglichkeiten von Erasmus+

Das Programm bietet verschiedene Möglichkeiten. Schülerinnen und Schüler können beispielsweise mit ihrer Klasse an einer Partnerschule einen Auslandsaufenthalt zwischen drei Tagen und zwei Monaten verbringen. Hierbei werden durch gemeinsame Projekte, den Aufenthalt in einer Gastfamilie und den gemeinsamen Schulbesuch die Sprachkenntnisse erweitert und neue Erfahrungen gesammelt. Jugendliche ab vierzehn Jahren können auch allein einen Aufenthalt bei einer Gastfamilie und an einer Partnerschule absolvieren. Auch Auszubildende und Studierende können einen Auslandsaufenthalt von bis zu zwölf Monaten durchführen und einen Teil ihrer Ausbildung im Ausland verbringen. Hinzukommend werden weitere Projekte wie Praktika, generelle Austausche und Ähnliches von dem Projekt unterstützt.

A Erkläre den Grundgedanken hinter Erasmus+.
B Stelle die unterschiedlichen Möglichkeiten für einen Auslandsaufenthalt dar.
C Beurteile deine bisherigen Berührungspunkte mit dem EU-Ausland vor dem Hintergrund der Zielsetzungen von Erasmus+.

Unterschiedliche Perspektiven zu Erasmus+

M1 *Meinungen von Jugendlichen zu Auslandsaufenthalten in der EU, Autorinnentexte*

Juan (15 Jahre, Ibbenbüren):
Ich finde es gut, dass die EU meine Generation fördert und einen Schüleraustausch finanziell unterstützt, weil dadurch ein friedliches Miteinander in der Zukunft in Europa ermöglicht wird. Europa ist doch auch geschichtlich ein Friedensprojekt.

Lena (16 Jahre, Münster):
Eigentlich finde ich das gut, denke aber, dass man heutzutage nicht so viel reisen soll. Ein Flug in ein anderes Land, wie z. B. nach Spanien, ist doch klimaschädlich. Da mir Nachhaltigkeit echt wichtig ist, würde ich aktuell davon absehen, solch einen Austausch zu machen.

Mohamad (17 Jahre, Aachen):
Grundsätzlich finde ich einen Auslandsaufenthalt in der EU gut, jedoch würde ich mir wünschen, dass auch der Austausch mit Ländern außerhalb der EU wie der Türkei, Syrien oder dem Irak gefördert würden.

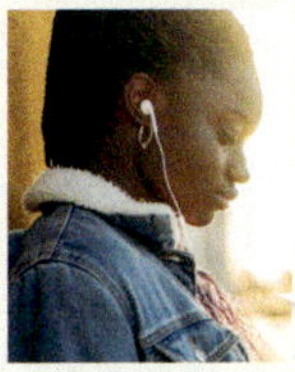

Ceylan (18 Jahre, Winterberg):
Bei Instagram folge ich vielen jungen Influencerinnen, die sich für Werte wie Weltoffenheit, Feminismus, Freiheit und Gerechtigkeit einsetzen. Darum finde ich auch Erasmus+ super, weil es doch die europäischen Werte fördert.

Antonia (14 Jahre, Köln):
Ich denke, dass die Schule heutzutage ohnehin schon so stressig ist. Da ist so ein zusätzlicher Schüleraustausch echt ein bisschen viel. Ich will einen guten Schulabschluss machen, da kann ich mir einen Schüleraustausch nicht erlauben.

Julian (14 Jahre, Gütersloh)
Ich habe einen großen Bruder, der gerade innerhalb seines Studiums für ein Jahr nach Paris gegangen ist. Ich finde es toll, dass man so mit anderen Kulturen in Verbindung kommt. Mein Bruder sagt allerdings, dass man auch Zeit für so einen Auslandsaufenthalt haben muss, da das Leben in Deutschland ja auch weitergeht.

M2 *Positionslinie: Eine Teilnahme bei Erasmus+ ist in meinen Augen …*

… sehr sinnvoll ⟷ … nicht sinnvoll

1 Erstelle mithilfe von M1 eine Tabelle mit Argumenten zum Thema: „Erasmus+ – wie gut findest du das EU-Projekt für Jugendliche?"

2 Erstellt eine Positionslinie im Klassenraum.

3 Gestaltet auf der Grundlage eurer Erarbeitungen eine Podcastfolge zum Thema, in welcher ihr das Förderprogramm Erasmus+ vorstellt und beurteilt (siehe Methode auf Seite 126).

Wie können Schulen den europäischen Gedanken umsetzen?

Abb. 1 *Kinder verkleidet als junge Europäer und Europäerinnen*

Europäische Identität: Europaprojekte und Europaschulen in NRW

Europaschulen

Manche Schulen in Deutschland, auch in NRW, sind mit dem Zusatz „**Europaschule**" ausgewiesen. Europaschulen sind Schulen, die sich im Besonderem mit dem europäischen Gedanken auseinandersetzen und den Zusammenhalt in Europa vermitteln und stärken wollen. Sie weisen ein erweitertes und intensiviertes Sprachenangebot auf, bieten also in der Regel mehr Fremdsprachenunterricht an. Sie bieten darüber hinaus internationale Begegnungen und Projekte an. Auch **Austauschprogramme** und **Wettbewerbe** mit **Partnerschulen** in Europa werden unterstützt und angeboten. So soll der europäische Austausch verschiedener Länder vorangetrieben werden.
Ein weiterer Punkt ist, dass Europaschulen für alle Fächer ein schulinternes **Europacurriculum** erstellen. Das bedeutet, dass die Lehrpläne auf europäische Inhalte ausgerichtet werden.

In Nordrhein-Westfahlen gibt es insgesamt 250 Europaschulen: so viele wie in keinem anderen Bundesland.

Link: Karte mit den Europaschulen in NRW

EU-Projekttag und Europaprojekte NRW

Um bei jungen Menschen das Interesse für die EU zu wecken, gibt es seit 2007 den deutschlandweiten **EU-Projekttag**. Durch den Projekttag soll das Interesse an der EU gestärkt werden und es sollen die Möglichkeiten sichtbar werden, die die EU für Jugendliche bietet. Auch NRW beteiligt sich aktiv an diesem Tag, indem Personen des öffentlichen Lebens Schulen besuchen und in den Austausch kommen. Darüber hinaus hat NRW viele weitere Projekte ins Leben gerufen, um die Europabildung Jugendlicher zu verbessern. So werden zum Beispiel rund um den **Europatag** am 9. Mai im Rahmen der **Europawoche** Projekte und Beiträge gefördert oder es werden im Rahmen des Projekts „EU-Jugendbotschafter@school" regelmäßig EU-Jugendbotschafterinnen und EU-Jugendbotschafter über den Zeitraum von einem Schuljahr in dieselbe Schülergruppe gesandt und sprechen über Europa.

A Erkläre, was eine Europaschule ist.
B Erläutere das Ziel von Europaschulen.
C Sind die Europaprojekte in NRW in eurem Schulalltag präsent? Tauscht euch über eure bisherigen Erfahrungen aus. Marktplatz

Europaschulen in NRW

M1 *Schul- und Bildungsministerin Feller über Europaschulen in NRW, Land NRW, November 2022*

Schul- und Bildungsministerin Dorothee Feller hat sechs weiteren Schulen das Zertifikat „Europaschule in Nordrhein-Westfalen" überreicht: [...] „In Zeiten wie diesen – in denen in ein Land in Europa wieder Krieg getragen wird und die Menschen dort viel Leid, Vertreibung und Tod ertragen müssen, ist die Festigung des europäischen Gedankens, der Solidarität und gegenseitigen Unterstützung wichtiger denn je und unsere Europaschulen leben ihn. Wir sind als Landesregierung davon überzeugt, dass durch eine frühzeitige Beschäftigung und Auseinandersetzung in der Schule Einstellungen und Haltungen unserer jungen Menschen für ein gemeinsames Europa geformt, entwickelt und stabilisiert werden können. Die Zukunft Europas ist auch unsere Zukunft und sie liegt auch in unseren Schulen. Aktuell gibt es 250 Europaschulen in Nordrhein-Westfalen. Und wir können alle sehr stolz darauf sein. In keinem anderen Bundesland gibt es so viele Europaschulen."

M2 *Europaschule Bornheim , Land NRW, 2017*

Die Europaschule Bornheim hat beim Deutschen Schulpreis 2017 einen mit 25.000 Euro dotierten Preis gewonnen. Schulministerin Sylvia Löhrmann gratulierte der Gesamtschule zu ihrem Erfolg: „Die Auszeichnung ist Anerkennung für die großartige Arbeit der gesamten Schulgemeinschaft der Schule, die damit auch ein Statement für das friedliche und freiheitliche Zusammenleben in Europa setzt."

1 Erkläre Fellers Auffassung über die Rolle von Europaschulen.

2 Stelle die wesentlichen Ziele von Europaschulen und deren Umsetzung an der Europaschule Bornheim dar. Link: Homepage der Schule

3 Entwickle einen 5-Punkte Plan: Wie kann (d)eine Schule eine Europaschule werden?

Europaprojekte in NRW

M3 *Eine Übersicht über Europaprojekte*

A
EuroVisions
Wettbewerb für
Schülerinnen und Schüler

B

Europa-Schecks
Eine Initiative des Landes Nordrhein-Westfalen

C
DAS KÖNNTE DEIN PROJEKT SEIN!

Link: Europaprojekte in NRW

4 Wähle eine Aufgabe:

I **a)** Informiere dich mit dem Webcode über Europaprojekte in NRW und erstelle einen Steckbrief zu einem der Projekte.

II **b)** Gestalte einen Beitrag für eins der Europaprojekte im Webcode.

III **c)** Entwickle eine eigene Idee für ein Europaprojekt in NRW.

5 Sind die verschiedenen Europaprojekte geeignet, um die europäische Einheit zu fördern? Tauscht euch aus und begründet eure Meinung. Marktplatz

WE NEED
A CHANGE

Wie ist die Einstellung Jugendlicher zur EU?

Abb. 1 *Demonstrierende Jugendliche fordern Veränderung*

Einstellungen Jugendlicher zur EU

Die EU aus der Sicht Jugendlicher

Viele Projekte der Europäischen Union haben das Ziel den Jugendlichen und jungen Erwachsenen die EU näher zu bringen. Dies ist nicht umsonst so, da sie die Zukunft der EU darstellen. Zahlreiche Studien beschäftigen sich mit der Frage, wie die jungen Europäerinnen und Europäer die EU wahrnehmen. Es ist teils eine allgemeine und große Zustimmung junger Menschen erkennbar. Viele Jugendliche setzen ihr Vertrauen in die EU. Allerdings gibt es auch immer mehr Stimmen, die sich pessimistisch und skeptisch gegenüber der EU äußern.

Aspekte wie die Wirtschaftslage, die persönliche finanzielle Situation, der wirtschaftliche Wohlstand des eigenen Landes und die Zufriedenheit mit der Politik beeinflussen dabei die Wahrnehmung.

Außerdem herrscht insgesamt eine große und sensible Wahrnehmung sozialer Ungleichheiten und Probleme, die über die Landesgrenzen hinweg betrachtet werden müssen, wie beispielsweise die Klimakrise. Die EU wird als demokratisch und teils sicher, aber auch kompliziert und bürokratisch wahrgenommen und zunehmend auch von Jugendlichen kritisiert.

Themen und Veränderungen

Das Jahr 2022, welches eigentlich das „Jahr der Jugend" in Europa sein sollte, wurde durch die Pandemie und den Ukraine-Krieg überschattet. Insgesamt scheint sich die EU auch aus Sicht Jugendlicher immer mehr kaum lösbarer Krisen gegenüber zu sehen. Die wichtigsten Herausforderungen der EU sehen Jugendliche in Bereichen wie Wirtschafts- und Finanzpolitik, Umwelt- und Klimaschutz, Migration, Asyl, oder Frieden. Lange hatten europäische Jugendliche das Gefühl, ihrer Stimme keinen Ausdruck verleihen zu können. Auf diese Wahrnehmungen reagierte Deutschland im Jahr 2022, indem das Wahlalter bei der Europawahl auf 16 Jahre gesenkt wurde. So konnten sie an der Europawahl im Sommer 2024 teilnehmen. Deutschland war das vierte Land der EU, das das Wahlalter absenkte, um Jugendlichen eine Stimme zu verleihen.

A Diskutiert eure aktuelle Wahrnehmung der EU und den Stellenwert der EU aus eurer Sicht.

B Führt eine Umfrage zur Wahrnehmung der EU in eurer Klasse durch und haltet euer Klassenergebnis fest (siehe Methode auf Seite 230).

Einstellungen junger Europäerinnen und Europäer

M1 *Jugendstudie 2023, TUI Stiftung, 2023, Text verändert*

Seit dem Jahr 2017 führt die TUI Stiftung die Studie „Junges Europa“ durch. Die Studie befragt junge Europäier und Europäierinnen zu ihrer Lebenswelt, ihrer Identität und ihren politischen Einstellungen. Im Jahr 2023 wurden 7085 junge Menschen von 16 bis 26 Jahren in den Ländern Deutschland, vereinigtes Königreich, Frankreich, Spanien, Italien, Griechenland und Polen befragt. Die Ergebnisse zeigen, dass das Thema Wirtschafts- und Finanzpolitik von 31% der Befragten als eines der aktuell wichtigsten Themen der EU (Top 2) benannt wurde. Auch die Themen Umwelt- und Klimaschutz (33%) und Migration und Asyl (28%) nehmen Jugendliche als relevant wahr.

M2 *Stimmen zur Studie, Jugendstudie 2023, TUI Stiftung, 2023*

Europa – das klang für die Generation unserer Eltern nach einem Friedens-, Freiheits- und Wohlstandsversprechen. In den letzten Jahren haben zum Beispiel die Corona-Pandemie, der russische Angriffskrieg auf die Ukraine [...] und die Klimakrise deutlich gemacht: Diese Versprechen wurden viel zu lange für einen Selbstläufer gehalten. Die [...] Jugendstudie zeichnet das Bild einer jungen Generation, der schmerzhaft bewusst geworden ist, dass der Frieden, die Freiheit und der Wohlstand der Zukunft heute wieder erstritten, erkämpft und verteidigt werden muss.

Das Ergebnis der Studie, dass [...] junge Menschen in Europa eine zunehmend pessimistische Grundhaltung einnehmen, macht mir große Sorgen. Gerade die junge Generation sollte optimistisch in die Zukunft schauen. Denn dazu gibt es – trotz aller Herausforderungen – gute Gründe.

1 **a)** Diskutiere, ob die Ergebnisse der Jugendstudie 2023 mit euren Einstellungen übereinstimmen.
b) Verfasse selbst eine „Stimme zur Studie“. Nutze auch die Ergebnisse aus der Klassenumfrage (Seite 176).

M3 *Die Mehrheit junger Menschen fühlt sich zumindest teilweise als Europäerin oder Europäer**

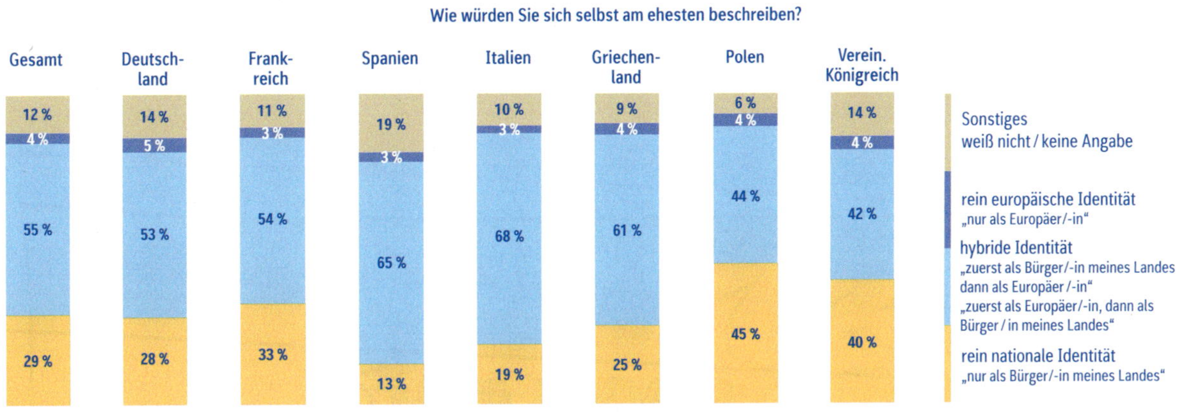
Wie würden Sie sich selbst am ehesten beschreiben?
Gesamt
12 %
4 %
55 %
29 %
Deutschland
14 %
5 %
53 %
28 %
Frankreich
11 %
3 %
54 %
33 %
Spanien
19 %
3 %
65 %
13 %
Italien
10 %
3 %
68 %
19 %
Griechenland
9 %
4 %
61 %
25 %
Polen
6 %
4 %
44 %
45 %
Verein. Königreich
14 %
4 %
42 %
40 %
Sonstiges
weiß nicht / keine Angabe
rein europäische Identität
„nur als Europäer/-in“
hybride Identität
„zuerst als Bürger/-in meines Landes dann als Europäer/-in“
„zuerst als Europäer/-in, dann als Bürger/-in meines Landes“
rein nationale Identität
„nur als Bürger/-in meines Landes“

* Befragung von 7085 jungen Menschen von 16 bis 26 Jahren per Online-Befragung im Jahr 2023

Quelle: TUI-Stiftung

Basis: alle Befragten, n=7085

835PX

2 Analysiert die Grafik (siehe Seite 227). Vergrößerte Abbildung des Schaubildes M3 Partnerpuzzle

3 Entwickelt in der Klasse Vorschläge, wie die Attraktivität der Europäischen Union aus Sicht junger Europäer und Europäerinnen erhöht werden könnte.

Methode

Eine Argumentationsmap erstellen

Wenn du jemanden überzeugen willst oder dich zu einem Thema äußern möchtest, ist es wichtig, dass du selbst deine Gedanken klar und strukturiert darstellst. Eine Argumentations-Map kann dabei als „Landkarte“ dienen, um für solche Situationen eine Grundlage zu haben. Sie ist in vier Abschnitte aufgeteilt und wird im Uhrzeigersinn angefertigt und später auch so gelesen. Mit ihrer Hilfe kannst du einen Vortrag oder eine Rede halten, deine Meinung zum Ausdruck bringen oder ein Problem strukturierter bearbeiten.

1. Schritt: Das PROBLEM /die Leitfrage

In der Mitte deiner Argumentations-Map solltest du erst einmal das Problem oder die Leitfrage notieren, zu dem du dich äußern oder zu der du Stellung nehmen möchtest. Somit hast du dies während deiner Rede stets vor Augen und es ist leichter einem roten Faden zu folgen.

2. Der IST-Zustand

Überlege, was der IST-Zustand des politischen oder wirtschaftlichen Themas ist, zu dem du dich äußern möchtest. Notiere diesen knapp oben rechts in deiner Argumentations-Map. Häufig eignen sich Stichpunkte besser als ganze Sätze, da du in deinem Vortrag so später freier sein kannst. Es kann nötig sein, dass du genaue Zahlen recherchierst, oder Aspekte noch einmal nachschlägst.

3. Schritt: Der SOLL-Zustand

Nachdem du dir Gedanken zum IST-Zustand gemacht hast, widmest du dich jetzt der Frage, wie es mit dem Problem weitergehen soll. Wie kann das Problem gelöst werden? Formuliere Vorschläge oder Positionen.

4. Schritt: Das WARUM

Deine soeben notierten Vorschläge begründest du im nächsten Schritt genau. Dazu notierst du unten links in deiner Argumentations-Map alle Punkte zum WARUM. Was spricht für die Darstellung oder Lösung des Themas? Insgesamt geht es darum, gute Begründungen zu liefern, um von deinen Ideen zu überzeugen. Tipp: Hier kann es auch helfen, noch einmal den IST-Zustand anzusehen. Vielleicht hast du schon Aspekte notiert, die dafürsprechen, etwas zu verändern.

5. Schritt: Der APPELL

Abschließend notierst du einen aussagekräftigen APPELL oben links in deine Argumentations-Map. Hier beantwortest du die Frage: Was ist zu tun, um das Problem zu lösen? Fasse dich auch hier kurz. Ein aussagekräftiger Appell bleibt besser in den Köpfen der Menschen als eine Aneinanderreihung von vielen Tipps oder Wünschen.

Mit Hilfe deiner fertigen Argumentationsmap kannst du deine Gedanken jetzt strukturiert vortragen.

APPELL
IST
PROBLEM!
WARUM
SOLL

Was soll die EU für junge Leute tun?

M1 *Rechtsgrundlage EU: Jugend, März 2023**

Die Jugendpolitik ist auf nationaler Ebene festgelegt, deshalb kann die EU hier nur eine unterstützende Rolle einnehmen. Die Europäische Union kann Maßnahmen ergreifen, um den Ausbau des Jugendaustauschs und des Austauschs von Jugendbetreuern sowie die Beteiligung von Jugendlichen am demokratischen Leben in Europa zu fördern. Außerdem ist die EU berechtigt, eine Politik der beruflichen Bildung umzusetzen, in deren Rahmen die Maßnahmen der Mitgliedstaaten unterstützt und ergänzt werden.“ *Text verändert

M2 *Deutschland: Die EU-Jugendstrategie, 2022**

Die EU-Jugendstrategie in Deutschland bildet den Rahmen für jugendpolitische Zusammenarbeit in Europa. Das Ziel, die Politik für junge Menschen auf europäischer Ebene und in den einzelnen Mitgliedstaaten weiterzuentwickeln, soll durch 11 europäische Jugendziele genauer definiert werden. Diese 11 Ziele fassen zusammen, welche Themen junge Menschen in Europa bewegen und was sie von der Politik erwarten. Die Umsetzung der EU-Jugendstrategie ist in Deutschland fester Bestandteil der Bundesregierung. *Text verändert

Link: Jugendziele der EU

M3 *Jugenddialog, Deutscher Bundesjugendring**

Im Jugenddialog können sich junge Menschen mit Verantwortlichen auf verschiedenen Ebenen austauschen, ihre Forderungen und Ideen vortragen oder Anliegen besprechen. Es steht im Mittelpunkt, was jungen Menschen wichtig ist und die Verantwortlichen können durch den Dialog die Ideen Jugendlicher in ihren politischen Entscheidungen miteinbeziehen. *Text verändert

Film: Erklärvideo zum Jugenddialog

M4 *Hexen für Europa: Online-Spiel für Schulen*

HOL DIR 'NEN FLASCHENGEIST
In jeder 300. Wunderlampe
Fabulous Council
Der Rat von Nafasia

Infos zum Spiel: Hexen für Europa

M5 *Ideen für die Beteiligung Jugendlicher in der Europäischen Union, Autorinnentext*

Mia 13 (Köln): Ich finde die EU sollte die Informationen über Leben und Arbeiten im Ausland leichter zugänglich machen. Die Internetseiten sind nicht gerade schön.

Sven 12 (Dorsten): Die Instrumente zur Beteiligung Jugendlicher sind nicht ersichtlich genug. Vielleicht könnte Werbung auf den sozialen Netzwerken geschaltet werden.

Nina 14 (Bielefeld): Die Idee mit dem Spiel „Hexen für Europa“ finde ich gut. So sollten mehr Themen aufbereitet werden.

1 Entwickle mit Hilfe der Materialien eine Argumentationsmap zur Leitfrage „Was soll die EU für junge Menschen tun?“

Leben in der Europäischen Union

NEVER
GONNA GIVE
EU UP

Abb. 1 *Never gonna give EU up – Die EU nicht aufgeben!*

Entstehung der EU

Einige Länder Europas sind Teil der Europäischen Union (EU). Die EU ist eine wirtschaftliche und politische Gemeinschaft mit aktuell 27 Mitgliedern. Die EU, früher EGKS, wurde zur wirtschaftlichen Zusammenarbeit gegründet und um ein friedvolles Miteinander zu schaffen. Auch politische Beziehungen spielten eine Rolle.

Ziele und Werte der EU

Wichtige Ziele und Werte, wie die Achtung der Freiheit oder die Wahrung der Menschenrechte sind in Verträgen festgelegt. Einige Ziele und Werte, wie die Gewährleistung von Schutz und Zuflucht im Rahmen der europäischen Asylpolitik sind nicht immer leicht zu gewährleisten. An den Grenzen der EU sterben viele Menschen, die auf der Suche nach Schutz teils schwere Fluchtwege auf sich nehmen. Dies sorgt für Diskussionen um die Einhaltung der Ziele und Werte der EU.

Welche Freiheiten hast du in der EU?

Entscheidend für die Entwicklung der EU waren das Schengener Abkommen von 1985, das für Reisefreiheit sorgte und der europäische Binnenmarkt. Der europäische Binnenmarkt sorgt durch den freien Personenverkehr, den freien Warenverkehr, den freien Dienstleistungsverkehr und den freien Warenverkehr dafür, dass meist ohne Zölle Handel zwischen Ländern betrieben werden kann.

Wie nehmen wir die EU wahr?

Die EU wird als Gemeinschaft repräsentiert und gelebt. So wird zum Beispiel der Europatag am 9. Mai alljährlich gefeiert und die europäische Hymne oder EU-Flagge sind regelmäßig zu hören und zu sehen. Auch das Motto der EU „In Vielfalt geeint" steht symbolisch für die Werte der EU. Im Rahmen des Europäischen Wettbewerbs werden jährlich Jugendliche dazu aufgerufen, Europa kreativ lernend zu entdecken und durch verschiedene Projekte mitzugestalten.

Wie fördert die EU das Lernen, Leben und Arbeiten im EU-Ausland?

Jugendliche und junge Erwachsene können, gefördert durch die EU, verschiedene Auslandserfahrungen sammeln. Auch innerhalb Deutschlands fördert die EU eine Vielzahl von Europaprojekten wie die Europawoche oder das Projekt „EU-JugendbotschafterIn". Darüber hinaus erfolgt die Europabildung auch im Rahmen von Europaschulen, die sich im Besonderen mit dem europäischen Gedanken auseinandersetzen.

Die EU und die Jugend

Die Jugend steht der EU zwar vielfach positiv gegenüber, allerdings sind auch skeptische Äußerungen erkennbar, was zum Beispiel an Problemen wie der schwierigen Wirtschaftslage einiger Länder oder der Klimakrise liegt. Jugendliche und junge Erwachsene sollen zukünftig stärker in europäische Entscheidungsprozesse miteinbezogen werden, sodass das Wahlalter der Europawahl in Deutschland auf 16 Jahre herabgesenkt wurde. Erstmals können also seit dem Jahr 2024 auch Jugendliche an der Wahl teilnehmen.

Wichtige Begriffe
Binnenmarkt, Demokratie, Erasmus +, Europawahl, Europäische Union, Flucht, Fluchtursachen, Freiheit, Frieden, gemeinsame Asylpolitik, Gleichheit, Menschenrechte, Migration, Schengenraum, Staatenbund, Werte

Was kann ich in der Europäischen Union?

M1 *Die vier Freiheiten des Binnenmarktes – ein Praxisbeispiel, Autorinnentext*

Nina (23 Jahre, Gronau):
Ich wohne in Gronau, einer deutschen Stadt nahe der niederländischen Grenze. In Enschede studiere ich Psychologie und fahre jeden Tag mit dem Bus über die Grenze. Einkaufen gehe ich, wo ich bessere Angebote finde. Um das Studium zu finanzieren jobbe ich in einem Bekleidungsgeschäft in Enschede. Der Lohn wird auf mein deutsches Konto überwiesen.

1 **a)** Erkläre die vier Freiheiten des Europäischen Binnenmarktes mit Hilfe des Beispiels .
b) Beurteile den Einfluss der vier Freiheiten des Europäischen Binnenmarktes auf euren Alltag.
c) Schreibe einen Beitrag für die Sozialen Medien zum Thema „Mein Alltag in und mit der EU“.

Die Zukunft der EU?

M2 *Jugendliche bringen die EU voran, Autorinnentext*

Europaprojekte können Jugendlichen und jungen Erwachsenen die Europäische Union näher bringen und die europäische Einheit fördern.

2 **a)** Nimm Stellung zur Aussage.
b) Diskutiere, welche Rolle Jugendliche in der Europäischen Union spielen.

Werte im Müll?

M3 *„Was die Leute so alles wegwerfen", Karikatur von Harm Bengen*

WAS DIE LEUTE SO ALLES WEGWERFEN...
WERTE
HUMANITÄT

3 **a)** Analysiere die Karikatur (siehe Methode auf Seite 120).
b) Nimm Stellung zur Aussage: "Die EU entsorgt ihre Werte!"

4 Schreibe einen kurzen Brief an ein gleichaltriges Kind, das gerade nach Europa geflohen ist, in dem ihr erklärt, wie ihr euch die Zukunft Europas vorstellt und welche Rolle ihr als Jugendliche dabei spielen könnt.

Lösungen: Lerncheck

Kapitel 7

Ausbildung
FSJ
Schule

- *Wie viele Berufe gibt es?*
- *Wo gibt es Informationen zu Berufen?*
- *Welche Merkmale und Anforderungen haben Berufe?*
- *Wie entscheidest du dich für einen Beruf und wie sehen deine nächsten Schritte aus?*

Berufswegeplanung

Wie viele Berufe gibt es?

Abb. 1 *So viele Berufe - wie soll man da den Überblick behalten?*

Vielfalt der Berufe

Berufe im Alltag

Berufe gab es schon immer. Im Mittelalter wurde hauptsächlich zwischen Handwerkern und Handelsleuten unterschieden. Sie stellten entweder Sachen wie Kleidung oder Möbel her oder verkauften sie auf dem Markt. Es gab beispielsweise den Schmied, Buchbinder, Gerber, Arzt, Steinmetz, Maler oder Schneider.

Heute gibt es nicht mehr alle Berufe aus dem Mittelalter. Manche wurden abgeschafft und neue Berufe kamen hinzu. Beispielsweise gab es früher nicht den Beruf des Informatikers oder des Schwimmmeisters, weil der Bedarf oder der technische Fortschritt nicht da waren. Berufe entwickeln sich weiter und bilden sich auch neu, wenn sich die Gesellschaft oder die Technik weiterentwickelt.

So habt ihr überall in eurem Alltag mit Berufen zu tun. Bereits morgens, wenn ihr die Wohnung verlasst, tragt ihr die Kleidung, die von einem Schneider hergestellt wurde, esst das Brot einer Bäckerin und fahrt mit dem Fahrrad, das ein Zweiradmechatroniker gebaut hat, zur Schule, in der Lehrkräfte unterrichten.

Bedeutung der Berufe

In Deutschland gibt es mehrere hundert Ausbildungsberufe und über tausend Studiengänge, die alle zu einem Beruf führen. Der Beruf ist ein wichtiger Bestandteil im Leben der Menschen. Sie erhalten durch die Arbeit ein Einkommen, mit dem sie Miete, Lebensmittel und auch ihre Hobbys bezahlen können. Viele Menschen suchen sich einen Beruf, der ihnen Spaß macht und sie interessiert. Sie machen das, was sie gut können. Manchen Menschen ist es wichtiger, viel Geld zu verdienen oder durch die Welt zu reisen. Anderen wiederum ist es sehr wichtig, etwas Sinnvolles für die Allgemeinheit zu tun und empfinden ihre Arbeit als Chance, sich zu verwirklichen.

Auch für viele Jugendliche ist es das wichtigste Ziel, einen Beruf zu finden, der Spaß macht und am besten zu den eigenen Interessen und Fähigkeiten passt.

A **Beschreibe, warum wir so viele unterschiedliche Berufe haben.**

B **Erkläre, welche Bedeutung der Beruf für Menschen hat.**

Berufe in der Stadt

M1 *In einer Stadt arbeiten viele unterschiedliche Personen mit verschiedenen Berufen. Ein Spaziergang durch die Straßen zeigt unterschiedliche Gebäude oder Situationen, in denen Menschen arbeiten.*

SCHULE
EISCAFE
BÄCKEREI
HANDY SHOP
KINDERGARTEN
POLIZEI
FEUERWEHR
GEMÜSE OBST
TIERARZT
AUTOWERKSTATT
POST

M2 *Beispiel für eine Mindmap*

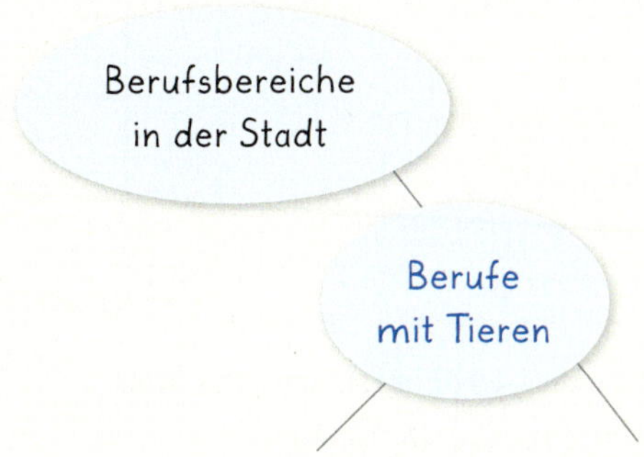
Berufsbereiche in der Stadt
Berufe mit Tieren

1 Benenne die Gebäude und Situationen, die auf dem Bild M1 zu sehen sind.

2 Wähle zwei Arbeitsorte oder Arbeitssituationen aus M1. Nenne die Berufe der Menschen, die dort arbeiten.

3 Recherchiere zu einem Beruf, welche Tätigkeiten darin ausgeübt werden. Stellt euch die Berufe gegenseitig vor (Seite 231). Partnervortrag
Link: Berufe A-Z

4 Befragt eure Eltern, Großeltern und Verwandte nach ihrem Beruf: Berufsbezeichnung, Arbeitsort und Tätigkeiten (siehe Methode Seite 230).

5 Entwickelt in Partnerarbeit eine Mindmap zu den Berufsbereichen in M1 (z. B. Berufe mit Tieren, ...). Ordnet die Berufe zu (siehe Methode Seite 226).

Material

Meine Interessen und Fähigkeiten

M3 *Jeder Mensch kann etwas besonders gut. Jeder Mensch mag gerne unterschiedliche Dinge machen. Diese Vorlieben können bei der Berufswahl helfen. Deshalb ist es wichtig, einmal bei sich selbst zu schauen.*

Oskar: Ich spiele am liebsten mit meinen Geschwistern.

Tamina: Ich kann sehr gut Klavier spielen.

Martha: Ich kann sehr schnell laufen.

Lina: Ich kann gut rechnen.

Luk: Ich helfe total gerne beim Fahrrad reparieren.

M4 *Welche Interessen hast du?*

Interessen
- Tiere
- Menschen
- Computer
- Technik
- Sport
- Rechnen
- Schreiben
- Lesen
- ...

Meine Interessen: Das mag ich ...

	sehr gern	gern	weniger gern
Tiere	...	...	...
Menschen	...	...	...
Computer	...	...	...
...	...	...	...

M5 *Welche Fähigkeiten hast du?*

Fähigkeiten
- sportlich
- kreativ
- kontaktfreudig
- zuverlässig
- handwerklich begabt
- gut vor anderen sprechen können
- rechnen
- teamfähig
- ...

Meine Fähigkeiten: Ich bin ...

	sehr	ein bisschen	nicht
sportlich	...	...	...
kreativ	...	...	...
kontaktfreudig	...	...	...
...	...	...	...

6 Erstelle eine Tabelle, in der du deine Interessen (M4) und Fähigkeiten (M5) einschätzt. Ermittle: Was magst du sehr gern, gern oder weniger gern? Und was kannst du sehr gut, gut, weniger gut?

7 Jeder Mensch ist einzigartig. Wir haben eine eigene Persönlichkeit, mögen Unterschiedliches und können Dinge unterschiedlich gut. Erstelle ein Plakat über dich (Seite 228). Was macht dich aus? Was kannst du besonders gut? Beziehe dabei auch deine Überlegungen aus der Aufgabe 6 mit ein.

Typisch männlich – typisch weiblich?

M6 *Berufe für Mädchen und Jungen, Autorentext*

Vor vielen Jahrzehnten gab es typische Berufe für Frauen und Männer. Frauen durften z. B. keine Ärztinnen werden, aber als Krankenschwestern arbeiten. Die Arbeit auf Baustellen war nur für Männer vorgesehen. Das ist heute nicht mehr so. Frauen und Männer können jeden Beruf erlernen, den sie möchten. Trotzdem gibt es noch veraltete Vorstellungen, wie das folgende Beispiel zeigt. Ben unterhält sich mit seinem Vater:

Vater: Ben, du musst dich bald entscheiden, welchen Beruf du nach der Schule erlernen möchtest!

Ben: Aber ich weiß doch schon, was ich machen möchte. Ich werde ...

Vater: Ach, fang nicht schon wieder damit an! Schneider ist doch kein Beruf für einen Mann. Das können die Frauen besser. Meine Knöpfe hat meine Mutter schon an meine Hemden genäht.

Ben: Papa, man macht als Schneider mehr als nur Knöpfe annähen. Kennst du nicht auch die vielen großen Modeschöpfer?

Vater: Ben, bitte träume nicht. Als Bauarbeiter oder Banker verdienst du doch besser. Das sind gute Berufe für einen Mann. Da kann man auch richtig anpacken.

8 Wähle eine der Aufgaben aus:

I a) Beschreibe in eigenen Worten, welche Meinung Bens Vater vertritt (M6).

II b) Stelle heraus, worin sich die Meinungen von Ben und seinem Vater unterscheiden.

9 Versetze dich in die Lage von Ben (M6) und diskutiere mit deinen Mitschülerinnen und Mitschülern, ob es heute noch Berufe für Frauen und für Männer gibt. Begründe deine Meinung.

Wer macht was?

M7 *Verschiedene Interessen*

Julia interessiert sich für Technik, repariert ihr Fahrrad selbst und ist sportlich.

Saffa ist Tunierreiterin, pflegt gerne Tiere und liebt Musik.

Jacob liebt Mathe, liest gerne Bücher und fährt BMX-Fahrrad.

Arthur liebt seine kleinen Geschwister, ist in der Theater-AG und übt Zauberei.

M8 *Verschiedene Berufe*

Bankkaufmann/ Bankkaufrau	Automechaniker/ Automechanikerin
Tierarzt/ Tierärztin	Erzieher/ Erzieherin

10 Beschreibe, welche Tätigkeiten in den genannten Berufen ausgeführt werden (M8).

11 Ordne die Berufe den Personen zu und erläutere, weshalb du dich so entschieden hast (M7 und M8).

Material

Was will oder soll ich mal werden?

M9 *Wenn ich einmal erwachsen bin ..., Autorentext*

Luca sitzt am Schreibtisch und will eigentlich gerade seine Matheaufgaben machen. Da fängt er an zu träumen und überlegt, wozu er Mathe mal später im Beruf braucht und welcher Beruf das denn wäre? Was ist ihm wichtig bei der Berufswahl? Was würde ihn glücklich machen? Seine Eltern gehen gerne arbeiten und sagen, dass es ihnen Spaß macht. Sein Onkel sagt, dass sein Beruf gut zu ihm passt, aber er auch immer gerne sein Hobby Mountainbiking macht. Seine Tante ist da ganz anders. Sie geht voll in ihrem Beruf auf. Sie sagt, dass es auch ihr Hobby ist und sie sich dazu berufen fühlt, für kranke Menschen da zu sein. Sie ist Krankenschwester. Was macht es aus, den richtigen Beruf für sich zu finden?

12 Fasse stichpunktartig zusammen, was die Verwandten von Luca über ihre Berufe sagen.

13 Schreibe Luca einen Brief, in dem du von dir berichtest. Stelle heraus, wie dein Traumberuf ist.

M10 *Im Beruf ist man glücklich, wenn ...*

... der Beruf Spaß macht.

... man viel Geld verdient.

... man auch Zeit für seine Hobbys hat.

... die Arbeit interessant ist.

... man den Beruf sehr gut kann.

... man nette Kolleginnen und Kollegen hat.

... die Arbeit geschätzt wird.

14 a) Befrage deine Eltern und weitere Verwandte. Beschreibe, was sie in ihrem Beruf glücklich macht.

b) Stelle heraus, welche Gründe am häufigsten genannt wurden. Lege hierzu eine Tabelle an.

15 Arbeite heraus, was dir in einem Beruf wichtig wäre und was dich glücklich machen würde. Begründe deine Meinung.

16 Tausche dich mit einem Mitschüler oder einer Mitschülerin aus, was ein Traumberuf für ihn oder sie bedeutet. Notiert euch, was ein Traumberuf ausmacht und sucht die Gemeinsamkeiten und Unterschiede heraus.

Traumberufe

M11 *Träume sind unterschiedlich, Autorentext*

Linus hat seinen Traumberuf gefunden. Er möchte Softwareentwickler werden. Seine Eltern denken da ein wenig anders: Sein Vater möchte, dass er Pilot wird und seine Mutter findet, dass er ein guter Arzt sein könnte. Was ist zu tun? Die Ideen gehen ziemlich weit auseinander ...

17 Beschreibe die Abbildung.

18 Stelle das Problem von Linus dar.

19 Überlege, was du Linus raten könntest, und suche nach Argumenten, die Linus seinen Eltern sagen könnte.

M12 *Die Zukunftskapsel, Autorentext*

Jedes Jahr schreiben und zeichnen die Schüler/-innen der 8. Klasse der Astrid-Lindgren-Schule einen persönlichen Brief, was sie mit dem Wort „Beruf" verbinden, und legen ihn in die Zukunftskapsel, die in einer der Wandboxen in der Aula eingeschlossen wird. Zugleich dürfen sie die Box der Klasse von vor zehn Jahren öffnen. Dieser Moment ist immer besonders spannend, denn neben den Wunschberufen erfährt man auch viel über die Vorstellungen, die die Jugendlichen mit einem Beruf verbinden.

Tjark

Ich möchte im Büro arbeiten.

- am Computer arbeiten,
- nicht im Freien arbeiten,
- schreiben,
- organisieren,
- feste Arbeitszeiten

Christine

Ich möchte gerne Tierforscherin werden.

B - Balance (Ausgleich Beruf und Familie)
E - eigenes Geld
R - reisen
U - Unternehmen gründen
F - Fähigkeiten

Adam

Ich möchte gerne Informatiker werden.

B - in der Stadt bleiben
E - Eigenständigkeit
R - reinhängen
U - unerwartetes Neues
F - für etwas Sinnvolles arbeiten

20 Wähle eine der Aufgaben aus (M12):

I a) Schreibe die Buchstaben des Wortes „Beruf" auf und benenne in passenden Wörtern, was du mit dem zukünftigen Beruf verbindest. (TIPP: Der Anfangsbuchstabe muss nicht übereinstimmen.)

II b) Gestalte ein Bild, wie du dir deinen Beruf vorstellst.

21 Tausche dich in einer Kleingruppe mit deinen Mitschülerinnen und Mitschülern über eure Vorstellungen zu „Was bedeutet für mich der Beruf?" aus. Stellt Gemeinsamkeiten und Unterschiede heraus. Placemat

Wie wird Arbeit gerecht geteilt?

Abb. 1 *Auch die Tätigkeiten im Haushalt und in der Familie sind Arbeit.*

Erwerbsarbeit und Carearbeit

Erwerbsarbeit

Die meisten Menschen gehen regelmäßig arbeiten. Durch Erwerbsarbeit verdienen sie Geld, um Wohnungen, Essen, Kleidung oder Hobbys zu bezahlen. Durch ihren Beruf erhalten sie auch Anerkennung, denn viele Menschen sind stolz auf ihre Arbeit. Dennoch gibt es auch Menschen, die unzufrieden mit ihrer Arbeit sind.

Doch nicht nur das Einkommen und Ansehen ist wichtig. Durch die Arbeit hat man Kontakt zu Kolleginnen und Kollegen, die ein wichtiger Bestandteil im Alltag sind. Zusätzlich wird durch die Erwerbsarbeit Geld für die Rente angespart.

Hausarbeit

Neben der Erwerbsarbeit gibt es die Hausarbeit. Alle Tätigkeiten im Haushalt oder auch im Garten gehören zur Hausarbeit. Dazu gehören das Kochen, Saugen, Putzen, Wäsche waschen, Rasen mähen und vieles mehr. Für Hausarbeit gibt es keine Bezahlung und leider häufig auch keine Anerkennung, wie für die Erwerbsarbeit.

Carearbeit

Eltern sorgen für ihre Kinder, machen mit ihnen Hausaufgaben oder pflegen sie, wenn sie krank sind. Diese Arbeit nennt man Carearbeit (Pflegearbeit). Manchmal müssen alte oder kranke Familienangehörige gepflegt werden. Zur Carearbeit gehört auch die Zeit, die man mit Familienangehörigen verbringt. Carearbeit wird oft nicht bezahlt.

Ehrenamt

Viele Menschen arbeiten in der Freizeit ehrenamtlich, z. B. in Sportvereinen, bei der Freiwilligen Feuerwehr oder in der Kirche. Diese Arbeit ist wichtig für unsere Gesellschaft und wird in den meisten Fällen nicht bezahlt.

A Nenne die alltäglichen Tätigkeiten im Bild.

B Erkläre die Begriffe „Erwerbsarbeit“, „Hausarbeit“,„Carearbeit“ und „Ehrenamt“.

C Nenne fünf Aufgaben im Haushalt.

D Worin unterscheiden sich die vier Formen der Arbeit?

Tätigkeiten in der Familie

M1 *Familie Rüsing stellt sich vor, Autorentext*

Ich bin Taale Rüsing, 12 Jahre alt, und wohne mit meiner Familie in einem kleinen Dorf. Morgens mache ich mich schnell fertig und gehe in die Küche. Mein Vater hat mir das Frühstück und das Schulbrot gemacht. Danach bringt er mich mit dem Auto zur Schule in die nächste Stadt. Nachmittags mache ich meine Hausaufgaben und treffe mich dann mit meiner Freundin. Mit ihr zusammen bin ich bei der Freiwilligen Feuerwehr. Das macht mir viel Spaß. Zu Hause muss ich nicht viel machen. Ich muss regelmäßig mein Zimmer aufräumen und einmal in der Woche das Bad putzen. Mit unserem Hund Rocky gehe ich nachmittags freiwillig spazieren. Sonntags fahre ich zu Opa und spiele mit ihm Karten.

Ich bin Fred Rüsing und arbeite halbtags in der Buchhaltung. Morgens mache ich das Frühstück für die Familie. Anschließend lüfte ich die Wohnung und mache die Betten. Wenn ich zur Arbeit fahre, nehme ich meine Tochter mit. Meine Arbeit in der Buchhaltung macht mir Spaß. Mittags fahre ich nach Hause und koche für mich und Taale. Danach erledige ich die alltäglichen Aufgaben im Haushalt. Ich sauge und wische, räume auf und mache die Wäsche. Im Sommer genieße ich es, im Garten zu arbeiten. Wenn es nötig ist, unterstütze ich Taale bei den Hausaufgaben. Jeden Abend fahre ich noch zu meinem Vater und helfe ihm im Haushalt. Er ist schon sehr alt. Dank meiner Unterstützung kann er noch alleine wohnen.

Ich bin Enne Rüsing. Mit meinem Mann und meiner Tochter wohne ich in einem kleinen Dorf. Morgens nach dem Frühstück fahre ich zur Arbeit. Ich bin gelernte Zerspanungsmechanikerin und leite ein Metallbauunternehmen. Mir ist es wichtig, rund um die Uhr für meine Firma da zu sein. Dadurch bin ich leider viel unterwegs. Wichtige Fortbildungen zu neuen Maschinen finden häufig am Wochenende statt. Neben meinem Berufsleben betreue ich ehrenamtlich einmal in der Woche eine Handball-Kinder-Mannschaft. Wenn ich abends von der Arbeit komme, unterstütze ich meinen Mann im Haushalt. Ich räume die Spülmaschine aus und ein. Außerdem putze ich regelmäßig die Fenster.

M2 *Tätigkeiten der Familie Rüsing*

	Taale Rüsing	Fred Rüsing	Enne Rüsing
Erwerbsarbeit/Schule	...	...	...
Hausarbeit	...	...	...
Carearbeit	...	...	...
Ehrenamt	...	...	...

1 Bearbeitet gemeinsam die folgenden Aufgaben:
- **a)** Teilt euch in Dreiergruppen auf und wählt jeweils eine Person der Familie Rüsing aus (M1).
- **b)** Füllt die Tabelle M2 für eure Person in euren Heften aus.
- **c)** Ergänzt gegenseitig eure Ergebnisse. Think-Pair-Share

2 Übertragt die Tabelle auf eure Familie und füllt sie für alle Familienmitglieder aus.

Material

Arbeitsteilung in der Familie

M3 *Streit bei Familie Chehade, Autorentext*

Mutter: „Ich bin im Moment oft müde und erschöpft, weil ich so viele Aufgaben bei uns zu Hause allein übernehmen muss. Ich arbeite bis mittags, gehe einkaufen, koche für alle Mittag und räume die Küche auf. Danach putze ich, mache die Wäsche, sauge, wische und lege Wäsche zusammen. Ich mache den Garten, räume das Haus auf oder fahre euch Kinder irgendwo hin. Ich habe gar keine Zeit für mich. Ich bräuchte dringend Hilfe, denn wir wohnen alle hier."

Sohn: „Ich habe Schule und muss nachmittags meine Hausaufgaben erledigen und bin oft beim Training. Ich habe keine Lust, auch noch so viel im Haushalt zu helfen, wenn ich schon immer mein Zimmer aufräumen muss."

Tochter: „Geht mir auch so. Wann sollten wir denn noch unsere Freizeit genießen, wenn wir nur im Haushalt schuften? Außerdem bringe ich ja den Müll raus."

Vater: „Jetzt seid ihr aber unfair. Eure Mutter arbeitet auch den halben Tag. Ich bin den ganzen Tag bei der Arbeit und komme erst um 17.00 Uhr nach Hause. Ich kann nicht helfen. Das müsst ihr schon machen."

3 a) Welches Problem hat Familie Chehade? +

b) Zähle auf, wer welche Aufgaben in der Familie übernimmt.

c) Erkläre, warum es wichtig ist, die Aufgaben im Haushalt gerecht zu verteilen.

4 Wie kann Familie Chehade die Aufgaben im Haushalt besser aufteilen? Schreibt das Gespräch der Familie zu Ende. Findet eine gerechte Lösung für alle. Think-Pair-Share

Der Haushalt benötigt Zeit

M4 *Meinungen zum Haushalt*

Das bisschen Haushalt ist doch schnell erledigt.

Von wegen. Mit dem Haushalt könnte man den ganzen Tag füllen.

5 Nimm Stellung zu den beiden Aussagen. Wem stimmst du zu? Begründe deine Antwort. +

Ablauf einer Tätigkeit im Haushalt

M5 *Den Tisch zum Abendbrot decken*

A
B
C
D
E
F
G
H
I

6 **a)** Du sollst den Abendbrottisch decken. Bringe dafür die Bilder in M5 in die richtige Reihenfolge.
b) Schätze die Zeit, die für das Vorbereiten des Abendessens nötig ist.
c) Vergleicht eure Schätzungen miteinander. Bestimmt einige Personen, die zu Hause die Zeit stoppen.

7 Überlege dir andere Tätigkeiten im Haushalt und schreibe den Ablauf der Tätigkeiten auf. Schätze auch dafür die benötigten Zeiten und überprüfe sie.

Verteilung der Arbeitszeit heute

M6 *Statistik zur Arbeitszeitverteilung, ILO 2018*

Durchschnittliche tägliche Arbeitszeiten

Frauen arbeiten im weltweiten Durchschnitt 7:28 pro Tag und werden für ca. 41 % davon bezahlt. Männer arbeiten im weltweiten Durchschnitt 6:44 pro Tag und werden für ca. 80 % davon bezahlt.

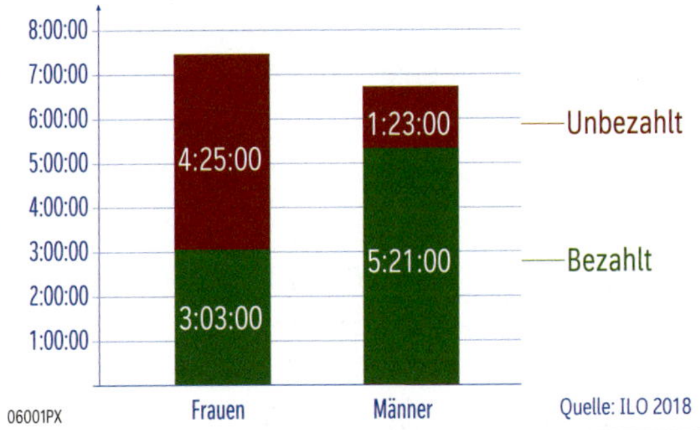
8:00:00
7:00:00
6:00:00
5:00:00
4:00:00
3:00:00
2:00:00
1:00:00
4:25:00
3:03:00
1:23:00
5:21:00
Unbezahlt
Bezahlt
Frauen
Männer
06001PX
Quelle: ILO 2018

8 Betrachte die Statistik (siehe auch Methodenseite 227).
a) Wie viele Stunden arbeiten Männer und Frauen bezahlt?
b) Wie viele Stunden arbeiten Männer und Frauen unbezahlt?
c) Wie viele Stunden arbeiten Männer und Frauen insgesamt?

9 Beurteile, ob die Aufteilung der Arbeitszeit von Männern und Frauen gerecht ist.

10 Erkläre, was die Mehrarbeit für die Frauen bedeutet.

Wo gibt es Informationen zu den vielen Berufen?

Abb. 1 *Es gibt viele Berufe und für jeden ist etwas dabei - informiere dich!*

Berufe entdecken

Berufsfelder

In Deutschland gibt es über 300 Ausbildungsberufe und mehrere tausend Studiengänge, die zu unterschiedlichen Berufen führen. Wie kann man da einen Überblick erhalten? Viele sind allgemein bekannt, weil sie im Alltag vorkommen, wie Ärztinnen und Ärzte, Lehrpersonen, Bürokaufleute, Maurerinnen und Maurer oder Frisörinnen und Frisöre. Aber da gibt es noch weitaus mehr.

Jeder Beruf lässt sich einem Berufsfeld zuordnen. Das bezeichnet den Schwerpunkt der Arbeit. Ärztinnen und Ärzte arbeiten beispielsweise in dem Berufsfeld Gesundheit, Lehrpersonen in der Pädagogik, Maurerinnen und Maurer im Berufsfeld Bau, Frisörinnen und Frisöre in der Dienstleistung.

Durch die Einteilung in Berufsfelder lassen sich ähnliche Berufe leicht erkennen. Sie können Alternativen zum Wunschberuf sein.

Berufe verändern sich

Unternehmerinnen und Unternehmer unterschiedlicher Branchen suchen viele Berufe aller Berufsfelder. Wie auf einem Wochenmarkt bieten Arbeitnehmerinnen und Arbeitnehmer ihre Arbeitskraft an und Unternehmen zeigen ihren Bedarf an bestimmten Tätigkeiten. Der Bedarf verändert sich aber auch. Es werden nicht immer die gleichen Berufe gesucht. Darin zeigen sich auch die Entwicklungen in der Gesellschaft und der Technik. Als früher noch Menschen an den Laufbändern gearbeitet haben, wurden Produktionsarbeiterinnen und -arbeiter gesucht. Heute übernehmen das schon zum großen Teil automatisierte Maschinen. Stattdessen werden Menschen gesucht, die diese Maschinen weiterentwickeln und neu bauen können.

A Beschreibe mit einem Beispiel, wonach Berufe in einem Berufsfeld zusammengefasst werden.

B Fasse in eigenen Worten zusammen, wodurch sich Berufe verändern können.

Berufsfelder

M1 *Berufe werden verschiedenen Berufsfeldern zugeordnet:*

- Bau, Architektur, Vermessung
- Dienstleistung
- Elektro
- Gesundheit
- IT, Computer
- Kunst, Kultur, Gestaltung
- Landwirtschaft, Natur, Umwelt
- Medien
- Metall, Maschinenbau
- Naturwissenschaften
- Produktion, Fertigung
- Soziales, Pädagogik
- Technik, Technologiefelder
- Verkehr, Logistik
- Wirtschaft, Verwaltung

M2 *Eine Klasse hat nach ihrem Betriebspraktikum eine Fotostrecke über die Berufe erstellt.*

A
B
C
D
E
F

1 Ordne die Berufe deiner Eltern und Verwandten den Berufsfeldern zu (M1).

2 Überprüfe, ob sich dein Wunschberuf in einem der Berufsbereiche aus Aufgabe 1 wiederfindet. Überlege, warum ihr euch für Berufe des gleichen Berufsfeldes interessiert.

3 Recherchiere auf der Homepage der Agentur für Arbeit in dem Berufsfeld deines Wunschberufes nach Berufen, von denen du bisher noch nichts gehört hast (M1). Link: Agentur für Arbeit

4 Vergleiche zwei der neuen Berufe aus Aufgabe 3 mit deinem Wunschberuf anhand der Tätigkeiten, der Arbeitsorte und der Arbeitsmittel.

5 Beschreibe, welche Tätigkeiten abgebildet sind (M2).

6 Ordne anschließend die Berufe den Berufsfeldern (M1) zu.

Berufsbiografien

M3 *Menschen wählen aus ganz unterschiedlichen Gründen ihre Berufe. Aus welchen Gründen die drei Jugendlichen ihre Berufe gewählt haben, erzählen sie kurz in ihren Berichten., Autorentexte*

Ich bin Marian und mache eine Ausbildung zum Krankenpfleger. Entschieden habe ich mich hierfür in der neunten Klasse. Ich bin gerne mit Menschen zusammen und kann gut mit anderen umgehen. Der medizinische Bereich ist es aber auch geworden, weil mich die technischen Entwicklungen und die heutigen Möglichkeiten der Behandlungen faszinieren. Es ist beeindruckend, was alles für die Gesundheit getan werden kann.

Hey, ich heiße Thea. Seit dem vergangenen Sommer mache ich eine Ausbildung zur Wasserbauerin. Keine Sorge, ich kannte den Beruf zuerst auch nicht. Aber er passt gut zu mir. Seitdem ich denken kann, verbringe ich jede freie Minute an oder auf dem Wasser. Ich gehe gerne surfen oder einfach mal eine Runde auf dem SUP drehen. Deshalb wollte ich gerne auch einen Beruf, den ich mit meinem Hobby verbinden kann. Als Wasserbauerin halte ich die Flüsse, Schleusen und das Ufer in gutem Zustand. Und wenn das gesichert ist, habe ich selbst in meinem Hobby etwas davon.

Ich bin Leano und mache eine Ausbildung zum Maurer. Für mich war es wichtig, im Beruf etwas handwerkliches zu machen. Ich sitze nicht gerne den ganzen Tag am Schreibtisch. Und als Maurerlehrling hat man auch schon in der Ausbildung einen guten Lohn. Später als Geselle habe ich dann auch gute Chancen. Handwerkerinnen und Handwerker werden immer gebraucht!

7 Beschreibe, aus welchen Gründen die Jugendlichen ihre Ausbildungsberufe gewählt haben (M3).

8 Überlege, ob es noch weitere Gründe gibt und trage sie in einer Übersicht zusammen.

9 Stelle heraus, welche Gründe für dich wichtig sind und erkläre kurz, warum.

Einflussfaktoren

M4 *„Wähle einen Beruf, der dir Spaß macht!", Autorentext*

Aber ist das alles? Wenn man unterschiedliche Personen fragt, wonach man seinen Beruf wählen sollte, dann erhält man verschiedene Antworten. Was sollte man beachten? Welche Aspekte wichtig sind, das zeigt die nachfolgende Abbildung.

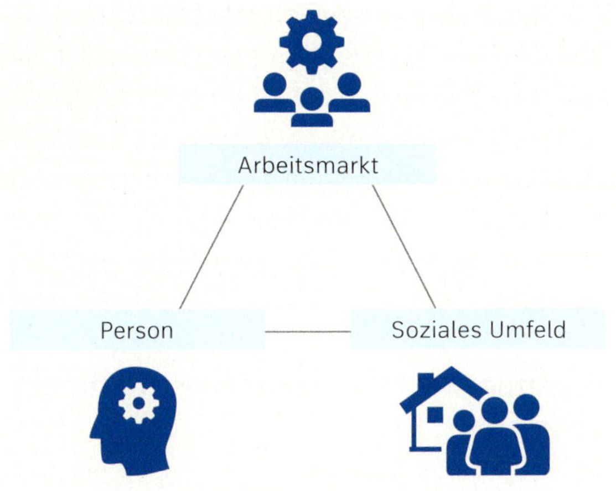
Arbeitsmarkt
Person
Soziales Umfeld

Arbeitsmarkt

Der Arbeitsmarkt zeigt, in welchen Berufen Fachkräfte gesucht werden. In einigen Branchen gibt es einen hohen Fachkräftemangel, in anderen wiederum gibt es ein Überangebot an ausgebildeten Menschen.

Person

Jeder Mensch hat unterschiedliche Interessen und Fähigkeiten. Deshalb passt auch ein Beruf nicht zu allen Menschen. Die größte Zufriedenheit im Beruf baut auf der Möglichkeit auf, die eigenen Interessen im Beruf zu verwirklichen und Fähigkeiten einzusetzen.

Soziales Umfeld

Die wichtigsten Menschen im Leben sind unsere Familie und Freunde. Sie kennen uns am besten und können uns gut beraten. Deshalb ist ihre Meinung auch bei der Berufswahl wichtig.

10 Erkläre, was mit der Abbildung (M4) ausgedrückt werden soll.

11 Überprüfe, wie wichtig dir die Aspekte bei deiner Berufswahl wären. Gibt es eine Reihenfolge oder wären sie gleichwertig? Tausche dich dazu mit einem Mitschüler oder einer Mitschülerin aus und haltet eure Ergebnisse fest. Kugellager

12 Befrage deine Eltern oder andere Verwandte, wonach sie ihren Beruf gewählt haben (M4).

13 Wenn alle drei Aspekte (M4) gleichwertig berücksichtigt werden, könnte es zu Problemen kommen. Erkläre, wo Probleme auftreten könnten.

Beruf oder Hobby?

M5 *Jil, 17 Jahre alt, erzählt*

Am liebsten wäre ich Musiker. Meine Eltern haben mir aber davon abgeraten, weil es nicht einfach ist, damit ein gutes Einkommen zu haben. Deshalb habe weitergeschaut und mache jetzt eine Ausbildung zum Mediengestalter für Bild und Ton. Musik mache ich immer noch, wahrscheinlich kann ich das auch am besten. Aber ich muss auch von etwas leben können. Die Ausbildung ist eine gute Alternative.

14 Erläutere, wie sich das soziale Umfeld, der Arbeitsmarkt und die eigenen Interessen und Fähigkeiten gemeinsam bei der Berufswahl von Jil ausgewirkt haben (M5).

Ein Telefongespräch führen

Das Telefonieren mit einer unbekannten Person kann eine Herausforderung sein – besonders, wenn es um etwas Wichtiges wie eine Praktikumsanfrage geht. Die folgende Anleitung soll dabei helfen, solche Telefongespräche erfolgreich zu führen.

Link: Am Telefon nach einem Praktikumsplatz fragen

1. Schritt: Das Gespräch vorbereiten

Zur Vorbereitung deines Telefongesprächs solltest du dir zu folgenden Punkten Notizen machen:

- **Vorbereitung:** Wie beginnst du das Gespräch? Welche Formulierungen kannst du nutzen, um dich vorzustellen?
- **Ziel des Anrufs:** Warum rufst du an? Was ist das Gesprächsziel?
- **Informationen sammeln:** Recherchiere über den Ort (z. B. die Firma, in der du das Praktikum machen möchtest). Finde heraus, wer die richtige Ansprechpartnerin oder der richtige Ansprechpartner für die Anfrage ist und zu welcher Zeit der Anruf am günstigsten ist.
- **Mögliche Fragen:** Welche Fragen könnten gestellt werden? Welche Fragen möchtest du stellen?
- **Das Gespräch beenden:** Wie beendest du das Gespräch?

Wenn du dir Notizen gemacht hast, kannst du das Gespräch üben, etwa mit deinen Eltern, deinen Mitschülerinnen oder Mitschülern, ...

2. Schritt: Das Gespräch durchführen

Halte Notizblock und Stift bereit, um wichtige Punkte während des Gesprächs notieren zu können.

- **Gesprächseröffnung:** Beginne das Gespräch mit einer freundlichen Begrüßung und stelle dich vor. Erwähne, dass du Schülerin oder Schüler bist und einen Praktikumsplatz suchst.
- **Hauptteil des Gesprächs:** Stelle die vorbereiteten Fragen klar und deutlich. Höre aufmerksam zu und notiere wichtige Informationen. Zeige Interesse und Engagement. Sei höflich und höre gut zu.
- **Ende des Gesprächs:** Hier solltest du die Absprachen, die das weitere Vorgehen betreffen, noch einmal wiederholen und dich für das Gespräch bedanken. Danach verabschiedest du dich.

3. Schritt: Das Gespräch nachbereiten

Schreibe nach dem Gespräch alles Wichtige auf, was besprochen wurde, wie z. B. mögliche Zeitpunkte für das Praktikum oder weitere Schritte, die von dir erwartet werden. Überlege auch, was gut gelaufen ist und was du beim nächsten Mal verbessern könntest. Dazu zählt auch, wie du auf unerwartete Fragen reagiert hast.

Auf unerwartete Gesprächssituationen reagieren:

Manchmal nimmt das Telefongespräch einen unerwarteten Verlauf. Es kann zu Missverständnissen kommen oder die angerufene Person hat gerade keine Zeit. Es ist gut, wenn man mit so etwas rechnet und darauf vorbereitet ist. Mache dir daher bereits vor dem Gespräch Gedanken, wie du auf solche Situationen reagieren könntest.

Etwa: Die angerufene Person hat keine Zeit:

- *Könnte ich später noch einmal anrufen? Wann passt es Ihnen besser?*
- *Entschuldigen Sie bitte die Störung.*

Sei auch auf unerwartete Fragen vorbereitet und behalte Ruhe. Wenn du eine Frage nicht sofort beantworten kannst, ist es in Ordnung zu sagen, dass du einen Moment nachdenken musst.

Methode

Telefonieren leicht gemacht

M1 *Einen Praktikumsplatz anfragen*

1 Grafikagentur „Pixelwerk“, Linda Manski am Apparat. Wie kann ich Ihnen helfen?

5 Das ist bei uns möglich. Wir bieten tatsächlich Praktikumsplätze im Bereich Grafikdesign an. Wie alt bist du denn?

11 Sehr gut. Dann bring bitte zu unserem ersten Treffen deinen Lebenslauf und einige Beispiele deiner Arbeiten mit, falls du soetwas hast.

6 Prima, das Alter passt. Wie lange sollte das Praktikum dauern?

9 Guten Morgen. Ich heiße Esra Yadesh. Ich würde gern wissen, ob man bei Ihnen ein Praktikum machen kann.

7 Hallo Esra, schön, dass du Interesse zeigst. In welchem Bereich möchtest du denn das Praktikum machen?

13 Am liebsten würde ich zwei Wochen in den Sommerferien bei Ihnen ein Praktikum machen.

3 Ich würde gerne mehr über den Alltag als Grafikdesignerin erfahren. Mich fasziniert das Grafikdesign sehr.

4 Komm doch bitte nächsten Donnerstag um 16 Uhr vorbei. Wir können dann alles Weitere besprechen.

12 Das klingt machbar. Hast du schon Erfahrungen im Bereich Grafikdesign gemacht?

8 Vielen Dank! Wann wäre denn ein guter Zeitpunkt für das erste Treffen?

10 Ich bin 14 Jahre alt und besuche die 8. Klasse.

2 Ja, ich arbeite gerne mit Grafikdesign-Software in meiner Freizeit.

1 Esra interessiert sich für digitale Kunst und Medien. Sie möchte ein Praktikum als Grafikdesignerin machen. Sie hat deshalb in der Grafikagentur „Pixelwerk“ telefonisch angefragt. Think-Pair-Share

a) Lies die Sprechblasen: Woran erkennst du, wer jeweils spricht?

b) Ordne die Sprechblasen in der richtigen Reihenfolge.

c) Lies das Gespräch anschließend mit einer Mitschülerin oder einem Mitschüler in verteilten Rollen.

2 Bereite dich in Partnerarbeit auf ein eigenes Telefongespräch vor, etwa für eine Praktikumsanfrage.

Welche Merkmale und Anforderungen haben Berufe?

Abb. 1 *Feuerwehrmänner im Dienst*

Berufe haben viele Merkmale

Arbeitskleidung

Im Alltag begegnen wir vielen verschiedenen Berufen. Die Berufe haben verschiedene Merkmale. In einigen Berufen arbeitet man eng mit Menschen zusammen, andere Berufe zeichnen sich durch die Arbeit im Büro aus. In einigen Berufen gibt es Kleidervorschriften oder sogar **Berufskleidung** oder Uniformen. Dies kann man zum Beispiel gut im Krankenhaus beobachten. Die Krankenpfleger und Krankenpflegerinnen, Ärztinnen und Ärzte tragen aufgrund von Hygienevorschriften besondere Kleidung. Wir sehen sie häufig in Kitteln oder sogenannten Kasacks. Auch Polizistinnen und Polizisten oder Zöllnerinnen und Zöllner erkennen wir an ihrer Berufskleidung.

Arbeitszeit

Neben der Kleidung gibt es noch weitere Merkmale, die Berufe kennzeichnen. Auch die Zeit, zu der man arbeitet, unterscheidet sich von Beruf zu Beruf. In einigen Berufen wird in **Schichten** gearbeitet. An einigen Tagen beginnt man ganz früh morgens mit der Arbeit und ist mittags mit der Arbeit fertig. An anderen Tagen muss man aber auch mittags beginnen oder nachts arbeiten. In Schichten wird beispielsweise in der Gastronomie oder in der Gesundheitsbranche gearbeitet.

Berufliche Anforderungen

Ein weiteres Merkmal, welches Berufe voneinander unterscheidet, sind **Anforderungen**, die Berufe an denjenigen oder diejenigen stellen, die den Beruf ausüben. Für einige Berufe benötigt man zum Beispiel einen bestimmten Schulabschluss (Haupt- oder Realschulabschluss oder das Abitur). Manche Berufe zeichnen sich zudem durch körperliche Arbeit aus, andere erfordern technische Fähigkeiten oder Organisationsgeschick. Die Palette an beruflichen Anforderungen ist sehr vielfältig.

A Beschreibe in eigenen Worten, durch welche Merkmale und Anforderungen sich Berufe unterscheiden können.

B Ermittle weitere Merkmale und Anforderungen, durch die sich Berufe unterscheiden können. Finde weitere Beispiele, die du aus deinem Alltag kennst.

Kasack Kasack ist die typische Arbeitskleidung von Mitarbeiterinnen und Mitarbeitern in der Pflege oder in anderen medizinischen Berufen. Es gibt sie in verschiedenen Farben. Häufig sieht es aus wie ein Hemd mit V-Ausschnitt (siehe auch M1, Seite 201).

Berufsbekleidung

M1 *Kleider machen Leute, Autorentext*

Viele Berufe zeichnen sich dadurch aus, dass Berufskleidung getragen werden muss. Das kann verschiedene Gründe haben. So spielen z. B. die Sicherheit, Schutz oder das Thema Hygiene bei der Wahl der Berufskleidung häufig eine zentrale Rolle.

In einigen Berufen kann man durch die Kleidung auch die berufliche Position erkennen. Eine Pilotin hat auf ihrer Uniform z. B. vier goldene Streifen, die deutlich machen, dass sie die Pilotin ist.

Ingenieurin und Ingenieur

Köchin und Koch

Maurerin

POLIZEI

Polizist

Krankenpflegepersonal

1 Sieh dir die abgebildeten Berufe an (M1). Wähle eine der Aufgaben aus:

- I **a)** Erläutere, warum in diesen Berufen Berufskleidung getragen wird.
- II **b)** Vergleiche die Gründe, warum in den Berufen Berufskleidung getragen wird.

2 Finde weitere Beispiele aus deinem Alltag, in denen Menschen eine Berufskleidung tragen. Tauscht euch anschließend in der Klasse aus. Marktplatz

3 Führt in der Klasse eine Expertenbefragung mit einer Person durch, die Berufskleidung trägt. Beachtet die Methodenseite (Seite 54). Erstellt anschließend in Gruppen ein Plakat (siehe Seite 228) über die Informationen des Experten bzw. der Expertin, den bzw. die ihr befragt habt. Galeriegang

Unterschiedliche Arbeitszeiten

M2 *Regelarbeitszeit, Autorentext*

Viele Menschen üben pro Tag 8 Stunden ihren Beruf aus. Das bezeichnet man auch als Regelarbeitszeit, der sogenannte „9-bis-5-Job“. Menschen, die in Vollzeit angestellt sind, arbeiten in der Woche ca. 40 Stunden und somit ca. 8 Stunden am Tag.

My Office

4 Beschreibe in eigenen Worten, warum ein Arbeitstag auch als 9-bis-5-Job bezeichnet wird (M2).

5 Vergleiche die Regelarbeitszeit mit deinem Schulalltag. Wie viele Stunden in der Woche wendest du für die Schule auf? Bienenkorb

6 Erläutere, wie sich ein typischer Arbeitsalltag deiner Eltern oder einer anderen Person aus deinem Bekanntenkreis gestaltet. Halte einzelne Zeitpunkte in einer Tabelle ähnlich wie in M3 fest.

7 Übertrage die Arbeitszeitentabelle auf deinen aktuellen Wunschberuf. Überlege, wie ein typischer Arbeitsalltag aussehen könnte. Nimm die Tabelle aus M3 zur Hilfe. Wenn du noch keinen Wunschberuf hast, wähle einen beliebigen Beruf. Partnervortrag

M3 *Zur richtigen Zeit am richtigen Ort – Arbeitszeiten, Autorentext*

Nils ist seit einigen Jahren Erzieher in einem Kindergarten. Sein Arbeitsalltag gestaltet sich immer anders. Sein Arbeitstag sieht z. B. so aus:	
	Früh am Morgen schließt Nils den Kindergarten auf. Er empfängt die ersten Kinder, die von ihren Eltern gebracht werden. Er lüftet die Gruppenräume.
	Alle Kinder sind angekommen. Nils deckt gemeinsam mit den Kindern den Gruppentisch für das Frühstück.
	Nach dem Frühstück startet der Morgenkreis. Gemeinsam mit den Kindern werden Lieder gesungen. Anschließend spielen die Kinder.
	Das Mittagessen wird geliefert. Nils verteilt das Essen auf Tellern. Es wird gemeinsam Mittag gegessen. Danach halten die kleineren Kinder einen Mittagsschlaf. Andere Kinder werden bereits abgeholt.
	Am Nachmittag spielen die Kinder draußen im Sandkasten und auf dem Klettergerüst. Nils beaufsichtigt die Kinder dabei.
	Nils hilft den Kindern beim Aufräumen. Nach und nach werden alle Kinder abgeholt. Anschließend kümmert sich Nils noch um seine Büroarbeit. Er dokumentiert bspw. den Entwicklungsstand der Kinder.
	Nun hat Nils Feierabend. Er überprüft noch einmal die Gruppenräume und schließt den Haupteingang des Kindergartens ab.

Berufliche Anforderungen

M4 *Wie finden Unternehmen neue Mitarbeiterinnen und Mitarbeiter?, Autorentext*

Wenn Unternehmerinnen und Unternehmer neue Mitarbeiterinnen und Mitarbeiter suchen, schreiben die Unternehmen häufig Stellenausschreibungen aus. Das heißt, dass sie den Beruf, den sie anbieten, in einem kurzen Steckbrief zusammenfassen. Dieser Steckbrief wird dann im Internet oder in der Zeitung veröffentlicht. In den Steckbriefen bzw. den Stellenausschreibungen werden häufig verschiedene Merkmale des Unternehmens und des ausgeschriebenen Berufs aufgelistet. So wird etwas über den geforderten Schulabschluss oder die Fähigkeiten geschrieben, die ein Bewerber oder eine Bewerberin mitbringen sollte.

M5 *Stellenausschreibung 1, Autorentext*

IT-Unternehmen sucht Gamedesigner/-in

Wir sind ein junges Unternehmen und brauchen Unterstützung.

Gesucht wird ein bzw. eine **Gamedesigner/-in** mit einem abgeschlossenen Studium. Bei uns ist Kreativität, Teamfähigkeit und Zeitmanagement gefordert.

Neben notwendigen EDV-Kenntnissen solltest du auch mathematische Fähigkeiten mitbringen.

Wir freuen uns auf deine Bewerbung.

M6 *Stellenausschreibung 2, Autorentext*

Wir suchen Verstärkung für unser Team!

Zum nächstmöglichen Zeitpunkt sucht unsere Arztpraxis eine Auszubildende bzw. einen Auszubildenden zur/zum

Medizinischen Fachangestellte/n

Sie arbeiten gerne mit Menschen zusammen, haben einen Realschulabschluss, sind freundlich, haben Kenntnisse im Bereich der Buchführung und haben ein Organisationstalent?

Dann bewerben Sie sich!

8 Analysiere die Ausschreibungen M5 und M6. Ermittle hierfür, welche Anforderungen an Bewerberinnen und Bewerber gestellt werden.

9 Prüfe, ob du weitere Anforderungen kennst, die ein Unternehmen an künftige Angestellte stellt. Ergänze deine Liste.

Wie entscheide ich mich für einen Beruf?
Wie sehen meine nächsten Schritte aus?

Abb. 1 *Der erste Schritt ist manchmal schwer. Doch du bist nicht allein!*

Auf den Weg machen!

Warum schon jetzt an die Berufswahl denken? Bis zum Schulabschluss sind es doch noch ein paar Jahre. In der jetzigen Situation kann man sich beispielsweise schon mit der Frage auseinandersetzen, in welchen Bereichen die eigenen Stärken und Schwächen liegen und welche Interessen man hat.

Die Berufswahl ist eine wichtige Entscheidung. Je mehr Erfahrungen man schon während der Schulzeit sammeln kann, desto einfacher kann die Entscheidung für oder gegen einen Beruf dann später sein. Hierbei können zum einen der Einblick in einen Beruf bzw. typische Tätigkeiten in einem Beruf gemeint sein. Zum anderen sollte man sich auch mit seinen eigenen Interessen, Stärken und Schwächen auseinandersetzen.

Die Schule bietet für diese Einblicke verschiedene Maßnahmen an. So findet beispielsweise einmal im Jahr der **Zukunftstag** statt. Hier kann man sich einen Tag lang ausprobieren und in einen Beruf hineinschnuppern.

Link: Mädchen-Zukunftstag
Link: Jungen-Zukunftstag

Mit dem **Betriebspraktikum** kann ein erster Einblick in einen Berufsalltag erfolgen. Auch bei der Wahl des Praktikumsplatzes muss eine Entscheidung gefällt werden. Dabei kann euch auch euer **Umfeld** helfen, z. B. Eltern oder Freunde. Durch Gespräche mit Menschen aus unterschiedlichen Berufsfeldern können so Inspirationen und wertvolle Einblicke gewonnen werden. Lehrkräfte und Berufsberaterinnen und Berufsberater spielen ebenfalls eine große Rolle dabei, indem sie notwendiges Wissen über verschiedene Karrierepfade vermitteln und bei der Navigation durch den Prozess der Berufswahl helfen. Es ist also nie zu früh, sich mit der eigenen Zukunft auseinanderzusetzen und erste Schritte in Richtung einer Berufswahl zu unternehmen. Die Auseinandersetzung mit der eigenen Zukunft kann spannend sein und die eigene Persönlichkeitsentwicklung positiv beeinflussen.

A Befrage deine Eltern oder eine andere Person, wie sie ihre Entscheidung für einen Beruf getroffen haben.

B Prüfe, warum es sich schon jetzt lohnen kann, sich mit dem Thema Berufswegeplanung auseinanderzusetzen.

Was kann die Berufswahl beeinflussen?

M1 *Eine Entscheidung fürs Leben?, Autorentext*

Die Berufswahl gehört zu den Entscheidungen, die viele nicht häufig in ihrem Leben treffen. Einige treffen diese Entscheidung nur einmal und bleiben bis zur Rente in ihrem Beruf tätig. Das ist heute aber nicht mehr die Regel. Dennoch sind Entscheidungen für oder gegen einen Beruf genau abzuwägen, da man viel Zeit in seinem Beruf verbringt und dieser den Lebensunterhalt sicherstellt.

1 Beschreibe, welche Faktoren die Entscheidungen von Timon und Jenna bei ihrer Berufswahl beeinflusst haben (M2).

2 Wähle eine der Aufgaben aus:

I a) Fasse in eigenen Worten zusammen, welche Erfahrungen Timon und Jenna (M2) in der Arbeitswelt bereits während der Schulzeit gesammelt haben.

II b) Erkläre, warum es wichtig ist, dass man sich in einem Beruf ausprobieren kann, z. B. in einem Praktikum oder im Rahmen des Zukunftstags.

3 Prüfe, wie es für dich in der Berufswegeplanung weitergeht: Schreibe einem Freund bzw. einer Freundin einen Brief, in welchem du ihm bzw. ihr schreibst, wie deine nächsten Schritte aussehen. Du kannst beispielsweise von Maßnahmen (Praktikum, Zukunftstag) oder Gesprächen mit Eltern oder Freunden berichten.

M2 *Timon und Jenna berichten von ihrem Weg in den Beruf, Autorentext*

Hallo, ich bin Timon. Ich habe schon in der Grundschule gewusst, dass ich irgendwann einmal Frisör werden möchte. Ich habe schon früh gemerkt, dass mir handwerkliche Tätigkeiten Spaß machen. Meine Tante ist Frisörin. Sie konnte mir viel über den Beruf erzählen. Ich habe damals schon den Puppen meiner Schwester die Haare geschnitten. Als ich hörte, dass das Praktikum in der Schule ansteht, wusste ich sofort, dass ich das Praktikum bei einem Frisör absolvieren will. Nach dem Praktikum war mir klar: Das ist der Beruf, den ich lernen möchte. Heute ist es meine Leidenschaft.

Hallo, ich bin Jenna. Ich wusste lange nicht, was mir Spaß macht und wo eigentlich meine Fähigkeiten liegen. Ich konnte irgendwie alles ein bisschen, aber nichts sehr gut. Schon der Zukunftstag in der Kfz-Werkstatt meines Onkels hat gezeigt: Das möchte ich nicht. Auch das Praktikum in der Bank hat mir eher gezeigt, was ich nicht machen will.
Jetzt habe ich mein Abitur und habe das Studium für Tiermedizin begonnen. Ich habe während der Schulzeit immer in den Sommerferien bei einem Tierarzt in der Nachbarschaft ausgeholfen. Das hat mir immer viel Spaß gemacht.

Einen Arbeitsplatz erkunden

Was ist eine Arbeitsplatzerkundung?

Um etwas über Arbeitsplätze zu erfahren, kann man sie erkunden. Erwerbsarbeit findet nicht nur in Unternehmen statt, wie z. B. in Bäckereien, sondern auch in öffentlichen Einrichtungen. Hierzu gehört beispielsweise das Rathaus oder auch die Schule. Bei einer Arbeitsplatzerkundung kannst du mehr über die Arbeitsplätze und Aufgaben von bestimmten Personen herausfinden.

Vorbereitung

Bereitet euch sorgfältig auf die Arbeitsplatzerkundung vor, damit ihr Informationen über den Arbeitsplatz bekommt. Dazu sollte man die Merkmale eines Arbeitsplatzes kennen, um bei der Erkundung Wichtiges von Unwichtigem zu unterscheiden. Weiterhin muss überlegt werden, wie man die Ergebnisse dokumentieren möchte. Dies kann z. B. mithilfe von Fotos, Videos, Interviews, eigenen Notizen erfolgen. Achtung: Vorab um Aufnahmegenehmigungen bitten.

Durchführung

Während der Durchführung sollte man sich auf die Erkundung der Merkmale konzentrieren, da es um den Arbeitsplatz geht und nicht um andere Abläufe in dem Betrieb. Die Merkmale sind auch hilfreich, um ggf. gezielt Fragen an die Arbeitsperson stellen zu können, um an die gewünschten Informationen zu kommen. Während der Durchführung werden die ermittelten Informationen dokumentiert.

Auswertung

Die ermittelten Informationen werden dann in der Klasse ausgewertet und bewertet. Dies geschieht mithilfe der vorher festgelegten Dokumentationsart. Die gesammelten Informationen werden dann der ganzen Gruppe zur Verfügung gestellt, um sie im Unterricht für die weitere Arbeit zu nutzen.

Arbeitsbogen Arbeitsplatzerkundung

Merkmale eines Arbeitsplatzes

1. **Arbeitsaufgabe**
   Was ist die Hauptaufgabe? Was wird an dem Arbeitsplatz gemacht?
2. **Eingabe/Input**
   Welche Materialien und Informationen benötigt die Person, um die Aufgabe zu erfüllen?
3. **Betriebsmittel**
   Welche Werkzeuge, Maschinen und Geräte benötigt die Person, um die Aufgabe zu erfüllen?
4. **Arbeitsablauf**
   In welcher Reihenfolge erfolgen die Arbeitsschritte?
5. **Arbeitsort**
   Wo wird gearbeitet? Drinnen oder im Freien?
6. **Arbeitssituation**
   Arbeitet die Person alleine oder im Team? Sind die Umgangsformen eher locker oder formal?
7. **Umgebungseinflüsse**
   Welche äußeren Einflüsse wirken auf den Arbeitsplatz ein? Wie gefährlich ist der Arbeitsplatz?
8. **Fähigkeiten**
   Was muss die Person besonders gut können? Wie muss die Person sein? Welche Eigenschaften muss sie haben?
9. **Ausgabe (output)**
   Was ist das Ergebnis der Arbeit?

Merkmale eines Arbeitsplatzes in der Schule: Kaufmann/-frau für Bürokommunikation

① **Arbeitsaufgabe**
Anmeldung neuer Schüler/-innen

② **Eingabe/Input**
Material: Schulsoftware
Notwendige Informationen: Name, Geburtsdatum/-ort, Adresse, …

③ **Betriebsmittel**
Computer

④ **Arbeitsablauf**
Der Schüler bittet mit seinen Eltern um einen Termin. Die Schulsekretärin nimmt die Daten auf und sichert sie in der Schulsoftware.

Schule

⑤ **Arbeitsort**
Sekretariat der Schule

⑥ **Arbeitssituation**
Einzel- oder Teamarbeit ist von der Größe der Schule abhängig. Enge Absprache mit der Schulleitung ist erforderlich.

⑦ **Umgebungseinflüsse**
Termindruck

⑧ **Fähigkeiten**
Kommunikationsfähigkeit, Sorgfalt, Genauigkeit, Organisationstalent

1 Tragt zusammen, wer welche Berufe an eurer Schule ausübt. Bienenkorb

2 **a)** Erkundet den Arbeitsplatz der Schulsekretärin/des Schulsekretärs an eurer Schule.
b) Führt mithilfe der Informationen eine Arbeitsplatzerkundung an eurer Schule durch.

3 Führt eine Arbeitsplatzerkundung im Verkaufsraum einer Bäckerei durch. Was sind die Merkmale des Arbeitsplatzes einer Bäckereifachverkäuferin bzw. eines Bäckereifachverkäufers?

Kompakt

Berufswegeplanung

Viele Berufe

Es gibt eine Vielzahl an Berufen. Das zeigt sich auch durch die vielfältigen Möglichkeiten bei der Wahl der Ausbildungsberufe und Studiengänge. Sie lassen sich anhand ihres Schwerpunktes in Berufsfelder unterteilen. So können ähnliche Berufe leichter erkannt und Alternativen zum Wunschberuf gefunden werden. Außerdem gibt es noch viele weitere Merkmale, durch die Berufe unterschieden werden können, z. B. Kleidungsvorschriften, Arbeitszeiten oder verschiedene Anforderungen (wie z. B. ein geforderter Schulabschluss oder Persönlichkeitsmerkmale wie Teamfähigkeit).

Welche Anforderungen ein Beruf an eine Person stellt, wird häufig in Stellenausschreibungen von Unternehmern und Unternehmerinnen aufgezeigt. Diese Ausschreibungen dienen Bewerbern und Bewerberinnen als Orientierung. Man kann dann besser abschätzen, ob man für den Beruf geeignet ist oder vielleicht auch nicht.

Berufswahl

Die Berufswahl hängt von vielen verschiedenen Faktoren ab, die alle einen Einfluss haben. Man kann sich z. B. an seinen Interessen und Fähigkeiten orientieren. Denn jeder Mensch ist einzigartig und hat verschiedene Stärken und Schwächen. Wenn man gut darüber Bescheid weiß, hat man vermutlich auch Spaß an seinem späteren Beruf. Gleichzeitig kann jedoch auch das soziale Umfeld (Familie oder Freunde) bei der Berufswahl unterstützen. Doch auch der Arbeitsmarkt hat einen Einfluss. Dieser zeigt auf, in welchen Berufen gerade Personen gesucht werden.

Abb. 1 *Viele Berufe – viele Möglichkeiten*

Praktikum und Zukunftstag

Je mehr Erfahrungen man schon während der Schulzeit in Berufen sammelt oder sich mit seinen eigenen Stärken und Schwächen auseinandersetzt, desto einfacher und klarer kann später auch die Wahl für oder gegen einen Beruf sein. Hierbei können der Zukunftstag oder auch das Betriebspraktikum gut unterstützen. Wichtig ist, dass man die Erfahrungen, die man während dieser Maßnahmen sammelt, anschließend reflektiert. Man kann z. B. die Erwartungen oder Vorstellungen mit der Realität vergleichen.

Wichtige Begriffe
Anforderungen in Berufen, Arbeitsmarkt, Arbeitsplatz, Arbeitszeit, Berufsfelder, Betriebspraktikum, Carearbeit, Erwerbsarbeit, Hausarbeit, Interessen und Fähigkeiten, Regelarbeitszeit, soziales Umfeld

Abb. 2 *Berufe haben viele Merkmale.*

Lerncheck

BUSFAHRER/IN
INGENIEUR
BETRIEBSWIRT/IN
LANDWIRT/IN
ERZIEHER/IN
ÜBERSETZER/IN
PHYSIOTHERAPEUT/IN
LABORANT/IN
INFORMATIKER/IN
MECHATRONIKER/IN
HEILPÄDAGOGE
ALTENPFLEGER/IN
GRUNDSCHULLEHRER/IN
FRISÖR/IN
BERUFSWAHL

M1 *Typisch männlich – typisch weiblich?*

1 Erkläre, warum es immer wieder neue Berufe gibt und andere wiederum abgeschafft werden.

2 Erläutere, ob es heute noch typische Frauen- und Männerberufe gibt (M1).

3 Erkläre, was unter einem Berufsfeld zu verstehen ist.

4 Analysiere, inwiefern der Arbeitsmarkt, die Person mit ihren Interessen und Fähigkeiten sowie das soziale Umfeld (Freunde oder Familie) einen Einfluss auf die Berufswahl haben können.

5 In vielen Berufen tragen die Berufstätigen eine Berufsbekleidung. Erkläre, warum in einigen Berufen eine Berufskleidung notwendig ist.

6 Erläutere, was unter der „Regelarbeitszeit" zu verstehen ist.

7 Erkläre, welche Faktoren einen Einfluss auf die Berufswahl nehmen können.

8 Diskutiere, warum es sinnvoll sein kann, sich den Berufsalltag eines Berufs während der Schulzeit anzusehen.

AUSBILDUNS-PLATZ
BERUFS-WUNSCH

M2 *Berufswahl als Labyrinth?*

9 Benenne zwei Anforderungen, die in Stellenausschreibungen für einen neuen Mitarbeiter bzw. eine Mitarbeiterin benannt werden können.

10 Analysiere die Karikatur M2. Erläutere hierbei, warum der Berufswunsch als Labyrinth bezeichnet werden kann.

11 Erläutere, welche Schritte bzw. Maßnahmen einem Jugendlichen bei dem Weg aus dem Labyrinth helfen könnten.

12 Sören kann sich einfach nicht entscheiden. Es gibt einfach zu viele Berufe. Schreibe Sören einen kurzen Brief, in welchem du ihm Tipps gibst, wie er sich besser orientieren könnte.

Lösungen: Lerncheck

Kapitel 1: Demokratie (er)leben in Nordrhein-Westfalen

Seite 11

3 **a)** Formuliere das Thema genau. Überlege dann:
- Wie kannst du Werbung für dein Projekt machen?
- Mit wem musst du in Diskussion treten?
- Wo wird über dein Projekt abgestimmt?

Seite 12

C Überlege: Warum sind Menschenrechte wichtig für eine Demokratie? Wie können Menschenrechte eine gerechte Gesellschaft fördern?

Seite 13

2 **b)** Zur Erinnerung: Die Volkssouveränität bedeutet, dass das Volk, also die Leute im Land, die Macht haben, wichtige Entscheidungen zu treffen. Aber anstatt dass jeder einzelne Mensch über alles abstimmt, wählen wir Vertreterinnen und Vertretr, die in unserem Namen entscheiden. Das sind unsere Politikerinnen und Politiker, die wir bei Wahlen wählen. Denke nun darüber nach, welche Rolle die Bürger in einer repräsentativen Demokratie spielen.
- Satzanfänge könnten sein: Volkssouveränität bedeutet... In einer repräsentativen Demokratie...Die Bürger haben eine wichtige Rolle, weil...

3 Lies den Verfassertext aufmerksam durch. Du kannst die Teilüberschriften für deine Mindmap nutzen. Sieh dir auch die Materialien an. Du kannst deine Mindmap zum Beispiel so beginnen:

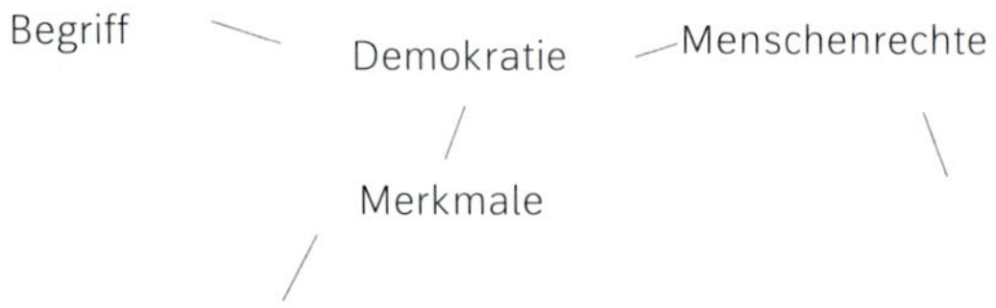
Begriff
Demokratie
Menschenrechte
Merkmale

Seite 15

2 **a)** Die folgenden Schritte helfen dir, die Zeichnung zu verstehen:
- Beschreibe, was du siehst: Beginne mit einer ersten Betrachtung der Zeichnung. Was fällt dir besonders auf? Schau dir die Umgebung und Personen an. Gibt es Sprechblasen oder Wörter?
- Arbeite nun heraus, welche Bedeutung die einzelnen Dinge haben (die Personen, die Schrift, die Umgebung, ...). Welches Problem soll gezeigt werden?

Seite 16

A Du kannst deine Mindmap zum Beispiel so beginnen:

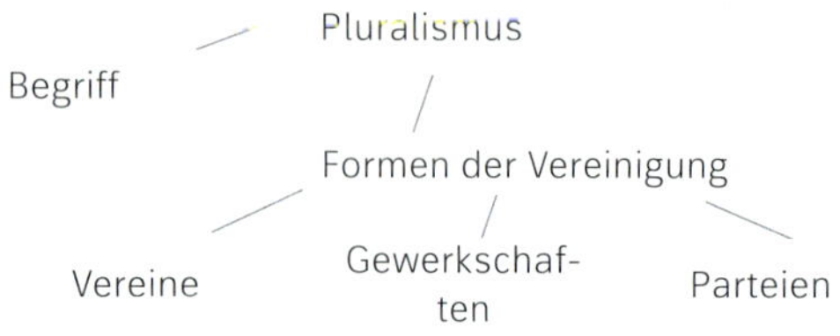
Pluralismus
Begriff
Formen der Vereinigung
Vereine
Gewerkschaf-
ten
Parteien

Seite 17

1 **b)** So kannst du mögliche Interviewpartnerinnen und Interviewpartner finden:
- Online-Recherche: Verwende eine Suchmaschine und gib Suchbegriffe ein, die mit deinem Interessengebiet und dem Verein, der Gewerkschaft oder Partei zusammenhängen. Du kannst auch den Namen deiner Stadt oder des Landkreises dazuschreiben. Etwa: „Gewerkschaft für Kinderrechte NRW“ oder „Jugendverein Düsseldorf“.
- Besuche die offiziellen Websites der Vereine, Gewerkschaften oder Parteien. Oft gibt es Abschnitte wie „Über uns“ oder „Kontakt“ und eine E-Mail-Adresse oder Telefonnummer. Viele Parteien, Gewerkschaften und Verbände haben auch Profile in den Sozialen Medien.

Sobald du eine mögliche Ansprechpartnerin oder einen Ansprechpartner gefunden hast, formuliere freundliche und respektvolle Anfragen per E-Mail oder über soziale Medien. Erkläre kurz, wer du bist, warum du Kontakt aufnimmst, und frage höflich nach einem möglichen Interview.

Seite 18

B Überlege, wie junge Menschen lernen, sich zu beteiligen. Du kannst deine Antwort so beginnen: Junge Menschen können Partizipation üben, indem...

C Denke darüber nach, was passiert, wenn sich niemand in der Demokratie engagieren würde. Beginne deinen Text dann so: Ohne Engagement könnte...

Seite 23

3 Überlege, was du schon zu den Begriffen „Demokratie" und „Teilhabe" weißt. Welche Vorteile könnte es für die Demokratie haben, wenn man ab 16 wählen dürfte? Gibt es Gegenargumente? Denke auch darüber nach, ob 16-Jährige genug informiert und interessiert sind, um an Wahlen teilzunehmen. Formuliere dann deine eigene Meinung. Begründe mithilfe der Informationen der Doppelseite und deiner Überlegungen zur demokratischen Teilhabe.

Seite 27

3 Überlege, was Diskriminierung bedeutet und warum es wichtig ist, etwas gegen Diskriminierung zu unternehmen. Wie kann man mit Diskriminierung im Alltag umgehen? Beginne deine Antwort dann etwa so: Diskriminierung zu bekämpfen ist wichtig, weil... Handlungsmöglichkeiten könnten sein...

Seite 28

4 c) Vergleiche deine Ergebnisse aus 4 a) mit den Inhalten des Textes (Aufgabe 4 b)). Wie unterstützt, kommentiert oder kritisiert die Karikatur die im Text behandelten Themen oder Aussagen?

Seite 29

7 b) Hinweis: Das Ruhrgebiet wird aufgrund seiner industriellen Vergangenheit als „Pott" bezeichnet. Die vielen rauchenden Fabrikschlote sahen wie die Auslässe eines großen Kochtopfs aus.

Seite 33

5 c) In deinem Podcast könntest du verschiedene Aspekte wie die Definition von Demokratie, die Auswirkungen von negativen Beiträgen und mögliche Lösungsansätze ansprechen. Denke daran, auf sachliche Weise über das Thema zu sprechen und mögliche Gegenmaßnahmen zu betonen.

Kapitel 2: Konsum und Nachhaltigkeit

Seite 39

1 b) Beginnt mit den Fragen zum Thema des Schaubildes, zum Erscheinungsjahr. Stellt dann Fragen zu den Themen mit den größten Balken.

3 c) Überlege zuerst, welche dieser Bedürfnisse auch ohne Konsum gestillt werden können. Um zu beurteilen, ob es sich hier um eine sinnvolle Alternative handelt, kannst du dir folgende Fragen stellen:
- Wie gut funktioniert die Alternative? Ist sie einfach umzusetzen?
- Ist sie nachhaltig und langfristig sinnvoll?
- Wie zugänglich ist sie für verschiedene Menschen?

Du kannst auch andere Fragen einbeziehen, die dir wichtig erscheinen, um eine Beurteilung vorzunehmen.

Seite 42

C Du kannst deine Mindmap zum Beispiel so beginnen:

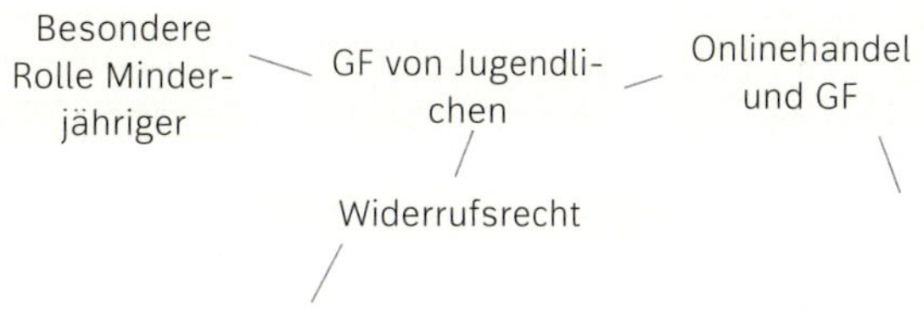
Besondere Rolle Minderjähriger
GF von Jugendlichen
Onlinehandel und GF
Widerrufsrecht

Seite 43

1 Achte beim Lesen der Fallbeispiele auf das Alter der Personen, die Geschäftsfähigkeit und auf das Widerrufsrecht beim Onlinehandel.

Seite 46

A Nutze als Oberthemen die Zwischenüberschriften: Der ökologische Fußabdruck, Ernährung und Klimawandel, Lebensmittelverschwendung und Verpackungsmüll. Du kannst deine Mindmap so beginnen:

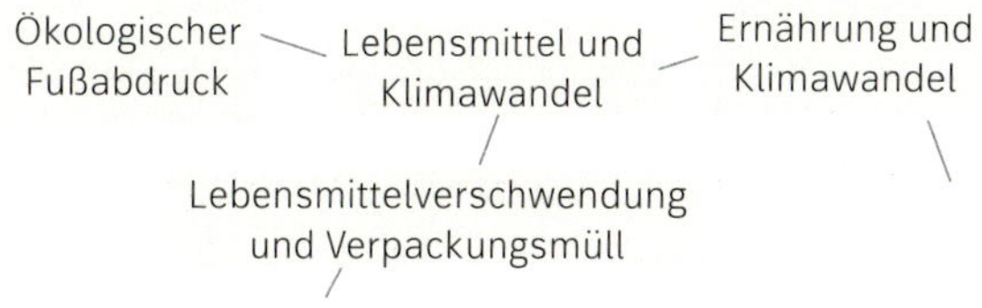
Ökologischer Fußabdruck
Lebensmittel und Klimawandel
Ernährung und Klimawandel
Lebensmittelverschwendung und Verpackungsmüll

Seite 47

1 **b)** Verwende M2, um Lebensmittel zu identifizieren, die ein hohes Klima-Gewicht haben. Schau dir den Erklärkasten zum Klimagewicht auf der Seite an.

2 **a)** Beispielsweise hat ein Rindfleischbratling ein Klimagewicht von 1360 g. Diese 1360 g CO_2 beziehen sich auf 100 g des Burgers. Da in der Zeichnung 200 g Rindfleischbratling vorhanden sind, muss man 1360 g noch mit 2 multiplizieren. Das Ergebnis von 2720 g CO_2 ist daher das Klimagewicht von 200 g des Rindfleischbratlings. Hinzu kommen noch das Brötchen, der Belag des Burgers, die Beilagen, ...

Seite 48

4 **a)** Erstelle jeweils eine Tabelle mit Vor- und Nachteilen.

Joshua und Irini:

Vorteile	Nachteile
...	...

Familie Nehles:

Vorteile	Nachteile
...	...

Seite 56

C Suche im Verfassertext im Abschnitt Chancen des Onlinehandels nach Argumenten und schreibe sie unter Chancen auf.
Suche im Abschnitt Risiken des Onlinehandels nach Argumenten und schreibe sie unter Risiken auf.

Seite 57

1 **a)** Addiere alle Ausgaben. Nutze ggf. einen Taschenrechner zur Kontrolle.

b) Subtrahiere zuerst die Gesamtausgaben aus Aufgabe 1a vom Monatseinkommen (2800 €). Wenn das Ergebnis größer oder gleich 250 € ist, kann sich das Paar den Ratenkredit leisten.
Lösung: 2800 €-2165 €= 635 €
Sie könnten sich den Ratenkredit in Höhe von 250 € leisten, und sich somit eine Küche über 12 Monate finanzieren.

Seite 59

5 Versuche jeden Tipp aus M8 in eigenen Worten zu erklären. Stelle dann alle Tipps in der Reihenfolgen von 1–5 in einem Video, Podcast oder einer Präsentation dar. Wie du einen Podcast oder eine Präsentation erstellst, erfährst du auf den entsprechenden Methodenseiten im Buch. Nutze dazu das Inhaltsverzeichnis.

Seite 67

2 **a)** Lege eine Tabelle an, in die du positive und negative Erfahrungen einträgst.

Positive Erfahrungen	Negative Erfahrungen
im Selbstexperiment hat sie viel Gemeinschaft erfahren.	Das Selbstexperiment war sehr zeitintensiv.
...	...

Kapitel 3: Meine Identität und die Gesellschaft

Seite 76

2 b) Denkt darüber nach, wie sich eure Interaktionen auf Social Media auf eure zwischenmenschlichen Beziehungen ausgewirkt haben. Haben sich eure Freundschaften oder Familienverhältnisse durch Social Media verändert? Betrachtet auch, wie Social Media eure Zeitnutzung beeinflusst hat und ob es Momente gab, in denen ihr euch abhängig von sozialen Plattformen gefühlt habt. Versucht, konkrete Beispiele zu finden, die eure Gedanken veranschaulichen, und denkt darüber nach, wie ihr mit den Herausforderungen, die Social Media mit sich bringt, umgegangen seid.

4 Überlege: Worauf sollten Nutzerinnen und Nutzer besonders achten, wenn sie etwas online posten? Was sollten sie auf keinen Fall online posten?
Bei welchen Themen oder Lebensbereichen sollten Nutzerinnen und Nutzer sehr vorsichtig sein, wenn sie diese posten wollen?

Seite 79

2 Notiere zuerst das Thema, das Jahr und die Quelle des Schaubildes. Beginne dann mit der Beschreibung des größten Balkens.
Beschreibe mindestens noch drei bis vier weitere auffällig große Balken.
Erkläre auch, welche Balken am geringsten ausgeprägt sind.
Hinweis: Die Diskriminierung von Jüdinnen und Juden hat seit dem Terrorangriff der Terrororganisation Hamas am 7.10.2023 sehr stark zugenommen.

Seite 82

7 b) Überlege dir Situation, die du schon mal selbst erlebt hast, oder von denen du gehört hast, oder die du im Internet gesehen hast.
Die Situationen sollten mit den vier Bereichen A=Integration, B=Exklusion, C=Inklusion und D=Separation zu tun haben.

Seite 83

9 a) Lege eine Tabelle an, in die du Pro- und Kontraargumente einträgst.

Pro-Argumente	Kontra-Argumente
Besserer Zusammenhalt in der Gesellschaft durch gegenseitige Hilfe.	Personalprobleme in Seniorenheimen oder Kindergärten sollten nicht durch einen verpflichtenden Dienst gelöst werden, sondern durch bessere Bezahlung.
...	...

Seite 88

3 c) Vergleiche die in der Grafik dargestellten Daten über die Anzahl der Tatverdächtigen unter 21 Jahren bei jugendtypischen Delikten mit den Aussagen aus dem Text. Achte darauf, welche Delikte in beiden Quellen erwähnt werden und ob es Übereinstimmungen oder Unterschiede in den Häufigkeiten gibt. Analysiere, ob die Daten aus der Grafik die Informationen im Text unterstützen oder ihnen widersprechen. Betrachte auch mögliche Gründe für eventuelle Unterschiede oder Übereinstimmungen zwischen den beiden Quellen und diskutiere diese.

Kapitel 4: Grundlagen der Demokratie

Seite 99

1 c) Nutze die kooperative Lernform „Bienenkorb", um die Menschen- und Grundrechte anhand des bereitgestellten Materials zu vergleichen. Teilt euch in Gruppen auf und diskutiert gemeinsam die Merkmale und Unterschiede zwischen Menschen- und Grundrechten. Denkt darüber nach, was Menschen- und Grundrechte sind und wer sie bekommt. Vergleicht, wie sie funktionieren und wer sie garantiert. Überlegt auch, warum sie wichtig sind und wie sie unser Leben beeinflussen. Versucht, euch gegenseitig zu helfen, die Informationen zu verstehen, und arbeitet zusammen, um herauszufinden, was sie für euch bedeuten.Erarbeitet gemeinsam eine Liste von Gemeinsamkeiten und Unterschieden zwischen den beiden Arten von Rechten.

2 b) Schau dir die Zeichnung M3 an, auf der Menschen mit verschiedenen Eigenschaften, Merkmalen und Beeinträchtigungen dargestellt sind. Denke darüber nach, was die Vielfalt dieser Menschen bedeutet und wie sie in unserer Gesellschaft behandelt werden sollten. Betrachte dann Artikel 1 des Grundgesetzes (GG), der besagt: „Die Würde des Menschen ist unantastbar." Versuche zu verstehen, was dieser Artikel bedeutet und wie er mit der Vielfalt der Menschen in der Zeichnung zusammenhängt. Diskutiere, warum es wichtig ist, dass jeder Mensch, unabhängig von seinen Merkmalen oder Beeinträchtigungen, mit Respekt und Würde behandelt wird. Versuche, Beispiele aus deinem eigenen Leben oder aus der Gesellschaft zu finden, die den Artikel 1 GG illustrieren.

Seite 101

5 b) Was denkst du über die Begriffe „Rasse" und „Männer und Frauen sind gleichberechtigt" im Grundgesetz? Sind sie immer noch passend für unsere heutige Zeit? Überlege, wie sich die Bedeutung von „Rasse" und die Gleichberechtigung von Männern und Frauen im Laufe der Zeit verändert haben könnten. Betrachte, ob diese Begriffe heutzutage noch angemessen sind oder ob sie aktualisiert werden sollten. Begründe deine Meinung, indem du Beispiele aus der Gesellschaft oder aus deinem eigenen Leben heranziehst. Denke darüber nach, welche Auswirkungen eine mögliche Änderung dieser Begriffe auf unsere Gesellschaft haben könnte.

Seite 103

1 c) Warum ist das Recht auf Widerstand, wie es im Absatz 4 festgeschrieben ist, wichtig? Denke darüber nach, in welchen Situationen Bürgerinnen und Bürger Widerstand leisten könnten und warum dies von Bedeutung sein könnte. Betrachte, welche Rolle das Recht auf Widerstand in einer demokratischen Gesellschaft spielt. Versuche, konkrete Beispiele anzuführen, um die Wichtigkeit des Rechts auf Widerstand zu unterstreichen.

2 a) Wähle eine der beiden Karikaturen zum Wesen der Demokratie aus und analysiere sie. Betrachte zunächst die verschiedenen Elemente der Karikatur, wie z. B. die dargestellten Personen, Symbole oder Texte. Überlege, welche Botschaft die Karikatur vermitteln möchte und welche Aspekte der Demokratie sie anspricht. Sieht die Karikatur die Demokratie eher positiv oder negativ?

3 b) Denke darüber nach, was Demokratie für dich bedeutet. Betrachte die Zitate von Abraham Lincoln und Frank-Walter Steinmeier und überlege dann, was Demokratie für dich persönlich ausmacht. Was sind die wichtigsten Merkmale einer Demokratie? Welche Werte sind dir in einer demokratischen Gesellschaft wichtig? Formuliere anschließend deine eigenen Gedanken zur Demokratie in kurzen und prägnanten Sätzen. Versuche, konkrete Beispiele oder persönliche Erfahrungen einzubeziehen, um deine Ansichten zu verdeutlichen.

Seite 105

1 b) In der Karikatur siehst du einen Herrscher, der sagt: „Ich werde eure Forderungen damit beantworten, dass ich euch verhaften lasse." Denke darüber nach, welche wichtigen Regeln oder Rechte des Landes in dieser Szene nicht eingehalten werden. Schau dir etwa im GG die Artikel 1-20 genauer an. Betrachte zum Beispiel das Recht auf freie Meinungsäußerung und das Recht auf Versammlungsfreiheit. Überlege, warum es nicht richtig ist, dass der König alle Leute einfach verhaften lassen will, nur weil sie etwas fordern. Versuche, deine Gedanken dazu in einfachen Worten zu formulieren.

4 c) Gib in eine Suchmaschine folgende Stichwörter ein: Rechtsstaatlichkeit weltweit maps. Bestimme mit einem Atlas Länder, z. B. Ungarn, ...

Seite 107

2 c) Benutze für deine Antwort z. B. die Begriffe: Schutz vor – Machtverteilung – Machtmissbrauch – Diktatur – ...

Seite 111

2 a) Benutze die Aussagen aus M2: letzten 30 Jahre, Mitgliederzahl, halbiert, CDU, SPD
Gib in eine Suchmaschine folgende Stichpunkte ein: Parteien Mitgliederentwicklung Statistik. Als Zusatz kannst du auch noch bpb eingeben, das ist die Abkürzung für „Bundeszentrale für politische Bildung“.

c) Überlege, welche Werte und Ziele dir wichtig sind und was du von einer politischen Partei erwartest. Betone, welche konkreten Veränderungen oder Maßnahmen du dir wünschst, um dich von den Ideen und Zielen der Partei überzeugen zu lassen.
Sei dabei höflich und respektvoll, aber gleichzeitig deutlich in deinen Forderungen.
Versuche, konkrete Vorschläge oder Beispiele anzuführen, um deine Argumente zu untermauern. Denke daran, dass der Brief dazu dienen soll, deine eigenen Vorstellungen und Anliegen klar zu kommunizieren.

Seite 113

2 c) Mache dir zunächst klar, was das passive Wahlrecht überhaupt bedeutet. Überlege, warum es wichtig ist, dass nicht nur Bürgerinnen und Bürger wählen können, sondern auch selbst für ein politisches Amt kandidieren dürfen. Lies dann den Textabschnitt sorgfältig durch und notiere die wichtigen Informationen über das passive Wahlrecht in Nordrhein-Westfalen. Versuche, die Bedingungen und Anforderungen zu verstehen, die erfüllt sein müssen, um als Kandidatin oder Kandidat bei einer Landtagswahl antreten zu können. Denke darüber nach, wie das passive Wahlrecht dazu beiträgt, die Demokratie zu stärken und die Vielfalt der politischen Vertretung zu fördern. Wenn du Schwierigkeiten hast, bestimmte Begriffe oder Regeln zu verstehen, kannst du auch online nach weiteren Erklärungen suchen oder deine Lehrkraft um Hilfe bitten.

Seite 115

6 c) Recherchiere mithilfe einer Suchmaschine unter: Landtag NRW Plenarsitzung Tagesordnung. Informiere dich über aktuelle Sitzungen und Themen und mache dir Notizen. Dann kannst du deinen Zeitungsartikel beginnen:
Im Düsseldorfer Landtag wurde heute das Thema ... Die Abgeordneten ... Die/der Ministerin/Minister ... haben dazu ... .

Seite 117

1 b) Denke daran, welche Mehrheit für die Wahl notwendig ist. Nur eine Koalition kann ...

c) Um mögliche Koalitionen aus zwei Parteien zu ermitteln, die eine Ministerpräsidentin bzw. einen Ministerpräsidenten wählen könnten, musst du zunächst die aktuellen Wahlergebnisse berücksichtigen, um die stärksten Parteien zu identifizieren. Betrachte auch, welche Parteien aufgrund ihrer Größe und politischen Ausrichtung am ehesten eine Koalition bilden könnten, um eine Mehrheit im Parlament zu erreichen. Wenn du unsicher bist, kannst du dich über die Parteiprogramme informieren oder aktuelle politische Nachrichten verfolgen, um ein besseres Verständnis für die politische Landschaft zu bekommen.

Bilde die Summe der gewählten Abgeordneten. 76 + 56 + ... Dividiere das Ergebnis durch 2. Überprüfe, welche Koalitionen diese Zahl erreichen kann.

2 **b)** Gib in eine Suchmaschine ein: Landesregierung NRW-Koalition.

Seite 121

1 **a)** Um die Argumente für den Neubau eines Hallenbades und die für den Erhalt der Stadtteilbäder herauszuarbeiten, musst du die Materialien aufmerksam lesen. Du kannst auch die im Anhang erklärte Fünf-Schritt-Lesemethode nutzen. Sammle die Argumente und versuche, sie ausführlich darzustellen.

c) Überlege, warum einige Menschen gegen den Bau des Hallenbades gestimmt haben könnten. Vielleicht waren sie besorgt über die Kosten oder bevorzugen den Erhalt der traditionellen Stadtteilbäder aus sentimentalen Gründen. Diskutiere die verschiedenen Standpunkte und versuche, die Gründe hinter dem Abstimmungsergebnis zu verstehen. Betone dabei die Notwendigkeit eines offenen Dialogs und einer sachlichen Debatte, um eine gemeinsame Lösung zu finden.

Kapitel 5: Marktprozesse und wirtschaftliches Handeln

Seite 133

1 **a)** Du hast zwei unterschiedliche Vorgehensweisen, entweder in der Reihenfolge der Wirtschaftsbereiche oder der Fotos:
Beginn Möglichkeit 1:
Welches Foto bildet wohl Banken und das Finanzwesen ab?
Beginn Möglichkeit 2:
Auf dem Bild A sieht man einen jungen Mitarbeiter eines Restaurants. Er bereitet Essen vor. Zu welchem Sektor könnte das Bild gehören?

Seite 135

1 **a)** Nachdem Herr Rebach geäußert hat, was er möchte, wird die Verkäuferin wahrscheinlich antworten und verschiedene Optionen vorstellen. Höre auf ihre Empfehlungen und entscheide dich für die Früchte, die dem Mann am besten gefallen könnten. Diskutiert und verhandelt dann über den Preis und warum er niedriger oder höher sein sollte. Beende die Unterhaltung mit einem Dankeschön und wünsche der Verkäuferin einen schönen Tag.

2 **b)** Um weitere Bilder zu den einzelnen Marktarten zu finden, kannst du verschiedene Online-Quellen nutzen. Eine Möglichkeit besteht darin, Suchmaschinen zu verwenden und nach spezifischen Marktarten zu suchen, z. B. „Bauernmarkt" „Flohmarkt", „Wochenmarkt" usw. Du kannst auch gezielt nach Bildern in Bildergalerien von Nachrichtenwebsites, Reiseblogs oder Fotografie-Websites suchen. Nutze auch die sozialen Medienplattformen wie Instagram oder Pinterest, auf denen Benutzerinnen und Benutzer oft Bilder von verschiedenen Marktarten teilen. Sobald du die gewünschten Bilder gefunden hast, kannst du sie herunterladen, ausdrucken oder verlinken, um sie zu verwenden. Stelle sicher, dass du die Quellenangaben nicht vergisst, um die Urheberrechte zu respektieren.

Seite 137

2 Um herauszufinden, wie sich ein Anstieg des Butterpreises auf die Nachfrage nach Margarine auswirken könnte, könntest du überlegen, warum die Leute Margarine kaufen. Vielleicht, weil sie günstiger ist als Butter oder weil einige Leute sie lieber mögen. Dann könntest du darüber nachdenken, was passieren könnte, wenn Butter teurer wird. Indem du diese Dinge betrachtest, kannst du herausfinden, wie sich der Preisunterschied zwischen Butter und Margarine auf die Entscheidungen der Leute auswirken könnte.

Seite 139

2 Betrachte auch die Grafik in M1 und die Erklärtexte.

Seite 141

3 Überlege zunächst, welche Rolle der Staat in der Wirtschaft spielt. Der Staat ist oft ein wichtiger Akteur, der durch Gesetze, Regulierungen und staatliche Programme Einfluss auf die Wirtschaft nimmt. Du könntest darüber nachdenken, wie der Staat Einkommen durch Steuern erhebt und Ausgaben für öffentliche Güter wie Infrastruktur, Bildung und Gesundheitswesen tätigt. Darüber hinaus könntest du auch die Rolle des Staates bei der Kontrolle der Geldmenge und der Geldpolitik durch die Zentralbank berücksichtigen. Indem du diese Aspekte berücksichtigst, kannst du diskutieren, wie der Staat im Wirtschaftskreislaufmodell als ein Teilnehmer dargestellt werden könnte, der Einfluss auf Einkommen, Ausgaben und Produktion hat.

Seite 145

4 Überlege was passiert, wenn ein Unternehmen dauerhaft weniger einnimmt, als es ausgibt.

Seite 153

10 Überprüft auch, wie die Händlerinnen und Händler vor Ort auf die Veränderungen reagieren. Ihr könnt eine Umfragen durchführen (siehe Seite 230) oder Expertinnen und Experten befragen (siehe Seite 54).

Kapitel 6: Leben in der Europäischen Union

Seite 159

3 b) Um eine europäische Alltagsgeschichte zu einem Foto zu schreiben, betrachte das Bild genau und analysiere, welche Aspekte des Lebens, Arbeitens, Studierens oder Wohnens in Europa dargestellt werden könnten. Beschreibe die Szene auf dem Foto und füge Details hinzu, um die Geschichte lebendiger zu machen. Verwende die Details, um eine authentische Geschichte zu entwickeln, die zeigt, wie das Leben in Europa aussehen könnte. Achte darauf, Vielfalt und Realismus zu vermitteln und schließe mit Gedanken darüber, wie das Leben, Arbeiten oder Studieren in Europa im Allgemeinen aussehen könnte, basierend auf dem Foto.

Seite 162

5 b)

Um Beispiele für klimatische Veränderungen zu finden, die Flucht und Migration in deiner Region oder Europa verursachen, kannst du Folgendes tun:

- Schaue in Büchern, Artikeln oder Studien nach, die sich mit dem Klimawandel in deiner Region oder Europa befassen.
- Lies Nachrichten über aktuelle klimatische Ereignisse wie Dürren, Überschwemmungen oder Waldbrände.
- Suche online nach Websites, die sich auf Umweltschutz und Migration spezialisiert haben.
- Schau auf Social-Media-Plattformen nach Beiträgen von Wissenschaftlerinnen und Wissenschaftlern oder Organisationen, die sich mit dem Klimawandel und Migration beschäftigen.
- ...

Seite 165

2 c) Um Ideen zu entwickeln, was die beiden Personen mit ihrer Geste zum Ausdruck bringen wollten, kannst du wie folgt vorgehen:

- Schau dir das Bild genau an und achte auf die Situation, die Umgebung und die Gestik der Personen.

- Denke darüber nach, welche Botschaft die Personen mit ihrer Handlung vermitteln könnten. Zum Beispiel könnten sie Solidarität, Zusammenhalt oder Freundschaft zeigen wollen.
- Überlege, welche Bedeutung die Grenze in der Szene haben könnte. Sie könnte für Trennung, Barrieren oder Unterschiede stehen
- Berücksichtige mögliche Hintergründe oder Kontexte, die die Handlung beeinflussen könnten. Vielleicht haben die Personen eine besondere Verbindung zueinander oder setzen sich für bestimmte Werte ein.
- Stelle verschiedene Vermutungen auf und betrachte sie aus verschiedenen Perspektiven, um zu überlegen, welche Interpretationen am überzeugendsten sind.

Seite 167

1 Um ein Erklärvideo zum EU-Binnenmarkt zu erstellen, solltest du zuerst recherchieren und die wichtigsten Informationen über den EU-Binnenmarkt sammeln. Überlege dir dann, welche Aspekte des Binnenmarktes du in deinem Video behandeln möchtest. Wähle dazu ein eigenes Beispiel oder schau dir die Beispiele im Webcode genau an und notiere, worauf diese eingehen. Anschließend erstelle ein Storyboard, in dem du die verschiedenen Szenen und Informationen planst. Drehe dann die einzelnen Szenen gemäß deinem Storyboard und bearbeite das Videomaterial, um dein endgültiges Erklärvideo zu erstellen. Zum Schluss überarbeite den Film sorgfältig und achte darauf, dass die Informationen klar und verständlich vermittelt werden.

Seite 169

2 Überlege, welche Symbole die EU repräsentieren könnten, wie Sterne für Mitgliedsländer oder ein Kreis für Einheit. Gestaltet die Symbole einfach und aussagekräftig, damit sie leicht erkennbar sind. Diskutiere mit Mitschülerinnen und Mitschülern, wie die Symbole die Ideale und Werte der EU vermitteln können. Gebt euch gegenseitiges Feedback, um mögliche Anpassungen vorzunehmen.

Seite 179

1 Durchsuche die Materialien nach relevanten Informationen über die Rolle der EU im Leben junger Menschen. Identifiziere Hauptargumente wie Bildung, Beschäftigung, Mobilität und Umweltschutz und ordne sie in einer strukturierten Argumentationsmap an. Füge Verbindungslinien hinzu, um Beziehungen zwischen den Argumenten zu zeigen. Nutze die erstellte Map als Grundlage für Präsentationen und Diskussionen über mögliche Maßnahmen der EU für junge Menschen.

Kapitel 7: Berufswegeplanung

Seite 192

3 **a)** Die Mutter ist oft müde, weil ... Die Kinder wollen nicht ... Der Vater ...

5 Du kannst deine Stellungnahme so beginnen:
Ich stimme der Aussage „...“ zu, weil ... oder
Ich stimme der Aussage „...“ nicht zu, weil ...

Seite 193

9 Vergleiche, wie viele Männer und Frauen insgesamt arbeiten. Überlege anschließend, wer mehr Geld verdient und ob die aufteilung gerecht ist. Wie ist die Verteilung in deiner Familie oder bei den Eltern deiner Freundinnen und Freunde geregelt?

10 Du kannst so beginnen:
Frauen arbeiten laut der Statistik mehr als Männer, aber ...

Seite 203

8 Schreibe die benannten Anforderungen in Stichpunkten aus den Ausschreibungen heraus und sortiere sie anschließend.

Think-Pair-Share

Kooperatives Lernen in einem 3-Schritt-System, Austausch von Ideen und Gedanken

1. Nachdenken:
   Denkt in Einzelarbeit über die Aufgabe nach, löst sie und macht euch Notizen.
2. Austauschen:
   Stellt eure Lösungen einander vor, lernt die Lösung des anderen kennen.
3. Stellt euch gegenseitig Fragen und tauscht euch aus. Notiert dann ein gemeinsames Ergebnis.
4. Vorstellen:
   Stellt die gemeinsame Lösung in der Klasse vor, lernt weitere Lösungen kennen und vergleicht sie wieder mit der eigenen Lösung.

Lerntempoduett (Bushaltestelle)

Lernen in individuellem Tempo mit kooperativem Austausch

1. Jede Schülerin und jeder Schüler bearbeitet die Aufgabe zunächst in Einzelarbeit.
2. Wenn jemand fertig ist, steht sie oder er auf und wartet auf die nächste Person, die fertig ist.
3. Beide Schüler vergleichen ihre Ergebnisse. Sie sind nun ein Expertenpaar.
4. Eine Wiederholung dieses Ablaufs mit weiteren Aufgabenstellungen ist möglich.

Zur Durchführung des Lerntempoduetts kann ein fester Treffpunkt im Klassenraum vereinbart und mit einem Schild als Bushaltestelle markiert werden.

H

Partnervortrag

Vergleich und Vorstellung von Ideen, Materialien, Ergebnissen

1. Lest die Aufgabenstellung.
   Arbeitet in Einzelarbeit einen Vortrag aus.
2. Setzt euch zu zweit zusammen und einigt euch, wer zuerst Sprecherin oder Sprecher ist und wer zuhört.
3. Die Zuhörerin oder der Zuhörer hört aufmerksam zu und wiederholt dann das Erzählte. Die Sprecherin oder der Sprecher achtet darauf, ob der Vortrag vollständig und richtig wiedergegeben wird.
4. Danach wechselt ihr die Rollen.

Galeriegang

Präsentation von Gruppenergebnissen

1. Bildet möglichst gleich große Gruppen.
2. Jede Gruppe bearbeitet ein anderes Thema.
3. Anschließend werden die Gruppen neu zusammengesetzt: Aus jeder alten Gruppe wechselt ein Experte in eine neue Gruppe.
4. Die Gruppen wandern von Station zu Station. Dort präsentiert eine Expertin oder ein Experte die Ergebnisse und beantwortet Fragen.

Stühletausch

Vergleich und Vorstellung von Ideen, Materialien, Ergebnissen, gemeinsame Auswertung

1. Jeder Schüler löst die gestellte Aufgabe und legt sein Ergebnisblatt auf seinen Stuhl.
2. Nun sucht sich jeder Schüler einen anderen Stuhl und liest das dort ausgelegte Ergebnis. Dann notiert er eine Rückmeldung.
3. Jeder geht auf seinen Platz zurück und prüft die Rückmeldung zu seiner Lösung.
4. Gemeinsam wird in der Klasse ein auswertendes Gespräch geführt.

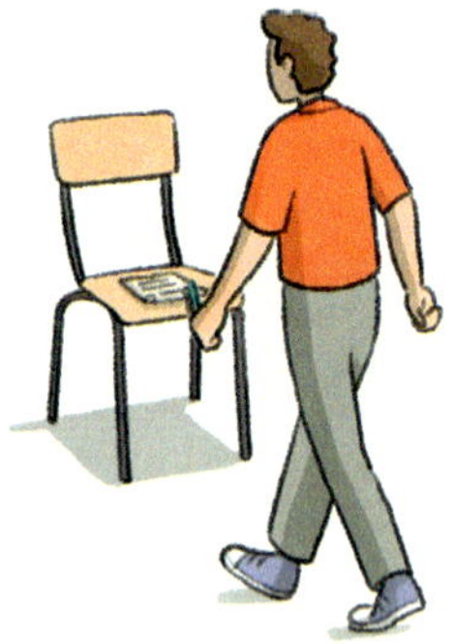

Placemat

Zusammenführen von individuellen Gedanken als Gesprächsanlass, um zu einem Gruppenprodukt zu kommen

1. Ein Blatt wird entsprechend der Anzahl an Diskutierenden in gleich große Felder aufgeteilt. In der Mitte bleibt ein Feld für die Ergebnisse frei. Jeder schreibt seine Ergebnisse zum Arbeitsauftrag in ein Außenfeld.
2. Diese Ergebnisse werden in der Gruppe besprochen.
3. In der Mitte wird anschließend das übereinstimmende Arbeitsergebnis notiert.
4. Die Gruppe stellt ihre Ergebnisse vor.

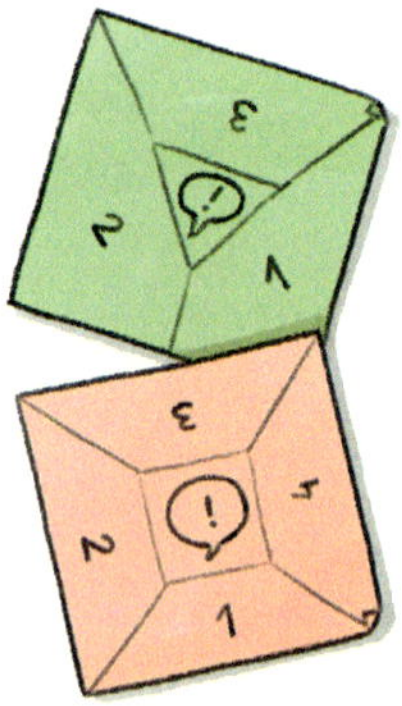

Bienenkorb

Austausch von Informationen

1. Findet euch mit euren Sitznachbarinnen und -nachbarn zu zweit oder zu mehreren zusammen.
2. Tauscht euch gemeinsam zur jeweiligen Fragestellung aus: Sammelt Ideen und Lösungsvorschläge oder vergleicht vorhandene Ergebnisse.
3. Sprecht anschließend gemeinsam in der Klasse.

Partnerabfrage

Vergleich von Ideen, Materialien, Ergebnissen, Aktivierung und Festigung des Gelernten durch Formulieren und Beantworten von Fragen

1. Findet euch mit einem Partner zusammen.
2. Bearbeitet zunächst die vorgegebene Aufgabe allein.
3. Formuliert ausgehend von eurer Lösung verschiedene Fragen, die ihr eurem Partner stellen könnt.
4. Fragt euch nun mit euren Fragen gegenseitig ab. Wechselt nach jeder Frage.
   Derjenige, der eine Frage stellt, kann Hinweise und Tipps geben. Nachdem die Frage beantwortet wurde, liest derjenige, der die Frage gestellt hat, seine Antwort noch einmal vor.

Fishbowl

Diskussionsform eines Themas in einer Kleingruppe, während eine Großgruppe zuhört und sich beteiligen kann

1. Die Arbeitsgruppe setzt sich in einen inneren Stuhlkreis und diskutiert ein Thema/Problem. Ein Stuhl bleibt für einen Gast frei.
2. Die übrigen Schüler sitzen in einem äußeren Stuhlkreis und hören zu.
   Die Gruppe im Innenkreis stellt ihre Arbeitsergebnisse vor.
3. Die Zuhörer im Außenkreis können sich am Gespräch beteiligen. Wer mitdiskutieren möchte, setzt sich als Gast auf den freien Stuhl bei der Arbeitsgruppe und äußert seinen Beitrag. Danach verlässt er den Innenkreis und setzt sich wieder auf seinen ursprünglichen Platz.
4. Andere, die nicht mehr mitdiskutieren möchten, können aussteigen und sich ebenfalls in den Außenkreis setzen. Zum Abschluss erfolgt eine Reflexion des Gesagten.

Kugellager

Vergleich und Vorstellung von Ideen, Materialien, Meinungen, Hausaufgaben, Ergebnissen einer Einzelarbeit

1. Teilt euch in zwei Gruppen. Bildet dann einen inneren und einen äußeren Stuhlkreis.
   Jeweils ein Schüler aus dem Innenkreis und sein Gegenüber aus dem Außenkreis bilden Gesprächspartner.
2. Der Schüler aus dem Außenkreis stellt seine Fragen, der Schüler aus dem Innenkreis beantwortet sie.
3. Die Gesprächspartner wechseln, indem der Außenkreis sich einen Platz weiterbewegt.
   Jetzt stellt der Schüler aus dem Innenkreis seine Fragen und der Partner im Außenkreis beantwortet sie.
4. Der Platz- und Rollenwechsel wird zwei- bis dreimal wiederholt.

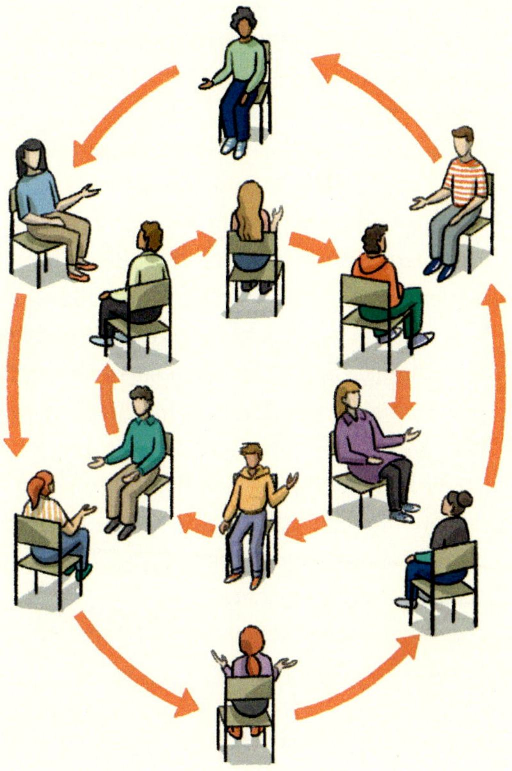

Marktplatz

Austausch von Informationen und Meinungen

1. Geht im Raum umher, bis ihr ein Signal von der Lehrkraft bekommt.
2. Bleibt dann stehen und besprecht mit der Person, die euch am nächsten steht, eure Aufgabe. Beim nächsten Signal geht ihr wieder weiter.
3. Wenn erneut das Signal erklingt, bleibt ihr wieder stehen und sprecht mit einer Person.

Gruppenpuzzle/STEX-System

gegenseitige Präsentation von Gruppenergebnissen, Bearbeitung von jeweils einem anderen Themenbereich

1. In der Stammgruppe:
   In der ersten Arbeitsphase bearbeitet jeder aus der Stammgruppe allein ein bestimmtes Teilthema der Aufgabe. Nach Beendigung der Arbeit bereitet ihr Stichpunkte zu eurem Teilthema für die Expertengruppe vor.
2. In der Expertengruppe:
   Ihr bildet nun neue Gruppen, zu jedem Teilthema eine. In diesen Expertengruppen finden sich diejenigen zusammen, die zuvor das betreffende Teilthema bearbeitet haben. Ihr diskutiert über die in der ersten Phase erarbeiteten Inhalte eures Teilthemas und vertieft sie. Eure Ergebnisse haltet ihr schriftlich fest, um im Anschluss die Mitglieder eurer Stammgruppe informieren zu können.
3. Rückkehr in die Stammgruppe:
   In der dritten Gruppenarbeitsphase kehrt ihr wieder in eure Stammgruppe zurück, um euer in den Expertengruppen erworbenes Wissen zu eurem Teilthema zu präsentieren.
4. Wertet in einem offenen Klassengespräch die inhaltlichen Ergebnisse eurer Arbeit aus.

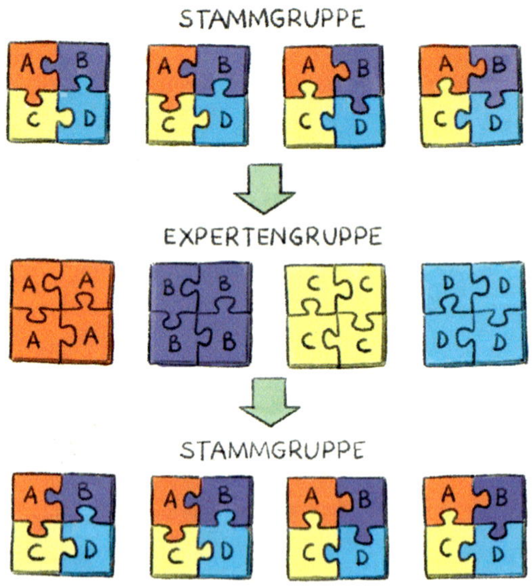
STAMMGRUPPE
EXPERTENGRUPPE
STAMMGRUPPE

World-Café

Intensive, eher offene Diskussionsmethode in Kleingruppen zur Vorbereitung eines Urteils

1. Es werden zunächst verschiedene Tischgruppen gebildet und an den jeweiligen Tischgruppen Gastgebende festgelegt (1-2 Schülerinnen und Schüler), die an den Tischen als fixe Gesprächsrundenleitung sitzen bleiben. An den einzelnen Tischen können nun verschiedene Leitfragen oder an allen Tischen die gleiche Leitfrage diskutiert werden.
2. In aufeinanderfolgenden Gesprächsrunden beliebiger Zeit (meist 5-8 Minuten) werden an allen Tischen gleichzeitig die festgelegten Diskussionsfragen besprochen. Nach den Runden kritzeln, schreiben oder zeichnen alle Gesprächsteilnehmenden die ihrer Meinung nach wichtigsten Inhalte der Diskussion auf ein Papier (möglich ist hier eine Papiertischdecke aufzulegen).
3. Die Schülerinnen und Schüler mischen sich in jeder Runde neu. Die Gesprächsleitung bleibt an ihren Tischen sitzen, begrüßt die Neuankömmlinge, stellt die Diskussionsfrage kurz vor und fasst das bisher Besprochene zusammen.
4. Die besprochenen Inhalte werden am Ende in der Klasse ausgewertet.

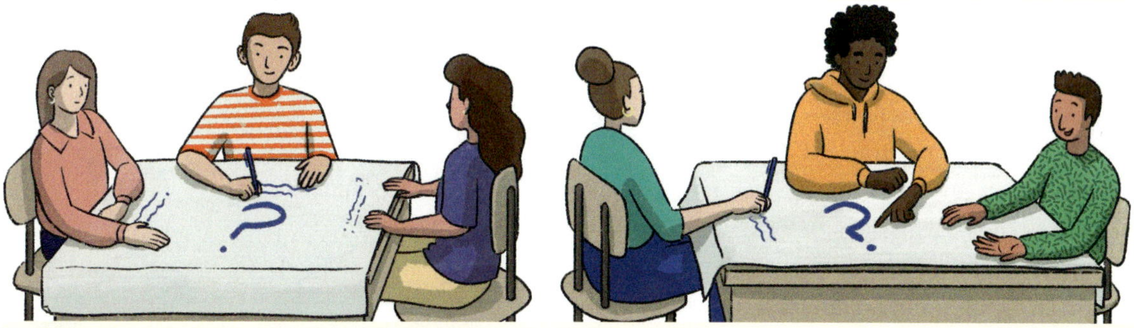

Graffiti

Individuelles und kooperatives Lernen, Vorwissen oder bereits Gelerntes sammeln, strukturieren und visualisieren

1. Bildet so viele Gruppen, wie es Aufgaben gibt. Jede Gruppe erhält einen Arbeitsauftrag und einen Papierbogen.
2. Jede Gruppe beginnt mit ihrer Aufgabe. Jedes Gruppenmitglied schreibt seine Ideen/ Gedanken zu der Aufgabe auf und achtet nicht darauf, was die anderen schreiben.
3. Nach einer gewissen Zeit wechselt ihr an einen anderen Gruppentisch und notiert dort eure Ideen. Ihr wechselt so lange die Tische, bis ihr wieder an dem eigenen ankommt.
4. Lest alle auf dem Bogen stehenden Ideen, ordnet sie, fasst die Ergebnisse zusammen und stellt sie der Klasse vor.

Eine Pro-Kontra-Diskussion führen

In einer Gesellschaft gibt es immer wieder Streitfragen. Dabei treffen unterschiedliche Meinungen aufeinander und es kommt zu einer Diskussion über das Thema. Ein eindeutiges Richtig oder Falsch gibt es dabei oftmals nicht. Dennoch muss man eine Lösung finden, mit der alle zufrieden sind.
Ein Beispiel für solch eine Streitfrage konnte sein: „Soll in der Schule die Nutzung des Handys verboten werden?" Die unterschiedlichen Argumente und Standpunkte dieser Frage können in einer sogenannten Pro-Kontra-Diskussion diskutiert werden. Mit folgenden Schritten könnt ihr eine solche Diskussion durchführen:

1. Schritt: Debatte vorbereiten

- Einigt euch mit eurer Lehrerin oder eurem Lehrer auf eine Diskussionsfrage, für die sich Argumente dafür (pro) und dagegen (kontra) formulieren lassen.
- Führt zunächst eine Abstimmung durch, um zu sehen, wer dafür oder dagegen ist.
- Formuliert Gesprächsregeln, die ihr während der Diskussion einhalten wollt, zum Beispiel: „Wir lassen einander ausreden."
- Bestimmt eine Person, die moderiert, also die Diskussion leitet. Sie oder er achtet auch auf die Einhaltung der Gesprächsregeln.
- Teilt eure Klasse in eine Pro-Gruppe und eine Kontra-Gruppe.
- Jede Gruppe sammelt nun Informationen für ihre Argumentation. Besprecht die Informationen und erarbeitet möglichst viele Begründungen für eure Argumente.
- Bei der Vorbereitung solltet ihr auch schon überlegen, was die Gegenseite sagen könnte, um passende Gegenargumente zu finden. Notiert euch auch diese Argumente und Gegenargumente.
- Jede Gruppe legt eine Gruppensprecherin oder einen Gruppensprecher fest, die oder der die Gruppe in der Diskussion vertritt.
- Bereitet eure Klasse so vor, dass sich die Pro- und die Kontra-Gruppe gegenübersitzen.

2. Schritt: Debatte führen

- Die Moderatorin oder der Moderator eröffnet die Diskussion mit einer Begrüßung. Sie oder er stellt eure Diskussionsfrage und die Gesprächsregeln vor.
- Beide Gruppensprecherinnen oder Gruppensprecher erklären zunächst den Standpunkt ihrer Gruppe.
- Die Diskussion beginnt. Abwechselnd stellen die Gruppensprecherinnen und Gruppensprecher ihre Argumente aus der Vorbereitung vor. Die Moderatorin oder der Moderator achtet darauf, dass die Gesprächsregeln eingehalten werden. Er oder sie erteilt gegebenenfalls das Wort.
- Tipp: Die Moderatorin oder der Moderator können durch Fragen oder Hinweise immer wieder die Diskussion voranbringen und so am Leben halten.

PRO
KONTRA

3. Schritt: Debatte auswerten

Beantwortet folgende Fragen:
- Wie ist die Diskussion verlaufen?
- Wurden die Gesprächsregeln eingehalten?
- Wurden alle Argumente genannt?
- Welche Gruppe war besonders überzeugend?
- Was kann beim nächsten Mal verbessert werden?

4. Schritt: Erneut abstimmen

Führt erneut eine Abstimmung zu der Streitfrage durch und vergleicht das Ergebnis mit der ersten Abstimmung.
- Hat sich die Meinung in der Klasse geändert?
- Warum? Warum nicht?

Eine digitale Präsentation erstellen

In der Schule und im Berufsleben

Die digitale Präsentation ist mittlerweile die gängigste Präsentationsform im deutschen Schulalltag. Sie wird im Unterricht genutzt, um Expertenwissen mit der ganzen Klasse zu teilen. Dabei können sowohl Lehrkräfte als auch Schülerinnen und Schüler damit arbeiten. Die digitale Präsentation wird auch immer öfter bei Abschlussprüfungen am Ende der Schulzeit genutzt.

Auch im späteren Berufsleben eines Erwachsenen ist die digitale Präsentation nicht mehr wegzudenken, wenn es darum geht, Vorgesetzten, Geschäftskund/-innen oder Kolleg/-innen am eigenen Wissen möglichst gut verständlich teilhaben zu lassen. Der oder die Vortragende kann Erklärungen gut durch Bilder und kurze Informationen visualisieren und so verständlicher gestalten.

Abb. 1 *Arbeit am Computer*

Thema auswählen

Überlege dir ein Thema für deine Präsentation. Worum soll es gehen, welche Inhalte gehören dazu und was könnte interessant sein? Du überlegst, wie du die Inhalte am besten sortieren kannst und erstellst daraus eine Gliederung.

Informationen beschaffen

Du kannst im Internet nach Informationen suchen, in Fachbüchern, Zeitschriften, oder auch jemanden fragen. Schreibe immer auf, wo du die Informationen gefunden hast. Deine Ergebnisse hältst du schriftlich fest. Suche auch nach Bildern, die die Inhalte veranschaulichen. Deine Gliederung kannst du jederzeit anpassen.

Präsentation gestalten

Sortiere die Informationen, die du gefunden hast. Wähle aus, was du den Zuhörerinnen und Zuhörern präsentieren möchtest. Schreibe nicht alles auf die Seiten der digitalen Präsentation, sondern nur die wichtigsten Stichpunkte. Wähle dazu geeignete Bilder aus, damit die Seiten anschaulich werden.

Präsentation üben

Bei deiner Präsentation liest du nicht den Text von den Seiten ab, sondern sprichst frei. Schreibe dir Stichworte auf Karteikarten, damit du nichts vergisst. Merke dir, wann du die nächste Seite aufrufen musst. Überlege dir auch, welche Nachfragen kommen könnten. Übe die Präsentation, bis du dich sicher fühlst.

Präsentation halten

Stelle das Thema und deine Gliederung kurz vor. Dann haben die Zuhörerinnen und Zuhörer einen Überblick. Sprich laut, deutlich und mit Betonung. Mache auch Pausen, damit alle deinem Vortrag folgen können. Am Ende deiner Präsentation können Nachfragen gestellt werden.

visualisieren: veranschaulichen

Eine Mindmap erstellen

Eine Mindmap ist eine Landkarte deiner Gedanken. Hier kannst du alles, was dir zu einem Thema einfällt notieren und Gedanken durch Linien und Pfeile miteinander verbinden. So entsteht eine bildliche Darstellung zu einem bestimmten Thema.

Eine Mindmap hilft dir dabei, noch unbekannte Texte oder Themen besser zu verstehen und einzuordnen. Durch die Methode kannst du ganz einfach auch schwere Texte für dich strukturieren. Dabei verbindest du den Text mit deinen Gedanken. Am Ende erhältst du eine Übersicht, mit der du das Thema besser verstehen kannst.

1. Schritt: Mindmap beginnen

- Nimm ein weißes Blatt Papier, am besten mindestens in DIN-A4-Größe. Lege es im Querformat vor dich.
- Schreibe das Thema der Mindmap in einen Kreis in die Mitte des Blattes (Mittelkreis).

2. Schritt: Unterthemen anlegen

- Zeichne vom Mittelkreis aus mehrere Linien. Dort notierst du dann deine Unterthemen.
- Achte darauf, dass du die Unterthemen übersichtlich um deinen Mittelkreis verteilst und genug Platz zwischen den einzelnen Unterthemen lässt.
- Du kannst auch unterschiedliche Farben für die Unterthemen nutzen.
- Verwende eindeutige Stichwörter und schreibe sauber und ordentlich.

3. Schritt: Mindmap weiter verzweigen

- Wenn dir etwas einfällt, das zu einem der Unterthemen passt, so ziehst du von diesem Unterthema wieder eine Linie. Am Ende dieser Linie schreibst du das neue Stichwort auf.
- Die bereits notierten Stichwörter und die Verbindungen zwischen den Stichwörtern werden dir immer wieder neue Ideen geben. So verzweigt sich deine Mindmap immer weiter.

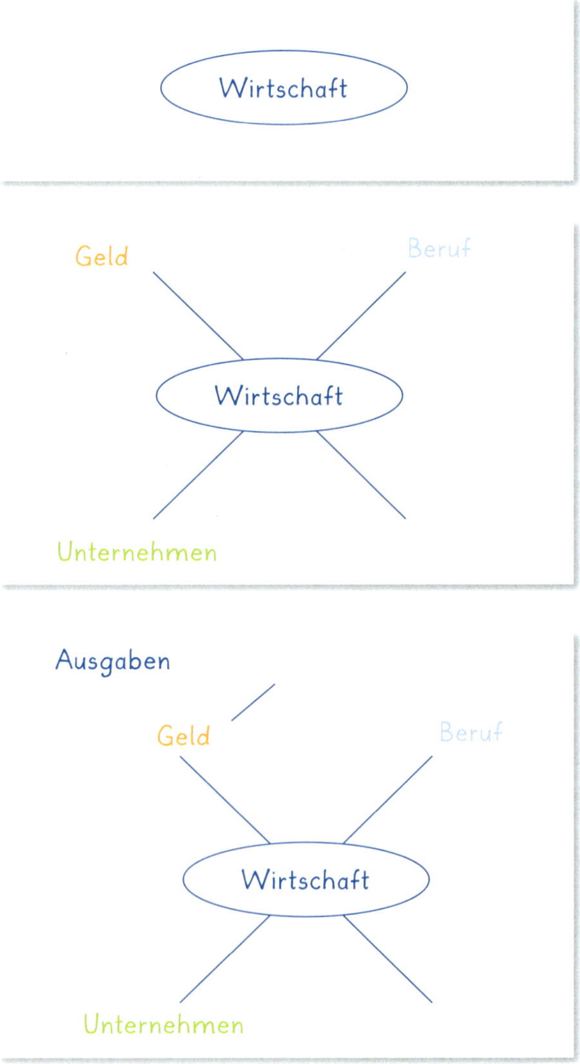
Wirtschaft
Geld
Beruf
Wirtschaft
Unternehmen
Ausgaben
Geld
Beruf
Wirtschaft
Unternehmen

Beispielmindmap zum Thema Wirtschaft

Ein Schaubild auswerten

Schaubilder, auch Diagramme oder Grafiken genannt, begegnen uns sehr oft im Alltag. Wir finden sie im Internet, Fernsehen oder Zeitungen. Schaubilder geben uns anschauliche Informationen. Häufige Arten von Schaubildern sind das Säulen- oder Balkendiagramm:

Säulendiagramm

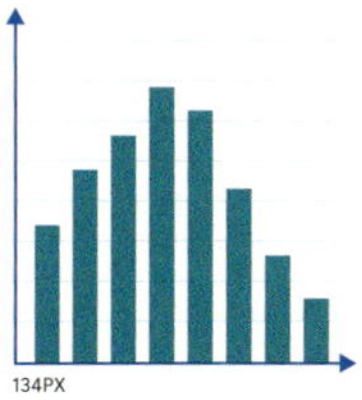
134PX

Balkendiagramm

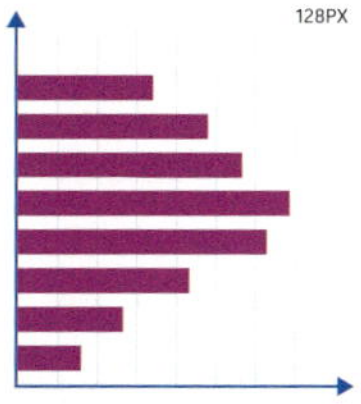
128PX

1. Schritt: Thema und Quelle erfassen

- Welche Art von Schaubild liegt vor?
- Wie lautet das Thema des Schaubildes? Du findest es oft als Überschrift des Schaubildes.
- Wer hat das Schaubild erstellt? Angaben zur Quelle findest du meistens ganz unten.
- Aus welchem Jahr oder Zeitraum sind die Zahlen?

Zu Schaubild M1:
- In diesem Schaubild geht es um die ...
- Die Grafik wurde im Jahr ... von ... veröffentlicht.

2. Schritt: Schaubild beschreiben

- Was stellen die Balken oder Säulen dar?
- Welche Messgrößen werden benutzt:
  - Prozentwerte (Anteile von Hundert)
  - absolute Zahlen (15 Personen, 1000 Stück, ...)
  - Grad, Kilo, Euro, ...
- Was fällt dir besonders auf?
- Gibt es besonders hohe Werte? Das erkennst du an großen Säulen oder Balken.
- Gibt es besonders kleine Werte? Das wird durch kleine Säulen oder Balken deutlich.
- Sind die Werte gleichmäßig verteilt? Das ist durch gleich hohe Säulen und Balken erkennbar.
- Beachte den Maßstab, denn damit können Schaubilder gestreckt oder gestaucht werden.

Zu Schaubild M1:
- Die Säulen zeigen die Verkaufszahlen ...
- Auf der Hochachse werden die Verkaufszahlen von Smartphones in absoluten Zahlen in Millionen Stück dargestellt.
- Auf der Rechtsachse stehen die Jahreszahlen von ... bis ...
- Die Verkaufszahlen von Smartphones steigen bis zum ...
- Die meisten Smartphones wurden im Jahr ... mit ... Stück verkauft.
- Die Verkaufszahlen steigen seit ...gleichmäßig an und fallen seit ... wieder gleichmäßig ab.

3. Schritt: Schaubild interpretieren

- Ziehe Schlussfolgerungen.
- Was sagt das Schaubild aus?
- Gibt es Gründe für bestimmte Entwicklungen?
- Lassen sich hohe oder niedrige Werte erklären?
- Sind durch das Schaubild Fragen entstanden? Notiere diese und diskutiert eure Fragen gemeinsam in der Klasse.

Zu Schaubild M1:
- Von 2009 bis 2015 ist der Verkauf von Smartphones um mehr als das Fünffache gestiegen
- Im Jahr 2009 war das Smartphone noch nicht lange auf dem Markt.
- Das Bedürfnis nach Smartphones nahm zu.
- Die Preise sind im Laufe der Zeit gefallen. Immer mehr Menschen können sich nun ein Smartphone leisten.
- Seit 2015 geht die Nachfrage zurück. Viele Menschen in Deutschland besitzen schon ein Smartphone.
- Themen wie Nachhaltigkeit und ein stärkeres Bewusstsein für die Umwelt werden immer wichtiger. Vielleicht werden Smartphones jetzt länger benutzt, bevor man ein neues kauft.

Ein Lernplakat gestalten

Auf einem Plakat könnt ihr vielen Menschen Informationen präsentieren. Damit ein Plakat seine Wirkung nicht verfehlt, solltet ihr einige Punkte beachten:

1. Schritt: Inhalte erarbeiten

- Recherchiert zu eurem Thema, zum Beispiel im Internet, in der Schul- und Stadtbibliothek, bei staatlichen Stellen und gemeinnützigen Organisationen.
- Formuliert eigene Texte, gebt dabei die verwendeten Quellen von Fremdtexten oder Webseiten an.
- Wählt passende Bilder, Grafiken, Schaubilder oder erstellt eigene. Notiert auch hier die Quellen.

2. Schritt: Plakat planen

- Stellt die Informationen für das Plakat zusammen.
- Formuliert eine klare und prägnante Überschrift, die auf das Thema hinweist.
- Macht eine Skizze zur Aufteilung des Plakats. Plant dabei die Blickrichtung des Betrachtenden mit ein und lenkt sie durch eine klare Aufteilung.

3. Schritt: Plakat gestalten

- Achtet auf einheitliche Schriftbilder und Schriftgrößen. Denkt daran, dass man alles aus einer Entfernung von zwei, drei Metern gut lesen kann.
- Ihr könnt durch Nummerierungen, Kästen oder Symbole eine Struktur schaffen.
- Verseht unterschiedliche Teilthemen mit Teilüberschriften.
- Ergänzend könnt ihr üben, euer Plakat den möglichen Betrachtern kurz vorzustellen.

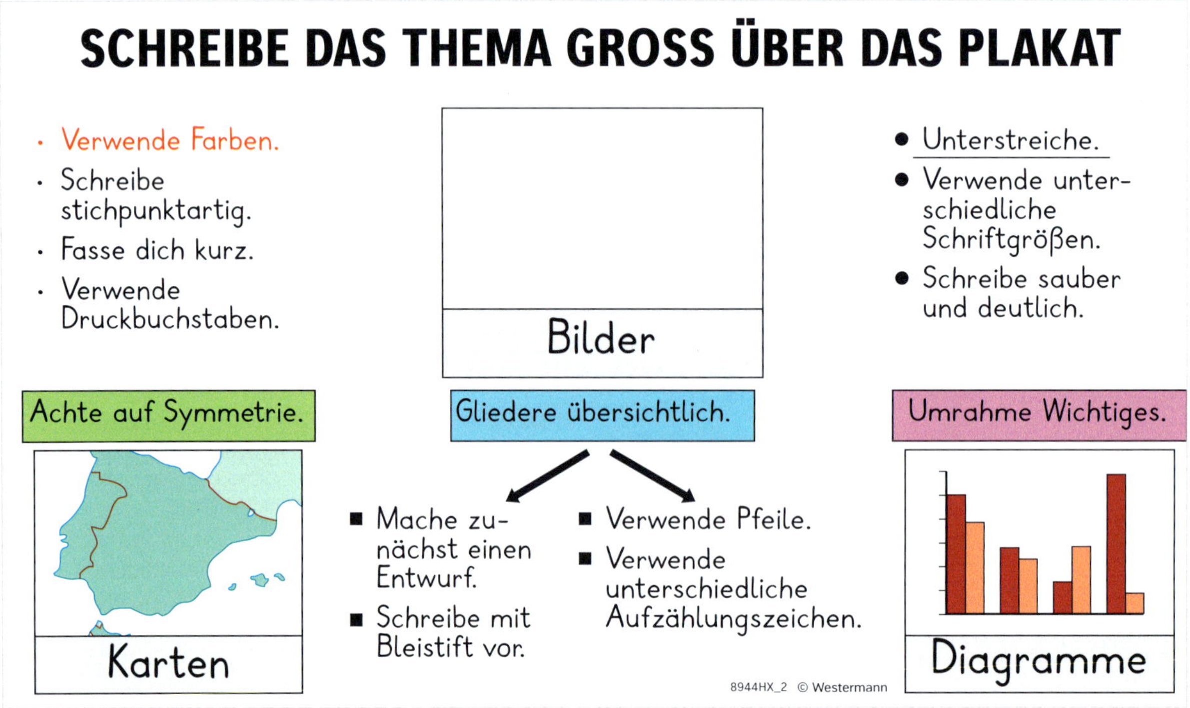
SCHREIBE DAS THEMA GROSS ÜBER DAS PLAKAT
· Verwende Farben.
· Schreibe stichpunktartig.
· Fasse dich kurz.
· Verwende Druckbuchstaben.
Bilder
● Unterstreiche.
● Verwende unterschiedliche Schriftgrößen.
● Schreibe sauber und deutlich.
Achte auf Symmetrie.
Gliedere übersichtlich.
Umrahme Wichtiges.
Karten
■ Mache zunächst einen Entwurf.
■ Schreibe mit Bleistift vor.
■ Verwende Pfeile.
■ Verwende unterschiedliche Aufzählungszeichen.
Diagramme
8944HX_2 © Westermann

Fünf-Schritt-Lesemethode

Fachtexte, Zeitungsartikel oder auch Internetinformationen sind nicht immer einfach zu lesen. Diese Lesemethode hilft dir in fünf Schritten, Texte besser zu verstehen. Am besten machst du dir Notizen beim Lesen. Danach kannst du mit den Informationen arbeiten, dich mit anderen über dein neues Wissen austauschen oder weiterführende Aufgaben erledigen.

1. Schritt: Einen Überblick bekommen

- Überfliege den Text zuerst: Das Thema steht oft in der Überschrift. Weitere Hinweise zum Thema geben dir Bilder.
- Frage dich, was dich an dem Thema interessiert oder was du vielleicht schon weißt.
- Jetzt lies den Text das erste Mal gründlich und mache dir Notizen.

2. Schritt: Sinnabschnitte bilden

- Abschnitte gliedern einen Text. Was in einem Abschnitt steht, gehört inhaltlich zusammen. Manchmal sind schon Absätze und Zwischenüberschriften vorhanden.
- Fehlen solche Gliederungspunkte, versuche selbst Sinnabschnitte zu finden.
- Notiere dazu passende Zwischenüberschriften.

3. Schritt: Schlüsselwörter finden

- Unterstrichene oder fett gedruckte Wörter sind Schlüsselwörter. Mit ihnen kannst du dir den Inhalt erschließen und den Text wiedergeben.
- Sind keine Begriffe hervorgehoben, finde selbst Schlüsselwörter und markiere sie auf deinem Arbeitsblatt zum Text.

4. Schritt: Unbekannte Begriffe klären

- Fachbegriffe werden manchmal am Rand erklärt, stehen unter dem Text oder du kannst sie aus dem Zusammenhang erschließen.
- Verstehst du weitere Wörter nicht, schlage sie im Lexikon nach oder recherchiere unter *www.duden.de.*

5. Schritt: Informationen aufbereiten

- Lies den Text jetzt noch einmal.
- Fasse die Informationen mithilfe der Zwischenüberschriften und der Stichpunkte so für dich zusammen, dass du sie anderen präsentieren kannst. Du kannst dazu zum Beispiel eine Mindmap erstellen (siehe Methode S. 26).

Eine Umfrage durchführen

Mit einer Umfrage kannst du herausfinden, was andere über ein Thema denken. Du kannst zum Beispiel erfahren, welche Wünsche sie haben oder welche Medien sie im Alltag benutzen. Damit die Befragung erfolgreich wird, musst du bestimmte Schritte einhalten.

1. Schritt: Über die Umfrage nachdenken

Zunächst solltest du über die folgenden Punkte nachdenken. Mache dir dazu Notizen.

- Was soll das Thema deiner Umfrage sein?
- Wen willst du befragen?
  – Sollen die Personen alle gleich alt sein (etwa deine Klassenkameraden)? Oder möchtest du unterschiedliche Altersgruppen befragen (deine Freunde, Eltern, Großeltern)?
  – Möchtest du deinen Jahrgang oder die ganze Schule befragen?
  – Soll es eine Umfrage in der Stadt sein?
- Je nachdem, wo du die Befragung machst, musst du um Erlaubnis fragen, z. B. bei deiner Klassenlehrerin oder der Schulleitung. In der Stadt benötigst du keine Erlaubnis.
- Wie möchtest du die Umfrage durchführen?
  – Du kannst die Umfrage mündlich oder schriftlich durchführen. Mündlich bedeutet, dass du die Fragen vorliest und dir die Antworten dann notierst. Schriftlich heißt, dass du deine Fragen auf ein Blatt Papier schreibst. Dieses Blatt füllen die Personen dann selbst aus.
- Ihr könnt auch in Partnerarbeit die Umfrage durchführen. So können Aufgaben verteilt werden.

2. Schritt: Einen Fragebogen erstellen

Nun kannst du deine Fragen planen und aufschreiben.

- Möchtest du geschlossene oder offene Fragen stellen?
  Geschlossenen Fragen beantwortet man mit Ja oder Nein. Bei offenen Fragen brauchst du die Fragewörter: Wie? Was? Womit? Warum?
- Achtung: Stelle nicht zu viele Fragen auf einmal!

3. Schritt: Umfrage durchführen

- Stelle dich zunächst höflich vor und nenne das Ziel deiner Umfrage.
- Weise darauf hin, dass deine Umfrage anonym ist. Das heißt, du schreibst keinen Namen und keine Adresse der Befragten auf.
- Halte dich an deinen Fragenkatalog.
- Beginne deine Umfrage.
- Beachte: Es kann vorkommen, dass jemand keine Lust auf eine Umfrage hat. Das ist nicht schlimm. Bedanke dich freundlich und wünsche der Person noch einen schönen Tag.

4. Schritt: Auswertung

- Zähle zunächst die Gesamtzahl der Befragten.
- Sortiere deine Fragebögen nach männlich, weiblich, divers oder keine Angaben.
- Betrachte deine geschlossenen Fragen. Zähle die Anzahl der Ja-Antworten und der Nein-Antworten. Das geht am besten mit einer Strichliste direkt in einen Umfragebogen.
- Erstelle zu den Antworten Schaubilder, z. B. Säulendiagramme. Vergiss die Überschriften nicht.
- Offene Fragen wertest du in Textform aus. Gib die Antworten mit eigenen Worten wieder. Formuliere deine Texte kurz und deutlich.

Im Internet recherchieren

Du hast bestimmt schon einmal im Internet nachgeschaut, wenn du eine Frage hattest. Auch wenn du Informationen für eine Hausaufgabe suchst, recherchierst du. Vielleicht ist dir aufgefallen, dass es sehr viele Informationen im Internet gibt. Schnell verliert man die Übersicht. Hier lernst du, wie du bei deiner Informationssuche den Überblick behältst.

1. Schritt: Thema eingrenzen

- Überlege dir genau, wonach du suchen möchtest. Je genauer dein Thema ist, desto besser kannst du Informationen finden.
- Notiere dir **Schlagwörter**, die dein Thema beschreiben. Diese kannst du nutzen, um in der Suchmaschine Ergebnisse zu finden. Willst du etwa einen Vortrag über das Thema „Medien früher und heute" halten, können dir die folgenden Schlagwörter helfen:

Thema: „Medien früher und heute"
Schlagwörter:
- Medien
- Alltag
- Alte Medien, Neue Medien
- Radio
- Smartphone

2. Schritt: Suchmaschine benutzen

- Wähle nun eine **Suchmaschine** aus. Es gibt besondere Suchmaschinen für Kinder, die dir bei deiner Suche helfen.
- Jetzt gibst du deinen **Suchbegriff** in die Suchleiste ein und klickst auf den „Suchen"-Knopf.
- Zeigt dir die Suchmaschine sehr viele Informationen an, wird es unübersichtlich. Kombiniere deine notierten Schlagwörter miteinander. Dann werden die **Ergebnisse** genauer und passender zu deinem Thema.
- Oft sind die von dir gefundenen Inhalte schwierig zu verstehen. Es hilft, wenn du zusätzliche Begriffe wie „leicht verständlich" oder „einfach erklärt" in die Suchmaschine eingibst.
  Beispiel: „Alte Medien einfach erklärt"

3. Schritt: Suchergebnisse auswerten

- Nun solltest du dir genau anschauen, wo du deine Informationen gefunden hast. Besonders bei Beiträgen von Privatpersonen in Sozialen Medien ist Vorsicht geboten.
- Die folgenden Dinge können ein Hinweis darauf sein, dass du deiner Quelle vertrauen kannst:
  –Die Webseite enthält keine Rechtschreibfehler.
  – Die Informationen auf der Webseite sind aktuell.
  – Du erkennst, wer die Webseite betreibt und hast auch die Möglichkeit Kontakt aufzunehmen.
  – Es gibt keine oder nur wenig Werbung.
  – Wenn du passende Informationen gefunden hast, speichere sie in einem Dokument oder Ordner ab. So findest du sie schneller wieder. Wichtig: Schreibe dir dazu, wo du die Informationen gefunden hast.

4. Schritt: Informationen aufbereiten

- Nachdem du nun viele Informationen gesammelt hast, musst du diese in deinen eigenen Worten zusammenfassen. Schreibe es nicht einfach ab, sondern erkläre es so, dass du es selbst verstehen kannst.
- Deine Ergebnisse können in unterschiedlicher Form präsentiert werden:
  – als Referat
  – als Plakat
  – als digitale Präsentation
  – als eigenes Erklärvideo

Werbung analysieren

Werbung versucht, deine Bedürfnisse anzusprechen. Das kann beispielsweise unser Hunger oder Durst sein. Auch das Gefühl, zu einer Clique dazuzugehören, weil man die gleichen tollen Kleidungsstücke trägt ist ein Bedürfnis. Indem Werbung solche Bedürfnisse anspricht, versucht sie dich zu beeinflussen. Mit den folgenden Schritten kannst du lernen, wie Werbung funktioniert und wie du mit Werbung umgehst.

1. Schritt: Erste Eindrücke

Schaue dir eine Werbung an. Nimm dir dafür eine oder zwei Minuten Zeit. Notiere anschließend auf einem Zettel deine ersten Eindrücke zu der Werbung und was du empfindest. Die folgenden Fragen können dir helfen:

- Was siehst du in der Werbung?
- Welche Farben werden verwendet?
- Wie ist die Werbung gestaltet?
- Findest du die Werbung spannend/...? Warum?
- Würdest du das Produkt aus der Werbung kaufen wollen? Warum/warum nicht?

Formulierungshilfen:
- Auf der Werbung sehe ich ...
- Es wird vor allem die Farbe rot/blau/grün/... verwendet. Zum Beispiel ...
- Die Werbung ist sehr bunt/eher hell/eher dunkel/... gestaltet.
- Ich finde die Werbung ..., weil sie mich ...
- Ich würde das Produkt kaufen/nicht kaufen, ...
- Mein erster Eindruck ist, dass ...

2. Schritt: Werbung beschreiben

Nun musst du die Werbung beschreiben, indem du folgende Punkte analysierst:

- Um welches Produkt geht es?
- Ist sofort erkennbar, welches Produkt gemeint ist?
- Wo wurde die Werbung veröffentlicht? (Internet, Zeitung, auf einem Plakat in der Innenstadt?)
- Wie ist die Werbung gestaltet?
- Wieviel Text wurde genutzt? Wie groß ist die Schrift?
- Welche Sprache wird genutzt? Soll es eher Jugendliche ansprechen?
- Welche Farben wurden genutzt? Wie groß ist das Bild? Welches Motiv wird gezeigt? Was erkannt man auf dem Bild?

Formulierungshilfen:
- Auf der Werbung wird das Produkt ...
- Die Werbung wurde ... veröffentlicht.
- Es wird wenig/viel Text verwendet. Die Schrift ist klein/groß, weil ...
- Die Sprache ist kompliziert/einfach/knapp ...
- Auf dem Bild ist zu sehen ...
- Im Vordergrund/im Hintergrund sieht man ...

3. Schritt: Werbung analysieren

Hier blickst du hinter die Werbung. Dabei helfen dir diese Fragen:

- An wen ist die Werbung gerichtet?
- Welche Gefühle werden angesprochen?
- Was möchte die Werbung erreichen?
- Welchen Nutzen hätte das Produkt für dich?
- Was erfährst du über das Produkt nicht?

Formulierungshilfen:
- Die Werbung soll vor allem ... ansprechen.
- Die Werbung möchte Gefühle wie Freude/Zugehörigkeit/Spaß/... ansprechen.
- Die Werbung möchte erreichen, dass ...

4. Schritt: Deine Meinung

Im letzten Schritt geht es darum, dass du dir eine eigene Meinung zu der Werbung bildest. Dabei solltest du deine Ergebnisse aus den bisherigen Schritten nutzen.

- Weckt die Werbung in dir positive Empfindungen?
- Überzeugt dich die Werbung?
- Welche Einstellungen möchte die Werbung zeigen?
- Was könnte für den Kauf wichtig sein und ist deswegen auf der Werbung mit aufgenommen?
- Ist die Werbung für eine Kaufentscheidung wichtig?

Arbeitsergebnisse präsentieren

Erstellung einer Präsentation

Wenn ihr zu einem Thema arbeitet, dann müsst ihr die Ergebnisse in einer Form präsentieren. Es gibt verschiedene Arten der Präsentation:

- Wandzeitungen
- Plakate
- digitale Präsentationen
- Filme usw.

Wichtig bei einer Präsentation ist, dass es etwas zu sehen gibt. Man kann auch Grafiken oder Statistiken zeigen oder Gegenstände mitbringen.

Schritt 1: Vorbereitung

Plant eure Präsentation sorgfältig. Denkt dabei an den Aufbau, die Zeit, die erforderliche Technik und wer die Präsentation sieht. Stellt die benötigten Materialien und Werkzeuge bereit (Karton, Computer).

Mit wem kann ich gut zusammenarbeiten?
Wie wird die Präsentation bewertet?
Wie viel Zeit steht uns zur Verfügung?
Welche Medien und Materialien wollen wir benutzen?

Schritt 2: Eine Präsentation erstellen

Sammelt Informationen zu eurem Thema. Lest die Texte aufmerksam und erschließt die Inhalte der Materialien. Danach solltet ihr Schwerpunkte festlegen und den Aufbau eurer Präsentation entwickeln. Überlegt euch eine Gliederung. Anschließend erarbeitet ihr die Inhalte eurer Präsentation. Was sollen die einzelnen Gliederungspunkte enthalten? Achtet darauf, sauber und übersichtlich zu arbeiten, hebt Überschriften hervor. Schreibt kurze Sätze. Wichtig ist, passende Bilder zu zeigen. Macht euch schon während der Erstellung der Präsentation Notizen zu eurem Vortrag.

Was ist wichtig für eine Präsentation?

- Prüft vor eurem Vortrag die Technik.
- Plant genug Zeit dafür ein.
- Denkt bei der Präsentation daran, den Blickkontakt zu suchen und zu halten.
- Sprecht laut und deutlich und nicht zu schnell.
- Macht kurze Pausen.
- Inhaltlich ist es wichtig, die Gliederung zu beachten und Folien oder Beispiele zu zeigen.
- Lasst das Publikum Fragen stellen und eine Rückmeldung geben.

Tipp: Rückmeldung mit Feedbackburger

Wenn jemand eine Präsentation gehalten hat, ist es wichtig, dass ihr der Person eine Rückmeldung gebt. Nenne dabei immer zuerst etwas Positives. Gehe dann auf deine Kritikpunkte ein und verbinde sie mit einem Verbesserungsvorschlag. Beende dein Feedback wieder mit einem Lob.

Lob
Kritik mit Verbesserungsvorschlag
Lob

Ein Rollenspiel durchführen

Mit einem Rollenspiel könnt ihr Konflikte oder gegensätzliche Interessen verdeutlichen und gemeinsam Lösungen entwickeln. Ihr solltet dabei überlegt vorgehen und einige Grundregeln beachten. Ansonsten besteht die Gefahr, dass eure Diskussion ausufert und ihr am Ende keine Lösung für den Konflikt findet.

Die Grundregeln, die ihr für das Rollenspiel lernt, könnt ihr später auch bei echten Konflikten in der Schule oder zu Hause anwenden. Es ist z. B. nie hilfreich, die eigenen Argumente möglichst laut vorzutragen.

Es ist sinnvoll, ein Rollenspiel gut vorzubereiten. Dafür solltet ihr zunächst die folgenden Schritte durchführen.

1. Schritt: Informations- und Vorbereitungsphase

Überlegt euch einen Konflikt, den ihr behandeln möchtet. Ihr könnt auch den Beispielkonflikt auf S. 107 verwenden. Schreibt Rollenkarten oder verwendet die Beispiel-Rollenkarten auf S. 107. Macht euch mit dem Konflikt vertraut und verteilt die Rollen. Lest euch die Beschreibung eurer Rolle gut durch. So könnt ihr später eure Rolle besonders überzeugend spielen. Plant auch, wie ihr das Rollenspiel in eurer Klasse umsetzen möchtet. Ihr könnt z. B. eine kleine Bühne aufbauen und Stühle für die Beobachterinnen und Beobachter platzieren. Die Beobachterinnen und Beobachter sollten sich Notizen machen. Es ist sinnvoll, wenn ihr vorher einzelne Beobachtungsaufträge verteilt.

2. Schritt: Rollenspielphase

Die Teilnehmerinnen und Teilnehmer spielen das Rollenspiel, die anderen Schülerinnen und Schüler verfolgen die Diskussion und machen sich Notizen. Während der Diskussion solltet ihr euch nicht anschreien oder persönlich werden. Tragt eure Argumente ruhig und sachlich vor. Unterbrecht euch nicht und lasst alle Teilnehmerinnen und Teilnehmer ausreden. Die Beobachterinnen und Beobachter greifen nicht in die Diskussion ein.

Bereitet das Rollenspiel gut vor.

Lasst euch gegenseitig ausreden.

3. Schritt: Auswertungsphase

Nachdem das Rollenspiel beendet ist, solltet ihr über das Rollenspiel diskutieren. Wurden grundlegende Gesprächsregeln (nicht laut werden, ausreden lassen usw.) eingehalten? Wurden die Argumente deutlich und nachvollziehbar vorgetragen? Wie sieht das Ergebnis des Rollenspiels aus? Gab es einen Kompromiss? Die Rollenspielerinnen und Rollenspieler sollten darstellen, wie sie sich während des Rollenspiels gefühlt haben. Den Verlauf des Rollenspiels, das Ergebnis und eure Bewertung solltet ihr festhalten, z. B. in einem Protokoll. Ihr könnt auch mehrere Durchgänge des gleichen Konflikts spielen und gucken, ob mit anderen Rollenspielerinnen und Rollenspielern andere Lösungen gefunden werden.

Ein Gedankenexperiment durchführen – das Inselspiel

Hinweis: Dieses Gedankenspiel kennst du bereits aus Klasse 5 und 6. Gedankenexperimente spielen eine wichtige Rolle in der Wirtschaft und Politik, da sie uns ermöglichen, auch schwierigere Probleme zu analysieren und Lösungen zu entwickeln.

Jeden Tag hast du **Bedürfnisse**, die du gerne erfüllen möchtest. Doch nicht alle Bedürfnisse lassen sich immer und jeder Zeit erfüllen, so dass man diese in eine Reihenfolge bringen muss. Spürbar wird dies, wenn man folgendes Gedankenspiel als Gruppe durchführt. Dabei landet ihr auf einer verlassenen Insel, stellt dort gemeinsame Regeln auf und versucht zusammen zu überleben. Das Gedankenspiel hat drei Schritte:

1. Schritt: Spiel vorbereiten

- Bildet kleine Gruppen mit maximal fünf Personen.
- Wählt eine Schülerin oder einen Schüler aus, der gerne vorlesen möchte. Während die anderen die Augen schließen und genau zuhören, liest sie oder er für alle die kleine Einleitung in M1 vor.
- Konzentriert euch auf das Vorgelesene und lasst euch auf die Geschichte ein. Stellt euch die Insel und die Situation bildlich vor.

2. Schritt: Spiel durchführen

- Ihr seid nun auf der Insel „angekommen“. Entscheidet als Gruppe, welche Aufgaben als Erstes erfüllt werden müssen, damit die Gruppe überleben kann. Hierbei dürft ihr eure eigenen Ideen nutzen und eurer Fantasie freien Lauf lassen. Es gibt kein Richtig oder Falsch. Begründet aber eure Auswahl und Aufteilung der Aufgaben für die Gruppe.
- Präsentiert eure Ideen der Klasse und sammelt die Ideen der anderen Gruppen.
- Entwickelt in eurer Gruppe eine "Rangfolge" von besonders wichtig bis nicht so wichtig für die Ideen, um auf der Insel zu überleben.

3. Schritt: Spiel auswerten

Kommt zurück von der Insel in die Schule und wertet das Experiment aus:

- Erklärt euer Vorgehen und wie ihr die Ideen für das gemeinsame Überleben entwickelt habt.
- Lässt sich das Inselspiel auf das echte Leben übertragen, da auch hier Wünsche in wichtig und unwichtig geordnet werden müssen? Diskutiert!

Eure Klasse macht eine Schiffstour. Plötzlich kommt ein Unwetter auf. Das Schiff lässt sich nicht mehr steuern. Nach Stunden im schweren Unwetter wird es irgendwann wieder ruhiger um euch. Nach und nach kommt ihr aus eurem beschädigten und undichten Schiff heraus. Ihr seid auf einer verlassenen Insel gestrandet. In kurzer Entfernung ist ein Wald aus Palmen zu erkennen. Am Strand laufen Krebse umher und im Wasser erkennt ihr Fische. Nach einem kurzen Rundgang müsst ihr erkennen, dass die Insel unbewohnt ist und ihr euch selber helfen müsst, bis man euch finden wird. Zurzeit ist das Wetter gut, aber wer weiß wie lange dies noch so bleiben wird. Als Gruppe müsst ihr euch darauf vorbereiten, dass ihr einige Tage auf der Insel verbringen müsst – denn die Akkus eurer Handys sind inzwischen leer ...

Das Rathaus erkunden

Hinweis: In Klasse 7 und 8 musst du wahrscheinlich nicht mehr das Rathaus erkunden. Trotzdem kann dir diese Arbeitstechnik helfen, andere Erkundungen zu planen und durchzuführen.

Vielleicht hast du dich schon einmal gefragt, was alles im Rathaus deiner Kommune passiert. Vielleicht warst du sogar schon einmal in deinem Rathaus, weil deine Eltern dort etwas erledigen mussten, oder du warst bei einer Trauung von Verwandten im Standesamt dabei. Um genau herauszufinden, was im Rathaus passiert und wer dort welche Aufgaben hat, ist es hilfreich, euer örtliches Rathaus erkunden.

1. Schritt: Erkundung vorbereiten

- Sprecht mit eurer Lehrerin oder eurem Lehrer zwei mögliche Termine für eine Erkundung ab.
- Bestimmt zwei Mitschülerinnen/Mitschüler aus der Klasse, die mit dem Rathaus Kontakt aufnehmen und euch an einem der vorgesehenen Termine für eine Führung anmelden. Besprecht, wo ihr euch treffen werdet.
- Teilt euch in Gruppen auf und erarbeitet Fragen für die Führung. Vergleicht eure Fragen in der Klasse und erstellt einen gemeinsamen Fragenkatalog, den ihr für die gesamte Klasse kopiert.

2. Schritt: Die Erkundung durchführen

- Bringt zu der Erkundung euren Fragenkatalog und Schreibzeug, wie Papier und Bleistift, mit.
- Trefft euch 10 Minuten vor dem Besuchstermin vor dem Rathaus und geht gemeinsam hinein.
- Die zwei Mitschülerinnen/Mitschüler, die den Termin vereinbart haben, führen euch zum vereinbarten Treffpunkt.
- Beachtet allgemeine Verhaltensregeln wie:
  → Pünktlichkeit,
  → Begrüßung der Person, die euch führt,
  → höflicher Umgang miteinander,
  → nicht Dazwischenreden.
- Notiert euch alle Antworten zu euren Fragen.
- Wenn ihr während der Führung Fotos machen wollt, müsst ihr um Erlaubnis fragen. Von außen dürft ihr das Rathaus aber ohne Erlaubnis fotografieren.

3. Schritt Erkundung auswerten

- War der Besuch des Rathauses für euch sinnvoll?
- Was hat euch besonders gefallen, was nicht?
- Was würdet ihr beim nächsten Besuch ändern?
- Welche Fragen wurden nicht beantwortet?

4. Schritt: Ergebnisse präsentieren

- Erstellt in Kleingruppen verschiedene Präsentationen für eure Ergebnisse, etwa als digitale Präsentation, Plakat oder als kleines Erklärvideo.

Mögliche Fragen könnten sein:

- Wie lauten die Öffnungszeiten?
- Wann wurde das Rathaus erbaut?
- Welche Ämter gibt es im Rathaus? Wo befinden sie sich und welche Aufgaben haben sie?
- Welche Anliegen kann man online erledigen und wozu muss man persönlich erscheinen?

Rathaus der Stadt Münster am Prinzipalmarkt

Ergänzung: Die Homepage eines Rathauses erkunden

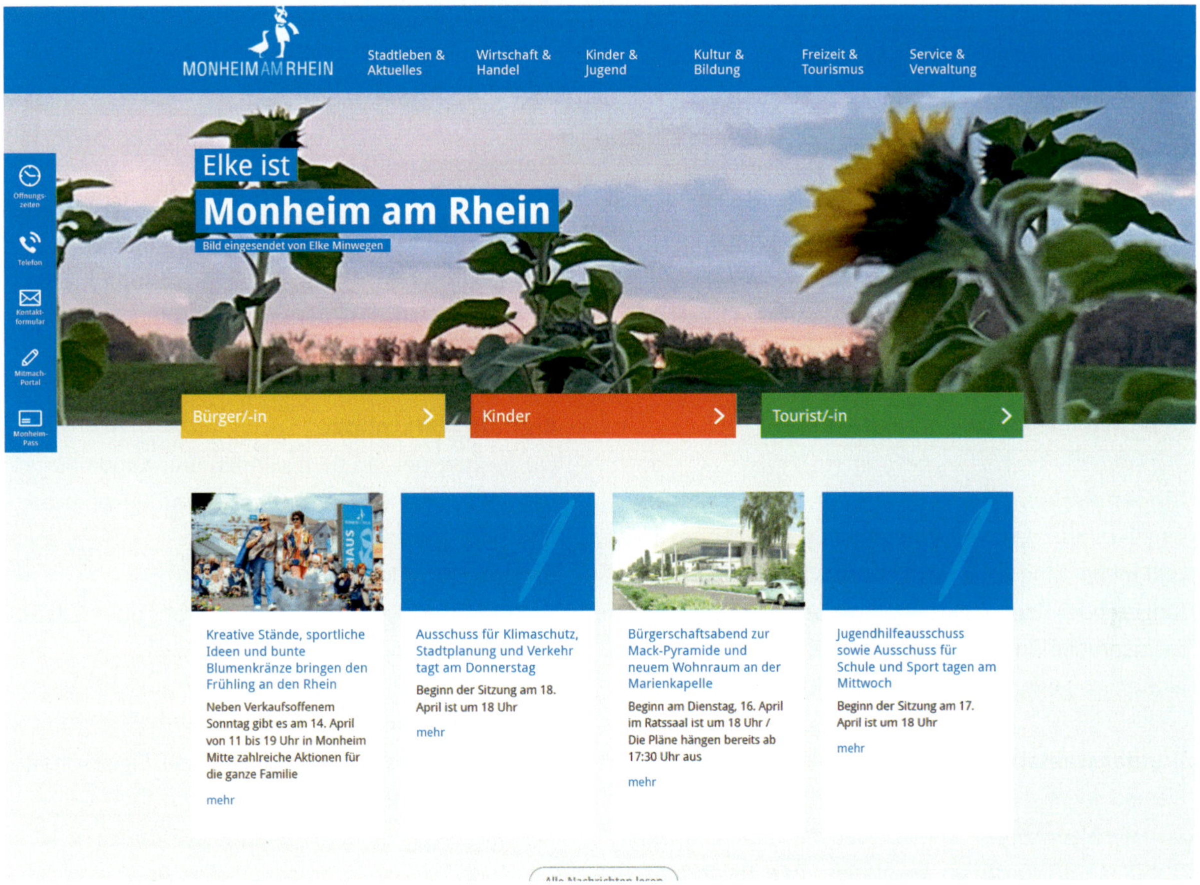
MONHEIM AM RHEIN
Stadtleben & Aktuelles
Wirtschaft & Handel
Kinder & Jugend
Kultur & Bildung
Freizeit & Tourismus
Service & Verwaltung
Elke ist
Monheim am Rhein
Bild eingesendet von Elke Minwegen
Öffnungszeiten
Telefon
Kontaktformular
Mitmach-Portal
Monheim-Pass
Bürger/-in
Kinder
Tourist/-in
Kreative Stände, sportliche Ideen und bunte Blumenkränze bringen den Frühling an den Rhein
Neben Verkaufsoffenem Sonntag gibt es am 14. April von 11 bis 19 Uhr in Monheim Mitte zahlreiche Aktionen für die ganze Familie
mehr
Ausschuss für Klimaschutz, Stadtplanung und Verkehr tagt am Donnerstag
Beginn der Sitzung am 18. April ist um 18 Uhr
mehr
Bürgerschaftsabend zur Mack-Pyramide und neuem Wohnraum an der Marienkapelle
Beginn am Dienstag, 16. April im Ratssaal ist um 18 Uhr / Die Pläne hängen bereits ab 17:30 Uhr aus
mehr
Jugendhilfeausschuss sowie Ausschuss für Schule und Sport tagen am Mittwoch
Beginn der Sitzung am 17. April ist um 18 Uhr
mehr

Die Homepage des Rathauses Monheim am Rhein

Die meisten Städte oder Gemeinden haben heute auch eine Homepage, auf der sie alle wichtigen Informationen bereitstellen. Darüber hinaus bieten sie oft auch einen Online-Service an, mit dem Bürgerinnen und Bürger bestimmte Angelegenheiten online erledigen können. Für eure Rathauserkundung ist es sinnvoll, die Homepage vorher aufzurufen. Hier könnt ihr im Vorfeld wichtige Informationen bekommen. Aber auch nach eurer Rathauserkundung kann es sinnvoll sein, die Homepage anzusehen, um eure Ergebnisse auszuwerten. Wenn ihr nur eine Online-Erkundung eures Rathauses plant, müsst ihr geordnet vorgehen. Deswegen solltet ihr auch hier bestimmte Fragen festlegen, denen ihr auf der Homepage nachgeht.

Mögliche Fragen könnten sein:

- Wie übersichtlich ist die Homepage?
- Wie sind die Öffnungszeiten?
- Wie kann man die Mitarbeiterinnen und Mitarbeiter erreichen (Telefon, E-Mail, Fax, ...)?
- Wie schnell kann ich mich auf der Homepage zurechtfinden?
- Sind die Informationen aktuell?
- Welche aktuellen Nachrichten gibt es für meine Kommune?
- Gibt es Themen, die für Kinder unseres Alters besonders wichtig sind?
- Mit welchen Themen macht meine Kommune Reklame?
- Was fehlt auf der Homepage, was mich besonders interessiert?

Angebot und Nachfrage
Das Angebot zeigt, wie viel von einem Produkt verfügbar ist, während die Nachfrage angibt, wie sehr das Produkt gewünscht wird.

Asyl
Wörtlich übersetzt „Heim“ oder „Unterkunft“ und kommt aus dem griechischen. Asyl bedeutet daher so viel wie „Schutz vor Gefahr oder Verfolgung“.

Berufsfelder
Jeder Beruf lässt sich einem Berufsfeld zuordnen. Es bezeichnet den Schwerpunkt der Arbeit.

Binnenmarkt
Ein Binnenmarkt ist ein Wirtschaftsgebiet, in dem frei und meist ohne Zölle Handel mit Waren, Dienstleistungen oder Kapital betrieben werden kann. Der gemeinsamer Binnenmarkt der EU meint, dass es einen einheitlich geregelten Markt in der EU gibt.

Bundesstaatsprinzip
Deutschland ist ein Bundestaat mit 16 Teilstaaten, die sich die Macht teilen. Einer dieser Teilstaaten ist dein Bundesland Nordrhein-Westfalen. Alle Teilstaaten, die 16 Bundesländer, bilden zusammen den Gesamtstaat, die Bundesrepublik Deutschland. Dieses Staatsprinzip wird auch Föderalismus genannt.

Bürgerbegehren und Bürgerentscheid
Mit dem Bürgerbegehren wollen Personen bestimmte Interessen durchsetzen. Dafür sammeln sie Unterschriften. Haben sie die vorgeschriebene Anzahl von Unterschriften erreicht, muss der Rat reagieren. Stimmt der Rat dem Bürgerbegehren zu, war es erfolgreich. Wenn nicht, können die Stimmberechtigten mithilfe eines Bürgerentscheides ihre Anliegen durchsetzen.

Care-Arbeit
Die wichtige, oft unsichtbare Arbeit, bei der Menschen sich um andere kümmern, wie z. B. Kinder erziehen, Kranke pflegen oder den Haushalt führen.

Demokratie
Der Begriff kommt aus dem Griechischen und heißt wörtlich übersetzt „Herrschaft des Volkes“. ist unser grundlegendes Staatsprinzip.

Demokratieprinzip
Es ist in Artikel 20 GG verankert und legt fest, dass die Bundesrepublik Deutschland ein demokratischer und sozialer Bundesstaat ist. Alle Staatsgewalt geht vom Volk aus und wird von ihm durch Wahlen und Abstimmungen ausgeübt.

digitale Marktplätze
Ort im Internet, an dem Kunden und Kundinnen mit Anbietern und Anbieterinnen zusammenkommen.

direkte Demokratie
Wenn Bürgerinnen und Bürger direkt über Gesetze abstimmen können

Diskriminierung
Wenn Menschen wegen bestimmter Eigenschaften wie ihrer Hautfarbe, ihrem Geschlecht, ihrer sexuellen Orientierung, ... anders behandelt werden.

Diversität/Diversity
Es bedeutet, dass wir die Vielfalt in der Gesellschaft schätzen und akzeptieren.

Erasmus +
Förderprogramm der EU das Jugendliche und junge Erwachsene dabei unterstützt an einem Auslandsaufenthalt in einem europäischen Land teilzunehmen.

Erziehungsmaßregeln
Maßnahme im Jugendstrafrecht, bei der Auflagen wie die Ableistung von Sozialstunden, an einem sozialen Trainingskurs teilzunehmen oder sich um einen Täter-Opfer-Ausgleich zu bemühen festgelegt werden.

Europäische Union (EU)
Eine wirtschaftliche und politische Gemeinschaft mit aktuell 27 Mitgliedern

Flucht
Wenn Menschen ihre Heimat verlassen müssen, etwa aus Angst vor Krieg oder Verfolgung und anderswo Sicherheit und ein besseres Leben suchen.

Gewaltenteilung
In einem demokratischen Rechtsstaat gibt es drei Gewalten: die Legislative (gesetzgebende Gewalt), die Exekutive (die ausführende Gewalt) und die Judikative (die richterliche Gewalt). Damit niemand Machtmissbrauchen kann, sind die drei Gewalten voneinander getrennt und jede wird von einer anderen Gruppe von Menschen ausgeübt. Diese handeln unabhängig voneinander und kontrollieren sich gegenseitig.

Gewerkschaft
Freiwillige Vereinigungen von Arbeiterinnen und Arbeitern, die die Interessen ihrer Mitglieder vertreten.

Gleichgewichtspreis
An diesem Punkt möchten sowohl die Verkäuferinnen und Verkäufer ihre Produkte zu diesem Preis verkaufen als auch die Käuferinnen und Käufer zu diesem Preis kaufen. Angebot und Nachfrage sind im Einklang..

Grundgesetz (GG)
Dieses Gesetz wird auch als Verfassung bezeichnet und legt die wichtigsten Regeln und Prinzipien für unser Zusammenleben in Deutschland fest.

Grundrechte
Es sind Rechte im Grundgesetz, die besonders geschützt sind und nie verändert werden dürfen.

Gruppenbezogene Menschenfeindlichkeit (GMF)
Wenn Gruppen mit Vorurteilen abgewertet, angefeindet oder diskriminiert werden, wird das Gruppenbezogene Menschenfeindlichkeit (GMF) genannt.

Haushalt
Eine Gruppe von Personen, die zusammenleben und gemeinsam entscheiden, wie sie ihr Einkommen für Dinge wie Wohnen, Essen und Freizeit ausgeben.

Jugendstrafrecht
Genau wie Erwachsene, werden auch Jugendliche bei Gesetzesüberschreitungen verurteilt. Allerdings gelten für sie andere Gesetze als für Erwachsene.

Koalition
Um eine neue Regierung zu bilden, müssen sich in den meisten Fällen zwei oder mehrere Parteien zusammentun, um eine Mehrheit im Landtag zu erreichen. Sie, gehen Kompromisse zu ihren Parteiprogrammen ein und bilden dann eine Gemeinschaft für die nächsten fünf Jahre.

Konsum
Wenn Menschen im Alltag Dinge verbrauchen, spricht man von Konsum. Dabei wird in der Regel Geld ausgegeben, weil Produkte oder Dienstleitungen bezahlt werden müssen.

Konsumgesellschaft
Gesellschaften, in denen regelmäßig viel gekauft und verbraucht wird.

Landtag
Er ist das Parlament in einem Bundesland. In NRW befindet er sich in der Hauptstadt Düsseldorf. Hier versammeln sich gewählte Abgeordnete, um über Gesetze zu diskutieren und abzustimmen, die nur in NRW gelten. Sie kümmern sich um Themen wie Bildung, Polizei, Verkehr und viele andere Bereiche, die das tägliche Leben im Bundesland beeinflussen.

Markt
Ein großer Treffpunkt, wo Käuferinnen/Käufer und Verkäuferinnen/Verkäufer zusammenkommen, um Waren und Dienstleistungen zu handeln.

Mehrheitswahl
Wenn in einer Wahl die Person oder Partei gewinnt, die die meisten Stimmen erhält. Alle Stimmen, die auf andere Personen oder Parteien entfallen sind, werden nicht mehr berücksichtigt.

Menschenrechte
Rechte, die jedem Menschen angeboren sind und von Natur aus zustehen.

Migration
Wenn Menschen etwa wegen Krieg /Gewalt ihre Heimat verlassen und ihren Lebensmittelpunkt verlegen.

Opposition
Politische Personen und Parteien, die nicht an der Regierung beteiligt sind.

Partei
Zusammenschlüsse von Bürgerinnen/Bürgern mit gemeinsamen politischen und gesellschaftlichen Vorstellungen, wie Gesellschaft gestaltet werden kann.

Peergroup
Gruppe von meist Gleichaltrigen, an der sich Jugendliche orientieren. Sie ist lockerer als Familie und Schule zusammengesetzt und zeichnet sich durch eine unbeständige Rangordnung aus.

Rassismus
Denkweise, die die Gleichheit der Menschen verneint und Ungleichheit und Diskriminierung ermöglicht.

Rechtsstaat
Ein Staat, in dem Recht und Gesetz gelten. Jede Bürgerin und jeder Bürger muss sich daran halten Das gilt auch für Regierung, Polizei oder Richterinnen/Richter.

repräsentative Demokratie
De Wahlberechtigten bestimmen in Wahlen für eine bestimmte Zeit Vertreterinnen und Vertreter. Diese vertreten die Interessen ihrer Wählerschaft.

Sozialisation, Sozialisationsinstanz
Wenn Menschen die Werte, Normen und Rollen einer Gesellschaft verinnerlichen nennt man das Sozialisation. Ziel ist die Integration des Menschen in die Gesellschaft. Familie, Schule, Gleichaltrigengruppe und soziale Medien nennt man Sozialisationsinstanzen.

Unternehmen
Eine Organisation, die Produkte herstellt oder Dienstleistungen anbietet, um diese an Haushalte oder andere Unternehmen zu verkaufen.

Verbraucherschutz
Reihe von Gesetzen und Maßnahmen, die dafür sorgen sollen, dass die Rechte der Käuferinnen und Käufer geschützt sind, damit sie sicher und fair behandelt werden, wenn sie Waren und Dienstleistungen kaufen.

Verein
Freiwillige Zusammenschlüsse von Menschen, die gemeinsam ganz bestimmte Interessen verfolgen.

Verfassung
siehe: Grundgesetz

Volkssouveränität
In Demokratien geht die Staatsgewalt vom Volk aus, das durch Wahlen oder Abstimmungen die Herrschaft ausübt – dies wird als Volkssouveränität bezeichnet.

Widerrufsrecht
Es bestimmt, wie lang man ein Produkt nach dem Kauf unbeschädigt wieder zurückgeben darf. Beim Kauf im Internet sind das etwa zwei Wochen.

Wirtschaftskreislauf
Modell in der Wirtschaft, das die wesentlichen Tauschvorgänge zwischen den Wirtschaftsakteuren darstellt.

Volksbegehren
Damit kann das Volk Gesetze oder Änderungen an Gesetzen beantragen. Dafür ist eine bestimmte Anzahl von Stimmberechtigten notwendig.

Volksinitiative
Damit kann das Volk beantragen, dass sich der Landtag mit einem Thema beschäftigt. Dafür ist eine bestimmte Anzahl von Stimmberechtigten notwendig.

Textquellenverzeichnis

Kapitel 1: Demokratie (er)leben

S. 11, M2 (1): Arendt, Hannah ; Ludz, Ursula [Hrsg.]: Was ist Politik? : Fragmente aus dem Nachlass. München: Piper, 1993. S. 28

S. 11, M2 (2): Schmitt, Carl: Der Begriff des Politischen. Der Friede als der Grund und das Merkmal und die Norm des Politischen. Frankfurt a. M.: Insel Verlag, 1961. S. 18

S. 11, M2 (3): Weber, Max: Geistige Arbeit als Beruf : vier Vorträge vor dem Freistudentischen Bund. Berlin: Duncker & Humblot, 1919. S. 4

S. 11, M3: o. A.: Mehr Mitsprache an NRW-Schulen - Ministerium und Stiftung starten Projekt, Westdeutscher Rundfunk, Köln, 15.01.2024: https://www1.wdr.de/nachrichten/landespolitik/schulministerin-feller-demokratie-100.html (Zugriff: 06.08.2024)

S. 13, M2: o.A.: Was zeichnet eine Demokratie aus? – Volkssouveränität. Stuttgart: Landeszentrale für politische Bildung Baden-Württemberg, Juli 2023: https://www.lpb-bw.de/merkmale-demokratie#c61325 (Zugriff: 12.04.2024)

S. 15, M1: Annette Kuhn: Demokratische Werte. Wieso die Demokratie in der Krise ist. Stuttgart: Robert Bosch Stifung (Hrsg.): Das Deutsche Schulportal, 16.01.2023: https://deutsches-schulportal.de/schulkultur/wieso-die-demokratie-in-der-krise-ist/ (Zugriff: 12.04.2024)

S. 15, M3 (1): Siegfried Schiele: Demokratie-Lernen: Was? Warum? Wozu?. Berlin: Wolfgang Edelstein und Peter Fauser (Hrsg.): Beiträge zur Demokratiepädagogik Eine Schriftenreihe des BLK-Programms „Demokratie lernen & leben“, 2004, S. 6.

S. 15, M3 (2): Hans-Peter Bartels: Demokratie vererbt sich nicht. Berlin: Berliner Republik, 6/2006. Berliner vorwärts Verlagsgesellschaft mbH. Juni 2006: https://blk-demokratie.de/fileadmin/public/dokumente/Himmelmann.pdf (Zugriff: 12.04.2024)

S. 15, M3 (3): Gisela Behrmann: Demokratie-Lernen: Was? Warum? Wozu?. Berlin: Wolfgang Edelstein und Peter Fauser (Hrsg.): Beiträge zur Demokratiepädagogik Eine Schriftenreihe des BLK-Programms „Demokratie lernen & leben“, 2004, S. 6.

S. 17, M1: o.A.: Die BUNDjugend NRW: Es geht um unsere Zukunft. Düsseldorf: BUND NRW e.V., Oktober 2023: https://www.bund-nrw.de/der-bund-nrw/organisation/bundjugend-nrw/ (Zugriff: 12.04.2024)

S. 17, M2 : o. A.: Gemeinsam sind wir stark – und mit dir sind wir noch stärker!. Berlin: ver.di - Vereinte Dienstleistungsgewerkschaft, o.ED: https://jugend.verdi.de/mitmachen (Zugriff: 12.04.2024)

S. 17, M3 : o. A.: Jung und engagiert. Frankfurt a. M.: Fazit Communication GmbH, 04.07.2023: https://www.deutschland.de/de/topic/politik/deutschland-politik-engagement-jugend (Zugriff: 12.04.2024)

S. 19, M2: Arne Semsrott: Der Tag, an dem ich mich einmischte. Bonn: fluter - Heft Nr. 46, Bundeszentrale für politische Bildung, 20.03.2013: https://www.fluter.de/der-tag-an-dem-ich-mich-einmischte (Zugriff: 12.04.2024)

S. 20, M3: o. A.: Digital Haltung zeigen: Botschaften mit Reichweite. Berlin: Bundesministerium für Familie, Senioren, Frauen und Jugend (Hrsg).: Demokratie braucht dich! Wie Jugendliche Demokratie aktiv gestalten. September 2021, S. 22: https://www.bmfsfj.de/resource/blob/186678/03ac1aedb97c6750c2ee6804769064cb/demkratie-braucht-dich-jugendbroschuere-data.pdf (Zugriff: 12.04.2024)

S. 20, M4 : o. A.: Aktionen vor Ort durchführen. Sichtbar und wirksam.. Berlin: Bundesministerium für Familie, Senioren, Frauen und Jugend (Hrsg).: Demokratie braucht dich! Wie Jugendliche Demokratie aktiv gestalten. September 2021, S. 10: https://www.bmfsfj.de/resource/blob/186678/03ac1aedb97c6750c2ee6804769064cb/demkratie-braucht-dich-jugendbroschuere-data.pdf (Zugriff: 12.04.2024)

S. 21, M5: o. A.: Demokratische Prozesse mitgestalten: Gute Ideen zahlen sich aus. Berlin: Bundesministerium für Familie, Senioren, Frauen und Jugend (Hrsg).: Demokratie braucht dich! Wie Jugendliche Demokratie aktiv gestalten, September 2021, S. 18: https://www.bmfsfj.de/resource/blob/186678/03ac1aedb97c6750c2ee6804769064cb/demkratie-braucht-dich-jugendbroschuere-data.pdf (Zugriff: 12.04.2024)

S. 21, M6: o. A.: Bürger*innenbudget 2023 - für deine Ideen 215.000 Euro, Stadt Wuppertal, 2023. Wuppertal: Stadt Wuppertal Amt für Informationstechnik und Digitalisierung, o.ED: https://talbeteiligung.de/topic/buergerinnenbudget2023#pageid=undefined&sort=random&status=show&title=&attribute1646=&attribute683= (Zugriff: 12.04.2024)

S. 23, M2: o. A.: Politologen: Unterschiedliche Wahlaltersgrenzen sorgen für Verwirrung unter Jugendlichen. Düsseldorf: news4teachers: Agentur für Bildungsjournalismus (Hrsg.), 05.02.2023: https://www.news4teachers.de/2023/02/politologen-unterschiedliche-wahlaltersgrenzen-sorgen-fuer-verwirrung-unter-jugendlichen/ (Zugriff: 12.04.2024)

S. 23, M3: Thorsten Frei: Absenkung des Wahlalters bei Bundestagswahl würde gesellschaftliche Bedeutung des Wahlrechts entwerten. Berlin: Thorsten Frei, 02.03.2019: https://thorsten-frei.de/aktuelles/artikel/absenkung-des-wahlalters-bei-bundestagswahl-wuerde-gesellschaftliche-bedeutung-des-wahlrechts-entwerten-805/ (Zugriff: 12.04.2024)

S. 27, M2: Claudia Corsten, Dr. Johannes Breuer: Mit Diskriminierung umgehen. Köln: Bundeszentrale für gesundheitliche Aufklärung (BZgA), o.ED: https://www.liebesleben.de/fuer-alle/konversionsbehandlung/mit-diskriminierung-umgehen/ (Zugriff: 12.04.2024)

S. 28, M4: o. A.: Diversität. Ausführliche Beschreibung. Berlin: Verein Stiftungen für Bildung e.V., o.ED: https://www.netzwerk-stiftungen-bildung.de/wissenscenter/glossar/diversitaet (Zugriff: 12.04.2024)

S. 28, M5: o. A.: Schule der Vielfalt. Programm und Netzwerk für mehr Akzeptanz. Köln: Schule der Vielfalt (NRW), Frank G. Pohl, c/o rubicon e.V., o.ED: https://schule-der-vielfalt.de/ (Zugriff: 12.04.2024)

S. 29, M6: o. A.: RÜCKBLICK AUF DEN IDAHOBIT 2022. Köln: SCHLAU NRW c/o Queeres Netzwerk NRW, Köln 06.06.2022: https://rhein-sieg.schlau.nrw/2022/06/06/rueckblick-auf-den-idahobit-2022/ (Zugriff: 12.04.2024)

S. 29, M7: Robert Targan: CSD 2023 in NRW: 20-mal bunt, divers & meinungsstark. Dortmund: Verlag Lensing-Wolff GmbH & Co. KG., 15.05.2023: https://www.coolibri.de/magazin/csd-2023-in-nrw-bunt-divers-meinungsstark/ (Zugriff: 12.04.2024)

S. 31, M1: Nicole Vergin: Rassismus in der Schule. Wie Kinder und Jugendliche Ausgrenzung erleben - und was dagegen helfen könnte. Wuppertal: Deutscher Kinderschutzbund Landesverband NRW e.V., 16.04.2021: https://menschenskinder-nrw.de/gegen-ausgrenzung-in-der-schule/ (Zugriff: 12.04.2024)

S. 31, M2: Nicole Vergin: Rassismus in der Schule. Wie Kinder und Jugendliche Ausgrenzung erleben - und was dagegen helfen könnte. Wuppertal: Deutscher Kinderschutzbund Landesverband NRW e.V., 16.04.2021: https://menschenskinder-nrw.de/gegen-ausgrenzung-in-der-schule/ (Zugriff: 12.04.2024)

S. 32, M6: o. A.: Gruppenbezogene Menschenfeindlichkeit - Was ist das?. Berlin: Amadeu Antonio Stiftung, o.J.: https://www.amadeu-antonio-stiftung.de/gruppenbezogene-menschenfeindlichkeit/ (Zugriff: 12.04.2024)

S. 33, M7: Lara Franke, Daniel Hajok: TikTok und Rechtsextremismus. Neue Formen der Propaganda auf einer kind- und jugendaffinen Plattform. Bonn: Bundeszentrale für politische Bildung, 11.10.2023: https://www.bpb.de/themen/rechtsextremismus/dossier-rechtsextremismus/541511/tiktok-und-rechtsextremismus/ (Zugriff: 12.04.2024)

S. 33, M8: o. A.: Wir müssen die Menschenwürde auch online verteidigen! Berlin: Amadeu Antonio Stiftung, o. J. : https://www.amadeu-antonio-stiftung.de/menschenwuerde-online-verteidigen-social-media-tipps-fuer-die-zivilgesellschaft/intro/ (Zugriff: 12.04.2024)

Kapitel 2: Konsum und Nachhaltigkeit

S. 41, M2: Thorsten Börger, Claudia Alexandra Wohlfromm, Liane Wiegelmann: "Haste was, biste was". SATV Group Germany GmbH: https://genius.com/Tic-tac-toe-haste-was-biste-was-lyrics (Zugriff: 12.04.2024)

S. 47, M1: o.A.: Tierisch viel Co2. Alles Wurst?: Verbraucherzentrale Thüringen e.V. Thüringen, November 2021, S. 5.: https://www.vzth.de/sites/default/files/2024-01/arbeitsheft_essen_klima_web_2023.pdf (Zugriff: 12.04.2024)

S. 48, M5: o.A.: Tierisch viel Co2. Für den Müll zu schade:Verbraucherzentrale Thüringen e.V. Thüringen, November 2021, S. 9.: https://www.vzth.de/sites/default/files/2024-01/arbeitsheft_essen_klima_web_2023.pdf (Zugriff: 12.04.2024)

S. 51, M2: Klaus Weber: Videokonferenzen und Streaming. Wie umweltschädlich ist das Internet? Besonders umweltschädlich: kurze Lebensdauer der Geräte. Zweites Deutsches Fernsehen. Mainz, 16.11.2022: https://www.zdf.de/nachrichten/panorama/internet-oekobilanz-klima-energie-100.html (Zugriff: 12.04.2024)

S. 51, M3: Ilka Knigge, Sylvaine von Liebe: Ökologischer Fussabdruck. Wie klimaschädlich sind Netflix & Co.? Tipps: Wie Sie am umweltfreundlichsten Streamen. Bayerischer Rundfunk. München, 15.01.2021: https://www.ardalpha.de/wissen/umwelt/klima/netflix-klimaschaedlich-planetb-streaming-oekologischer-fussabdruck-berechnung-100.html#:~:text=Eine%20halbe%20Stunde%20Streaming%20verursacht,Studie%20aus%20dem%20Jahr%202019 (Zugriff: 12.04.2024)

S. 53, M2: o. A.: Lebensmittel-Kennzeichnung: Was muss draufstehen? Verbraucherzentrale NRW e.V. Düsseldorf, 06.12.2023: https://www.verbraucherzentrale.de/wissen/lebensmittel/kennzeichnung-und-inhaltsstoffe/lebensmittelkennzeichnung-was-muss-draufstehen-5430 (Zugriff: 12.04.2024)

S. 53, M3: o. A.: Verträge an der Haustür: Das sind Ihre Rechte. Verbraucherzentrale NRW e.V. Düsseldorf, 30.01.2024: https://www.verbraucherzentrale.de/wissen/lebensmittel/kennzeichnung-und-inhaltsstoffe/lebensmittelkennzeichnung-was-muss-drauf-stehen-5430 (Zugriff: 12.04.2024)

S. 55, M1: Michael Brake, Iwona Husemann: So geht sicheres Online-Shopping. fluter - Magazin der Bundeszentrale für politische Bildung. Bundeszentrale für politische Bildung. Bonn, 09.02.2022: https://www.fluter.de/onlineshopping-sicherheit-interview (Zugriff: 12.04.2024)

S. 57, M2: o. A.: Wie die Gen Z über Geld und Schulden denkt. Lowell Financial Services GmbH. Essen, 24.07.2023: https://www.lowell-group.de/aktuelles-events/detail/wie-die-gen-z-ueber-geld-und-schulden-denkt (Zugriff: 12.04.2024)

S. 58, M7: o. A.: Buy now pay later: Schuldenfalle oder moderner Rechnungskauf? Verbraucherzentrale Nordrhein-Westfalen e.V. Düsseldorf, 15.05.2023: https://www.verbraucherzentrale.nrw/wissen/digitale-welt/onlinedienste/buy-now-pay-later-schuldenfalle-oder-moderner-rechnungskauf-75599 (Zugriff: 12.04.2024)

S. 61, M13: Eva Münstermann, Frédérique Veith: Lebenswerte Citys. Zweites Deutsches Fernsehen. Mainz, 11.11.2021: https://www.zdf.de/gesellschaft/plan-b/plan-b-lebenswerte-citys-100.html#:~:text=%22Lebendig%20bleiben%20St%C3%A4dte%2C%20die%20auf,%2C%20Gesundheitsversorgung%2C%20Ausbildung%20und%20Freizeit (Zugriff: 12.04.2024)

S. 64, M1: Panajotis Gavrilis, Volker Mrasek: Süßigkeiten. Weg mit der Werbung, damit die Pfunde purzeln. Deutschlandradio. Köln, 07.08.2023. https://www.deutschlandfunk.de/kinder-werbeverbot-ungesunde-lebensmittel-102.html (Zugriff: 12.04.2024)

S. 64, M2: o.A.: Appell an Ernährungsminister. Kinderärzte wollen Werbung für Zuckerbomben eindämmen. Springer Medizin Verlag GmbH. Berlin, 19.09.2022: https://www.aerztezeitung.de/Politik/Kinderaerzte-wollen-Werbung-fuer-Zuckerbomben-eindaemmen-432576.html (Zugriff: 12.04.2024)

S. 64, M3: o.A.: Junkfood-Kindermarketing: Özdemir präsentiert Pläne für Werbeschranken. foodwatch e.v. Berlin, 20.02.2023: https://www.foodwatch.org/de/junkfood-kindermarketing-oezdemir-praesentiert-plaene-fuer-werbeschranken (Zugriff: 12.04.2024)

S. 65, M4: Matthias Miersch: Statement von Matthias Miersch: Keine Werbung für ungesunde Kinder-Süßigkeiten: Josephine Ortleb (Hrsg.). SPD-Bundestagsfraktion. Berlin, 27.02.2023: https://www.spdfraktion.de/presse/statements/keine-werbung-ungesunde-kinder-suessigkeiten (Zugriff: 12.04.2024)

S. 65, M5: o.A.: Position der Süßwarenindustrie. Bundesverband der deutschen Süßwarenindustrie e.V. Bonn, 06.08.2020: https://www.bdsi.de/presse/pressemeldungen/details/werbeverbote-fuer-suesswaren-machen-niemanden-schlanker-522(Zugriff: 12.04.2024)

S. 65, M6: Dr. Thomas Gebhart, Christine Stumpp, Dr. Anja Weisgerber: Anreize statt Verbote. CDU/CSU-Fraktion im Deutschen Bundestag. Berlin, 15.03.2023: https://www.cducsu.de/themen/anreize-statt-verbote (Zugriff: 12.04.2024)

S. 65, M7: o. A.: Fakten Lebensmittelwerbung. Zentralverband der deutschen Werbewirtschaft ZAW e.V. Berlin, o. J.: https://zaw.de/fakten-lebensmittelwerbung/ (Zugriff: 12.04.2024)

S. 67, M1: Frank Speth: Cartoon. Konsumgesellschaft. Karikatur. Speth, Frank. Quickborn, o.J.: http://bildergeschichten.eu/konsumgesellschaft_karikatur.htm (Zugriff: 12.04.2024)

S. 67, M2: Claudia Sarazzin: Konsum. Bayerischer Rundfunk. München, 20.10.2021: https://www.br.de/extra/respekt/konsum-kaufverhalten-umwelt-nachhaltigkeit-100.html (Zugriff: 12.04.2024)

S. 68, M4: o.A. : "Wer Schuldenprävention will, muss Ideen vom guten Leben vermitteln". Fünf Fragen an ... den Konsumpädagogen Peter Gnielczyk. Verbraucherzentrale Bundesverband e.V. Berlin, 06.07.2015: https://www.verbraucherbildung.de/meldung/wer-schuldenpravention-will-muss-ideen-vom-guten-leben-vermitteln (Zugriff: 12.04.2024)

S. 69, M6: Ralf Stork: Nachhaltig Leben. Unverzichtbarer Konsumverzicht. Spektrum der Wissenschaft Verlagsgesellschaft GmbH. Heidelberg, 10.06.2023: https://www.spektrum.de/news/nachhaltiger-leben-unverzichtbarer-konsumverzicht/2149086 (Zugriff: 12.04.2024)

Kapitel 3: Meine Identität und die Gesellschaft

S. 75, M2: Fritz Reheis: Die Gleichaltrigengruppe. Politische Bildung. Eine kritische Einführung. 2. Auflage. Springer Fachmedien. Wiesbaden, 2016, S. 46 f.

S. 76, M4: Dominik Rzepka: Wie Lara durch Instagram magersüchtig wurde. Zweites Deutsches Fernsehen, Anstalt des öffentlichen Rechts, Mainz, 08.06.2022:https://www.zdf.de/nachrichten/panorama/republica-instagram-psyche-100.html (Zugriff: 12.04.2024)

S. 77, M6: o. A.: Warnung vor gefährlicher "Deo-Challenge". Norddeutscher Rundfunk, Anstalt des öffentlichen Rechts, 22.09.2023: https://www.tagesschau.de/inland/gesellschaft/deochallenge-warnung-100.html (Zugriff: 12.04.2024)

S. 80, M4: Liane Watzel: Studie: Zehn von zehn dunkelhäutigen Kindern erleben Rassismus. MITTELDEUTSCHER RUNDFUNK, Anstalt des Öffentlichen Rechts, Leipzig, 14.10.2021: https://www.mdr.de/wissen/rassismus-alltag-kinder-jugendliche-studie100.html (Zugriff: 12.04.2024)

S. 80, M5: Hasan Gökkaya: Racial Profiling. Nur für Stammgäste. ZEIT ONLINE GmbH, Hamburg, 1.08.2018: https://www.zeit.de/gesellschaft/zeitgeschehen/2018-06/racial-profiling-club-rassismus-deutschland (Zugriff: 12.04.2024)

S. 81, M8: o. A.:Die UN-Behindertenrechtskonvention Übereinkommen über die Rechte von Menschen mit Behinderungen, Beauftragter der Bundesregierung für die Belange von Menschen mit Behinderungen, Berlin und Lebenshilfe Bremen. Büro für leichte Sprache, Bremen, o.J., S. 3.: https://www.behindertenbeauftragter.de/SharedDocs/Downloads/DE/LS/UN-Konvention_leichteSprache.pdf?__blob=publicationFile&v=6 (Zugriff: 12.04.2024)

S. 83, M10: o. A.: Der Gesellschaft helfen - weil man muss? Zweites Deutsches Fernsehen, Anstalt des öffentlichen Rechts, Mainz, 18.02.2023: https://www.zdf.de/kinder/logo/diskussion-um-soziale-dienstpflicht-100.html (Zugriff: 12.04.2024)

S. 83, M11 (1): o. A.: Der Gesellschaft helfen - weil man muss? Zweites Deutsches Fernsehen, Anstalt des öffentlichen Rechts, Mainz, 18.02.2023: https://www.zdf.de/kinder/logo/diskussion-um-soziale-dienstpflicht-100.html (Zugriff: 12.04.2024)

S. 83, M11 (2): o. A.: Der Gesellschaft helfen - weil man muss? Zweites Deutsches Fernsehen, Anstalt des öffentlichen Rechts, Mainz, 18.02.2023: https://www.zdf.de/kinder/logo/diskussion-um-soziale-dienstpflicht-100.html (Zugriff: 12.04.2024)

S. 87, M3: o. A.: Anstieg der Jugendkriminalität: Experten sehen keinen Grund zur Panik. Westdeutscher Rundfunk, Anstalt des öffentlichen Rechts, Köln, 30.03.2023: https://www1.wdr.de/nachrichten/jugendkriminalitaet-bundesweit-nrw-100.html (Zugriff: 12.04.2024)

S. 88, M5: o. A.: Alterstypische Delikte und ihre Konsequenzen / Kriminalität. Zentrum Bayern Familie und Soziales, Bayreuth, o. J.: https://www.baer.bayern.de/fragen-probleme/pubertaetsphase/alterstypische-delikte-ihre-konsequenzen-kriminalitaet/ (Zugriff: 12.04.2024)

S. 88, M6: o. A.: Alterstypische Delikte und ihre Konsequenzen / Kriminalität. Zentrum Bayern Familie und Soziales, Bayreuth, o. J.: https://www.baer.bayern.de/fragen-probleme/pubertaetsphase/alterstypische-delikte-ihre-konsequenzen-kriminalitaet/ (Zugriff: 12.04.2024)

S. 89, M7: o. A.: Jugendliche Kriminelle sollen die „Kurve kriegen". Ministerium des Innern des Landes Nordrhein-Westfalen, Düsseldorf 24.10.2023: https://lzpd.polizei.nrw/artikel/jugendliche-kriminelle-sollen-die-kurve-kriegen (Zugriff: 12.04.2024)

S. 89, M8: Markus Witalinski: In der Go-Kart-Bahn statt auf der Straße. Ministerium des Innern des Landes Nordrhein-Westfalen, Düsseldorf 24.10.2023: https://www.kurvekriegen.nrw.de/aktuelles/20231024-in-der-go-kart-bahn-statt-auf-der-strasse (Zugriff: 12.04.2024)

S. 91, M1: o. A.: JUGENDKRIMINALITÄT UND JUGENDSTRAFRECHT. Informationen zur Jugendkriminalität und zur Jugendstrafrechtspflege in Bayern. Bayerisches Staatsministerium der Justiz, Referat für Öffentlichkeitsarbeit, München, 2022, S. 29: https://www.justiz.bayern.de/media/pdf/broschueren/jugendkriminalit%C3%A4t_und_jugendstrafrecht_stand_august_2022.pdf (Zugriff: 12.04.2024)

S. 91, M2: o. A.: JUGENDKRIMINALITÄT UND JUGENDSTRAFRECHT. Informationen zur Jugendkriminalität und zur Jugendstrafrechtspflege in Bayern. Bayerisches Staatsministerium der Justiz, Referat für Öffentlichkeitsarbeit, München, 2022, S. 31: https://www.justiz.bayern.de/media/pdf/broschueren/jugendkriminalit%C3%A4t_und_jugendstrafrecht_stand_august_2022.pdf (Zugriff: 12.04.2024)

S. 91, M3: o. A.: JUGENDKRIMINALITÄT UND JUGENDSTRAFRECHT. Informationen zur Jugendkriminalität und zur Jugendstrafrechtspflege in Bayern. Bayerisches Staatsministerium der Justiz, Referat für Öffentlichkeitsarbeit, München, 2022, S. 33: https://www.justiz.bayern.de/media/pdf/broschueren/jugendkriminalit%C3%A4t_und_jugendstrafrecht_stand_august_2022.pdf (Zugriff: 12.04.2024)

Kapitel 4: Grundlagen der Demokratie

S. 97, M1: o. A.: Illustrierende Aufgaben zum LehrplanPLUS. Realschule, Sozialwesen, Jahrgangsstufe 8. Staatsinstitut für Schulqualität und Bildungsforschung (ISB), München, 06.04.2017, S. 5: https://www.lehrplanplus.bayern.de/sixcms/media.php/71/Sow_Jgst8_LB1_Ganz%20besondere%20Rechte%20Grund-%20und%20Menschenrechte.pdf (Zugriff: 12.04.2024)

S. 97, M2: o. A.: Illustrierende Aufgaben zum LehrplanPLUS. Realschule, Sozialwesen, Jahrgangsstufe 8. Staatsinstitut für Schulqualität und Bildungsforschung (ISB), München, 06.04.2017, S. 5: https://www.lehrplanplus.bayern.de/sixcms/media.php/71/Sow_Jgst8_LB1_Ganz%20besondere%20Rechte%20Grund-%20und%20Menschenrechte.pdf (Zugriff: 12.04.2024)

S. 98, M4: o. A.: Art. 2 GG. dejure.org Rechtsinformationssysteme GmbH, Mannheim, o. J.: https://dejure.org/gesetze/GG/2.html (Zugriff: 12.04.2024)

S. 98, M5: o. A.: Artikel 2. Persönliche Freiheitsrechte und körperliche Unversehrtheit. Landeszentrale für politische Bildung Baden-Württemberg, Stuttgart, Juli 2023, S. 35: https://www.lpb-bw.de/fileadmin/publikationen/lehrmittel/gg_fibel/gg_fibel_web.pdf (Zugriff: 12.04.2024)

S. 98, M6: o. A.: Grundgesetz & Grundrechte in Zeiten der Corona-Pandemie. Landeszentrale für politische Bildung Baden-Württemberg, Stuttgart, Juli 2023, S. 36: https://www.lpb-bw.de/grundrechte-und-corona (Zugriff: 12.04.2024)

S. 99, M7: o. A.: Art. 3. GG. dejure.org Rechtsinformationssysteme GmbH, Mannheim, o. J.: https://dejure.org/gesetze/GG/3.html (Zugriff: 12.04.2024)

S. 99, M8: Helga Ritter, Silke Braun, Christina Stefanou, Clemens Breitweg: Artikel 3. Gleichheit vor dem Gesetz. Landeszentrale für politische Bildung Baden-Württemberg (Hrsg.): Voll in Ordnung - unsere Grundrechte. Grundrechtefibel. Stuttgart, Juli 2023, S. 41 Verlag Herder GmbH, Freiburg im Breisgau: https://www.lpb-bw.de/fileadmin/publikationen/lehrmittel/gg_fibel/gg_fibel_web.pdf (Zugriff: 12.04.2024)

S. 99, M9: o. A.: Gleichbehandlung der Geschlchter im Arbeitsleben. Antidiskriminierungsstelle des Bundes, Berlin, 2024: https://www.antidiskriminierungsstelle.de/DE/ueber-diskriminierung/lebensbereiche/arbeitsleben/gleichbehandlung-der-geschlechter/gleichbehandlung-der-geschlechter-node.html (Zugriff: 12.04.2024)

S. 101, M1: o. A.: Art. 20. GG. dejure.org Rechtsinformationssysteme GmbH, Mannheim, o. J.: https://dejure.org/gesetze/GG/20.html (Zugriff: 12.04.2024)

S. 101, M3: Frank-Walter Steinmeier: Rede des Bundesministers des Auswärtigen, Dr. Frank-Walter Steinmeier,beim 19. WDR Europa Forum am 12. Mai 2016 in Berlin. Die Bundesregierung, Presse- und Informationsamt der Bundesregierung, Berlin: https://www.bundesregierung.de/breg-de/service/bulletin/rede-des-bundesministers-des-auswaertigen-dr-frank-walter-steinmeier--799538 (Zugriff: 12.04.2024)

S. 103, M2: Richard von Weinzsäcker: Zitat von Richard von Weizsäcker. Gute Zitate. O. O., 2024: https://gutezitate.com/zitat/148035 (Zugriff: 12.04.2024)

S. 103, M3: o. A: Was ist ein Rechtsstaat? Das Rechtsstaatsprinzip. Was ist das Gegenteil eines Rechtsstaats?
Landeszentrale für politische Bildung Baden-Württemberg. Stuttgart, Juli 2023: https://www.lpb-bw.de/rechtsstaat (Zugriff: 12.04.2024)

S. 105, M2: Karin Eckmann-Gräfen, Inge Worbs, Lena Greiner: Umzug in ein anderes Bundesland: „Ich musste zwei Jahre Latein aufholen". Spiegel online. Hamburg, 16.01.2015: https://www.spiegel.de/lebenundlernen/schule/schulwechsel-nach-umzug-in-anderes-bundesland-erfahrungsberichte-a-1013185.html (Zugriff: 12.04.2024)

S. 109, M1: Johannes Kulms: Jugend und Politik. Der Nachwuchs misstraut den Parteien. Deutschlandradio, Köln, 07.06.2021: https://www.deutschlandfunkkultur.de/jugend-und-politik-der-nachwuchs-misstraut-den-parteien-100.html (Zugriff: 12.04.2024)

S. 109, M2: Johannes Kulms: Jugend und Politik. Der Nachwuchs misstraut den Parteien. Deutschlandradio, Köln, 07.06.2021: https://www.deutschlandfunkkultur.de/jugend-und-politik-der-nachwuchs-misstraut-den-parteien-100.html (Zugriff: 12.04.2024)

S. 111, M1: o. A.: Landtagswahlen. Landtag Nordrhein-Westfalen, Düsseldorf, 08.04.2021: https://www.landtag.nrw.de/home/der-landtag/landtagswahlen/die-landtagswahlen.html (Zugriff: 12.04.2024)

S. 111, M2: o. A.: Landtagswahlen. Landtag Nordrhein-Westfalen, Düsseldorf, 08.04.2021: https://www.landtag.nrw.de/home/der-landtag/landtagswahlen/die-landtagswahlen.html (Zugriff: 12.04.2024)

S. 112, M4: o. A.: Landtagswahlen. Landtag Nordrhein-Westfalen, Düsseldorf, 08.04.2021: https://www.landtag.nrw.de/home/der-landtag/landtagswahlen/die-landtagswahlen.html (Zugriff: 12.04.2024)

S. 113, M5: o. A.
Warum wählen? 9 gute Gründe. Landeszentrale für politische Bildung, Baden-Württemberg, Stuttgart, o. J.: https://www.kommunalwahl-bw.de/warum-waehlen (Zugriff: 12.04.2024)

S. 113, M6: o. A.: Funktionen und Aufgaben des Landtags.Landtag Nordrhein-Westfalen, Düsseldorf, o. J.: https://www.landtag.nrw.de/home/der-landtag/funktionen-und-aufgaben.html (Zugriff: 12.04.2024)

S. 115, M3: o. A.: Landeskabinett. Das Landeskabinett von Nordrhein-Westfalen. Land Nordrhein-Westfalen Staatskanzlei des Landes Nordrhein-Westfalen, Düsseldorf 29.06.2022: https://www.land.nrw/landeskabinett (Zugriff: 12.04.2024)

S. 117, M1: o. A.: Bonn. Bürgerbegehren gegen Hallenbad "Wasserland". Mehr Demokratie e.V., Berlin, 2017: https://nrw.mehr-demokratie.de/index.php?id=1218 (Zugriff: 12.04.2024)

S. 119, M2: o. A.: Bonn. Bürgerbegehren gegen Hallenbad "Wasserland". Mehr Demokratie e.V., Berlin, 2017: https://nrw.mehr-demokratie.de/index.php?id=1218 (Zugriff: 12.04.2024)

S. 119, M3: o. A.: Bonn. Bürgerbegehren gegen Hallenbad "Wasserland". Mehr Demokratie e.V., Berlin, 2017: https://nrw.mehr-demokratie.de/index.php?id=1218 (Zugriff: 12.04.2024)

S. 119, M4: o. A.: Bonn. Bürgerbegehren gegen Hallenbad "Wasserland". Mehr Demokratie e.V., Berlin, 2017: https://nrw.mehr-demokratie.de/index.php?id=1218 (Zugriff: 12.04.2024)

S. 123, M1: o. A.: Es gilt Meinungsfreiheit und Pressefreiheit. Bundeszentrale für politische Bildung, Bonn, 03.09.2020: https://www.bpb.de/themen/politisches-system/politik-einfach-fuer-alle/236732/es-gilt-meinungsfreiheit-und-pressefreiheit/ (Zugriff: 12.04.2024)

Kapitel 5: Marktprozesse und wirtschaftliches Handeln
S. 145, M1: o. A.: „Gemeinsam den Mehrweg gehen" – Interview mit Florian Pachaly. Globalance Invest GmbH, München, 07.06.2023: https://www.globalance-invest.de/news-trends/interview-recup-florian-pachaly/ (Zugriff: 12.04.2024)

Kapitel 6: Leben in der Europäischen Union
S. 159, M2 (1): o. A.: RICHTLINIE 2011/95/EU DES EUROPÄISCHEN PARLAMENTS UND DES RATES. Amtsblatt der Europäischen Union, o. O., 13.12.2011: https://eur-lex.europa.eu/LexUriServ/LexUriServ.do?uri=OJ:L:2011:337:0009:0026:de:PDF (Zugriff: 12.04.2024)

S. 159, M2 (2): o. A.: Konsolidierte Fassung des Vertrags über die Arbeitsweise der Europäischen Union - DRITTER TEIL: DIE INTERNEN POLITIKEN UND MASSNAHMEN DER UNION - TITEL V: DER RAUM DER

FREIHEIT, DER SICHERHEIT UND DES RECHTS - Kapitel 2: Politik im Bereich Grenzkontrollen, Asyl und Einwanderung - Artikel 78 (ex-Artikel 63 Nummern 1 und 2 und ex-Artikel 64 Absatz 2 EGV). Amtsblatt der Europäischen Union, o. O., 13.12.2011. Amtsblatt Nr. 115 vom 09/05/2008 S. 0076 – 0077: https://eur-lex.europa.eu/legal-content/DE/TXT/HTML/?uri=CELEX%3A12008E078 (Zugriff: 12.04.2024)
S. 161, M1: o. A.: Krieg und Gewalt als Fluchtgrund. UNO Flüchtlingshilfe, Bonn, o. J. : https://www.uno-fluechtlingshilfe.de/hilfe-weltweit/themen/fluchtursachen/krieg-und-gewalt (Zugriff: 12.04.2024)

S. 162, M4: o. A.: Fluchtursachen. UNO Flüchtlingshilfe, Bonn, o. J.: https://www.uno-fluechtlingshilfe.de/hilfe-weltweit/themen/fluchtursachen (Zugriff: 12.04.2024)

163, M7 (1): Jörg Bremer: AUFNAHMEN AUS LAMPEDUSA:Empörung über erniedrigende Behandlung von Flüchtlingen. Frankfurter Allgemeine Zeitung GmbH, Frankfurt am Main, 18.12.2013: https://www.faz.net/aktuell/politik/ausland/europa/aufnahmen-aus-lampedusa-empoerung-ueber-erniedrigende-behandlung-von-fluechtlingen-12716771.html (Zugriff: 12.04.2024)

163, M7 (2): o. A.: Route über das Mittelmeer. Fast 100 Flüchtlinge seit Jahresbeginn gestorben. Norddeutscher Rundfunk, Hamburg 29.01.2024: https://www.tagesschau.de/ausland/europa/fluechtlinge-mittelmeer-flucht-100.html#:~:text=Route%20%C3%BCber%20das%20Mittelmeer%20Fast%20100%20Fl%C3%BCchtlinge%20seit%20Jahresbeginn%20gestorben&text=Der%20Weg%20%C3%BCber%20das%20Mittelmeer,Vergleich%20zum%20Vorjahr%20eine%20Verdopplung. (Zugriff: 12.04.2024)

163, M7 (3): Carsten Volkery: Migration. Die EU setzt auf Abschottung. Handelsblatt, Düsseldorf, 09.02.2023: https://www.handelsblatt.com/politik/deutschland/migration-die-eu-setzt-auf-abschottung/28973998.html (Zugriff: 12.04.2024)

169, M1: o. A.: EUnify Hoodie:Wie cool sind wir denn? ZEIT ONLINE GmbH, Hamburg, 16.05.2019: https://www.zeit.de/zeit-magazin/mode-design/2019-05/eunify-hoodie-katarina-barley-europawahl-kunstmarkt (Zugriff: 12.04.2024)

171, M1: o. A.: Best of 50.000 – die schönsten Wettbewerbsbeiträge als Film von Europäischer Wettbewerb | Mai 30, 2023. Europäische Bewegung Deutschland e.V., Europäischer Wettbewerb, Berlin, 30.05.2023: https://www.europaeischer-wettbewerb.de/nachrichten/best-of-50-000-die-schoensten-wettbewerbsbeitraege-als-film/ (Zugriff: 12.04.2024)

175, M1: o. A.: Die Landesregierung zeichnet sechs neue Europaschulen in Nordrhein-Westfalen aus. Land Nordrhein-Westfalen, Staatskanzlei des Landes Nordrhein-Westfalen, Düsseldorf, November 2022: https://www.land.nrw/pressemitteilung/die-landesregierung-zeichnet-sechs-neue-europaschulen-nordrhein-westfalen-aus#:~:text=Schule%20und%20Bildung-,Schul%2D%20und%20Bildungsministerin%20Dorothee%20Feller%20hat%20sechs%20weiteren%20Schulen%20das,%2DVluyn%2C%20Paderborn%20und%20Siegburg. (Zugriff: 12.04.2024)

175, M2: o. A.: Ministerin Löhrmann gratuliert der Europaschule Bornheim für die Auszeichnung beim Deutschen Schulpreis. Land Nordrhein-Westfalen, Staatskanzlei des Landes Nordrhein-Westfalen, Düsseldorf, November 2022: https://www.land.nrw/pressemitteilung/ministerin-loehrmann-gratuliert-der-europaschule-bornheim-fuer-die-auszeichnung (Zugriff: 12.04.2024)

177, M1: o. A.: Jugendstudie „Junges Europa 2023“ der TUI-Stiftung. TUI Stiftung, Elke Hlawatschek, Hannover, 2023, S. 32: https://www.tui-stiftung.de/media/jugendstudie-junges-europa-2023-der-tui-stiftung/ (Zugriff: 12.04.2024)

177, M2: o. A.: Jugendstudie „Junges Europa 2023“ der TUI-Stiftung. TUI Stiftung, Elke Hlawatschek, Hannover, 2023, S. 34: https://www.tui-stiftung.de/media/jugendstudie-junges-europa-2023-der-tui-stiftung/ (Zugriff: 12.04.2024)
179, M1: Olivier Yves Alain Renard, Kristiina Milt: Jugend. Europäisches Parlament, Verbindungsbüro Berlin, März 2023: https://www.europarl.europa.eu/factsheets/de/sheet/141/jugend (Zugriff: 12.04.2024)

179, M2: o. A.: Die EU-Jugendstrategie. Internetredaktion des Bundesministeriums für Familie, Senioren, Frauen und Jugend, Berlin, 04.02.2022: https://www.bmfsfj.de/bmfsfj/themen/kinder-und-jugend/jugendbildung/jugendstrategie/eu-jugendstrategie/die-eu-jugendstrategie-141808 (Zugriff: 12.04.2024)

179, M3: o. A.: Jugenddialog. Deutscher Bundesjugendring, Berlin, o. J.: https://jugenddialog.de/jugenddialog/darum-gehts-im-jugenddialog/ (Zugriff: 12.04.2024)

|action press, Hamburg: REX FEATURE 173.5. |Alamy Stock Photo, Abingdon/Oxfordshire: Blackledge, Hayley 157.1, 180.1; Kuttig - Travel 109.5; Maridav 74.1, 94.1. |Alamy Stock Photo (RMB), Abingdon/Oxfordshire: Bildagentur-online/Joko 35.2; Daisy-Daisy 143.4; Hackenberg-Photo-Cologne 109.4; Imaginechina Limited 66.1; INSADCO Photography/ Bilderbox 142.1; Stocktrek Images, Inc. 103.3. |Appenzeller, Holger, Stuttgart: 15.1. |Baaske Cartoons, Müllheim: Bengen, Harm 123.1, 181.3; Mester, Gerhard 23.1, 95.2, 103.1; Mohr, Burkhard 123.4; Puth, Klaus 209.4. |Bleckwedel, Asja, Kaltenkirchen: 230.1. |Bundesamt für Familie und zivilgesellschaftliche Aufgaben (BAFzA), Berlin: Copyright: Bundesministerium für Familie, Senioren, Frauen und Jugend 14.1. |Bundesministerium für Bildung und Forschung, Berlin: 170.1. |Bundeswettbewerb "Demokratisch Handeln", Jena: Hiersemann, Grit 10.1. |BUNDjugend NRW e. V., Soest: (c) BUNDjugend_YouthHub 2023 17.1. |CartoonStock.com, Bath: Foyle, Lindsay 27.1. |Deutsche Post AG, Bonn: Gestaltung Postwertzeichen: Jan-Niklas Kröger, Bonn, Motiv: © Leonie Hansen 12.1. |Diaz, Danae, Stuttgart: 7.1, 32.1, 54.1, 59.1, 59.2, 59.3, 59.4, 61.3, 78.1, 81.1, 81.2, 81.3, 81.4, 85.1, 85.2, 85.3, 85.4, 85.5, 94.2, 100.1, 101.1, 138.1, 166.1, 168.1, 175.3, 178.1, 185.1, 193.1, 193.2, 193.3, 193.4, 193.5, 193.6, 193.7, 193.8, 193.9, 198.1, 199.1, 199.2, 219.1, 219.2, 219.3, 219.4, 220.1, 220.2, 220.3, 220.4, 221.1, 221.2, 222.1, 222.2, 223.1, 223.2, 224.1, 226.1, 228.1, 229.1, 229.2, 229.3, 229.4, 229.5, 233.2, 235.1, 249.1, 249.2, 249.3, 249.4. |Dorn, Kathrin, Minden: 109.8. |Eling, Stefan, Köln: 99.1. |Erasmus Student Network, Brüssel: © Copyright 1989-2024 Erasmus Student Network. All rights reserved 172.1. |Europäische Bewegung Deutschland e.V., Berlin: 171.1, 171.2, 171.3, 171.4. |Europäische Kommission, Berlin: 179.1. |Finke, Andreas, Bielefeld: 120.1, 128.2. |foodwatch e.V., Berlin: 64.2. |Fotoagentur SVEN SIMON, Mülheim an der Ruhr: 165.1. |fotolia.com, New York: 12ee12 169.3; bluedesign 68.1; Boehmer, Oliver 231.1; dbunn 152.2; Eisenhans 135.3; Eppele, Klaus 68.8; Franz Pfluegl 25.2; Herbie 188.7; Kneschke, Robert 188.6; Kzenon 200.1; LosRobsos 188.2; manu 83.3; Mayer, Marianne 151.1; Patryssia 137.4; Pfluegl, Franz 84.1; Picture-Factory 135.4; pixs:sell 92.2, 104.1; Popcorn, Meddy 188.3; Robert Kneschke 46.1, 208.2; Rodriguez, Andres 188.8; Sanders, Gina 143.1; Simone Werner-Ney 43.3; Syda Productions 73.1, 234.1; Takashi Images 109.9; ted007 109.3; Trueffelpix 205.2. |Getty Images (RF), München: Darrin Klimek 39.2. |HABA Sales GmbH & Co. KG, Bad Rodach: 207.1. |Hansjürgen, Jana, Düsseldorf: www.duesseldorf-queer.de 26.1. |Hinz, Gregor, Kiel: 106.1. |HSB-Cartoon, Horstmar: 123.3. |Hüter, Michael, Bochum: Quelle: Stiftung Jugend und Bildung 122.1. |Imago, Berlin: CTK/CandyBox 195.1; Future Image/Jean MV 102.1; Heinrich, Jürgen 24.1. |Imago Creative, Berlin: Westend61/Fischinger, Mareen 62.1. |Imago Editorial, Berlin: Imagebroker 143.2; ITAR-TASS 163.2; Schick, Michael 112.1; Zensen, Reiner 98.1, 128.1. |Institut für Ökonomische Bildung, Oldenburg: Busse, Mia 152.3. |iStockphoto.com, Calgary: alvarez 149.4; ArtistGNDphotography 196.2; c1a1p1c1o1m1 Titel; Christine Glade 173.6; claffra 144.4; Customdesigner 149.2; davit85 145.2, 201.2; dolgachov 234.2; FatCamera 195.5; fotografixx 145.3; GeraldConnell 191.2; gorodenkoff 137.5, 149.3, 201.1; Grafissimo 155.1; Halfpoint Titel, 176.1; herkisi 135.1; herraez 205.3; Hispanolistic 5.1, 131.1; izusek 144.3; JackF 190.1; jacoblund 145.6; Jennifer Photography Imaging 191.1; Jesadaphorn Chaiinkaew 202.2; jotily 109.6; JulieanneBirch 201.3; kaarsten 124.1; LDProd 135.2; Liuk-Studio 75.2; Lordn 144.2; M_a_y_a 205.1; MachineHeadz 4.1, 132.1; mixetto 126.1; monkeybusinessimages 6.1, 25.5, 183.1, 195.3; Narongrit Sritana 195.4; nd3000 133.3; NicoElNino 149.5, 149.6; pixelfit 149.1; Rhodes, Janet 188.5; RicAguiar 144.1; RossHelen 145.5; Sasa Dinic 150.1; Savchuk, Alona 29.1; shank_ali 187.4; shironosov 209.2; SolStock 63.3, 196.3; spooh 61.2; STEEX 186.1; sturti 196.1; Tanit_Lee 191.3; vadimguzhva 39.1, 71.1; Vejcik, Marian 158.1; vgajic 68.6, 145.4; Yeltsova, Valentyna 137.3; Yobro10 25.4. |Jugend Museum, Berlin: Discover History - Act now! Ein Modellprojekt des Jugend Museums zum demokratischen Handeln 18.1, 34.1. |Jugend Wählt e.V., Marburg: 22.1. |Jugendrat der Stadt Münster, Münster: 35.4. |Kartographie Michael Hermes, Hardegsen Hevensen: 49.1, 51.1, 58.2, 87.1, 117.1, 117.2, 161.2, 162.1, 167.1, 177.1. |Krumbiegel, Uwe, Hetzdorf: 123.2. |Kulms, Johannes/Deutschlandradio, Berlin: 111.1. |Landesjugendring NRW e.V., Düsseldorf: 16.1. |Landesvertretung Rheinland-Pfalz, Berlin: Otto Schmuck 174.1. |Liebermann, Erik, Steingaden: 103.2. |Lindner, Anna K., Cremlingen/Weddel: 227.1, 227.2. |Marckwort, Ulf, Kassel: 202.1, 202.3, 202.4, 202.5, 202.6, 202.7, 202.8. |Mehr Demokratie e.V., Berlin: 121.1. |Minister für Bundes- und Europaangelegenheiten, Internationales sowie Medien und Chef der Staatskanzlei, www.mbeim.nrw, Düsseldorf: 175.2; Foto: Städtisches Gymnasium Barntrup 175.1. |Ministerium des Innern des Landes Nordrhein-Westfalen, Kriminalprävention und Opferschutz, Kriminalpräventive Landesprojekte, Referat 424, Düsseldorf: 89.1. |Müller, Daniel, Zürich: 189.1. |Picture-Alliance GmbH, Frankfurt a.M.: 71.3; AAPimages/Berndt 76.1; Andrea Warnecke 159.3; Arco Images GmbH 109.1; ASSOCIATED PRESS/Lukatsky, Efrem 161.1; Bail, Manfred / imageBROKER 13.2; Berg, Oliver 45.2; Bildagentur Huber/R. Schmid 109.2; Bildagentur-online/Ohde 4.2, 96.1; Birchall, Ben 68.7; Büttner, Jens 155.2; CHROMORANGE 159.4; CHROMORANGE/Spremberg, Karl-Heinz 140.1; Daniel Maurer/dpa 148.1, 154.1; dieKLEINERT.de/Koufogiorgos, Kostas 129.1; dieKLEINERT.de/Möller, Christian 51.2, 153.1; dieKLEINERT.de/Schwarwel 80.2; dpa 68.2; dpa-infografik 57.1, 58.1, 60.1, 60.2, 71.2, 79.1; dpa-tmn 35.1; dpa-Zentralbild/euroluftbild.de/Blossey, Hans 134.1; dpa-Zentralbild/euroluftbild.de/Hans Blossey 119.1; dpa-Zentralbild/Pedersen, Britta 147.1; dpa-Zentralbild/Steinach, Sascha 65.2; dpa/Berg, Oliver 52.1; dpa/Carstensen, Jörg 160.1; dpa/Herwig, Marc 13.3; dpa/Hoppe, Sven 103.4; dpa/Jutrczenka, Bernd von 13.4; dpa/Kaiser, Henning 143.3; dpa/Kilian, Julia 11.3; dpa/lnw/Gambarini, Federico 153.2; dpa/Marcus Simaitis 35.3; dpa/Nietfeld, Kay 64.1, 65.1; dpa/Puchner, Stefan 8.1; dpa/Scholz, Markus 38.1, 70.1; dpa/Seeger, Patrick 159.2; dpa/Skolimowska, Monika 77.2; dpa/Steinberg, Wolfram 68.4; dpa/Stratenschulte, Julian 116.1; dpa/Vennenbernd, Rolf 25.3, 117.3; dpa/von Jutrczenka, Bernd 97.1; dpa/Weihrauch, Roland 108.1, 113.1; dpa/Zinken, Paul 181.1; dpa/Zucchi, Uwe 67.2; Eibner-Pressefoto/Weber 61.1; empics/PA Wire 169.2; Flashpic/Krick, Jens 65.3; Gambarini, Federico 17.2; Goldmann 113.2; greatif/Gaul, Florian 30.1, 34.2; imageBROKER/Arco Images/G. Di Rosa 236.1; Jung, Michael 105.2; Kalaene, Jens/dpa 49.2; Kubirski, Daniel 163.1; Kungel, Reinhard 49.3; landov 77.1; M.i.S.-Sportpressefoto 159.1; Mainka, Markus 11.2; NHPA/Avalon.red / de Oliveira, Paulo 49.5; NurPhoto / Raa, Jonathan 33.1; Pedersen, Britta 13.1; Pfeil, Roberto 29.2; Photoshot 5.2, 156.1, 181.2; REUTERS/Nelms, Ben 3.2, 37.1; Rothermel, Winfried 164.1; Spata, Ole 68.3; SvenSimon/Hoermann, Frank 11.1; Utrecht, Robin 40.1; Vicenzo Nuzzolese 159.5; Völker, C. 91.1; Westend61 173.1, 173.2, 173.4; Westend61/Diachenko, Maria 42.1; Westend61/Pindyurin, Vasily 39.3; ZB / M. Schutt 83.2; ZB/Kluge, Wolfgang 91.2; ZB/Z6944 Sascha Steinach 13.5; Zoonar 173.3. |Rosenberg, Katja, Wiesbaden: 209.1. |Rosier, Susanne, Braunschweig: 141.1, 155.3, 193.10. |Schröder, Niels, Hamburg: 92.1. |Schwarzstein, Yaroslav, Hannover: 105.1. |Shutterstock.com, New York: Carey, Rich 49.4; Kaesler Media 109.10; Lockhart, Neil 89.2; Max4e Photo 115.1; Monkey Business 36.1; Paapaya 3.1, 9.1; Production Perig 55.1; REDPIXEL.PL 20.1; Sinisa Zec 69.1, 70.2; thailand_becausewecan 167.2; Yakobchuk, Olena 209.3; yui 119.2. |Speth, Frank - norddt. Künstler, Quickborn: 67.1. |Stadt Monheim am Rhein, Monheim am Rhein: 237.1. |stock.adobe.com, Dublin: 86.1; A_Bruno 125.4; adam121 13.6; amenic181 63.1; Anton 45.1; ArTo 188.4; bilderstoeckchen 136.1; Brigitte 201.4; Comofoto 109.7; contrastwerkstatt 145.1, 201.5; Cybrain 50.1; Dan Race 11.4; Daxenbichler, Patrick 197.1; Delphotostock 204.1; Drobot Dean 43.1, 127.1; Egoitz Bengoetxea 72.1; ehrenberg-bilder 43.2, 182.1; Ernst, Daniel 25.1, 25.6; Fälchle, Jürgen 187.2; Griessel, Scott/Creatista 75.3; Imaginis 146.1; JackF 21.1, 195.2; janvier 118.1; js-photo 68.5; Karin & Uwe Annas 195.6; Kawee 151.2; Kenji Nakamura 187.1; Kneschke, Robert 95.3, 192.2; Kurhan 184.1; Kzenon 133.4, 192.1, 192.3; Lievano, Sergio J 125.1, 125.2, 125.3, 125.5, 125.6, 125.7, 125.8, 125.9, 125.10, 125.11; Marco2811 130.1; Maridav 203.1; Mario Hoesel 56.1; Mediaparts 133.2; peshkov 63.2; photoschmidt 133.6; Pixel-Shot 53.1, 137.2; Prott, Andreas 110.1; Proxima Studio 51.3; puhhha 151.3; Raths, Alexander 194.1; rh2010 152.1; Richtsteiger 90.1; rock_the_stock 208.1; rosifan19 23.2, 23.3; saxlerb 133.1; Schwier, Christian 187.3; Stockerteam 189.2; svort 133.5; Sylfida 83.1; tashka2000 137.1; valiza14 233.1; WavebreakMediaMicro 225.1; Wylezich, Björn 135.5; ©xalanx 188.1. |Stuttmann, Klaus, Berlin: 95.1. |TOM - Thomas Körner, Berlin: 80.1. |Traxler, Hans, Frankfurt/Main: 28.1. |ullstein bild, Berlin: Grabowsky 75.1. |Zentralverband der deutschen Werbewirtschaft ZAW e.V., Berlin: 65.4. |zur Löwen, Diana, Münzenberg: 169.1.

Aufgabenstellungen besser verstehen

Tipps zum Lesen und Lösen einer Aufgabenstellung:

Schritt 1:

Lies die Aufgabenstellung genau durch, wenn nötig mehrmals.
In jeder Aufgabenstellung findest du einen sogenannten Operator. Das ist ein Verb, das genau beschreibt, was dieser Aufgabenstellung zu tun ist, zum Beispiel „beschreiben“, „erläutern“ oder „beurteilen“. Dieses Verb musst du entschlüsseln und dann anwenden.

A Nenne Aufgaben eines Klassensprechers.
B Stelle den Ablauf der Wahl in einem Flussdiagramm dar (Methode auf S. 61).
C Wahlen sind geheim. Findest du diese Regelung gut oder kannst du dir auch vorstellen per Handzeichen zu wählen? Begründe.

Schritt 2:

Die wichtigsten Operatoren findest du in der Liste rechts. Sieh dort nach, was der jeweilige Operator bedeutet. Die Operatoren kann man in drei Anforderungsbereiche (AFB) einteilen. In Anforderungsbereich I sollst du Sachverhalte zu einem Thema mit bekannten Arbeitstechniken wiedergeben. Bei den Aufgaben im Anforderungsbereich II sollen bekannte Inhalte selbstständig untersucht, erschlossen und oft auf andere Themen übertragen werden. Bei den Aufgaben im Anforderungsbereich III sollst du zu Inhalten und Problemen eine Bewertung oder Beurteilung abgeben.

Gib wieder/ (Be-)Nenne/ Zähle auf
Du gibst Informationen aus einem Material kurz und treffend wieder.

Schritt 3:

Überlege dir nun, was von dir verlangt wird („Ich muss ...“/„Ich soll ...“). Wenn es dir hilft, kannst du dir schnell ein paar Notizen machen, wie du bei der Lösung der Aufgabenstellung vorgehen möchtest. Vergiss darüber aber nicht die Zeit für die Lösung der Aufgabe selbst.

Schritt 4:

Löse die Aufgabe. Arbeite dabei ordentlich, genau und sauber.
Du kannst dabei die Vorschläge für die Satzanfänge aus der Liste nutzen.
Achte aber darauf, dass nicht jeder Satzanfang bei jeder Aufgabenstellung gleich gut passt.

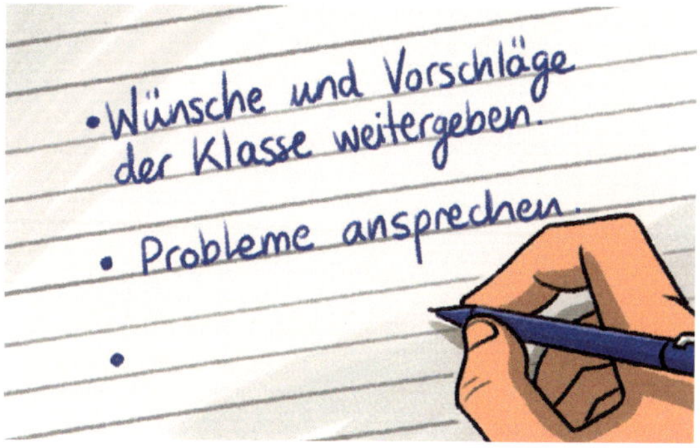
• Wünsche und Vorschläge der Klasse weitergeben.
• Probleme ansprechen.
•

Operator/ Anforderungsbereich	Das wird von dir verlangt	Beispiel	So könntest du beginnen
Analysiere/ Werte ... aus II	Wie ein Detektiv untersuchst du Materialien (z. B. Texte, Grafiken, Karikaturen) nach bestimmten Kriterien oder Vorgaben und wertest diese dann aus.	Analysiere die Karikatur.	– Der Titel der Karikatur von ... lautet ... – Es geht um ...
Arbeite ... heraus/ II	Du gibst aus Materialien bestimmte Sachverhalte wieder, die nicht direkt genannt sind, und stellst Zusammenhänge zwischen ihnen her.	Arbeite aus dem Text die Kritik an einem Wahlalter von 16 Jahren heraus	– Der Text spricht an: ... – Daraus ergibt sich ...
Begründe III	Du schreibst in ganzen Sätzen, warum etwas so ist. Dazu schreibst du auch Argumente (Gründe) auf, die du durch nachvollziehbare Beispiele belegst.	Begründe, welches der Zitate dir am besten gefällt.	– Zitat ... finde ich am besten, weil ...
Beschreibe/Stelle ... dar/ Lege ... dar I	Du gibst die wichtigsten Informationen aus einem Material in eigenen Worten und ganzen Sätzen wieder. Dabei nutzt du die Fachsprache. Eventuell wird dir auch eine grafische Form der Darstellung vorgegeben, z. B. eine Tabelle.	Beschreibe die Karte.	– Die Karte zeigt ... – Aus der Karte geht hervor, dass ...
Beurteile/ Bewerte/ Nimm Stellung III	Du prüfst Aussagen, Vorschläge oder Maßnahmen und begründest, ob diese sachlich richtig, logisch bzw. sinnvoll sind (Sachurteil). Bei Bewertungen und Stellungnahmen sollst du zusätzlich noch deine eigenen Werte einbringen (Werturteil).	Beurteile, ob Jugendliche bereits ab einem Alter von 16 Jahren an Wahlen teilnehmen dürfen sollten.	– Aus meiner Sicht sollte es Jugendlichen erlaubt/nicht erlaubt sein, weil ...
Charakterisiere II	Du beschreibst die Merkmale einer Sache, Situation oder Person und stellst Besonderheiten heraus.	Charakterisiere NGOs.	– Merkmale von ... sind ...
Diskutiert III	Du tauschst dich mit anderen zu einem Thema aus und begründest deine Meinung mit Argumenten.	Diskutiert die Vor- und Nachteile von ...	– Ich denke, dass ... weil... – Aus dem Grund ...
Entwickle III	Du entwirfst zu einem Sachverhalt oder zu einer Problemstellung ein mögliches Lösungsmodell oder eine Gegenposition.	Entwickle Tipps für den sinnvollen Umgang mit Medien	– Wichtig für ... ist, ... – Beachtet werden sollte ..., denn
Erkläre/Erläutere II	Du verdeutlichst Sachverhalte mithilfe deines Fachwissens. Zeige Zusammenhänge auf und begründe sie (z. B. Ursachen, Folgen, Regeln). Beim Erläutern reicherst du deine Erklärung mit zusätzlichen Informationen und Beispielen an.	Erkläre den Begriff Manipulation.	– Manipulation meint ... – Dies geschieht zum einen durch ... Zum anderen ... ...
Ermittle II	Du findest durch genaues Nachforschen (Lesen/ Durchdenken) etwas heraus, z. B. die Kernaussage, Position, ...	Ermittle, warum ...	...
Erörtere/Problematisiere III	Du erarbeitest mithilfe deines erlernten Wissens eine eigene Position zu einer Problemstellung. Dabei wägst du Pro- und Kontra-Argumente ab und kommst zu einer begründeten Bewertung.	Erörtere die Frage: „Ist Europa eine Festung?	– Einerseits ..., andererseits ... – ... Deshalb stimme ich zu/nicht zu....
Erstelle/ Gestalte II–III	Du stellst ein Produkt her, z. B. ein Plakat, einen Steckbrief oder etwas anderes. Hier darfst du kreativ sein. Nutze aber dabei dein Fachwissen.	Erstelle eine Mindmap zum Thema ...	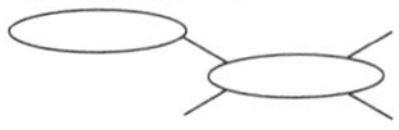
Fasse zusammen I	Du stellst die wichtigsten Informationen aus einem vorgegebenen Material strukturiert dar.		
Gib wieder/ (Be-)Nenne/ Zähle auf I	Du gibst Informationen aus einem Material kurz und treffend wieder.	Nenne Folgen von ...	
Interpretiere III	Du analysierst und beurteilst ein Material (Aussage, Text, Karikatur, Statistik, ...) kriterienorientiert.		
Ordne zu/ Ordne ein II	Du stellst einen Zusammenhang zwischen Sachverhalten mithilfe erläuternder Hinweise her.	Ordne jedem Begriff die passende Erklärung zu.	Die Erklärung a gehört zum Begriff ...
(Über-)Prüfe III	Du untersuchst die Richtigkeit von bestimmten Sachverhalten, Aussagen, Vorschlägen mithilfe deines vorhandenen Wissens.	Überprüfe, ob in den Fallbeispielen gegen Gesetze verstoßen wird.	In Fall 1 wird gegen das Gesetz verstoßen/nicht verstoßen, weil ...
Vergleiche II	Du stellst zwei oder mehr Materialien unter bestimmten Gesichtspunkten gegenüber. Arbeite dabei Gemeinsamkeiten/Unterschiede heraus.	Vergleiche die Aussagen der beiden Artikel	– Artikel 1 zeigt auf ... – Artikel 2 stellt dar ... – Im Vergleich fällt auf
Verfasse II	Du schreibst auf Grundlage von Materialien eine bestimmte Textform wie eine Rede, ein Interview.		